U0922338

白朗年鉴

པ་སྒམ་གྱི་ལོ་རིམ་མེ་ལོང་།

2022

（总第6卷）

中共白朗县委办公室　编

方志出版社
Publishing House of Local Records

图书在版编目（CIP）数据

白朗年鉴. 2022 / 中共白朗县委办公室编.—北京：方志出版社，2023.5

ISBN 978-7-5144-5744-5

Ⅰ. ①白… Ⅱ. ①中… Ⅲ. ①白朗县－2022－年鉴 Ⅳ. ①Z527.54

中国国家版本馆CIP数据核字（2023）第187452号

责任编辑：王娜
责任校对：刘玉霞
责任印制：梅中英
出 版 者：方志出版社
地　　址：北京市朝阳区潘家园东里 9 号（国家方志馆4层）
邮　　编：100021
网　　址：http：//www.zgfzcb.cn
发　　行：方志出版社图书营销中心（010-67110500）
印　　刷：河南金宝丽印刷科技有限公司
开　　本：889毫米 × 1194毫米　1/16
印　　张：21.75
字　　数：570千字
版　　次：2023年5月第1版
印　　次：2023年5月第1次印刷
定　　价：350.00元

《白朗年鉴（2022）》编纂委员会

《白朗年鉴（2022）》编辑部

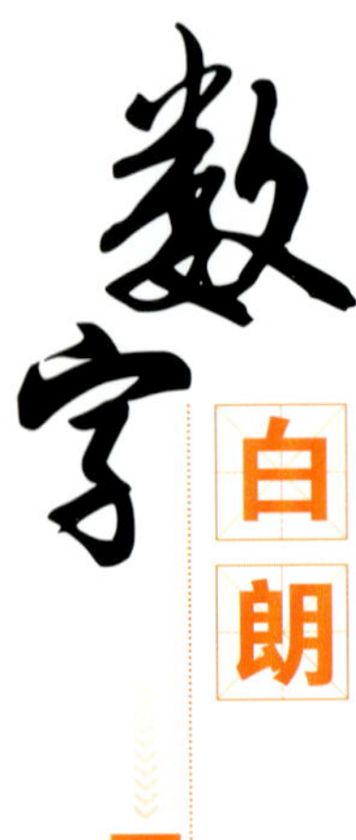

数字白朗 2021

◎ 全县常住人口：51938人

◎ 全县生产总值：14.8亿元

◎ 第一产业：4.5亿元

◎ 第二产业：4.44亿元

◎ 第三产业：5.86亿元

◎ 全社会固定资产总额：3.58亿元

◎ 公共财政预算收入：2943万元

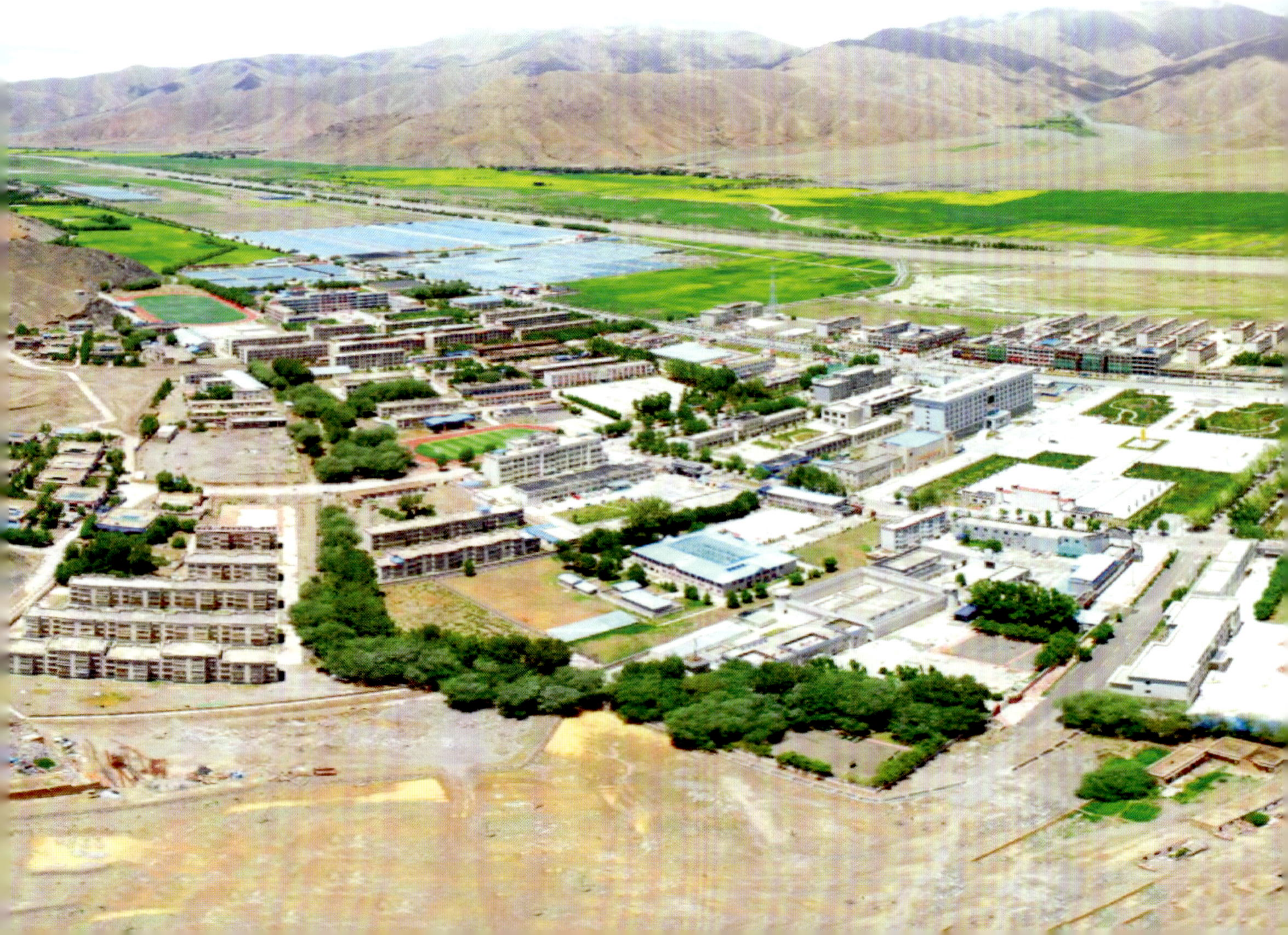

◎ 农牧民人均可支配收入：19844元

◎ 社会消费品零售总额：2.93亿元

◎ 农林牧渔服务业总产值：59963.85万元

◎ 工业增加值：7657.2万元

◎ 农作物播种面积：9271.68公顷

◎ 牲畜存栏头数：266338头（只、匹）

重要会议

2021年5月26日，中国少年先锋队白朗县第一次代表大会召开

2021年6月27日，中国共产党白朗县第十次代表大会第二次全体会议召开

2021年7月10日，白朗县第十四届人民代表大会第一次会议召开

2021年7月10日，中国人民政治协商会议第三届白朗县委员会第一次会议召开

2021年7月12日，山东省第二批“万名支教计划”援藏教师期满总结会议召开

疫情防控

2021年1月8日，白朗县疾控预防控制中心开展新冠疫苗接种工作

2021年1月21日，日喀则市卫健委工作组一行到白朗县疾控中心查验新冠疫苗接种区布置情况

2021年2月6日，日喀则市教育局工作组一行到白朗县强堆乡中心小学检查指导新冠疫情防控工作

2021年5月28日，白朗县疾控中心组织11个乡镇卫生院工作人员开展防护服穿脱培训

2021年8月16日，白朗县纪委联合检查组到洛江镇检查新冠疫情防控值班情况

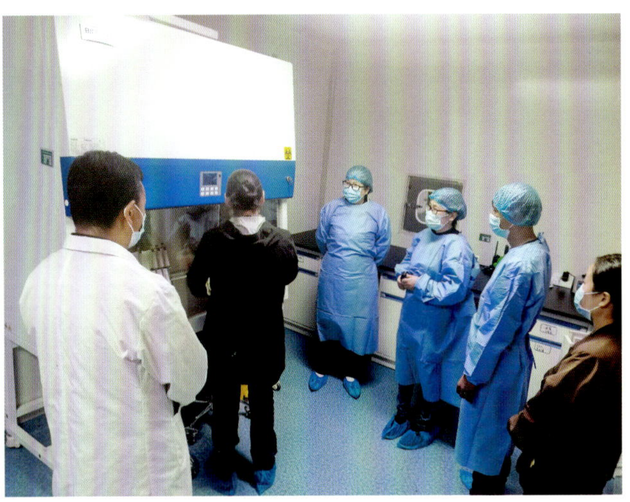

2021年8月21日，西藏自治区人民医院检验科一行到白朗县疾控中心考察PCR（聚合酶链式反应）实验室工作开展情况

重大活动

2021年3月28日，白朗县举行新时代文明实践活动之隆重纪念西藏百万农奴解放62周年文艺会演

2021年5月10日，白朗县第四批民族团结进步示范点揭牌授牌仪式举行

2021年5月21日，白朗县开展庆祝中国共产党成立100周年、西藏和平解放70周年文艺会演

2021年5月31日，白朗县乡村振兴局挂牌仪式举行

2021年6月25日，2021山东·济南华视眼科“西藏光明行”启动仪式在白朗县教育局举行

2021年7月2日，白朗县新时代文明实践活动之热烈庆祝中国共产党成立100周年暨西藏和平解放70周年红歌比赛举行

2021年7月19日，白朗县第二届“五彩天域、魅力白朗”农牧民运动会开幕式举行

2021年7月22日，白朗县举办首届“珠峰工匠”技能大赛

2021年9月6日，白朗县巴扎乡开展农业生产大检查

2021年9月11日，白朗县第37个教师节表彰大会召开，图为与会人员合影

2021年9月25日，云南省阜外心血管病医院8名专家到白朗县开展0—18岁先天性心脏病儿童救助活动

2021年10月19日，网易公益“一块屏”教育振兴项目白朗县捐赠仪式举行

2021年12月7日，白朗县举行学习宣传党的十九届六中全会精神暖冬实践活动启动仪式暨新时代文明实践推动日活动

城乡建设

楚松灌区续建配套与节水改造工程渠道（摄于2021年）

彭嘎水库渠道（摄于2021年）

曲奴乡彭嘎水库取水口工程（摄于2021年）

曲奴乡彭嘎水库（摄于2021年）

民族文化

者下斗牛节（摄于2021年）

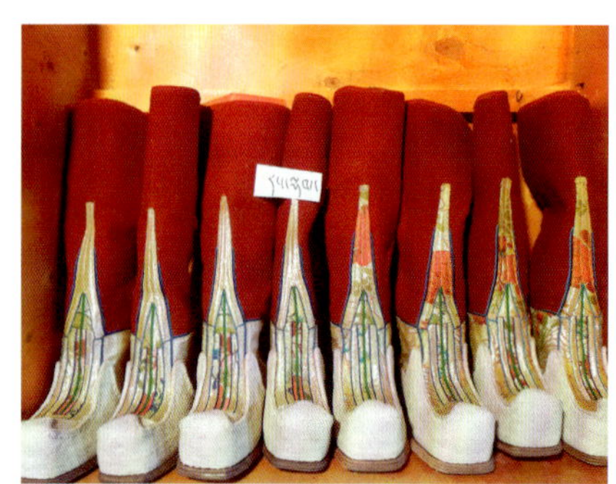

非物质文化遗产产品——嘎东藏靴（摄于2021年）

恰珠编织（摄于2021年）

旺丹卡垫（摄于2021年）

则嘎卓舞（摄于2021年）

排练中的非物质文化遗产——则嘎卓舞（摄于2021年）

表演中的白岗温谐（摄于2021年）

排练中的非物质文化遗产——白岗温谐（摄于2021年）

2021年11月5日，嘎普乡藏戏队到洛江镇门措村演出《白玛文巴》

2021年11月10日，嘎东镇藏戏队到白朗县完全小学演出《白玛雯波》

经济建设

巴扎乡恰仓村“藏青2000”和“喜玛拉22号”良种田（摄于2021年）

洛江镇宗下村“藏青3000”良种田（摄于2021年）

洛江镇扎林村"藏青2000"良种田（摄于2021年）

巴扎乡彭仓村"藏青2000"良种田（摄于2021年）

白朗西红柿（摄于2021年）

白朗彩椒（摄于2021年）

白朗辣椒（摄于2021年）

白朗甜椒（摄于2021年）

白朗甘蓝（摄于2021年）

白朗花椰菜（摄于2021年）

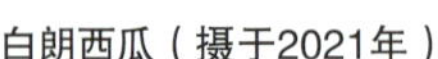
白朗西瓜（摄于2021年）

白朗西葫芦（摄于2021年）

白朗香菇（摄于2021年）

白朗火龙果（摄于2021年）

白朗黄瓜（摄于2021年）

白朗优质葱苗（摄于2021年）

编辑说明

一、《白朗年鉴》是由中共白朗县委员会、白朗县人民政府主办，中共白朗县委办公室编纂的综合性年鉴。2017年开始每年出版一卷，2022年卷为第6卷。以马克思列宁主义、毛泽东思想、邓小平理论、“三个代表”重要思想、科学发展观、习近平新时代中国特色社会主义思想为指导，坚持辩证唯物主义和历史唯物主义的立场、观点和方法，旨在全面、系统、翔实地介绍白朗县上一年度自然、政治、经济、文化、社会诸方面的基本面貌和在改革开放、发展社会主义市场经济中的新情况、新变化。务求做到框架科学、资料翔实、记述准确、编写规范、特色鲜明，突出时效性，讲求实用性。

二、《白朗年鉴（2022）》主要收录2021年度发生在白朗县境内的大事要闻，突出反映白朗的优势、特点和各部门深化改革、扩大开放、科学发展的新举措、新经验。内容时限为2021年1月1日至2021年12月31日。为保持资料的连续性，有些资料时限适当上溯。

三、《白朗年鉴（2022）》分为正文与彩页两部分。正文采取分类编辑法，由类目、分目、条目组成，条目是基本单位。部分分目下设子分目，个别包含多方面资料的条目，在段落间加插楷体标题提示，方便读者查阅全书。

四、《白朗年鉴（2022）》设有特载、大事记、县情概览、党政机构负责人名录、中国共产党白朗县委员会、白朗县人民代表大会、白朗县人民政府、中国人民政治协商会议白朗县委员会、中国共产党白朗县纪律检查委员会 白朗县监察委员会、人民团体、军事、法治、经济管理、农牧业、交通 通信、城建 环保、财税 金融、教育 科技、文化 旅游、医疗 卫生、社会事业、乡（镇）概况、附录、索引等内容。

五、大事记篇同一日期发生的大事，第一条后的日期用“是日”表示；内文农田土地面积沿用“亩”为计量单位。

六、《白朗年鉴（2022）》入鉴资料、图片均由各撰稿单位提供，并经主要负责人审核。本卷年鉴有关的综合性数据均以县统计局公布的数据为准，个别供稿单位因统计口径不同等原因，有的数据在不同条目中不尽一致，使用时请注意出处。统计部门未涉及的均用部门或单位提供的数据。

目 录

特 载

大事记

县情概览

党政机构负责人名录

中国共产党白朗县委员会

重要会议

县委办公室工作

组织工作

宣传工作

统战工作

党校教育

白朗县人民代表大会

综述

县人大常委会办公室工作

白朗县人民政府

综述

县政府办公室工作

援藏工作

应急管理

消防救援

信访工作

中国人民政治协商会议白朗县委员会

综述

县政协办公室工作

中国共产党白朗县纪律检查委员会 白朗县监察委员会

综述

巡察工作

人民团体

白朗县总工会

中国共产主义青年团白朗县委员会

白朗县妇女联合会

军 事

人民武装

武警

法 治

政法委及综治

公安

检察

法院

司法行政

经济管理

发展改革

自然资源管理

审计

统计

市场监督管理

商务

农牧业

农业农村

白朗绿色蔬菜发展有限公司

文化 旅游

综述

广播电影电视

编译工作

医疗 卫生

医疗保障

卫生健康

疾病预防控制

卫生服务中心

社会事业

民政

人力资源和社会保障

行政审批　便民服务

退役军人事务

民族宗教

乡村振兴

乡（镇）概况

洛江镇

嘎东镇

巴扎乡

玛乡

旺丹乡

曲奴乡

杜琼乡

强堆乡

嘎普乡

者下乡

东喜乡

附 录

索 引

特　载

一家老小共阅新西藏美好，全家人不禁喜上眉梢

白朗年鉴

2022

贯彻讲话精神 接棒奋勇续跑
谱写长治久安和高质量发展白朗新篇章

——在中国共产党白朗县第十届委员会第二次全体会议上的报告

中共白朗县委书记 次仁顿珠

（2021 年 8 月 31 日）

中国共产党白朗县第十届委员会第二次全体会议，是在中国共产党成立 100 周年、西藏和平解放 70 周年的历史时刻，在全县上下深入学习贯彻习近平总书记“七一”重要讲话精神和考察西藏时重要讲话重要指示精神的特殊时刻，在十届县委接棒续跑的关键时刻，召开的一次十分重要的会议。

这次会议的主要任务是：坚持以习近平新时代中国特色社会主义思想为指导，深入贯彻落实习近平总书记关于西藏工作重要论述和新时代党的治藏方略，贯彻落实习近平总书记考察西藏时重要讲话重要指示精神，贯彻落实全国政协主席汪洋在庆祝西藏和平解放 70 周年大会上的讲话精神，贯彻落实区党委九届十次全会和市委二届三次全会精神，聚焦“四件大事”“四个确保”，坚持把“三个赋予、一个有利于”贯穿高质量发展全过程，团结和动员全县广大干部群众，进一步坚定信心、振奋精神、昂扬斗志，以新举措、新作为、新成效，换挡提速、砥砺奋进、争先跨越，不断谱写长治久安和高质量发展白朗新篇章。

一、着力四个聚焦，在准确领会把握习近平总书记在西藏考察时重要讲话精神实质上下功夫

——准确领会把握习近平总书记考察西藏重要讲话精神，必须把着力点聚焦到习近平总书记对西藏工作和西藏人民的特殊关心关怀上。一直以来，习近平总书记始终特别关心雪域高原、特别支持西藏工作、特别关怀西藏人民。早在 1998 年，时任福建省委副书记的习近平同志就率队进藏考察，亲自安排部署对口支援工作；2011 年 7 月，时任中央政治局常委、国家副主席的习近平同志，率中央代表团出席西藏和平解放 60 周年庆祝活动，并莅临日喀则考察工作。党的十八大以来，以习近平同志为核心的党中央，把西藏工作在党和国家事业全局中的战略地位提升到了前所未有的高度，总书记多次对西藏工作做出重要指示批示，亲自为西藏工作把舵定向、谋篇布局，亲自指导制定了一系列特殊优惠政策，规划了一系列重大项目，帮助解决了许多长期想解决而没有解决的难题，办成了许多过去想办而没有办成的大事，推动各项事业取得全方位进步、历史性成就，西藏经济社会事业全面发展，人民生活极大改善，城乡面貌今非昔比。我们一定要深刻感悟习近平总书记对西藏的特殊关心、特殊厚望，深植厚培维护核心的情感之基和感恩奋进的力量源泉，切实把习近平总书记的关心关怀转化为政治动力、精神动力、工作动力，与全国人民一道踏上实现第二个百年奋斗目标新的赶考路。

——准确领会把握习近平总书记考察西藏重要讲话精神，必须把着力点聚焦到习近平总书记关于西藏工作重要论述和新时代党的治藏方略上。一直以来，习近平总书记都非常重视西藏工作。2013 年 3 月，当选为总书记的习近平同志第一

次出席全国人民代表大会，就来到了人民大会堂西藏厅，来到了西藏代表团，审议时，明确提出“治国必治边、治边先稳藏”重要论述，强调西藏工作在边疆治理、国家治理中的特殊地位，从总体国家安全观的视野突出西藏发展与稳定之于国家繁荣与安全的重大意义。2015 年 8 月，在中央第六次西藏工作座谈会上，习近平总书记亲自为西藏布局，提出治藏方略这一重大命题并阐释其具体内容。时隔五年，2020 年 8 月，在中央第七次西藏工作座谈会上，习近平总书记进一步丰富和发展党的治藏方略——“十个必须”，科学回答了一系列方向性、全局性、战略性问题，是党治藏稳藏兴藏成功经验的总结提炼和创新发展，为做好新时代西藏工作提供了根本遵循。今年 7 月 21 日，习近平总书记在庆祝中国共产党成立 100 周年大会之后，第一次出京赴地方考察就来到了西藏，作为中共中央总书记、国家主席、中共中央军委主席专门来到西藏庆祝西藏和平解放，在党和国家历史上也是第一次。这些“第一次”，充分释放了以习近平同志为核心的党中央一以贯之治藏稳藏兴藏的强烈信号，充分表明了党中央关心边疆、治理边疆、发展边疆，推进边疆治理体系和治理能力现代化的坚定决心，我们一定要从政治的角度、全局的角度、历史的角度，以此为契机、为总揽、为动力，登高望远、脚踏实地，坚定信心、攻坚克难，赢得优势、赢得主动、赢得未来。

*——准确领会把握习近平总书记考察西藏重要讲话精神，必须把着力点聚焦到习近平总书记重要讲话精神的强大理论力量和实践力量上。*一直以来，习近平新时代中国特色社会主义思想都蕴含着无比的科学价值、强大的理论力量和实践伟力。总书记考察西藏重要讲话重要指示，既一脉相承又与时俱进，与习近平总书记关于西藏工作的重要论述，与中央第七次西藏工作座谈会精神，与近年来总书记对西藏工作的重要指示批示精神紧密联系、相互贯通，同时，又立足新阶段、新格局、新征程，对我们提出了新任务、明确了新要求、赋予了新使命，体现了坚持与发展的相统一。总书记考察西藏重要讲话重要指示，思想深邃、博大精深，闪耀着马克思主义的真理光芒，是习近平新时代中国特色社会主义思想的重要组成部分，是新时代党的治藏方略的又一次与时俱进，是做好当前和今后一个时期西藏工作的总遵循、总纲领。总书记考察西藏重要讲话重要指示，充分肯定了党的十九大以来，西藏工作取得的突出成绩，深刻阐明了事关西藏长治久安和高质量发展的方向性、根本性、原则性问题，为我们加快建设团结富裕文明和谐美丽的社会主义现代化新白朗提供了根本遵循、注入了强大动力。总书记考察西藏重要讲话重要指示，从“两个大局”的宏大视野，从新发展阶段、新发展理念、新发展格局的战略高度，亲自对西藏工作进行系统部署，既讲理论、又讲实践，既讲问题、又讲方法，既讲战略、又讲战术，既讲做事、又讲做人，为我们认识问题、分析问题、解决问题提供了有效的方法“金钥匙”。我们一定要深刻理解、准确把握总书记重要讲话精神的丰富内涵、核心要义，切实用总书记重要讲话精神统一思想、武装头脑、指导工作，不断开创各项事业新局面。

*——准确领会把握习近平总书记考察西藏重要讲话精神，必须把着力点聚焦到对照习近平总书记重要讲话精神查找差距上。*近三个月来，在以习近平同志为核心的党中央的坚强领导下，在历届县委打下的良好工作基础上，十届县委接续奋进，全县社会持续稳定、经济持续发展、生态持续良好、宗教持续和睦、党建持续强化，全县干部群众获得感、幸福感、安全感得到全面提升。我们之所以能取得如此成就，最根本在于习近平总书记的掌舵领航，在于以习近平同志为核心的党中央的特殊关怀，在于习近平新时代中国特色社会主义思想，特别是总书记关于西藏工作重要论述的科学指引。与此同时，我们要清醒地看到，前进道路上还有很多可以预料和难以预料的风险，还有很多严峻挑战和艰难险阻。一是在维护稳定上，斗争本领不强，缺乏应有的政治敏锐性、政治鉴别力；二是在产业发展上，发展空间布局还不够优化，南北区域优势互补、融合互动格局还未完全形成，新型城镇化和城乡发展一体化建设还存在短板；三是在生态保护上，农牧区人畜分离还未得到有效解决，农牧区人居环境整治还不够彻底；四是干部作风还需持续锤炼，解放思想程度不够，不作为、慢作为、形式主义、官僚主义尚未彻底根除，“等靠要”“庸懒散”“慢

虚弱”尚未完全杜绝，重表不重里、重虚不重实、重形不重体尚未完全根除；五是工作落实还需持续加压，工作执行仍然存在“偏差”“温差”“压差”“落差”“时差”，很多工作安排了、部署了，就是不见行动、不见成效，等等。我们要着重在总书记指的方向、定的方针、提的任务上下功夫，坚定不移沿着总书记指引的正确方向，加满油、把稳舵，鼓足劲、向前冲，开创更加美好、更加辉煌的明天，努力在推动长治久安和高质量发展的新征程上，用实干创造、用奋斗作答，以过硬的实践成果向党中央、向总书记上交满意答卷。

二、坚持联系实际，在落实习近平总书记在藏考察时提出的各项目标任务上使真劲

以习近平总书记考察西藏为标志，全县各项工作站在了新的起点上。我们要进一步全面推动学习宣传贯彻总书记考察西藏重要讲话精神走深走实，引领全县干部群众切实把对习近平总书记的感激之情转化为牢记嘱托、感恩奋进的生动实践，动员全县上下同心、砥砺奋进，努力建设好团结富裕文明和谐美丽的社会主义现代化新白朗。

*（一）坚决落实习近平总书记“维护社会大局稳定”要求，在反分裂斗争中增强斗争精神，维护和实现国家安全。*社会稳定、国泰民安是广大人民群众的热切期盼，也是我们党治国理政的重要目标。一要树牢国家安全观。要深刻认识“西藏是重要的国家安全屏障，承担着拱卫西南的政治责任”，牢固树立总体国家安全观，统筹发展和安全、统筹维护和塑造国家安全、统筹传统安全和非传统安全，坚持对十四世达赖和十四世达赖集团的定性不动摇，对十四世达赖集团斗争的方针不动摇，着眼妥善应对十四世达赖去世转世的重大政治斗争，增强斗争精神，理直气壮地讲、理直气壮地管、理直气壮地控，健全完善专项工作预案，加强实战演练，确保遇有突发事件快速反应、有效处置。二要严密防范和严厉打击分裂破坏活动。以防患于未然为原则做工作、以防止出大事打基础做准备、以敢于担当落实责任为标准看干部，落实维稳指挥联动、情报共享研判、戒备等级转换、矛盾纠纷排查等工作机制，健全社会治理模式和维稳制度体系；深入开展打击非法组织专项行动，持续深化扫黑除恶、“断血”“断勾连”等专项行动，深化打击严重刑事犯罪和整治治安乱点专项行动，确保分裂破坏分子无可趁之机、分裂破坏活动无滋生土壤。三要筑牢人民防线。要大力培育践行社会主义核心价值观，继续开展好农牧民运动会、产业发展大赛、“五比”竞赛、勤劳致富人家评比等群众性活动；推进全面依法治县，持续开展《藏传佛教活佛转世管理办法》等法规规章及活佛转世宗教仪轨、历史定制的宣传，自觉承担起举旗帜、聚民心、育新人、兴文化、展形象的使命任务；持续深化“四讲四爱”群众教育实践活动，深入揭批十四世达赖“三性”本质和“五顶”帽子；深刻阐释习近平总书记对西藏各族群众的特殊关怀，让各族群众明白惠在何处、惠从何来，自觉坚定感党恩、听党话、跟党走的信念。

*（二）坚决落实习近平总书记“推动高质量发展”要求，在贯彻新发展理念中增强创新精神，推动高质量发展提质增效。*深入贯彻新发展理念，坚持把“三个赋予、一个有利于”贯穿高质量发展全过程，正确处理“十三对关系”，继续深化“三区一廊”产业发展布局，持续巩固白朗“西藏粮仓”“果蔬之乡”重要地位，努力把白朗打造成日喀则的“粮袋子”“菜篮子”“后花园”。大力发展北部综合经济发展区。以县城为中心，嘎东为龙头，洛江、巴扎、强堆三个乡镇协同发展，持续巩固农业发展，借助日江公路、机场高速等便利条件发展集农业生产、商业贸易、旅游、加工业于一体的复合型经济区，探索集约化、专业化、组织化、社会化相结合的产业组织经营形式，推动有机蔬菜种植、有机奶制品加工和有机农产品加工发展，集成技术统一、品牌统一、销售统一、价格统一的供应链管理体系，有力提升品牌市场竞争力。大力发展中部现代农牧业发展区。包括旺丹乡、玛乡、曲奴乡、杜琼乡，重点发展以青稞、果蔬、菜籽等粮食作物和经济作物为主的种植业，大力发展以鸡、牛等为主的养殖业，不断增强科技对农牧业的支持力度，提高农牧业科技水平，实现农牧协调发展。大力发展南部高原生态牧业发展区。在东喜乡、者下乡、嘎普乡三个高海拔乡实施天然草场保护工程，加强草场基础设施建设，优化草场载畜能力；引导改变农牧民惜杀惜售观念、优化畜群结构、转换养殖方式、构建产业体

系，不断提升畜牧业产业化、组织化、专业化程度；大力发展畜牧业，持续深化东喜、者下、嘎普融入岗巴羊经济圈成果，设立霍尔巴羊、萨福克肉羊养殖繁育扩辐基地，在嘎普乡全面推广雅江雪牛养殖，逐步推进规模化、集约化养殖，延伸畜牧业产业链条、增加群众享受产业链收益，着力打造白朗高海拔特色生态牧业。大力发展年楚河生态休闲体验长廊。立足白朗海拔较低、生态宜居的区位优势，将生态保护与产业发展有机结合，依托年楚河及湿地、河谷柳林等生态资源，探索建立白朗生态田园观光区；发挥日喀则珠峰现代农业科技创新博览园AAAA级景区引领作用及唐卡、藏香、藏毯等本土文化产业优势，逐步打造民俗文化村，着力构建以休闲观光为主导，文化体验为特色，康体养生为潜力的特色旅游体系，探索建设“生态白朗”“宜居白朗”“日喀则休闲娱乐第二区”；立足交通便捷、离市区较近、房价较低的比较优势，进一步降低营商成本，优化营商环境，吸引更多产业进驻白朗，探索建立集仓储物流配送为一体的物流中心。

（三）坚决落实习近平总书记“切实改善和保障民生”要求，在凝聚人心中增强为民精神，打通联系服务群众“最后一公里”。坚持以人民为中心的发展思想，牢记“江山就是人民、人民就是江山”，坚持困难麻烦由政府解决、把方便实惠送给群众。要在就业服务体系建设上发力，有针对性地开展各项实用技能培训，提高就业服务水平，激发内生动力，实现劳务输出由简单的体力型向技能型、智能型转变，积极打造劳务品牌，提高劳务输出对象的竞争力；大力推进大众创业、万众创新，及时落实高校毕业生创业扶持政策，落实“4321”结对帮扶机制，积极引导未就业大学生市场就业、应征入伍、区内外就业、自主创业、参加公考等。要在素质教育体系建设上发力，落实好15年免费教育，巩固拓展“5个100%”成果，持续开展“培养什么人、怎样培养人、为谁培养人”专题教育，全面普及学前三年教育，完善以国家通用语言为主的一体化教育体系建设。要在公共卫生服务体系建设上发力，持续抓好新冠肺炎疫情常态化防控，完善突发公共事件卫生应急体系、卫生监督体系、疾病预防控制体系，全方位保障群众健康；加强乡镇卫生院和村卫生室标准化、信息化建设，构建县乡村三级联动医疗服务体系，逐步实现“中病不出县、小病不出乡”。要在文化服务体系建设上发力，实施文化惠民工程，建好用好新时代文明实践中心（所、站），推动公共文化资源重点向乡村倾斜，提供更多体现乡村特点、保留乡村味道、紧贴群众生活的文化产品和活动；大力发展以健康为主题的文化体育产业，丰富群众业余生活。要在社会保障服务体系建设上发力，落实农牧区最低生活保障、农村特困人员供养、农牧区医疗救助、临时救助等政策，逐步提高保障标准；落实以社会保险、社会救助、社会福利为基础，以基本养老、基本医疗、最低生活保障制度为重点，覆盖城乡居民的社会保障体系，确保城镇基本养老保险、农牧区养老保险、城镇基本医疗保险和农牧区医疗保险参保率达到100%。要在办实事好事上发力，有序推进县城110千伏变电站工程建设、旺丹35千伏变电站线路改造升级，加快嘎东变电站、太阳能光伏发电等重大项目投入使用；利用好国家“三区三州”电网建设项目申报政策，争取实施新一轮农村电网升级，加快县城强弱电入地，推动86个行政村农村电力设施改造。坚持把好事办好、让群众说好，始终牢记“民生的事是天大的事，群众的事无小事”，聚焦群众生活中的难点、痛点和堵点，用心用情用力办好“13+”民生实事，打通惠民利民“最后一公里”，决不允许搞变通、打折扣、做选择，决不允许假落实、虚落实、不落实，决不允许浮在表面、应付了事；要做到说一件做一件、做一件成一件，真正让民生实事成为群众满意的暖心工程、德政工程。

（四）坚决落实习近平总书记“加强生态文明建设”要求，在绿色发展中增强担当精神，守护绿水青山。习近平总书记指出，“保护好西藏生态环境，利在千秋、泽被天下”。牢固树立绿色发展理念。立足生态文明示范县创建，全面推进“绿水青山就是金山银山”实践创新基地进度，坚定走生产发展、生活富裕、生态良好的文明发展道路，坚决维护农牧区良好生态环境，做好生态资源合理开发利用，积极发展生态友好型、劳动密集型产业，积极推动生态项目与优质特色产业融合，持续提升绿色优势、释放生态红利，让绿色引领发展、发展根植绿色，实现更高质量、更具效益、更可持续发展。深入实施生态修复工程。继续实施天然林保护、防风固沙生态林、年楚河生态湿地、土壤污染等重点生态修复工程,推行农区禁牧、牧区休牧轮牧制度,广泛推广畜牧舍饲半舍饲、集中代养模式,大力发展有机农业,推进高原生态安全屏障建设;加快实施年楚河、天曲河、玛沟等水土流失综合整治工程,加快推进小流域综合治理、坡耕地水土流失综合治理和侵蚀沟综合治理。建设生态文明高地。坚持源头严控、过程严管、后果严惩,构建产权清晰、多元参与、激励约束并重、系统完整的生态文明制度体系;完善生态保护补偿机制,实现重点领域和重要区域生态保护补偿全覆盖;落实自然资源资产产权制度和国土空间规划及用途管理制度,环境保护管理制度,资源环境承载能力监测预警机制;落实环境保护责任离任审计制度,探索生态环保党政同责、一岗双责、终身追责制,切实用制度守护好绿水青山,努力使白朗的天更蓝、水更绿、空气更清新。

(五)坚决落实习近平总书记"铸牢中华民族共同体意识"要求,在社会主义民族关系中增强团结精神,大力促进民族团结。习近平总书记指出,"铸牢中华民族共同体意识是我国民族工作的主线"。深刻把握"一"和"多"、"同"和"异"、"恒"和"变"的关系,深刻认识"西藏是各民族共同开发的,西藏历史是各民族共同书写的",巩固和发展平等、团结、互助、和谐的社会主义民族关系,让各族群众像石榴籽一样紧紧拥抱在一起;坚持以社会主义核心价值观为引领,深入开展民族团结进步宣传教育、爱国主义教育、反分裂斗争教育、新旧西藏对比教育、马克思主义"五观""两论"教育,加强党史、新中国史、改革开放史、社会主义发展史以及西藏地方和祖国关系史、西藏和平解放史宣传教育,不断增强各族群众对伟大祖国、中华民族、中华文化、中国共产党、中国特色社会主义的认同,使各民族深刻认识中华民族是先祖共同体、文化共同体、家园共同体、利益共同体、责任共同体、命运共同体,促进各民族大认同、大情怀、大和美、大融合、大开放。坚持人文化、大众化、实体化、法治化、精准化、常态化,持续推进民族团结进步创建进机关、进企业、进乡镇、进村、进学校、进军营、进寺庙、进家庭、进景区;深入开展全国民族团结进步示范县创建工作,大力评比民族团结进步模范乡镇、模范村、模范单位、模范寺庙的创建;坚持重在交心、将心比心、以心换心,全面推广国家通用语言文字,全面推行混班教学、混合住宿,加快推进嵌入式社会结构,营造各民族共居共学共事共乐的社会条件,积极鼓励县内群众到其他省市就业、就学、经商,推动各族群众亲密无间地交往、畅通无阻地交流、自然而然地交融,交得了知心朋友、做得了和睦邻居、结得成美满姻缘,着力打造团结稳定、和谐安宁的大好局面。

(六)坚决落实习近平总书记"推进藏传佛教中国化"要求,在宗教和顺中增强中国精神,引导藏传佛教沿着正确发展方向前行。全面贯彻党的宗教工作基本方针,坚持藏传佛教中国化方向,积极引导藏传佛教与社会主义社会相适应,促进宗教和顺、社会和谐、民族和睦、爱国爱教。坚持"五个有利于"要求、"导"的思想方法、"和"的目标要求,深入开展"争做先进僧尼"教育实践活动,综合运用"十导"工作法,加强政治引导、思想引导、活动引导、文化引导,确保藏传佛教更能体现中国方向、中国特色、中国精神、中国价值、中国力量。坚持"三个不增加"底线,探索建立法治化、规范化、常态化管理机制,全面学习扎西吉培寺僧人综合评价机制,完善寺庙僧尼入寺、学经管理、财税监管等制度,从严审批大型宗教民俗活动,加大社会流动从事民俗宗教活动人员管理,坚决防止宗教热和宗教极端,决不允许境外势力干预境内宗教事务,推动寺庙由"管得住"向"管得好"转变,牢牢掌握宗教工作主动权。最大限度地发挥宗教中的积极因素,最大限度地抑制宗教中的消极因素,旗帜鲜明消除十四世达赖利用宗教产生的负面影响,持之以恒教育引导信教群众更加理性对待宗教,把宗教与分裂破坏活动区分开来、把信仰宗教与信仰十四世达赖区分开来、把信仰宗教与过好今生幸福生活区分开来,把健康文明生活方式作为自觉追求、自觉行动。

(七)坚决落实习近平总书记"在党史学习教育中做到学史力行"要求,在加强党的建设中增强奋斗精神,持续巩固党在白朗的执政根基。党中央举行了庆祝中国共产党成立100周年系列活动,极大增强了全党全国各族人民的爱党深情和奋发热情;自治区举行了庆祝西藏和平解放70周年系列活动，极大鼓舞了全区人民的干劲和奋斗激情。要把学史明理、学史增信、学史崇德的成果转化为改造主观世界和客观世界的实际行动，坚持新时代党的建设总要求和组织路线，以市委组织工作“十五项”重点任务为立足点，坚持“三个力行”，以奋斗的姿态突出党建引领作用，探索建立“五彩天域·先锋白朗”组织工作品牌，有效夯实党在白朗的执政根基。唱响主旋律，聚焦依法治藏，绘制“蓝”色美好愿景。绘就乡村治理新蓝图，完善在党领导下的自治、法治、德治相结合的乡村治理体系，推进乡村治理能力基本实现现代化。明确主基调，聚焦富民兴藏，发展“金”色富民产业。贯彻落实新发展理念，优化“三区一廊”产业发展布局，大力推广“园区＋龙头企业＋合作社＋农户”的模式，赋予产业改善民生标签，切实让农牧民群众“钱袋子”鼓起来、生活好起来。突出主抓手，聚焦长期建藏，打造“绿”色宜居家园。持续推进党建引领“两山”创建，从可持续性着手，推动绿色发展，和谐共生，为美好生活装点，为金山银山赋能，不断增强人民对美好生态环境的需求感、获得感和满足感。把握主导向，聚焦凝聚人心，培育“白”色人才基底。突出党管干部人才独特优势，把人心、力量凝聚到实现“两个一百年”奋斗目标上来，进一步加强作风建设，切实建立一支忠诚干净担当的高素质干部人才队伍。围绕主目标，聚焦夯实基础，构筑“红”色战斗堡垒。坚定践行组织路线为政治路线服务，以坚定理想信念宗旨为根基，以大抓基层为导向，深化全面从严治党，把各级党组织建设成为反分裂斗争的桥头堡、民族团结的工作队、群众致富的带头人。同时，坚决落实习近平总书记“加快边境建设”要求，鼓励白朗群众抵边置业定居，不惜代价、不遗余力、不计成本地服务边境兄弟县区落实好疫情防控、国土守护任务，切实铸牢国家安全屏障。

三、抓住能力建设，在对照习近平总书记在藏考察时重要讲话重要指示精神提升班子能力上出实招

习近平总书记在藏考察时的重要讲话重要指示，明确了“维护社会大局稳定、推动高质量发展、切实改善和保障民生、加强生态文明建设、铸牢中华民族共同体意识、加快边境地区建设、在党史学习教育中做到学史力行”八个方面的要求。这“八项工作要求”是事关西藏工作全局的大事要事，是关系西藏未来发展的关键处紧要处。当前，距县乡村三级换届工作完成时日尚短，在工作上为什么抓、抓什么、怎么抓的疑虑在各级领导干部身上还不同程度存在，因此，全县上下更要聚焦自身能力建设，带着忠诚、带着感恩、带着使命学习总书记在藏考察时重要讲话重要指示精神，自觉增强“四个意识”、坚定“四个自信”、做到“两个维护”，站稳政治立场、把牢政治方向、坚持政治原则、坚守政治道路，不断提高政治判断力、政治领悟力、政治执行力，深学细照笃行、忠诚干净担当，找准切入点、把握着力点、抓好落脚点，坚决确保党中央大政方针政策、自治区党委重大决策和市委部署要求在白朗落地生根，开花结果。

*一是提高政治涵养，增强政治意识。*要视学习为政治，不断深化对习近平新时代中国特色社会主义思想，特别是习近平总书记在藏考察时的重要讲话重要指示精神的学习，原原本本地学，学深学透，入脑入心，不断用伟大建党精神加强党性修养，增强忠诚于党的决心和信心，增强政治敏锐性和政治鉴别力，善于从政治上观察问题、分析问题、研究问题。要视大局为政治，坚持把维护稳定作为重大政治任务，牢牢把握白朗社会环境，深刻分析反对分裂、维护稳定的严峻形势，用习近平新时代党的治藏方略，勇于担当、主动治理，深入开展集中整治和严打暴恐专项行动，加强社会面防控，发动群众参与反恐维稳，用专业思维、专业素养不断推进全县社会大局总体稳定。要视落实总书记重要讲话精神为政治，各级党组织要切实用总书记在藏视察时的重要讲话精神指导实践，真正将学习成果转化为谋划工作的思路、促进工作的举措，坚决做到党中央提倡的坚决响应、党中央决定的坚决执行、党中央禁止的坚决不做，自觉在思想上、政治上、行动上同以习近平同志为核心的党中央保持高度一致。

*二是大力解放思想，强化责任担当。*时间发展永无止境，解放思想永无止境，改革创新永无止境，停顿和倒退都没有出路。当前和今后一个时期，是用习近平总书记在藏考察时的重要讲话重要指示

精神指导实践的关键时期，是持续深化全县经济社会高质量发展的重要机遇期、换挡期、转型期，各项事业已步入了不进则退、慢进也是退、滚石上山的历史阶段，推动生产方式从传统低端向现代高端转变、经营方式从零散粗放向规模集约转变、发展方式从高耗低效向低耗高效转变，已经势在必行、刻不容缓，解放思想已经到了不破不立、小破小立、大破大立的关键时刻。全县党员干部，特别是领导干部一定要以等不起的紧迫感、慢不得的危机感、坐不住的责任感，不畏艰险、顽强拼搏、排除万难、勇于胜利的英雄气概，大力弘扬理论联系实际的优良作风，坚持学以致用，把学习宣传贯彻习近平总书记在藏考察时的重要讲话重要指示精神与自治区九届十次全会精神、日喀则市二届三次全会精神结合起来，与推动本职工作结合起来，把焕发出的政治热情，转化为谋实事、出实招、求实效的思想自觉和行动自觉，转化为做实做细做好各项工作的具体举措，以实实在在的工作成效体现贯彻落实习近平总书记在藏考察时的重要讲话重要指示精神的成果；坚决破除故步自封、因循守旧的思想，牢固树立突破常规、改革创新意识；坚决破除本位主义、狭隘封闭的思想，牢固树立抢抓机遇、顾全大局的意识，进一步强化加快发展、提速跨越、奋勇争先的观念，力争各项工作争先进位、走在前列。

*三是规范政治生活，严明纪律规矩。*必须发挥县委班子政治领导作用，突出县委班子自身建设，站在总揽全局、协调各方的高度，充分发挥县委班子应有的作用，牢固树立“贯彻中央决策部署”这个根本，掌舵“习近平总书记在藏考察时的重要讲话八个方面”这个方向，坚持重心工作与党的建设“两手抓、两不误”，使县委班子真正成为党的理论和路线方针政策的具体实践者和推动者，真正成为全县改革发展稳定各项事业坚强领导核心。必须强化党内政治生活，以加强各级领导班子自身建设为重点，以习近平总书记在藏考察时的重要讲话重要指示为指导，着力打造引领白朗改革发展稳定的领导力量和骨干队伍，坚持以党章党规为根本遵循，以各级领导干部为重点，认真贯彻《关于新形势下党内政治生活的若干准则》，坚持民主集中制，发扬党内民主，保障党员权利，完善组织生活制度，用好批评和自我批评武器，实事求是地点问题，真心真意地帮助同志，不断增强党内政治生活的政治性、时代性、原则性、战斗性。必须加强党内监督，聚焦县委中心任务，强化监督执纪问责，做到正风肃纪不停步、反腐惩恶不手软，重锤常擂，绷紧班子成员思想之弦；整合多方资源，把党内监督同群众监督结合起来，同法律监督、民主监督等协调起来，凝聚监督合力，形成有权必有责、用权必担责、滥权必追责的格局，着力发现问题、解决问题、形成震慑。必须充分发扬民主，坚持“集体领导、民主集中、个别酝酿、会议决定”原则，发扬民主，集思广益，做到科学决策、民主决策、依法决策；要严格实行集体领导下的个人分工负责制，班子成员既要各司其职、各负其责，大胆工作，又要分工不分家，相互理解，相互尊重，相互补台，团结一切可以团结的力量，凝聚一切可以凝聚的智慧，调动一切可以调动的积极因素，加快推进白朗高质量发展。

同志们，风华正茂正当时，不负韶华不负已。让我们更加紧密地团结在以习近平同志为核心的党中央周围，在习近平新时代中国特色社会主义思想指导下，深入贯彻落实习近平总书记在藏考察时的重要讲话重要指示精神，在自治区党委、市委的坚强领导下，实干苦干科学干，撸起袖子加油干，接棒续跑拼命干，不断开创白朗稳定发展生态强边各项事业新局面，奋力续写新时代长治久安和高质量发展白朗新篇章。

白朗县人民政府工作报告(节选)

——在白朗县第十四届人民代表大会第二次会议上

白朗县人民政府县长 陈 锋

(2022年2月23日)

2021年政府工作回顾

2021年,我们与全国全区一道,隆重庆祝党的百年华诞和西藏和平解放70周年,深入学习贯彻习近平总书记"七一"重要讲话和视察西藏重要讲话精神,从党的百年奋斗重大成就和历史经验中吸取奋进力量,全力抓好"四件大事",扎实做好"六稳""六保"任务,全年地区生产总值达151200万元,全社会固定资产投资完成35770万元,工业总产值完成23442.11万元,社会消费品零售总额达29300万元,地方财政一般预算收入达2943万元,农村居民人均可支配收入达1.9844万元、增长15.5%,顺利实现了"十四五"良好开局。

(一)基础设施不断完善。理顺"十四五"项目库,谋划重点项目149个,规划投资136.55亿元;完成国土空间总体规划(2020—2035)初步方案,启动46个乡村振兴示范村规划编制。建成农村公路507.35千米,乡镇、村通客车率分别为100%、73%;杜琼、玛乡水库维修项目全面竣工,曲奴彭嘎水库、杜琼党精灌区和楚松灌区续建配套与节水项目开工建设,农田有效灌溉率达86%;洛江镇雪布、党如棚户区改造项目扎实推进,干部职工周转房开工建设;县城绿化亮化提升项目如期竣工。

(二)产业经济提质增效。高标准农田、有机青稞基地等项目投产增效,粮食产量达5490万公斤以上,兑现农业奖补资金266.85万元;果蔬种植面积达1.73万亩,产量6700万公斤;牛羊出栏达5.91万头(只、匹),成功获评国家第一批农业现代化示范、全国农业全产业链典型县、第三批国家现代农业产业园。电子商务服务体系不断深化,线上运行平稳,实现网络销售442万元;中农圣域等3家企业入驻拉萨会展中心,枸杞产品亮相第一届中国国际消博会,白朗产品走出西藏,走向全国;外贸销售额达54万元。依法注册登记合作社283家,成功申报国家级示范社2家、市级示范社9家。依托珠峰农业科技创新博览园AAAA级旅游景区资源,接待国内游客10.43万人次,实现旅游收入423.77万元。

(三)民生福祉多维覆盖。完成第七次全国人口普查。开拓就业岗位471个,高校毕业生就业率达98.4%;农牧民劳务转移就业18521人,创收21200万元,组织化程度达60%;开展农牧民实用技能培训1777人,就业率达86%。控辍保学成果持续巩固,考入其他省市西藏初中班15名,初三学业水平考试700分以上5名,31个幼儿园安全饮水工程和6所村级幼儿园交付使用。深入开展医疗巡回诊疗和"西藏光明行"活动,治疗白内障88人、筛查先心病6835人,家庭签约服务和慢性病管理得到全面保障。县疾控中心核酸检测实验室投入使用,新冠疫苗免费接种10.0119万剂次。融媒体中心平台推荐的"我们村里有个姑娘叫白央"荣获新华社优秀作品奖;应急广播全年播出2500余条,农村数字电影和县城数字电影观影人数达52000余人次。全县城乡居民养老保险参保人数达15665人，发放60岁以上老人待遇金900余万元。城乡居民基本医疗保险参保率达95%，落实城乡居民医疗保险报销599.89万元，城乡困难群众医疗救助及重特大疾病医疗救助资金59.47万元，特困供养资金90.88万元，城乡低保资金132.05万元；为1114人办理伤残证件，发放退役士兵优待资金73.72万元。

（四）乡村振兴有效衔接。脱贫成果全面巩固，防返贫致贫监测预警机制健全完善，易地扶贫搬迁后续扶持深入推进，消除返贫风险111户379人。统筹整合脱贫攻坚和乡村振兴等涉农资金11832.12万元，实施产业项目24个。帮助11家扶贫企业完成网上注册，11种农副产品被认定为全国扶贫产品，后藏杞原入驻832平台运行，销售额达21万元。落实学生资助政策，兑现建档立卡大学生资助资金81.2万元。兑现生态岗位补助资金1128万元。完成1815户农村住房提升改造，全县农村住房安全问题动态清零。

（五）深化改革逐步增强。深入推进商事制度和“多证合一”“证照分离”等改革举措，减费降税措施全面落实，市场活力有效激发，累计减费降税697万元，各类市场主体达到4631个，招商引资到位资金34200万元，民间投资完成6200万元。清理不必要证明91项，政务服务中心窗口办理各类事项25041件，网上办理75275件，办结率均达100%；深入开展国资国企改革，县属企业累计实现营收291万元，上交国有资本收益金87万元。落实财政核心业务一体化系统改革，盘活存量资金3278万元，有效提高财政资金使用效率。援藏质效明显，8个援藏项目投产见效。

（六）城乡环境持续改善。牢固树立绿水青山就是金山银山、冰天雪地也是金山银山的理念，坚持积极保护、主动作为，成功创建自治区级生态文明建设示范村10个，完成彭仓村、马义村、雪村等5个美丽乡村建设。开展乡村“四旁”植树22.17万株，公益林调整优化为11362.5亩。扎实推进年楚河流域重要生态功能保护区建设，县城污水处理厂建成运营，全县地表水、饮用水水源地水质达标率均为100%。配备洛江镇、强堆乡垃圾转运设施设备。加强工程等领域扬尘监管，全年空气质量优质。医疗废物分类收集程序化处置，全部实现无害化处理。

（七）社会大局持续稳定。扫黑除恶专项行动和民族团结宣传教育广泛开展，反对分裂、维护稳定的铜墙铁壁越筑越牢。落实寺庙财税监管，依法管理宗教事务能力不断提升，宗教领域呈现宗教和睦、佛事和顺、寺庙和谐的良好态势。强化建筑工程、交通运输、消防安全等领域监管，安全生产专项整治三年行动成绩斐然。扎实推进乡村治理体系建设，社区矫正、安置帮教，基层治理成效显著。落实信访“五访”工作法，矛盾纠纷得到有效排查化解，信访办结率和群众满意率分别达到97%、100%。国家通用语言文字在中小学、幼儿园和基层组织中推广普及。

（八）政府建设扎实推进。始终坚持党的领导，扎实开展党史学习教育、“三更”专题教育以及帕珠严重违纪违法“以案促改”教育。从严落实党风廉政建设责任制，有效防范业务风险和廉政风险。严格执行中央八项规定及其实施细则，“三公”经费支出持续压缩。狠抓市委专项提级巡察反馈问题整改，加强粮食收购、安全仓储监管。主动接受人大、政协和社会各界监督，人大代表建议和政协委员提案办结率为94.4%。深入开展普法宣传，法治政府建设取得积极进展。实施本级财政预算执行和其他财政收支情况、“十三五”政府投资项目决算、领导干部经济责任、农牧民专业合作社等47个审计项目，整改问题115个，整改金额1470.2万元，审计监督管理更加严格。

与此同时，我们全面加强人防、双拥优抚、司法行政、消防、人民武装、藏语言文字、外事侨务和慈善协会等工作，积极支持工会、团委、妇联、残联、工商联、科协、县志档案等工作，凝聚了推进长治久安和高质量发展的强大合力。

各位代表！这些成绩的取得，根本上是党中央领航定向、科学指引的结果，是区党委区政府，市委、市政府正确领导的结果，是县委团结带领全县上下拼搏实干的结果。在此，我代表白朗县人民政府，向全体人大代表、政协委员、援藏工作组和全县各族人民，向理解关心支持政府工作的离退休老同志、驻县军警官兵、政法干警和社会各界人士，致以崇高地敬意和衷心地感谢！

各位代表！在奋斗的道路上，我们要清醒地看到，白朗在推动经济社会高质量发展方面还存在明显的短板。项目招引难、落地慢，土地、资金、环境容量等要素制约日趋明显，营商环境仍需优化。城乡发展不平衡较为突出，农村基础设施较差、道路等级较低、公共服务配套较少。政府系统转变作风、担当作为、较真碰硬劲头还不够，创造性解决问题、化解矛盾的能力还有待提升。干部作风本领还有短板，缺乏大局意识、市场思维、法治思维。对于这些问题，我们将高度重视不回避、勇于面对不退缩，采取更加有效措施加以解决。

大事记

传统藏戏艺术得到传承发扬

白朗年鉴

2022

1月

6日　西藏自治区团区委副书记何华一行到白朗县慰问西部计划志愿者并召开座谈会。

11日　白朗县召开村“两委”换届工作会议。日喀则市村（社区）“两委”换届工作第一指导检查组到会指导，县委书记陈昊，白朗县村“两委”换届选举工作领导小组成员和指导检查组成员，各乡镇负责同志，县换届办工作人员参加会议，县委常委、组织部部长黎星庆主持会议。

21日　西藏自治区人民检察院检委会专职委员赵桂英带队的扫黑除恶专项斗争三年工作检查考评组到白朗县开展检查考评工作。

26日　白朗县人民法院召开“阿佳综合速裁团队”成立大会，县人民法院党组书记、院长许东升主持会议，法院全体干警参加会议。

2月

5日　白朗县召开“政治标准要更高　党性要求更严　组织纪律性要更强”专题教育动员部署会。县委书记陈昊主持会议，在岗县级干部，各乡镇党政正职、县级部门主要负责人参加会议。

是日　白朗县召开数字乡村试点示范工作调度会。县委常委、宣传部（网信办）、发改委、农业农村局、市场监督管理局、科技局、扶贫办相关工作人员参加会议。

13日　日喀则市副市长、白朗县委副书记、县长赤列朗杰，县委常委、政法委书记、公安局局长、国安办主任罗布顿珠开展春节、藏历新年慰问活动。

23日　白朗县举行2020年度国资委党费助学金和国酒茅台助学金发放仪式，团县委负责人主持仪式。

25日　白朗县召开县委理论学习中心组第五次学习暨脱贫攻坚专题学习会议。县委书记陈昊主持会议，在岗县级干部参加会议。

3月

4日　中国共产党白朗县第九届委员会第十一次全体会议召开。县委常委会主持会议，县委委员、候补委员，县纪委委员、监委委员，不是县委委员、候补委员和县纪委委员的县级干部，各乡镇主要负责人，县（中、区）直单位主要负责人参加会议。

10日　白朗县公安局交通警察大队车辆管理所举行揭牌仪式。县公安局负责人、交警大队全体民警、部分群众代表参加仪式。

12日　中国共产党白朗县第九届纪律检查委员会第五次全体会议召开。县委书记陈昊出席会议并讲话，县委常务副书记李盛利主持会议。

23日　白朗县脱贫攻坚农村饮水安全项目顺利通过验收。

26日　白朗县组织召开县乡领导班子换届工作领导小组调度会。县委常委、组织部部长黎星庆主持会议，县委常委、统战部部长杨彬，县人大常委会副主任平措旺拉，各成员单位负责人参加会议。

29日　白朗县组织全县111名新一届村组织书记开展集中培训。

4月

6日　白朗县召开2020年度民族团结进步暨“遵行四条标准、争做先进僧尼”教育实践活动表彰大会。县委副书记舒伟，县委常委、宣传部部长赵瑞红，县委常委、组织部部长黎星庆，副县长扎西巴桑，各乡镇负责人、统战委员，县直各单位负责人和受表彰代表参加会议，县委常委、统战部部长杨彬主持会议。

15 日　白朗县委班子召开中央第十巡视组反馈意见整改专项民主生活会。县委书记陈昊主持会议。

21 日　白朗县城市管理和综合执法局 2021 年第一季度行政处罚案件信息公布。

28 日　白朗县总工会联合县委政法委慰问拉日铁路白朗段嘎东护路队员。

5月

6 日　白朗县易地搬迁组联合县脱贫攻坚指挥部利用 7 天时间，先后到 11 个乡镇，对全县应拆 205 户旧房拆除及复垦复绿进行全面验收。

7 日　白朗县教育局依托山东省济南市援藏优势，组织选派 17 名教育系统骨干人才到山东省济南市跟班培训，并举行出征仪式，副县长达娃顿珠参加仪式。

10 日　白朗县人社局举行农牧民转移就业“劳务输出”仪式，输送 5 名下乡外出务工者到中农圣域农业科技发展有限公司就业。

13 日　白朗县副县长达娃顿珠带队的白朗县教育系统学习考察团到山东省济南市考察学习。

17 日　县委常委、常务副县长扎西次旦带队的白朗县项目审批能力提升培训班到山东省济南市考察学习，山东省济南市发改委党组成员、副局级领导干部杨兴才，商河县委常委、常务副县长董泽勇陪同考察。

19 日　农行日喀则分行“智慧乡村”示范点在嘎东镇阿亚村揭牌。

是日　白朗县组织在岗县级领导到日喀则市反腐倡廉警示教育基地参观学习。

27 日　西藏自治区文明办未成处处长叶丹带队的检查组一行到白朗县嘎东镇小学检查指导工作，市委常委、宣传部部长格桑卓玛，市委宣传部副部长丹增达娃，县委副书记舒伟，县委宣传部、县教育局负责人陪同检查。

31 日　白朗县乡村振兴局正式挂牌。

6月

4 日　白朗县第二届“五彩天域、魅力白朗”农牧民运动会开幕。

5—6 日　县委书记次仁顿珠到日喀则珠峰现代农业科技博览园、西藏年河乳业有限公司、白朗七彩庄园生态农业有限公司、洛江镇扎林村扎尔林农机合作社、宗下村桑卡布娟姗牛繁育农民专业合作社，县疾控中心、县卫生服务中心等地对产业发展、农牧民专业合作社规范提升、疫情防控和防疫物资储备情况进行调研。

11 日　西藏自治区发改委党组书记马箐林带队的调研组一行到白朗县调研区党委巡视一组反馈项目建设领域问题整改情况，县委常委、常务副县长扎西次旦，副县长扎西巴桑陪同调研。

16 日　白朗县民政局联合县人民医院到各乡镇为重度残疾人提供上门入户评残服务。

17 日　白朗县召开县委理论学习中心组第十九次学习暨党史学习教育读书班第十三次、“三更”专题教育第十六次学习会议。县委书记次仁顿珠主持会议，市委宣传部副部长阿珍到会巡听旁听，在岗县级干部、县直各部门负责人参加会议。

是日　由县教育局主办，县中学承办的“百年峥嵘心向党、扬帆启航新征程”毕业晚会在县中学举行。

19 日　白朗县民政局举行残疾人辅助器具发放仪式。为 8 个乡镇残疾人发放轮椅 15 辆、拐杖 6 根、助行器 4 个、护理床 5 辆、尿包 40 包等辅助器具。

20 日　白朗县召开离退休干部职工慰问活动。

县委书记次仁顿珠出席会议并讲话，县委副书记舒伟主持座谈会，县委常委、组织部部长阳李俊参加座谈会。此次座谈会共有 112 人参加，发放慰问金 5.6 万元。

26 日　白朗县嘎东镇农牧民群众祝贺复兴号首发成功。

28 日　中国共产党白朗县第十次代表大会开幕。县委书记次仁顿珠作报告，县委副书记、政府县长陈锋主持会议。大会应到代表 228 名，实到 210 名，符合法定代表人数。

是日　白朗县嘎吉都宗种植农民专业合作社和巴扎乡西藏白朗拉东曲木扎娟姗奶牛养殖农民专业合作社获评国家级示范社。

7 月

2 日　县委书记次仁顿珠，政府副县长扎西巴桑一行到县特困人员集中供养服务中心慰问特困老人。

6 日　西藏自治区第二指导组、市政法队伍教育整顿“回头看”复评一组到白朗县督导检查政法队伍教育整顿工作。

9 日　白朗县委组织召开“两会”，会上成立白朗县十四届人民代表大会第一次会议和政协第三届白朗县委员会第一次会议临时党委。县委书记次仁顿珠出席会议并讲话，出席“两会”的人大代表、政协委员中的党员参加会议，在岗县级领导出席会议。

10—11 日　白朗县召开政协第三届白朗县委员会第一次会议。县委副书记舒伟主持会议，会议应到代表 149 名，实到代表 139 名，符合法定人员。

12 日　白朗县召开山东省第二批援藏教师支教期满工作总结会。

14 日　白朗县人社局组织举办 2021 年现场招聘会，县委书记次仁顿珠，县委副书记、县长陈锋，县人大常委会主任杨晓龙，县政协主席普琼，副县长扎西巴桑出席招聘会，各招聘单位代表、高校毕业生、农牧民群众共计 130 余人参加招聘会。

20 日　日喀则市政法队伍教育办公室联合市纪委派驻市委政法委纪检监察组到白朗县人民法院、司法局督导检查重点线索清零工作，县纪委、县整改办相关人员陪同检查。

26 日　白朗县举办首届“珠峰工匠”技能大赛。

8 月

4 日　日喀则市政协副主席丁峰带队的调研组一行到巴扎乡就当前畜牧业生产方式对草原影响开展调研。县政协副主席三永兴，县政协副主席、巴扎乡党委书记滕斌陪同调研。

13 日　县委常委、常务副县长扎西次旦到全县在建的 7 个项目和便民服务大厅督导检查项目推进和电子政务外网使用情况，强堆乡、县发改委、行政审批局等单位负责人陪同检查。

16 日　白朗县民政局开展基层政权建设和社会治理信息系统培训，各乡镇民政专干参加培训。

23 日　白朗县嘎东镇召开 2021 年考入北大学生座谈会。会上，镇党委负责人向以优异成绩考取北京大学的扎西普尺同学表示祝贺，并送上助学金。

是日　日喀则市政协副主席丁峰带队的调研组一行到白朗县调研河长制工作开展情况，县政协党组书记、主席普琼，副县长扎西巴桑，经济和生态环保界 2 名委员以及相关部门负责人陪同调研。

24 日　日喀则市委常委、市委秘书长、市直机关工委书记陈刚受市委书记张延清的委托，率日喀则市第一宣讲慰问团到白朗县开展“迎大庆、送温暖，讲党恩、爱核心、办实事、聚人心”主题活动，向白朗县赠送习近平总书记题词“建设美丽幸福西藏、共圆伟大复兴梦想”贺幛及中央代表团礼品，看望慰问白朗县各族各界干部群众，切实把习近平总书记和党中央的关怀温暖送到各族干部群众中，县委书记次仁顿珠全程陪同。

是日 白朗县总工会开展慰问活动。为30名结婚的干部职工、45名生育的干部职工、28名生病住院的干部职工、8名退休的干部职工发放价值共63900元的慰问品(四件套),并向10名直系亲属去世的干部职工发放共计8200元的慰问金。

27日 白朗县2021年种子田建设工作顺利通过市级验收。

28—29日 县委常委、组织部部长,县专合领导小组组长阳李俊带队的调研组开展合作社规范提升调研工作。

30日 县委副书记、县长陈锋考察指导县中学秋季开学工作。

31日 中国共产党白朗县第十届委员会第二次全体会议召开。会议传达学习习近平总书记在西藏视察时的重要讲话精神,听取县委常委会工作报告,审议通过《中共白朗县委员会关于深入贯彻落实习近平总书记视察西藏重要讲话精神的实施意见》。会议由县委常委会主持。

9月

9日 白朗县巴扎乡开展2021年农业生产大检查。西藏自治区农科院专家,市农业技术推广中心负责人、技术人员、乡农牧综合服务中心工作人员,农业科技特派员,各行政村党支部书记及村主任等相关人员参加检查。

11日 白朗县召开庆祝第37个教师节暨表彰大会。县委书记次仁顿珠出席会议并讲话,会议对质量立校先进学校、中教先进乡镇、优秀基层党组织等18个先进集体和优秀教育工作者、名校长、名班主任、名教师、先进基层党务工作者等91名先进个人进行表彰。

12日 应县委书记次仁顿珠和县委组织部部长阳李俊邀请,日喀则珠峰农牧产业投资集团有限公司董事长詹毅一行到白朗县4个乡镇实地调研农牧民专业合作社发展状况,共同谋划全产业链建设过程中龙头企业与合作社分工协作。

15日 江孜县退役军人事务所考察组一行到白朗县交流学习全国退役军人服务中心(站)示范创建工作。

25日 中华慈善总工会联合西藏自治区慈善总工会在白朗县开展先天性心脏病儿童救助活动,为28名先心病儿童进行现场检查、筛查,对2名符合手术条件的先心病儿童办理手续流程和免费治疗政策。

26日 白朗县召开2021年度"争做神圣国土守护者、幸福家庭建设者"乡村振兴人才表彰大会,县委书记次仁顿珠出席会议并讲话,县委副书记舒伟主持会议,在岗县级领导,各乡镇、县直各部门主要负责人,"争做神圣国土守护者、幸福家庭建设者"乡村振兴人才表彰对象共计90余人参加会议。

30日 白朗县组织驻地官兵代表、师生代表、机关干部代表到日喀则市烈士陵园开展烈士纪念日公祭活动,副县长王恒良主持活动。

10月

7—14日 白朗县组织县、乡两级17名水利业务干部到山东省济南市开展学习培训。

12日 白朗县第十四届人民代表大会常务委员会召开第二次会议,会议应到常委会组成人员26人,实到14人,符合法定人数。县人大常委会党组成员、副主任平措旺拉主持会议。

13日 白朗县组织各乡镇主要负责人、各牛羊养殖合作社理事长开展合作社规范运营实地参观培训。

19日 网易公益"一块屏"教育振兴项目捐赠仪式在白朗县举行,网易集团向白朗县11所中小学捐赠12台智慧屏,90台计算机,3台有道一体机,有道steam教室设备120套,有道优客形化编程课账号135个等硬软件设备及网易公开课、网易云音乐、有道云教室等新信息化产品。

20—21日 白朗县副县长普布扎西带队的县

行政审批局、政务中心窗口工作人员一行到山东省考察学习。

21 日　日兴加油站到白朗县开展残疾康复辅助器具捐赠活动，为 5 名瘫痪在床的重度残疾人发放电动护理床 5 张。

26—29 日　县委常委、宣传部部长次琼带队到 11 个新时代文明实践和部分新时代文明实践站开展新时代文明实践建设督导检查暨自查摸底工作。

27 日　白朗县城管局组织党员干部到日喀则市垃圾分类宣传教育基地参观学习。

11 月

1—2 日　西藏自治区体育局党组书记、副局长、区指导组副组长王德军带队的区党委党史学习教育第二巡回指导小组到白朗县检查指导党史学习教育工作开展情况。日喀则市委常委、宣传部部长格桑卓玛，县委书记次仁顿珠，县委常委、宣传部部长次琼陪同检查。

5 日　白朗县农业农村局组织农牧技术骨干人才到山东省考察学习。

9 日　西藏自治区四川富顺商会到白朗县特困集中供养中心开展慰问，为老人们送上衣服、被子、水壶、血压器等生活用品及 1 万元慰问现金。

是日　白朗县召开三级帮扶援藏医疗工作总结暨表彰会，副县长达娃顿珠出席会议并讲话，县卫生健康委员会负责人、济南市援藏医疗队员、县卫生服务中心干部职工参加会议，会议由县卫生服务中心负责人主持。

12 日　白朗县工会召开第五次代表大会 2021 年第一次会议，县委副书记舒伟主持会议，会议应到代表 100 名，实到代表 97 名，符合法定人数。

13 日　西藏自治区司法厅副厅长张宏发带队的全区司法行政工作观摩团一行到白朗县观摩学习。县委书记次仁顿珠，县委副书记舒伟，县委常委、政法委书记、国安办主任、公安局局长普琼次仁，副县长普布扎西陪同。

15 日　泓德基金管理有限公司和阳光融汇资本投资管理有限公司在白朗县举行捐赠仪式。泓德基金管理有限公司董事长胡康宁代表 2 家企业向白朗县捐赠共计 88626 元。其中，80000 元用于扶持 2021 年考上大学的 40 名建档立卡脱贫户及监测户家庭中的贫困学生，8626 元用于为玛乡小学购买体育器材。

17 日　白朗县退役军人事务局举行“济南市退役军人事务局援助资金购置办公设备”发放仪式，副县长王恒良出席仪式并讲话。仪式上，王恒良为县退役军人事务局及各乡镇发放电脑、打印机、复印机等价值 22 万元的退役军人事务系统办公设备。

25—26 日　由县委常委、宣传部部长次琼带队，组织县文旅局、县新时代文明实践中心、县融媒体中心、各乡镇新时代文明实践所相关负责同志共计 21 人，到拉孜县、江孜县新时代文明实践中心（所、站）、融媒体中心参观学习。

12 月

2 日　山东济南市第九批援藏干部管理组开展“心系教育、情牵学子”暨“我为群众办实事”活动。活动中，向 11 所乡镇小学及县幼儿园发放 98 台电脑，价值 49 万元。

7 日　西藏自治区民族团结进步模范区交叉考评组到白朗县洛江镇考评验收创建民族团结模范镇工作。

18 日　日喀则市委常委、南木林县委书记赵兵率南木林县党政代表团到白朗县交流考察，县委书记次仁顿珠陪同。

21 日　由县委常委、政府副县长陈君峰牵头，组织县委政法委、县发改委、公安局、财政局和项目设计、监理、施工单位负责人及 3 名日喀则市信息化专家对白朗县“雪亮工程”建设项目开展终验工作。

27日 白朗年河青稞良种供销农民专业合作社举行2021年合作社分红大会暨创新农业现代化经验交流现场会，县委书记次仁顿珠出席会议并讲话，县政协主席普琼，县委常委、组织部部长、党校校长阳李俊，县政府副县长王恒良，县农业农村局、专合办、各县镇负责人以及合作社社员共170余人参加会议。

29日 白朗县中心医院成立揭牌仪式举行。

县情概览

白朗进县口具有地域特色的标志性建筑

白朗年鉴

2022

【地理位置】 白朗县位于西藏自治区南部，受雅鲁藏布江大断裂活动带的影响，白朗县地质总体构造线方向呈近东西向展布，为断裂、褶皱构造发育，地层中主要包括砂页岩、砾岩、砂岩、粉砂岩、泥岩、泥灰岩、页岩、凝灰岩等。地处北纬 28°17′ —29°18′ 、东经 88°53′ —89°25′ ，南北长约 120 千米，东西宽约 50 千米，总面积 2758.98 平方千米，平均海拔 4000 米。白朗县北靠日喀则，南接亚东县，东西毗邻江孜县和萨迦县，距离江孜县 42 千米，日江公路穿城而过，交通极为方便。

【气候特征】 白朗县属高原温带季风半干旱气候，气候干燥，太阳辐射强，干湿冷暖季节分明，年平均降水量 361 毫米，降水一般集中在每年 5—10 月，以夜雨为主，地域上从北向南逐步减退。白朗县年平均气温 5.9℃，气温日差较大，年差较小，最高气温 26℃，最低气温 -24.6℃，全年日照时数 3200 小时，无霜期 120—140 天，风期 100 天左右，最大风力 8 级以上。

【水文状况】 白朗县境内北部水资源较为丰富，中南部水资源相对贫乏，北部山间河谷地下水供源主要是降水、年楚河及其支流，浅层地下水深度 4—6 米，中南部高海拔山区地下水供源主要是降水、冰雪融水，浅层地下水深度 8—10 米。白朗县河流众多，均为季节性河流，较大的河流有 10 条，其中又以年楚河与天曲河两大河流为主，流经白朗县 38 千米的年楚河。6—9 月为丰水期，10 月至次年 5 月为平水期。最大流量为 41.70 米^3/秒，最小流量为 11.07 米^3/秒，年平均流量为 25.7 米^3/秒，是沿河四乡（镇）农田灌溉的主要依托。

【自然资源】 白朗县总耕地面积 12.74 万亩，人均耕地 2.69 亩，农作物总播种面积 8492.24 公顷；草原畜牧业和农区畜牧业潜力巨大，草场总面积 350 万亩，可利用 331.04 万亩。白朗县地处被动大陆边缘，紧邻雅鲁藏布江缝合带，构造变形强烈，区内地层发育齐全，沉积环境和岩石类型具多样性，为金属、非金属矿产的形成提供了良好的条件。白朗县属西藏冈底斯成矿带，矿产资源丰富，已发现矿产种类有铜、铅、锌等金属矿产，石灰石、石英砂岩、页岩、河沙、砾石非金属矿产。动物资源相对缺乏，主要有喜马拉雅旱獭、野驴、狐狸、鹿、长嘴百灵、黑颈鹤、斑头雁、斑鸠、拉萨裂腹鱼、双须重唇鱼等。白朗县境内分布着近 200 种植物资源，它们构成了高山寒漠植被、高山草甸植被、亚高山草甸植被、亚高山草原植被、灌丛草原植被、草甸植被、沼泽植被等 7 种植被类型。

【历史沿革】 1300 年前，西藏著名的喇嘛译师巴扎·尼玛扎巴和纳朗·多吉登雄两人曾在巴雪（今白朗县嘎东镇白雪村）译过经。后来人们为纪念这两位德高望重的大师，取两人姓名中各一字合成“巴朗”，几经人们译音和择字，后定为“白朗”。1959 年 8 月，受江孜基巧办事处直接领导的白朗、旺丹、杜琼三宗精简合并，成立白朗县人民政府，隶属江孜专区。

【行政区划】 白朗县辖 2 个镇、9 个乡，即洛江镇、嘎东镇，巴扎乡、强堆乡、杜琼乡、曲奴乡、旺丹乡、玛乡、嘎普乡、者下乡、东喜乡，111 个行政村。

【人文资源】 白朗县历史文化源远流长，一代藏王颇罗鼐出生于白朗县杜琼乡，颇罗鼐执政期间，实行了安定西藏社会秩序、促进藏族政治经济文化发展的措施；为了及时恢复和发展生产，对旧制中存在的弊端进行改革，政治上励精图治，顺应僧尼民众，社会矛盾得到缓解，民众负担减轻，民众得到休养生息。同时，白朗传统文化极富地方民族特色，境内盛行的传统歌舞内容多与劳动、娱乐、庆典、出征、祭祀等相关，有锅庄舞、踢踏舞、神舞、藏戏等。

【特色产业】 白朗县是西藏自治区粮食主产县、农村改革试点县、国家现代农业示范区、国家农业科技园区核心区、国家级农产品质量安全县、国家级蔬菜标准化种植示范区、国家级电子商务进农村综合示范县、国家现代农业产业园创建县、全国农业全产业链典型县、国家首批创新型县和中国特色农产品优势区(白朗蔬菜)。有大棚蔬菜、优质青稞、农区畜牧业和传统民族手工业等四大支柱产业。白朗县农作物主要有青稞、豌豆、小麦、油菜以及各类温室大棚蔬菜等;畜牧业主要养殖黄牛、娟姗牛、岗巴羊、新疆细毛羊等;工业进一步发展,主要有白朗县嘎东镇兴旺传统服饰农民专业合作社、白朗县现代藏式服装厂、白朗县旺达食品有限公司、白朗县康桑农产品发展有限公司、白朗县嘎东镇惠民联营传统粮油加工农民专业合作社、白朗县嘎东镇色唐荞麦加工农民专业合作社、白朗县恰珠编织坊、白朗县旺丹卡垫厂、白朗绿色蔬菜发展有限公司、白朗县罗布丹增糌粑加工厂、恰珠编织厂、日喀则市旺达食品有限公司、西藏白朗县圣雄奶牛农民专业合作社、白朗县年雄孜吉牧业奶牛养殖场、珠峰农机公司等;白朗县民族手工业种类众多,有纺织、制革、编织、造纸、缝纫、木工、绘画和金银饰品加工等。

【经济现状】 2021年,全年地区生产总值达14.8亿元,同比增长6.3%。全社会固定资产投资完成3.58亿元,工业总产值完成2.34亿元。社会消费品零售总额达2.93亿元,增长9.6%。地方财政一般预算收入达2943万元,增长20.71%。农村居民人均可支配收入达19844元,增长15.5%。城镇登记失业率控制在2.3%以内。

(欧珠罗布)

党政机构负责人名录

冬季白朗别样景色

白 朗 年 鉴

2022

中国共产党白朗县委员会及所属工作部门

中共白朗县委员会

书　记

陈　　昊(6月免)

次仁顿珠(藏族,6月任)

副书记

赤列朗杰(藏族,6月免)

陈　　锋(6月任)

尼玛顿珠(藏族,2月免)

舒　　伟

李盛利(山东援藏)

常　委

郎迎宾(2月任)

田　　冲(山东援藏)

杨　　彬

罗布顿珠(藏族,4月免)

普琼次仁(藏族,4月任)

扎西次旦(藏族)

夏日林

赵瑞红(女,5月免)

次　　琼(女,藏族,5月任)

胡卫波(4月免)

陈君峰(5月任)

黎星庆(瑶族,5月免)

阳李俊(5月任)

张　　敏(5月任)

中共白朗县委员会办公室

主　任

张　　敏(4月免)

江　　村(藏族,12月任)

副主任

王家骅

严　　波(12月任)

副主任、机要局局长

旦增群旦(藏族,4月免)

副主任、机要局局长

拉巴曲珍(女,藏族,12月任)

中共白朗县委组织部

部　长

黎星庆(5月免,瑶族)

阳李俊(6月任)

常务副部长

扎西平措(藏族,4月免)

副部长、编办主任

王宝强(4月免)

白玛央珍(女,藏族,12月任)

副部长

但建川(12月免)

达　　琼(藏族,12月任)

中共白朗县委宣传部

部　长

赵瑞红(女,5月免)

次　　琼(女,藏族,5月任)

常务副部长

张伟华(4月任)

副部长、广电局局长

周　　军(12月免)

巴桑卓玛(女,藏族,12月任)

副部长

尼玛曲扎(藏族)

中共白朗县委统战部

部　长

杨　　彬

常务副部长

格桑次仁(藏族,12月任)

副部长

晋美朗杰(藏族,6月任)

中共白朗县委政法委员会

政法委书记、国安办主任、公安局局长

罗布顿珠(藏族,5月免)

普琼次仁(藏族,5月任)

常务副书记

江　村(藏族,12月免)

白　玛(女,藏族,12月任)

副书记

边巴拉姆(女,藏族)

巴桑次仁(藏族)

中共白朗县委巡察工作领导小组办公室

主　任

尼玛次旺(藏族)

副主任

邓文龙

巡察一组组长

张学芹(女)

巡察二组组长

德吉卓嘎(女,藏族)

中国白朗县委党校

县委副书记、党校校长

舒　伟(8月免)

组织部部长、党校校长

阳李俊(8月任)

党支部书记

巴桑次仁(藏族,11月免)

任振西(11月任)

副校长

郭晓川(女,12月任)

白朗县人民代表大会常务委员会及所属工作部门

白朗县人民代表大会常务委员会

党组书记、人大常委会主任

尼玛顿珠(藏族,2月免)

杨晓龙(7月任)

党组成员、副主任

平措旺拉(藏族)

米玛次仁(藏族,2月免)

杨全义(4月免)

达　娃(女,藏族,7月任)

片　多(女,藏族,7月任)

普　珠(藏族,7月任)

县人大法治财政科教委员会主任委员

普布次仁(藏族)

白朗县人民代表大会常务委员会办公室

主　任

巴　罗(藏族)

副主任

刘永才(2月任)

白朗县人民政府及所属工作部门

白朗县人民政府

县　长

赤列朗杰(藏族,6月免)

陈　锋(6月任)

常务副县长

胡卫波(4月免)

扎西次旦(藏族,4月任)

副县长

田　冲(山东援藏,正县级)

扎西次旦(藏族,4月免)

陈君峰(5月任)

付宜锋(5月免)

杨金花(女)

顾群艳(女,4月免)

王恒良(5月任)

达娃顿珠(藏族)

扎西巴桑(藏族)

普布扎西(藏族,6月任)

白朗县人民政府办公室

主　任

格桑扎西(藏族,12月免)

何　堃(12月任)

副主任

陈虎龙(5月免)

德吉卓嘎（女，藏族）
欧珠罗布（藏族，12月任）

白朗县信访局

局　长
次　　珍（女，藏族）
副局长
康　　峰
次仁卓玛（女，藏族，12月任）
洛松西热（藏族，11月免）

白朗县发展和改革委员会

负责人
普　　琼（藏族，6月免）
副主任
李 运 荣（山东援藏）
次旦年扎（藏族）
吴 小 江

白朗县教育（体育）局

局　长
格桑吉拉（女，藏族）
副局长
李　　帅（女）
边巴扎西（藏族，12月免）

广播电影电视

县委宣传部副部长、广电局局长
周　　军（12月免）
巴桑卓玛（女，藏族，12月任）

白朗县民族宗教事务局

局　长
旦 木 真（藏族）
副局长
央金卓嘎（女，藏族）
扎西平措（藏族，12月任）

白朗县公安局

局　长
罗布顿珠（藏族，4月免）
普琼次仁（藏族，4月任）
政　委
普　　琼（藏族）
副局长
白　　贵（藏族）
王　　琳
党委委员、办公室主任
顿珠玉杰（藏族）

白朗县民政局

局　长
巴桑普尺（女，藏族）
副局长
如　　给（女，藏族）
仓 木 拉（女，藏族）
特困人员集中供养服务中心主任
洛桑德庆（藏族）

白朗县司法局

局　长
白　　玛（女，藏族，12月免）
白玛卓嘎（女，藏族，12月任）
副局长
平措次仁（藏族）
宗　　洁（女，12月任）

白朗县财政局

局　长
旦增杰布（藏族）
副局长
刘 亚 妮（女）
次仁多布杰（藏族）
次仁卓玛（女，藏族）

白朗县人力资源和社会保障局（公务员局）

局 长

普布次仁（藏族）

副局长

次 央（女，藏族）

边 央（女，藏族，12月任）

白朗县行政审批和便民服务局

局 长

次仁曲宗（女，藏族）

副局长

达娃普赤（女，藏族）

白朗县退役军人事务局

局长、一级主任科员

王起龙

副局长、二级主任科员

索朗卓嘎（女，藏族）

副局长、三级主任科员

白玛卓嘎（女，藏族，4月任）

退役军人事务局服务中心主任

次 央（女，藏族）

日喀则市生态环境局白朗县分局

局 长

米 玛（藏族）

监测站站长

巴桑欧珠（藏族）

白朗县住房和城乡建设局

局 长

何 堃（12月免）

但建川（12月任）

副局长

林战军（山东援藏）

德 庆（女，藏族）

洛朗旺布（藏族，12月任）

白朗县城市管理和综合执法局

局 长

达 次（藏族）

副局长

王志彪（2月免）

白朗县交通运输局

局长、四级调研员

尼玛次仁（藏族）

副局长、三级主任科员

欧 珠（藏族，4月免）

副局长

平 措（藏族，4月任）

副局长、四级主任科员

周金娥（女，12月任）

白朗县水利局

局 长

巴桑扎杰（藏族）

副局长

边巴次仁（藏族）

朱易成

白朗县农业农村局

局 长

尼玛旺拉（藏族，7月免）

副局长

李光宗（山东援藏，正县级）

王要卿

名 米（藏族）

农牧综合服务中心主任

旦增欧珠（藏族）

农牧综合服务中心副主任

郭 雷（山东援藏，高级农艺师，3月任）

旦 增（藏族）

巴桑普尺（女，藏族）

白朗县自然资源局

局　长

次仁罗布(藏族)

副局长

白玛卓嘎(女,藏族)

米玛潘多(女,藏族,5月任)

白朗县医疗保障局

局　长

格桑卓嘎(女,藏族)

副局长

次　白(女,藏族)

旦增平措(藏族,5月任)

白朗县卫生健康委员会

主　任

普　珍(女,藏族)

副主任

次　旦(藏族)

白朗县审计局

局　长

松　姆(女,藏族)

副局长

唐　忆(女)

白朗县疾病预防控制中心

主　任

米　玛(藏族)

副主任

格桑旺堆(藏族)

白朗县统计局

局　长

白玛央吉(女,藏族)

副局长

普布次仁(藏族)

白玛卓玛(女,藏族)

白朗县卫生服务中心

党支部书记、主任

边巴次仁(藏族)

党支部副书记、副院长

琼　达(女,藏族)

副院长

于德宝(山东援藏)

白朗县市场监督管理局

局　长

龙　甫(2月任)

副局长

龙　甫(2月免)

普　顿(藏族)

李　贺(4月任)

援藏工作

县委常务副书记

李盛利(山东援藏,正县级)

县委常委、副县长

田　冲(山东援藏,正县级)

县发改委副主任

李运荣(山东援藏,副县级)

县住房和城乡建设局副局长

林战军(山东援藏,副县级)

县农业农村局副局长

李光宗(山东援藏,副县级)

县水利队副队长

陈　鹏(山东援藏,副县级)

县卫生服务中心副主任

于德宝(山东援藏)

县农牧综合服务中心副主任

郭　雷(山东援藏)

白朗县应急管理局

局　长

王　潮(4月免)

格桑扎西(藏族,12月任)

副局长

杨　林(6月免)

拉　次(藏族)

白朗县消防救援大队

教导员

代少杰

大队长

扎　顿(藏族)

白朗县林业和草原局

局　长

杨兴文(2月任)

副局长

拉巴旦塔(藏族)

江志龙(7月免)

白朗县文化和旅游局

局　长

扎　西(藏族)

副局长

德吉旺姆(女,藏族)

石惠之(女,5月任)

白朗县商务局

局　长

徐　洁(女)

副局长

蒋春岚(女)

供销社主任

索朗旺久(藏族)

白朗县乡村振兴局

局　长

扎西次旦(藏族,9月免)

一级主任科员

贡觉次培(藏族)

副局长

施金松(白族,5月免)

元旦加措(藏族)

德吉白姆(女,藏族,5月任)

白朗县藏语文工作委员会(编译局)

主　任(局长)

琼　达(女,藏族)

白朗县科学技术局

局　长

索朗平措(藏族)

副局长

普　布(女,藏族)

确　吉(女,藏族)

中国人民政治协商会议白朗县委员会及所属工作部门

中国人民政治协商会议白朗县委员会

党组书记、主席

普布次旦(藏族,3月免)

普　琼(藏族,7月任)

党组成员、副主席

旦增曲央(藏族,6月免)

赵俊峰(6月免)

洛桑桑旦(藏族,7月任)

三永兴(7月任)

米玛潘多(女,藏族,7月任)

滕　斌(7月任)

中国人民政治协商会议白朗县委员会办公室

主　任

肖　杰

副主任

次仁卓玛(女,藏族,8月免)

中国共产党白朗县纪律检查委员会

中国共产党白朗县纪律检查委员会(白朗县监察委员会)

书　记

夏日林

副书记

马　　宁

王 晓 杰(5 月免)

洛松江村(藏族,6 月任)

纪委常委、监委委员

次　　普(女,藏族,6 月任)

监委委员

多吉平措(藏族)

白朗县人民检察院、白朗县人民法院

白朗县人民检察院

党组书记、检察长

扎西次仁(藏族)

党组副书记、副检察长

达娃顿珠(藏族)

党组成员、副检察长

洛松江村(藏族,6 月免)

党组成员、一级检察官

琼　　吉(女,藏族)

邱 兴 华(5 月免)

白朗县人民法院

党组书记、院长

许 东 升

党组副书记、副院长

格　　桑(藏族)

党组成员、副院长

次仁拉姆(女,藏族)

边巴普赤(女,藏族)

人民团体

白朗县总工会

主　席

李 小 会(女)

副主席

卓　　玛(女,藏族)

共青团白朗县委员会

书　记

旦增达瓦(藏族)

副书记

次仁玉珍(女,藏族,5 月免)

扎　　央(女,藏族,5 月任)

白朗县妇女联合会

主　席

次仁卓嘎(女,藏族)

副主席

黎 芙 蓉(女)

中直、区直驻白朗县单位

白朗县税务局

局　长

谢 励 萍(女)

纪检组长

严 翔 宇(7 月任)

中国邮政集团公司西藏自治区白朗县分公司

经　理

普布塔杰(藏族)

中国电信集团有限公司白朗电信局

局　长

欧珠次仁(藏族)

中国移动通信集团西藏有限公司白朗县分公司

经　理

普布次仁(藏族,3 月免)

拉巴平措(藏族,3 月任)

客户经理

卓玛拉拇(女,藏族)

渠道经理

准　　吉(女,藏族)

全业务技术支撑

土旦念扎(藏族)

金融机构

中国农业银行股份有限公司白朗县支行

党支部书记、行长

旺　拉（藏族，9 月免）

西　央（女，藏族，10 月任）

纪检委员

边巴次仁（藏族）

副行长

罗布次仁（藏族）

企业

白朗绿色蔬菜发展有限公司

总经理

旦增欧珠（藏族）

白朗县年雄城市投资有限责任公司

董事长

果　吉（藏族）

副总经理

刘　欢

乡镇

洛江镇

党委书记

普　琼（藏族，4 月免）

县委常委、镇党委书记

张　敏（4 月任）

党委副书记、镇长

廖　峰（4 月免）

巴桑赤列（藏族，4 月任）

党委副书记、人大主席

米玛拉姆（女，藏族）

党委副书记、组织委员

巴桑普赤（女，藏族）

纪委书记、监察室主任

白玛仓决（女，藏族）

统战委员、副镇长

德　珍（女，藏族）

宣传委员

仪　杨

副镇长

康　鹏

李　伟

如　给（女，藏族，4 月免）

杨永明（4 月任）

嘎东镇

党委书记

洛　桑（藏族，4 月免）

扎西平措（藏族，4 月任）

党委副书记、镇长

张伟华（6 月免）

王　潮（6 月任）

党委副书记、人大主席

石　达（藏族，4 月免）

唐曲顿珠（藏族，4 月任）

党委副书记、宣传委员

白玛卓玛（女，藏族，4 月免）

旦增群旦（藏族，4 月任）

纪委书记

陈跃昌

政法委员、派出所所长

边巴西落（藏族）

组织委员

白玛卓玛（女，藏族，4 月免）

廖　雪（女，4 月任）

统战委员、副镇长

罗时梅（女，6 月任）

副镇长

唐曲顿珠（藏族，4 月免）

袁　杨（4 月任）

王双龙（6 月任）

扎西次仁（藏族，6 月任）

巴扎乡

党委书记
旦增曲央(藏族,4月免)
县政协副主席、乡党委书记
滕　斌(5月任政协副主席,4月任党委书记)
党委副书记、乡长
滕　斌(4月免)
欧　珠(藏族,4月任)
党委副书记、人大主席
拖　玉(藏族,4月免)
王志彪(4月任)
纪委书记
洪德波(二级主任科员)
党委副书记
索朗坚参(藏族,4月免)
扎西旦真(藏族,4月任,三级主任科员)
组织委员、宣传委员
扎西旦真(藏族,12月免宣传委员)
宣传委员
胡同帝(4月任)
统战委员、副乡长
德　吉(女,藏族,4月免)
索朗曲珍(女,藏族,4月任)
政法委员
德　吉(女,藏族,4月免)
普布国吉(藏族,4月任)
副乡长
毕婷婷(女)
格桑穷达(女,藏族,4月任)

玛乡

党委书记
多布杰(藏族,4月免)
次仁扎西(藏族,4月任)
党委副书记、乡长
蒋春岚(女,4月免)
施金松(白族,4月任)
党委副书记、人大主席
刘永才(4月免)
次仁玉珍(女,藏族,4月任)
组织委员、宣传委员
强巴次旦(藏族,4月免宣传委员)
宣传委员
赵高雷(4月任)
纪委书记、监察室主任
吴志东(4月免)
王瑞贺(4月任)
统战委员、副乡长
白玛洛追(藏族,4月免副乡长)
政法委员
晋美多吉(藏族,4月免人武部部长)
副乡长
邱应雪(4月任)
普布扎西(藏族,4月免)
次旦卓玛(女,藏族,3月免)
杨　燕(女,3月任)
洛桑仁增(藏族)

旺丹乡

党委书记
平措央金(女,藏族,4月免)
余艳群(女,4月任)
党委副书记、乡长
吕华操(3月免)
米玛扎西(藏族,4月任)
党委副书记、人大主席
次仁罗布(藏族,4月免)
达娃次仁(藏族,4月任)
组宣委员
扎西次仁(藏族,4月免宣传委员)
宣传委员
安　月(4月任)
统战委员
白玛卓嘎(女,藏族,4月免)
统战委员、副乡长
达娃央宗(女,藏族,4月任)
政法委员
格桑次仁(藏族,4月免)

格桑次仁（藏族，4月任）
纪委书记，监察主任
卓玛次仁（女，藏族，4月免）
廖　　静（女，4月任）
副乡长
米玛扎西（藏族，4月免）
吴 华 军（布依族，4月任）
李 宗 真（4月任）
修　　娟（女，4月任）

曲奴乡

党委书记
石　　达（藏族，4月免）
张 爱 云（女，4月任）
党委副书记、乡长
张 爱 云（女，4月免）
普　　布（藏族，4月任）
党委副书记、人大主席
边　　次（藏族，4月免）
陈 虎 龙（4月任）
政法委员、派出所副所长
扎西平措（藏族，4月任政法委员）
纪委书记
白玛央吉（女，藏族）
组织委员、宣传委员
德　　央（女，藏族，4月免宣传委员）
副乡长、宣传委员
温 培 慧（4月任）
统战委员
米玛片多（女，藏族，4月免）
统战委员、副乡长
旺　　久（藏族，4月任）
副乡长
德　　吉（女，藏族）
陈 萌 飞（女）

杜琼乡

县人大常委会副主任、乡党委书记
杨 全 义（4月免）
党委书记
王 宝 强（4月任）
党委副书记、乡长
普布次仁（藏族，4月免）
次旦米久（藏族，4月任）
党委副书记、人大主席
次仁罗布（藏族，4月免）
白玛措姆（女，藏族，4月任）
统战委员、副乡长
边　　吉（女，藏族，4月免）
达娃卓嘎（女，藏族，4月任）
党委副书记、组织委员、宣传委员
旦增达瓦（藏族，4月免）
组织委员
吉　　宗（女，藏族，4月任）
宣传委员
常 德 立（4月任）
纪委书记
魏　　巍（女，4月免）
孙 海 艳（女，4月任）
副乡长
江　　涛（4月免）
陆 春 雨（4月任）
张　　玉（女，4月免）
白玛措姆（女，藏族，4月免）
德吉仲嘎（女，藏族，4月任）
袁　　园（女，4月任）

强堆乡

党委书记
赵 俊 峰（4月免）
廖　　峰（4月任）
党委副书记、乡长
扎西江白（藏族，4月免）
索朗旦增（藏族，4月任）
党委副书记、人大主席
次仁扎西（藏族，4月免）
格桑旦增（藏族，4月任）

纪委书记
索朗普尺（女，藏族，二级主任科员）
党委副书记、组织委员
达瓦次仁（藏族，4 月免）
组织委员
白玛央吉（女，藏族，4 月任）
宣传委员
孙 明 翠（女）
统战委员
格桑旺姆（女，藏族）
政法委员
平措卓玛（女，藏族）
副乡长
杨 廷 东
何 昌 龙（2 月任）
高 婷 婷（女，4 月任）

嘎普乡

党委书记
旦　　增（藏族，4 月免）
米玛次仁（藏族，4 月任）
党委副书记、乡长
任 振 西（4 月免）
张 其 征（4 月任）
党委副书记、人大主席
张 其 征（4 月免）
普布旦增（藏族，4 月任）
四级调研员
达瓦罗布（藏族，4 月任）
二级主任科员
玉　　珍（女，藏族）
次仁罗布（藏族，4 月任）
组宣委员
扎西德吉（女，藏族，5 月免）
党委委员、组织委员
孙　　飞（5 月任）
党委委员、宣传委员
扎西德吉（女，藏族，5 月任）
政法委员
晋美朗杰（藏族，4 月免）
巴桑扎西（藏族，4 月任）
纪委书记
刘 世 良
副乡长
平　　措（藏族，4 月免）
晋美旦增（藏族，4 月任）
德吉白姆（女，藏族，4 月免）
罗 显 海（4 月免）
雷 啸 宇（4 月任）
格桑德吉（女，藏族，4 月任）
旺　　金（藏族，4 月任）

者下乡

党委书记
普　　珠（藏族，4 月免）
扎西江白（藏族，4 月任）
党委副书记、人大主席
米玛扎西（藏族）
党委副书记、乡长
李　　勇（4 月免）
王 子 通（4 月任）
党委副书记、组织委员
陈 永 伟（土家族）
纪委书记、派出监察室主任
次　　普（女，藏族，4 月免）
晋美扎巴（藏族，4 月任）
政法委员
普　　琼（藏族）
统战委员、副乡长
邓 文 龙（4 月免）
刘 进 勇（4 月任）
宣传委员
武　　恒（4 月任）
副乡长
普　　琼（藏族，4 月免）
徐 孝 祥（4 月任）
旦增平措（藏族，4 月免）

旦增曲旦(藏族,4月任)
晋美扎巴(藏族,4月免)
徐　　鹏(4月任)

东喜乡

党委书记
达娃罗布(藏族,4月免)
中 多 吉(藏族,4月任)
党委副书记、乡长
李　　贺(4月免)
牛 现 博(4月任)
党委副书记、人大主席
中 多 吉(藏族,4月免)
巴桑石达(藏族,4月任)
党委副书记
王 奎 忠(4月任)
纪委书记
欧 洋 舰(4月任)
宣传委员
覃　　迢(土家族,4月任)
组织委员
李　　阳
统战委员、副乡长
达　　次(藏族,4月免)
次珠多布杰(藏族,4月任)
政法委员
覃　　迢(土家族,4月免)
政法委员、派出所所长
次旺罗布(藏族,4月任)
副乡长
吴 华 军(布依族,4月免)
扎西多吉(藏族)
罗桑旦塔(藏族,4月任)

中国共产党白朗县委员会

县城南山上的古老遗址，犹如一阳指指向天空

白朗年鉴

2022

重要会议

【决策概要】 1月29日，县委书记陈昊主持召开九届县委2021年第一次常委会会议，传达学习习近平总书记重要讲话、新年贺词、重要指示、特别致辞和中央、自治区相关会议文件精神；研究《2021年白朗县事业单位工作人员年度考核优秀人员推荐情况》《关于成立白朗县边防委及办公室的请示》《关于表彰2021年度平安建设（综治）工作先进集体、工作者和平安单位的名单及推荐理由》《关于在全县开展“政治标准要更高，党性要求要更严，组织纪律性要更强”专题教育的实施方案》《白朗县村“两委”换届人事建议方案》，以及干部调入调出、分配、辞职等事宜。

【九届县委2021年第二次常委会会议】 2月24日，县委书记陈昊主持召开九届县委2021年第二次常委会会议，传达学习习近平总书记重要讲话、回信精神和中央、自治区相关文件精神；听取县纪委监委、县人大常委会、政府、政协、法院、检察院、统战民宗和党的建设、意识形态、脱贫攻坚、安全生产、生态环境保护、群团工作情况汇报，研究《关于成立白朗县政法队伍教育整顿领导小组的请示》、《全国、全区“两优一先”初步推荐人员名单》以及干部辞职等事宜。

【九届县委2021年第三次常委会会议】 3月1日，县委书记陈昊主持召开九届县委2021年第三次常委会会议，传达学习习近平总书记重要讲话和中央、自治区、市相关会议文件精神；审议《中共白朗县委关于制定国民经济和社会发展第十四个五年规划和二〇三五远景目标的建议（征求意见稿）》、中共白朗县第九届委员会第十一次全体会议相关事宜。

【九届县委2021年第四次常委会会议】 3月11日，县委书记陈昊主持召开九届县委2021年第四次常委会会议，传达学习习近平总书记重要讲话、重要指示，全国人大、政府、政协工作报告和自治区、市文件会议精神；研究《中共白朗县委员会关于中央第十巡视组反馈意见的整改方案（征求意见稿）》《中共白朗县委开展党史学习教育实施方案（征求意见稿）》《中共白朗县第九届委员会关于召开中共白朗县委第十次代表大会的请示》，以及干部任职、干部调出事宜。

【九届县委2021年第五次常委会会议】 3月18日，县委书记陈昊主持召开九届县委2021年第五次常委会会议，传达学习习近平总书记重要讲话和中央、自治区、市委文件会议精神；研究《关于推荐全区脱贫攻坚先进个人和先进集体的请示》《关于拟评选白朗县2020年民族团结进步模范集体和模范个人的请示》《白朗县关于拟命名第四批县级民族团结进步示范点的请示》《关于召开2021年意识形态（宣传思想）工作会议暨“四讲四爱”群众教育实践活动先进集体和先进个人表彰会的请示》《全县11个乡（镇）关于召开党员大会的请示》《中共白朗县委关于召开中国共产党白朗县第十次代

2021年8月1日，县委书记次仁顿珠（右三）慰问驻地部队官兵

表大会的请示》《关于选派新录用公务员担任大学生村官建议名单》《关于拟报考驻外使馆工作人员建议名单》，以及干部免职等事宜。

【九届县委2021年第六次常委会会议】 4月1日，县委书记陈昊主持召开九届县委2021年第六次常委会会议，传达学习习近平总书记重要讲话和中央文件会议精神；研究《关于做好全县创先争优强基础惠民生活动第九批、第十批驻村工作队轮换工作的请示》《关于成立白朗县县乡领导班子换届筹备工作领导小组的请示》《白朗县县乡领导班子换届工作实施方案》《白朗县2020年度软弱涣散党支部整顿对象》《白朗县2020年度优秀公务员考评名单》，以及干部病假、提前退休、调出、调整等事宜。

【九届县委2021年第八次常委会会议】 4月16日，县委书记陈昊主持召开九届县委2021年第八次常委会会议，传达学习习近平总书记重要指示和市委文件精神；研究《中共白朗县人大常委会党组关于设立白朗县县级人大换届选举委员会的决定和各乡镇人民代表大会代表名额决定的请示》《县级"两代表一委员"拟推荐名单》《白朗县"第四届日喀则市享受政府特殊津贴人才"拟推荐人选名单》，以及干部调出、任职等事宜。

【九届县委2021年第九次常委会会议】 4月18日，县委书记陈昊主持召开九届县委2021年第九次常委会会议，研究干部任免职事宜。

【九届县委2021年第十次常委会会议】 4月29日，县委书记陈昊主持召开九届县委2021年第十次常委会会议，传达学习习近平总书记重要讲话和中央、自治区文件精神；听取、研究《白朗县2021年财政预算的请示》《〈白朗县志（2001—2010）〉编纂情况汇报》，以及干部调入调出等事宜。

【九届县委2021年第十一次常委会会议】 5月18日，县委书记陈昊主持召开九届县委2021年第十一次常委会会议，传达学习习近平总书记重要讲话、贺电贺信和中央、自治区、市文件会议精神；研究《关于推荐第六届自治区文明单位、文明村镇、文明家庭的请示》《白朗县2021年基层党建重点工作任务分解方案》《中共白朗县委关于2021年基层党建示范点创建工作实施方案》《关于旦增等3名同志工作分工的请示》，以及干部任免职、调出等事宜。

【九届县委2021年第十二次常委会会议】 5月24日，县委书记陈昊主持召开九届县委2021年第十二次常委会会议，传达学习习近平总书记重要讲话和自治区文件精神；研究《关于自治区省级领导同志深入基层调研涉及白朗县有关问题整改落实意见》《关于拟推荐上报市级"三优一先"名单》，以及干部任免职、干部调出等事宜。

【九届县委2021年第十三次常委会会议】 6月11日，县委书记次仁顿珠主持召开九届县委2021年第十三次常委会会议，传达学习习近平总书记重要讲话和中央、自治区、市文件会议精神；审议《在中国共产党白朗县第十次代表大会上的工作报告》《白朗县人民代表大会常务委员会工作

2021年6月21日，县主要领导到强堆乡调研驻村和新冠疫情防控工作

报告》《白朗县人民政府工作报告》《在政协第三届白朗县委员会第一次会议上的工作报告》《白朗县纪律检查委员会工作报告》《白朗县人民法院工作报告》《白朗县人民检察院工作报告》《白朗县2020年预算执行情况与2021年预算草案的报告》《关于白朗县党费收缴、使用和管理情况的报告》；研究《白朗县第十四届人民代表大会代表候选人建议名册（草案）》《政协第三届白朗县委员会委员推荐人选建议名册（草案）》《关于中国共产党白朗县第十届纪律检查委员会委员候选人预备人选的请示》《庆祝中国共产党成立100周年系列活动实施方案》《白朗县2021年“三优一先”推荐工作的实施方案（征求意见稿）》《中共白朗县第十届委员会代表候选人建议名册（草案）》《白朗县委、人大、政府、政协领导班子换届工作实施方案》《中共白朗县第十届委员会县委委员、候补委员建议名单（草案）》，以及干部任免职等事宜。

2021年7月2日，县委书记次仁顿珠（右一）到县特困人员集中供养服务中心慰问特困老人

【九届县委2021年第十四次常委会会议】 6月15日，县委书记次仁顿珠主持召开九届县委2021年第十四次常委会会议，传达学习习近平总书记重要讲话、重要指示和相关文件会议精神；研究《中共白朗县委落实全面从严治党主体责任2021年度任务安排》《中共白朗县委员会全面深化改革委员会2021年工作要点》《关于中国共产党白朗县第十届委员会、第十届纪律检查委员会人事安排的请示》《中共白朗县委员会关于白朗县人大、政府、政协领导成员和法院院长、检察院检察长、监察委员会主任、副主任人事安排的请示》事宜。

【九届县委2021年第十五次常委会会议】 6月26日，县委书记次仁顿珠主持召开九届县委2021年第十五次常委会会议，传达学习习近平总书记重要讲话和中央、自治区、市文件会议精神；审议《中共白朗县纪律检查委员会工作报告》《中共白朗县委员会工作报告》《中国共产党白朗县第十届委员会委员、候补委员会候选人建议名单》《中国共产党白朗县第十届纪律检查委员会委员候选人建议名单》；听取《中国共产党白朗县第十次代表大会筹备工作情况报告》；研究《关于进一步完善白朗县纪检监察工作片区协作机制的请示》《中共白朗县政协党组关于召开政协第三届白朗县委员会第一次会议的请示》《白朗县人大换届选举委员会关于确定白朗县第十四届人大常委会委员及人大法制财政科教委员会组成人员的请示》《中共白朗县委关于在“政治标准要更高、党性要求要更严、组织纪律性要更强”专题教育期间的自查整改报告》《白朗县“三优一先”拟推荐名单》《中国共产党白朗县第十次代表大会列席人员及其他建议名单》，召开中国共产党白朗县第九届委员会第十五次全体会议及干部任免职等事宜。

【十届县委第一次常委会会议】 7月22日，县委书记次仁顿珠主持召开十届县委第一次常委会会议，传达学习习近平总书记重要讲话、重要指示精神和中央、市委有关文件精神；研究关于调整充实县委审计委员会、民族团结进步模范区创建、青少年发展规划、“六史”宣传教育、县委常委分工、政府工作分工、援藏项目授权委托、县委常委会议事规则、县级领

2021年9月2日，县委书记次仁顿珠（中）到白朗融媒体中心机房检查安全播出情况

导干部联系指导乡镇、成立县委督查办及干部调出、干部分配、干部任免职等事宜。

【十届县委第二次常委(扩大)会议】 8月2日,县委书记次仁顿珠主持召开十届县委第二次常委(扩大)会议,传达学习习近平总书记重要讲话、重要指示精神和中央、区党委、市委有关会议文件精神；听取疫情防控、安全生产、防灾减灾、大庆安保、干部监督管理和基层党建工作开展情况,研究干部职工管理办法、政府工作规则、党组设置、辞退公务员、公开遴选、干部任免职等事宜。

【十届县委第三次常委(扩大)会议】 8月18日,县委书记次仁顿珠主持召开十届县委第三次常委(扩大)会议,传达学习习近平总书记重要致辞、重要回信精神和区党委、市委有关会议文件精神；听取全县意识形态、从严治党工作开展情况和审议依法治县相关工作规则、工作细则、工作要点等,专题部署下一步工作；研究《关于进一步做好创建全国文明城市准备工作的工作方案》、教师申请提前退休、干部职工参加公开遴选、申请辞职、申请调出,以及人大、政协机关和综合行政执法队“三定”规定和县纪委监委内设机构改革等事宜。

【十届县委第四次常委会会议】

8月30日,县委书记次仁顿珠主持召开十届县委第四次常委会会议,传达学习习近平总书记重要讲话、重要指示、重要回信贺信精神和区党委有关会议文件精神；研究《关于深入贯彻落实习近平总书记视察西藏重要讲话精神的实施意见》《2021年度“争做神圣国土守护者、幸福家园建设者”乡村振兴人才表彰名单》,听取十届白朗县委第二次全体会议筹备情况,审议题为《贯彻讲话精神、接棒奋勇续跑,谱写长治久安和高质量发展白朗新篇章》的全会报告等事宜。

【十届县委第五次常委会会议】

9月3日,县委书记次仁顿珠主持召开十届县委第五次常委会会议,传达学习习近平总书记重要讲话精神和党中央相关会议精神；研究《关于表彰2020—2021年学年度教育工作先进集体和先进个人建议名单》事宜。

【十届县委第六次常委会(扩大)会议】 9月18日,县委书记次仁顿珠主持召开十届县委第六次常委会(扩大)会议,传达学习习近平总书记重要讲话、重要致辞、重要回信及区党委、市委有关文件精神；专题部署农牧民专业合作社发展、乡村振兴工作；研究《关于调整充实常态化白朗县疫情联防联控工作领导小组的请示》和干部调出等事宜。

【十届县委第七次常委会会议】

9月29日,县委书记次仁顿珠主持召开十届县委第七次常委会会议,传达学习习近平总书记重要讲话、重要贺信及慰问精神；研究《关于调整、设立县社区矫正委员会等委员会(领导小组)的请示》《关于调整、设立县委全面深化改革委员会等委员会(领导小组)的请示》《关于进一步加强党委联系服务专家人才工作的实施意见》《关于开展“先锋白朗大讲堂”活动的实施方案》等事宜。

【十届县委第八次常委会会议】

10月14日,县委书记次仁顿珠主

持召开十届县委第八次常委会会议，传达学习习近平总书记重要讲话精神和区党委、市委相关文件精神；审议《白朗县人民政府关于提请修订〈中共白朗县人民政府党组工作规则〉的请示》；听取《白朗县2021年新时代文明实践中心工作汇报》；研究《白朗县党史学习教育巡回指导工作方案》《白朗县纪委监委关于调整充实白朗县纪委监委协作片区工作方案的请示》《白朗县参加日喀则市2021年市直机关事业单位公开遴选考试人员名单》，以及干部任职定级等事宜。

【十届县委第九次常委会会议】
10月22日，县委书记次仁顿珠主持召开十届县委第九次常委会会议，传达学习习近平总书记重要讲话、贺信及中共中央政治局会议精神。

【十届县委第十一次常委会会议】
11月4日，县委书记次仁顿珠主持召开十届县委第十一次常委会会议，传达学习王君正讲话和相关文件精神；研究审议《白朗县关于贯彻落实自治区13项民生实事的实施意见》《白朗县农村宅基地审批与分户同步办理的规定（试行）》《白朗县人民政府党组关于提请研究审议〈白朗县纠纷多元化解工作方案〉的请示》《白朗县人民政府党组关于提请研究审议〈白朗县临时救助“救急难”工作暂行办法（试行）〉的请示》《关于撤销部分县直部门党委（党组）的请示》，以及干部任免职等事宜。

【十届县委第十二次常委会（扩大）会议】 11月15日，县委书记次仁顿珠主持召开十届县委第十二次常委会（扩大）会议，传达学习中共十九届六中全会精神，以及区党委、市委相关会议、文件、指示精神，研究贯彻落实意见。

【十届县委第十三次常委会会议】
11月19日，县委书记次仁顿珠主持召开十届县委第十三次常委会会议，传达学习习近平总书记重要演讲、重要贺信、重要讲话、重要指示精神和《中共中央关于党的百年奋斗重大成就和历史经验的决议》，中央、市委相关文件精神，研究《关于成立白朗县落实市委专项提级巡察二组巡察反馈意见整改工作领导小组的请示》，安排部署相关事宜。

【十届县委第十四次常委会会议】
11月23日，县委书记次仁顿珠主持召开十届县委第十四次常委会会议，传达学习习近平、胡春华在中央农村工作会议上的讲话精神，《中共西藏自治区委员会办公厅　西藏自治区人民政府办公厅印发〈关于改革完善体制机制加强地方粮食储备安全管理的实施措施〉的通知》精神，研究《关于拟推荐为2021年度“先进双联户”创建工作市、县两级先进集体和“先进双联户”的请示》《白朗县关于市委专项提级巡察二组巡察反馈意见的整改方案（讨论稿）》。

【十届县委第十五次常委（扩大）会议】 12月3日，县委书记次仁顿珠主持召开十届县委第十五次常委（扩大）会议，传达学习的习近平总书记重要讲话、重要贺信精神和中共中央政治局会议精神，自治区第十次党代会、王君正书记讲话精神，市委相关文件精神；研究《白朗县人民政府党组关于提请审议〈白朗县冬季防雪防冻应急预案〉的请示》等，以及干部调出、退休、辞职等事宜。

【十届县委第十六次常委会会议】
12月17日，县委书记次仁顿珠主持召开十届县委第十六次常委会会议，传达学习习近平总书记重要致辞、重要贺信、重要讲话及中央、自治区党委文件会议精神。

【十届县委第十七次常委会会议】
12月23日，县委书记次仁顿珠主持召开十届县委第十七次常委会会议，传达学习习近平总书记重要讲话、重要贺信、重要指示精神，自治区党委、市委相关文件会议精神，研究《白朗县人民政府关于提请审议〈白朗县国有企业改革工作实施方案〉的请示》《中共白朗县人民政府党组关于提请审议〈白朗县关于全面推行林长制的实施方案〉〈西藏白朗县年楚河国家湿地公园管理办法（试行）〉的请示》《中共白朗县人民政府党组关于提请审议〈白朗县粮食工作实施方案〉的请示》《中共白朗县人民政府党组关于提请审议〈白朗县2022年财政衔接推进乡村振兴补助资金项目库〉的请示》《中共白朗县人民政府党组关于提请审议〈白朗县扶贫项目确权相关事宜的请示》《白朗县纪委监委关于加强专项监督促巩固拓展脱贫攻坚成果同乡村振兴有效衔接责任清单》，以及干部任免职、职级晋升等事宜。

（达娃普芝）

县委办公室工作

【政务服务】 2021年，县委办公室坚持把参谋服务摆在突出位置，重点在文稿起草、调查研究、督查督办、对外宣传上下功夫，不断提高为领导决策服务的能力和水平。本着严谨、准确、精练的方针，努力贴近全县发展大局，深刻领会领导意图，掌握基层实情，认真分析，综合提炼，特别是对县委重要文件、重要会议材料的起草，坚持集体研讨，广泛听取各方面的意见建议，力求使文稿成为领导和各方面认可的精品力作，收到较好反响。截至年底，共撰写各类公文140余篇，领导满意率95%以上，政策把握率100%；开展调研活动12次，撰写调研报告5篇，督促各乡镇、部门完成各类调研报告100余篇；对县委重要决策、县委领导的重要活动报道通稿审核20余篇；办理县委、县委办公室文件及会议纪要200余份；共传阅上级文件2000余份；举办大小会议100余次。

【信息工作】 年内，充分发挥信息主渠道作用，实事求是地做好上级党委重大方针政策、决策部署的信息反馈工作，及时传达县委领导的决策和指示精神，准确、全面地反映全县各乡镇、各部门的工作成绩、典型经验、困难问题和发展态势，同时狠抓信息的收集和反馈工作，紧贴县委的中心工作，紧盯重点、难点、热点、特点，全年共上报经济类、民生类、生态类等信息600条，被市委信息科采纳30条。

【督查工作】 年内，围绕县委、县政府决策部署、重点工作、重要事项、重大项目以及领导关注、群众关心的热点难点问题，采取实地督查、联合督查、"盘点"督查、跟踪督查等方式，定期不定期组织开展综合督查和专项督查，推动各项决策部署和工作事项落实到位。截至年底，共实地督查12次，下发督查通知单15份，办理上级党委交办的督查事项26件。

【机要工作】 年内，本着对党的密码事业高度负责的敬业精神和为人民服务的崇高理想，以高度的政治责任感和强烈的奉献精神，严肃纪律、踏实工作、苦干实干，坚持24小时值班，及时、准确、安全地为县委、县政府提供了优质密码通信服务。截至年底，共收发报4800余份，没有出现泄密事件，确保县委与上级党委机关的工作联系和信息畅通。

【档案工作】 年内，大力推动档案工作规范化建设，在开展年度文件清退回收、废旧文件集中销毁的同时，按照文件归档要求，全年接收县委文件311件，疫情防控文件527件，脱贫攻坚文件2352件，乡镇脱贫攻坚文书档案1943件，乡镇一户一档1613卷；指导培训各学位档案员52人次，接待查阅利用者253人次，提供查阅文件412件。

【地方志工作】 年内，做好方志年鉴工作，组织精干力量全面启动《白朗年鉴（2021）》编纂工作，并顺利通过市志办审定工作。有序推进《白朗县志（2001—2010）》编纂工作，根据《白朗县志（2001—2010）（终审稿）》的审定意见及各部门提出的意见建议，进行补充修改。

（严　波）

组织工作

【党的建设】 年内，白朗县委组织部结合党史学习教育和"三更"专题教育，围绕中共十九届五中全会、中央第七次西藏工作座谈会、党的建设、乡村振兴等专题，举办新任乡村干部和教育、驻寺党务工作者履职能力专题培训班20期1062人；发挥珠峰党建信息化平台作用，宣传习近平总书记"七一"重要讲话和在西藏考察时重要讲话精神1080场次，教育党员8000余人次，引导党员干部做习近平新时代中国特色社会主义思想的坚定信仰者、忠实实践者。结合自身实际，创建"五彩天域·先锋白朗"党建品牌，并积极与援藏省市对接制定"学齐鲁样板、借援藏之力，打造先锋白朗五年行动”实施方案，助力抓党建促乡村振兴，推动全县基层党建全面进步、全面过硬。

认真落实《中国共产党党员教育管理工作条例》和全国党员教育培训工作规划，坚持把习近平新时代中国特色社会主义思想教育培训作为首要任务，把旗帜鲜明讲政治作为干部教育培训的根本要求，着力提高干部队伍的政治判断力、政治领悟力、政治执行力，提升干部队伍的理论水平、政治素养、专业能力。高质量完成自治区、市两级调训任务，截至年底，选派26名县级干部、20名乡镇党政正职参加专题研讨班、中青班等重要班次学习，参训率达83.6%。抓好各类专题培训工作，围绕贯彻新时代党的治藏方略、做好“四件大事”，在党校开展专业化能力培训，举办学习贯彻习近平总书记“七一”重要讲话和在西藏考察时重要讲话精神，新任乡、村干部履职能力，寺管会党组织党建工作等专题培训班18期972人。同时，结合“先锋白朗大讲堂”载体，针对习近平新时代中国特色社会主义思想、党的建设、防范化解重大风险、依法治藏、乡村振兴、生态环保、民族宗教等重要内容进行学习。始终坚持以习近平新时代中国特色社会主义思想为指导，深入学习贯彻习近平总书记“七一”重要讲话和在西藏考察时重要讲话精神，全面贯彻新时代党的治藏方略，忠实践行新时代党的建设总要求和组织路线，按照全市组织工作座谈会上的部署，紧扣做好“四件大事”、实现“四个确保”选干部配班子、建队伍聚人才、抓基层打基础，为推进白朗长治久安和高质量发展做出贡献。

2021年9月18日，白朗县召开合作社推进会

【干部队伍建设】 年内，共研究干部调整3批191人。其中免去正科级领导职务13人；正科级领导职务进一步使用13人；平职调整正科级领导职务13人；进一步使用二级主任科员4人；提任正科级领导职务22人；免去副科级领导职务18人；平职调整副科级领导职务30人；兼任副科级领导职务12人；副科级领导职务进一步使用12人；四级主任科员提拔或进一步使用26人；一级科员提任副科级领导职务13人；平职调整职级干部4人；事业干部进乡镇领导班子6人；优秀村党支部书记进乡镇领导班子1人；平职调整事业单位正科级领导职务1人；聘任事业单位正科级领导职务1人；平职调整事业单位副科级领导职务1人；免去事业单位副科级领导职务1人。晋升干部职级1批80人，其中晋升一级主任科员11人；晋升二级主任科员4人；晋升三级主任科员23人；晋升四级主任科员12人；晋升四级高级警长1人；晋升一级警长1人；晋升二级警长3人；晋升三级警长19人；晋升四级警长4人；晋升一级警员2人。

【基层组织建设】 年内，白朗县委组织部紧扣做好“四件大事”、实现“四个确保”，忠诚践行新时代党的建设总要求和组织路线，全面落实新时代党的治藏方略，以开展党史学习教育和“三更”专题教育为抓手，结合实际，创建“五彩天域·先锋白朗”党建品牌，突出抓经验总结、抓重点任务、抓工作突破、抓实践载体、抓举措创新，完成县乡领导班子换届和村“两委”班子换届工作，国家通用语言文字教育培训、信教党员排查处置、两新组织党的组织和工作覆盖等工作取得一定进展，有效推动了全县基层党建工作以点带面、不断提升。全县共303个党组织，10个总支、15个党委、244个党支部进行改、补选，全县新增党组共16个。选优配强村干部特别是村主干，完成111个村"两委"换届工作，在巩固"两委"班子100%是党员的成果上实现年龄下降、学历提升。着眼促进各民族交往交流交融、铸牢中华民族共同体意识，开阔视野、增长才干，举办村主干"感党恩、看发展、学先进"区外专题培训2期74人，累计上级部门调训已完成101人。通过"结对帮学+上门送学""线上+线下""学习+实践"三种模式，切实把国家通用语言文字教育培训融入日常、抓在经常，会使用国家通用语言的村主干达88%，并向其他村干部和农牧民党员群众延伸。

加强党员培养发展和管理监督，突出政治标准，推行"4321"党员培育发展模式，新发展党员180名，不断壮大队伍、优化结构、提高质量、发挥作用。同时，持续加大信教党员排查处置力度，建立进出寺庙、参加宗教活动实名登记制度，加大党员干部家中和宗教活动场所实地检查力度，处置、教育转化信教党员27名。不断促进各领域党建提质增效。在"两新"组织，着力消除党组织空白点，重点为6个社会组织、25个非公有制企业选派党建工作指导员12名，并建立健全团工委、妇工委等群团组织，全县"两新"组织实现党组织、群团组织全覆盖。在学校党建，继续深化"三人"专题教育，抓好思政课建设，开展教师讲党史、学生学党史活动30余次，受教6000余人次，把爱国主义教育贯穿学校教育全过程。在驻寺党建方面，广泛开展驻寺党员干部和僧尼一起"升国旗唱国歌、祈福伟大祖国"活动624次，开展以"比感颂党恩爱领袖、比团结互助爱祖国、比遵纪守法促和谐、比崇尚文明树新风"为主题的演讲、书法比赛13次，开展"四条标准"宣讲活动120余场次，受教僧尼700余人次，引导驻寺党员干部坚定政治、提高本领、发声亮剑，确保党对寺庙工作的绝对领导。深化党建引领专合组织发展促乡村振兴。以中央扶持的45个村集体经济组织为重点，继续巩固集体经济空壳村清零成果，合并、注销空壳社248个，2021年有285个合作社，吸纳7206户群众入股，解决长期就业931人，辐射带动农牧业从业人员3320人，2021年实现分红1500余万元，户均分红达2081元，实现收入5万元以上的村集体经济组织46个。当前，村集体经济和专合组织已成为带领群众脱贫致富的"火车头"，拓宽群众增收致富渠道。

2021年8月27日，白朗县通过以考促学的方式对全县601名村干部进行国家通用语言水平测试

【人才队伍建设】 年内，白朗县注重政治和实践标准，紧扣职能职责、资源禀赋和事业发展需求，发挥专家人才"师傅带徒弟"作用，示范引领，不断培育壮大人才方阵，提升人才队伍层次。注重整合资源抓培训、扩大规模抓培训、创新方式抓培训、拓宽渠道抓培训，探索实行个性化培训、"菜单化"选学培训模式，县委党校常态化开展培训的同时，各行业、各领域积极参加上级调训、自办培训、以干代训，全年各类专家人才参训1000余人次，基层党建、产业发展、项目建设、医疗卫生、乡村振兴等各领域人才素质得到全面提升。

年内，白朗县坚持把招才引智作为引领区域经济发展的关键招，着力构建科学完备、精准有效的引进机制，为“人才洼地”注入更多“新鲜活水”。注重借势借力，以援藏省市无私援助为载体，紧盯产业发展和工作需求，开展靶向引才、集中引才。注重运用好人才的感情归宿需要，以实施“鸿雁计划”工程为载体，着力打好亲情、乡情、友情牌，实现招才引智、引业回归“双赢”局面，吸引在外企业家回乡反哺、高校毕业生回乡创业共 9 人。

年内，白朗县注重突出事业导向，统筹个体与整体、专业与岗位、经历与能力、结构与功能的关系，坚持“个体优选”和“组合优化”相结合，最大限度发挥“人才”与“岗位”两个资源的优势，多措并举用好人才，确保用当其时、用当其位、用尽其才。完善白朗县人才数据库，将农牧业职业经理人、经纪人、乡村工匠、文化能人、非遗传承人等纳入珠峰党建信息化平台人才管理系统，实现对各类人才队伍的动态管理，为精准服务人才奠定坚实基础，共更新录入党政人才 9 人、高技能人才 16 人、专业技术人才 57 人、农村实用人才 598 人、企业经营管理人才 30 人。

年内，白朗县坚持硬环境与软环境并重，用心用力用情做好服务文章。围绕让人才发展有舞台，制定完善《关于进一步加强党委联系服务专家人才工作的实施意见》，针对各类人才的特点，与各类人才结成“一对多”帮扶对子，县四套班子领导成员、“法检”两长每人联系 2 名专家人才，为其干事创业提供快速便捷、优质高效的政策咨询服务，使其创业有机会、干事有舞台、发展有空间，共开展政策服务、谈心谈话 100 余次，同时大力表彰“争做神圣国土守护者、幸福家园建设者”乡村振兴人才 1 批 20 人，推动形成近悦远来的人才发展环境。

【机构编制】 年内，白朗县着眼健全加强党的全面领导制度，不断完善系统完备、科学规范、运行高效的机构职能体系，着力增强改革的系统性、整体性、协同性，提高制度化、规范化水平。为推动全面从严治党向基层延伸、覆盖到“最后一公里”，更好发挥监督在基层治理中的作用，及时推动完成县纪委监委内设机构改革，新设立第一、第二纪检监察室，撤销审查调查室和监督监察室。为进一步加强和改进寺庙管理工作，及时推动完成寺庙管理委员会改革工作，驻寺机构由 13 个优化为 7 个，编制由 63 个精简为 45 个。为更好地保障党在“两新”领域的领导作用，及时在县委组织部加挂县委非公有制经济组织和社会组织工作委员会牌子；为推动医共体改革工作，更好地在医疗卫生领域惠及人民群众，及时在县卫生服务中心加挂县中心医院牌子；为宣传贯彻党的基本理论、路线、方针、政策，宣传贯彻中央关于新时代西藏工作的指导思想和方针政策，及时成立白朗融媒体中心，为党发声。同时，为巩固改革成果，推进党的领导入法入规，推进机构、职能、权限、程序、责任法定化，及时制定印发县人大常委会机关、政协机关、县文化综合行政执法队、县交通运输综合行政执法队、县市场监管综合行政执法队、县农业综合行政执法队“三定”规定。

年内，白朗县紧扣民心这个最大的政治，把赢得民心民意、汇集民智民力作为重要着力点，始终树牢宗旨意识，把人民对美好生活的向往作为机构编制工作导向，积极回应人民群众的关切；

2021年7月1日，白朗县驻拉萨离退休党支部召开庆祝“中国共产党成立100周年暨西藏和平解放70周年”座谈会

2021年10月18日，白朗县年河青稞良种销售农民专业合作社规范化运行管理工作推进会召开

聚焦重大民生工程、民心工程，坚持问题导向，找准管理体制机制的症结所在，在机构设置、职能转变、编制调整等方面持续发力，解决人民群众最关心最直接最现实的利益问题。按照《关于推进基层整合审批服务执法力量的实施方案》，及时调整优化11个乡镇行政和事业单位编制。在实现11个乡镇双语幼儿园全覆盖的基础上，为进一步加强易地扶贫搬迁安置点基础保障，在曲奴乡彭嘎村设立村级幼儿园1个。市委编办为全县教育领域核增事业编制47名，为医疗卫生领域核增事业编制8名，为乡村振兴领域核增编制18名，为乡镇文化领域核增编制1名，人民群众的获得感、幸福感、安全感不断提升。

年内，白朗县强化底线思维，持续巩固控编成果，把各单位编制控制在合理、可持续的范围内，同时，创新管理思路和方法，统筹使用好各类编制资源，加大部门间、区域间编制统筹调配力度，优化机构编制资源结构，促进有减有增、动态平衡、保证重点、服务发展，切实发挥有限资源的最大效益。结合白朗县中小学学生数量变化情况，将6名幼儿园教职工编制和1名初中教职工编制调整为小学教职工编制。及时将洛江镇文化服务中心收回的3名编制进行合理分配，确保县应急救援、农牧业发展和编制实名制管理工作力量。

【老干部工作】 年内，县委老干部局认真落实老干部的政治、生活待遇，严格落实情况通报制度，落实好老干部参政议政权利，全年邀请老干部参加市县各类会议60余人次。以口头通报、呈送文件等形式，通报全县工作开展情况和计划，并听取意见建议。扎实推进党史学习教育，坚持用习近平新时代中国特色社会主义思想武装头脑，铸牢老干部的政治魂。全年组织老干部开展党史学习教育110余场次；为6个支部征订党史必读书刊及藏语版《人民日报》《西藏日报》等报纸杂志28份，帮助老干部学习新理论，适应新形势，进一步铸牢老同志与党同心同德、始终保持对党忠诚的思想基础。强化支部标准化规范化建设，认真落实“三会一课”制度，全年开展支部书记、老党员讲党课11次，专题知识竞赛1次。争取县财政资金14443元，进一步规范洛江镇离退休党支部活动阵地建设；全年共拨付支部活动经费85920元，党支部成员工作补贴46800元，切实保障离退休支部工作有人管事、有钱办事。此外，对7个离退休支部建设情况开展调研10余次，进一步掌握离退休支部建设情况、强化工作指导，推进离退休干部党组织建设全面加强。

建立健全与离退休干部经常性沟通交流机制，坚持做到“六必访”，即老干部生病住院必访、重要寿辰必访、新春佳节必访、矛盾纠纷必访、生活困难必访、丧葬大事必访。全年走访老干部20人次，慰问老干部住院10余次，并完成西藏和平解放70周年大庆中央代表团赠送礼品的发放。巩固和完善离休干部离休费保障机制、医药费保障机制、财政支持机制“三个机制”，及时发放离退休干部职工护工费19.9万元。高度重视做好老干部来访、来电工作，全年接待老干部来访、来电50多人次，耐心细致地做好政策解释和心理疏导工作。健全特困老干部帮扶长效机制，建立特困老干部帮扶档案，共落实帮扶困难老干部11

名，资助款物48000元。

【强基惠民】 年内，白朗县强基办紧紧围绕“驻村七项职责”，严格按照应派尽派、全面覆盖的原则和党群干部进弱村、经济干部进穷村、政法干部进乱村、农业干部进产业基础薄弱村的要求，向全县11个乡镇111个行政村派驻111个驻村工作队，共选派333名驻村干部负责落实2021年强基惠民各项工作任务。白朗县驻村工作紧扣吴英杰书记在第九批驻村工作总结表彰暨第十批驻村工作动员大会上的讲话精神，着力解决村级合作社发展不充分、村级组织“软化弱化”等问题，全面做好巩固拓展脱贫攻坚成果同乡村振兴有效衔接工作，扎实推进驻村各项工作。

【自身建设】 年内，县委组织部以习近平新时代中国特色社会主义思想为指导，深入贯彻落实习近平总书记关于西藏工作的重要指示和新时代党的治藏方略，认真落实全国全区全市组织工作和组织部部长会议要求，从进一步加强思想建设、作风建设、组织建设和制度建设着手，紧紧围绕中心，服务大局，扎实开展各项工作。

把旗帜鲜明讲政治作为第一位要求，贯穿组织部门自身建设全过程，不断提高组工干部政治判断力、政治领悟力、政治执行力。不断强化思想理论武装，采取部务会会议重点学、机关支部专题学、党小组会议研讨学、工作会议结合学等“四学模式”，将“三更”专题教育同党史学习教育结合起来，引导组工干部增强“四个意识”、坚定“四个自信”、做到“两个维护”。

（达　琼）

宣传工作

【意识形态领域工作】 年内，全县宣传思想文化战线以习近平新时代中国特色社会主义思想为指导，紧紧围绕庆祝中国共产党成立100周年和西藏和平解放70周年这一主线，因势而谋、应势而动，奋力推进宣传思想工作守正创新、取得成效，形成理论武装深入人心、舆论引导坚强有力、精神文明不断深化、文化事业繁荣向上、公共服务日趋完善、意识形态领域平稳可控的良好局面，为白朗长治久安和高质量发展提供了强大的思想保证。结合县级领导换届实际，调整充实意识形态工作领导小组、网络安全和信息化委员会、宣传思想工作领导小组、精神文明建设委员会、“扫黄打非”工作领导小组，进一步细化量化考核内容、考核方式，明确宣传部门和各职能部门的责任分工，把意识形态工作纳入党建工作责任制，纳入领导班子、领导干部目标管理，纳入执行党的纪律监督检查范围，构建党委统一领导、党政齐抓共管、宣传思想部门组织协调、相关部门分工负责的责任机制。年内，县委常委会研究意识形态工作6次。

【理论武装】 年内，制定印发《白朗县各级党委（党组）理论学习中心组2021年专题学习重点内容安排意见》，为各部门规范学习内容和学习重点，同时建立健全巡听旁听、学习考勤、交流研讨、学习档案管理、专题调研、缺勤补课等工作机制，不断推进理论学习中心组规范化制度化。坚持以上率下、分层推进，以党员领导干部为重点，充分发挥县委理论学习

2021年11月24日，白朗县新时代文明实践中心扶残助残志愿服务队开展扶残助残志愿服务活动

中心组"龙头"示范作用，引导全县各级党组织通过集体学习、个人自学、交流研讨、撰写心得体会、知识测试等形式深刻理解习近平新时代中国特色社会主义思想的核心要义、精神实质，准确把握贯穿其中的立场观点。

年内，县委理论中心组共召开集中学习会32次，各县级领导参加所在党支部学习7次，开展研讨交流16次，开展知识测试1次，撰写研讨材料、心得体会240余篇。扎实推进"四讲四爱"群众教育实践活动与新时代文明实践活动的有效衔接，在广泛开展"五下乡"活动、志愿服务活动的同时，以文艺演出、文体活动、送电影下村等群众喜闻乐见、易于接受的形式为切入点，生动形象地宣讲党的创新理论，切实为群众提供多样化、互动性理论服务，使习近平新时代中国特色社会主义思想大众化，推动党的最新理论"飞入寻常百姓家"。截至年底，开展理论宣讲2000余场，受众达170000余人次。

【党史学习教育】 年内，依托党委（党组）理论学习中心组、"三会一课"、主题党日、专题党课等载体，采取专家辅导、研讨交流、观看影片等多种学习形式，原原本本学习习近平总书记重要讲话精神，认真钻研"指定教材"，在学思践悟上下功夫，有力推动知行合一落到实处。年内，先后邀请5名自治区外及市里专家学者到白朗县进行党史专题辅导，县委理论学习中心组集中学习党史相关内容21次、专题研讨9次、知识测试1次，全县各级党组织开展专题学习420余场次、专题党课40余场次、专题研讨212场次。成立由县委书记任团长的宣讲团和各领域宣讲小组，对宣讲进行统筹安排，分层次开展宣讲，全力解决"谁来讲"的问题，结合"迎大庆、送温暖，讲党恩、爱核心，办实事、聚人心"宣讲活动，深入机关、企业、学校、乡镇、村（居）、社会团体、寺庙，用群众听得懂的语言，以群众喜闻乐见的方式，分层次、分领域宣讲阐释好习近平总书记"七一"重要讲话和在西藏考察时的重要讲话精神，讲好党史故事，传递民生温暖。截至年底，先后开展各级各类宣传宣讲500余场次，参与群众28992人次。各乡镇、各部门以巩固脱贫攻坚成果、基础设施建设、促进群众增收、重点群体就业、平安白朗建设等为着力点，结合自治区13项民生实事的实施意见，组织党员干部围绕"我的职责范围内存在什么问题、与群众期待有哪些差距、群众当前的需要是什么、问题如何破解"等方面认真反思在履职担当、工作作风等为民服务方面存在的问题，通过个别访谈、座谈交流等方式，了解群众所需所盼和意见建议，建成"我为群众办实事"项目清单，广泛开展解决县城"停车难"问题、解决群众分户和批地建房难、解决私搭乱建、医疗救助、慈善救助、出台娟姗牛产业激励办法、维修损坏人饮设施、防洪堤修复等活动，有效解决群众所急所忧所思所盼。截至年底，全县各级各部门已为群众办实事293件，受益22659人次。

2021年9月18日，白朗县举行全民国防教育日宣传活动

【新时代文明实践】 年内，以新时代文明实践中心（所、站）建设为抓手，做好中心（所、站）规划建设，将可利用的阵地资源分别纳入"理论宣讲、教育服务、文化服务、科技与科普服务、健身体育服务"五大平台，探索建立资源调度、志愿者激励、年度考评等机

2021年3月29日，白朗县召开2021年意识形态（宣传思想）工作会议暨“四讲四爱”群众教育实践活动表彰大会

制，整合各专业部门原有的志愿服务队伍，建立普法教育、农牧技术、科技科普等15支新时代文明实践志愿服务分队，庆祝中国共产党成立100周年和西藏和平解放70周年系列活动，学习宣传贯彻习近平总书记重要讲话精神、中共十九届六中全会精神、自治区第十次党代会精神有机结合，广泛开展宣传宣讲、文艺演出、电影放映等活动，使农牧民群众在潜移默化中凝聚力量，自觉参与到农村改革发展稳定各项工作中。年内，各级开展新时代文明实践活动2200余场次，受众20万余人次。

【数字乡村建设】 年内，白朗县把数字乡村试点建设工作摆在重要位置，加强统筹协调、总体布局、整体推进，积极协调京东物流西藏分公司、阿里巴巴、中科大旗、中科软科技股份有限公司到白朗县开展实地调研、召开座谈会。先后与中科大旗、中科软科技股份有限公司签订数字文旅、数字乡村综合治理项目合作协议。

10月19日，网易公益“一块屏”教育振兴项目捐赠仪式在白朗举行，网易集团向白朗县11所中小学校捐赠12台智慧屏，90台计算机，3台有道一体机，120套有道Steam教室设备，135个有道优课图形化编程课程账号等硬软件设备及网易公开课、网易云音乐、有道云教室等信息化产品，为青少年、学生提供全方位、立体化的教育资源。

【精神文明创建】 年内，结合“四讲四爱”群众教育活动、新时代文明实践活动等，广泛开展宣传教育，使人们准确掌握社会主义核心价值观的丰富内涵，深刻理解核心要义，发自内心地认同，同时深入实施公民道德建设工程，通过党员示范引领、典型人物带动、实践活动落实，积极推进社会公德、职业道德、家庭美德、个人品德建设，把社会主义核心价值观融入农牧民群众日常生活，不断用主旋律占领思想阵地。广泛开展精神文明创建，持续深化“五比”竞赛成果，扎实开展“我们的节日”，深入开展“五大创建”活动，持续开展道德模范选树、身边好人推荐等道德实践活动，充分发挥各类先进典型的示范带动作用，在全社会形成创先争优、崇德向善的良好风尚。

年内，先后向市文明委推荐

2021年2月8日，县委宣传部召开“扫黄打非”工作推进会

2021年3月23日，白朗县新时代文明实践中心科普基地揭牌仪式举行

文明单位7家、文明村镇7家、文明家庭14户，上报自治区级文明单位1家、文明村镇1家、文明家庭1户。县级共计评选出“五星户”135户、“五星村”22个、“五星乡镇”2个。牢牢把握理想信念教育这个核心，把培养担当民族复兴大任的时代新人作为重要职责，组织各学校以中国梦为主题，结合“六一”国际儿童节、“五四”青年节、“七一”建党节、少先队建队纪念日等节日，引导未成年人积极参与爱国主义教育活动，增强爱国意识，激发爱国情感，不断凝聚力量增强实现中国梦的决心和信心。

【“扫黄打非”】 年内，开展“扫黄打非·护苗、秋风、净网、清源、固边”专项行动及“新风、正道、清朗”集中行动，坚持提前介入、露头就打的工作原则，加强对出版物市场、文化娱乐场所、手机铃声下载场所、寄递行业的检查频次和检查力度，深入研究政治有害、淫秽色情低俗等有害信息的传播特点和规律，做到及时发现上报处置。年内，白朗县“扫黄打非”办牵头公安、文旅、市场监管等成员单位对辖区内各经营场所检查60余次，进一步规范了文化市场秩序。

【新闻宣传】 年内，在白朗微信发布订阅号、网信白朗、政府新闻网站等新媒体，开辟“党史学习教育”“庆祝中国共产党成立100周年和西藏和平解放70周年”“学习宣传贯彻党的十九届六中全会精神”“学习宣传贯彻自治区第十次党代会精神”“政法教育整顿”等专题专栏，积极转载刊播区内外主要新闻媒体稿件及县委、县政府决策部署、各单位工作开展成效，同时将公安局、检察院、法院、司法局运营的政务新媒体纳入全县宣传报道体系总体策划，初步实现内宣外宣并重、网上网下同步、传统新型共同发展的新闻传播格局，为白朗县经济社会发展营造良好的舆论氛围。

年内，白朗县发布推送新闻稿件2500余条。积极组织县委宣传部、县网信办、电视台工作人员前往基层一线采风，主动对接上级主流媒体，积极推送白朗县在乡村振兴、产业发展、民族团结、生态保护等方面的经验做法、典型人物，营造起学习典型、宣传典型的浓厚氛围。

（蔡志俊）

统战工作

【概况】 2021年，白朗县委统战部共有工作人员6名，全县依法登记宗教活动场所22座（其中寺庙19座、日追1座、拉康2座），按照自治区、市相关部门要求，原有的13个寺庙管理机构已整合成7个寺庙管委会，先后选派驻寺干部45名；党外知识分子有233名，统战爱国人士57名，新的社会阶层代表人士1名；全县工商联会员企业94家。

【服务经济】 年内，白朗县工商联听取民营企业家的意见建议，在乡村振兴领域、减税降费、扩宽融资渠道、降低经营成本、促进市场消费、强化人才培训、优化营商环境等方面搭建平台，在常态化疫情防控中促进民营经济向好发展。

【党外代表人士队伍建设】 年内，党外代表人士的关心工作与培养工程同步推进。坚持把凝聚人心、汇聚力量作为出发点和落脚点，在“三大节日”来临之际，走

2021年4月1日，白朗县2020年民族团结进步暨“遵行四条标准　争做先进僧尼”教育实践活动表彰大会召开

访爱国统战人士、高僧大德、老僧和困难僧尼家舍开展慰问活动，送去慰问金和慰问物品，转达党和政府的关心关怀。同时，把政治坚定、业绩突出、群众认可的23名党外人士推荐为市、县党外政协委员和人大代表，12名党外政协备选委员。严格按照《境外藏胞回国审批接待管理办法》规定，加强藏胞出入境审批和管理，不定期开展走访慰问活动。

【寺庙管理】 年内，常态化持续纵深开展“遵行四条标准、争做先进僧尼”教育实践活动，创新深入推进“5+2”僧尼帮扶管理教育体系，受教僧尼达到1800余人次，覆盖率达100%。联合相关单位，面向群众在各乡镇开展活佛转世政策法规宣讲活动，切实筑牢反分裂斗争思想防线，受众1万余人次。顺利完成2021年寺管会僧尼成员换届选举。制定《白朗县寺庙管理委员会僧尼成员换届选举工作方案》。最终，共计72名寺管会僧尼成员完成换届。协调县民宗局稳步开展藏传佛教寺庙财税监管工作。2021年试点6座寺庙在推进工作前开展动员部署、宣传教育、风险评估，完成寺庙统一社会信用代码场所登记证更换、宗教活动场所法人登记、开设银行结算账户、资产登记、不动产权籍调查等工作。其中，3个寺庙自主经营经济实体均办理市场主体登记，6座寺庙均制定《现金管理制度》《财务管理制度》《收支管理制度》等9项制度，成立寺庙财务管理小组、财务监督小组、财务公开小组。

【非公有制经济领域】 年内，认真贯彻落实党中央、自治区党委、市委、县委关于非公有制经济发展的系列重大决策部署，鼓励、支持、引导非公有制经济健康发展，服务非公有制经济人士健康成长，广大非公有制经济组织抢抓机遇、迎难而上、积极作为，主动参与白朗县发展改革稳定的各项事业。截至年底，全县市场主体4659户，新增66户，民营企业主体数量占比95%，非公有制经济组织25家，成立党支部20个，达到应建尽建要求，党的工作覆盖率达100%。

（晋美朗杰）

党校教育

【概况】 中共白朗县委党校成立于1983年，编制人数8人，实际人数5人，公益性岗位3人。2021年，白朗县委党校认真贯彻落实中央、自治区党委、市委、县委一系列会议、文件及指示精神，认真贯彻《中国共产党党校工作条例》，全国、全区、党校工作会议精神，严格按照上级要求，扎实工作，深入学习贯彻习近平新时代中国特色社会主义思想和中共十九大、十九届历次全会精神、中央第七次西藏工作精神，统筹推进“五位一体”总体布局，协调推进“四个全面”战略布局和新发展理念，聚焦党的理论教育、党性教育和党章党规党纪教育这个主业主责，将基层党建、脱贫攻坚、发展稳定、民族宗教、生态文明建设等列入办班培训重要内容，进一步明确举措、任务和重点，紧扣党员干部教育培训主业，切实发挥干部培训主阵地作用，较好发挥了党校熔炉阵地和智库作用。

【干部培训】 年内，白朗县委党校共举办培训37期，参训人员共1920人。其中，主体班次27期，

2021年12月8日，白朗县委党校高级讲师宣讲党的十九届六中全会精神暨西藏自治区第十次党代会精神

参训干部 1544 人；举办联合班次 10 期，受训干部 376 人。为确保发挥“流动党校”作用，联合县委宣传部、党史教育办、各乡镇开展宣讲 20 余场次。主要围绕习近平总书记“七一”重要讲话和在西藏考察时的重要讲话精神、中央第七次西藏工作座谈会精神、中共十九大及十九届历次全会精神、西藏自治区第十次党代会精神，深入开展“五观”“两论”教育、铸牢中华民族共同体意识教育、习近平生态文明思想和习近平总书记考察西藏时关于生态环境保护的重要指示精神、开展巡回宣讲，受众 8895 人次。

【理论研究】 年内，每位教师确立自己的主攻方向，围绕中共十九大精神、习近平总书记重要讲话精神“三更”教育、党史学习教育、习近平总书记“七一”重要讲话、中央第七次西藏工作座谈会、学习贯彻习近平总书记考察西藏重要讲话精神等方面的教学内容，确定基本专题，以保证各班次教学工作的广度和深度。按照上级党校关于组织撰写“庆祝中国共产党成立 100 周年暨西藏和平解放 70 周年”理论研讨文章的要求，3 名讲师各自撰写题目为《中国共产党百年历程与中华民族伟大复兴》等的 3 篇文章。在各个主体班次中开展反分裂斗争教育、新旧西藏对比教育、反腐倡廉教育、法律法规教育、脱贫攻坚和乡村振兴战略、国家通用语言文字培训等教学专题，并通过集中研讨、试卷测试等形式检验教学成果，使全县各级党员干部对党的理论方针政策路线有了深层次的理解。讲师巴桑普赤的《如何当好一名新时代的村党支部书记》等文章刊登在《西藏日报》。

【党建工作】 年内，健全干部政治理论学习制度，采取集中学习、个人自学、专题研讨、座谈交流等方式，确定每周五下午为政治理论学习时间，每次集中学习不少于 1 小时，组织党员干部读原著、学原文、悟原理，截至 10 月读书学习笔记人均 1.5 万字，撰写心得体会 1 篇。将党员干部学习与党校业务紧密结合，及时将上级党委、政府重要决策部署进行学习传达，确保每名教师都能及时了解县委、县政府的重要决策部署，了解县域县情，推动教师理论联系实际，着力解决实际问题，提高教学针对性。通过定期召开党支部会

2021年10月15日，白朗县委党校组织村级主干赴山东学习考察

议、观看警示教育片、学习先进性模范人物事迹以及参加党员志愿者活动等，增强党员的党性意识。年内，集中学习30次，专题研讨8次，座谈交流3次。

第一阶段以党史学习教育为重点，结合西藏和平解放70周年，深入宣讲党的百年奋斗历程和党在西藏执政的光辉历程，深入宣讲习近平总书记新时代党的治藏方略。年内，白朗县委党校党支部在开展“三更”教育、党史学习教育过程中，在党员“政治标准要更高、党性要求更严、组织纪律性要更强”抓常抓细中，把问题整改、建设长效机制贯穿始终，进一步完善充实“三会一课”、周例会学习、民主生活会、民主评议党员内容。截至年底，组织开展主题党日活动11次，全体党员在提高党性修养的同时，不断丰富党史知识，增强自身理论素养。

白朗县委党校党支部围绕县委巡察提出党内政治生活不规范、不严谨问题，在召开“三会一课”之前，结合本支部党员的思想实际、工作岗位，确定会议事项和学习内容并有针对性地做好会前准备工作。在“三会一课”的开展过程中，注重结合实际，在总结过去行之有效的做法和经验的基础上，不断丰富和改进“三会一课”的形式，增强组织生活的吸引力和教育效果。将学习党内重要文件精神，开展批评与自我批评和廉政教育、师德教育以及《中国共产党党校(行政学院)工作条例》若干措施等列入“三会一课”内容，并及时通报党校热

2021年5月27日，白朗县委党校举办民族团结进步教育专题讲座培训

点、难点问题进行讨论，观看专题教育纪录片，组织党员重新学习《中国共产党章程》等，开阔党员的视野，提升党员的境界。截至年底，共召开党支部委员会10次，召开党员大会2次，集体上党课2次，召开组织生活会2次，完成党员学习笔记1.5万字。在做好规定动作的同时，选准用好实践载体，发挥党校主阵地作用，引导干部群众学用结合，活学活用，联合县委宣传部、组织部、统战部等部门举办新旧西藏对比宣讲教育活动、中国共产党成立100周年知识竞赛、民族团结知识测评、国家通用语言文字演讲比赛。共计160余人参加比赛，达到以赛促学的目的。

年内，开展党员“三包”结对帮扶认亲活动，根据上级部门的安排，党支部大学生结对帮扶1人。以庆祝中国共产党成立100周年活动为契机，深入开展支部“1+1”系列活动。在驻村点开展2次支部讲党课，开展1次主题党日美化校园活动，开展1次歌唱祖国活动。完善党员信息，完成党员信息库的建设，信息库更新及时、准确，录入党员信息准确，2021年1名积极分子发展为预备党员，支部换届工作顺利完成，选举产生新一届党支部书记。白朗县委党校所有党员积极参加党组织活动，于每月15日之前积极主动交纳党费，党费由专人管理负责，共交纳党费552.5元。

【学校管理】 年内，按照讲纪律、守规矩要求，探索制定教师授课规则。为提高教学科研水平和培训质效的要求，建立专兼职教师课件、讲义把关制度，推行教师校外授课报批制度，同时完善学风、学纪和学员管理制度。完善和健全各项制度，切实加强作风建设，严格请假、考勤、实名签到等日常工作制度，规定上班期间不做与工作无关的事情。加强对综治及维稳工作的管理，突出教室、学员食堂等重点部位和安全薄弱

环节，以责任机制为核心，全面推行包点责任制，将安全责任横向到边、纵向到底。坚持定期对重点部位进行排查，推动工作开展。结合白朗县委党校实际，制定完善《白朗县委党校综治维稳工作方案》《白朗县委党校维稳工作应急预案》《白朗县委党校值班带班制度》《白朗县委党校安全工作方案》等，扎紧制度的笼子，确保学校管理及安全工作。

【基础设施建设】 在“十四五”期间通过国家投资的方式，按照县级党校同期在校学员200人的培训目标，实施“县县建党校”工程，制订项目规划。加强党校智慧校园建设，加快干部网络培训体系构建，大力构建远程教学、VPN（虚拟专用网）教学网络，开展干部日常网络培训。

【队伍建设】 年内，先后组织2名讲师，分别参加山东省济南市、自治区委党校举办的师资培训班等。

（巴桑次仁）

白朗县人民代表大会

油画般的金秋景色

白朗年鉴

2022

综述

【概况】 白朗县第十四届人民代表大会常务委员会是白朗县第十四届人民代表大会设立的工作机构，向白朗县第十四届人民代表大会负责并报告工作，对县人民政府、县监察委员会、县人民法院、县人民检察院实行法律监督和工作监督。县十四届人大常委会组成人员名额26人，实配26人；核定行政编制数5名，领导职数5名，主任1名，副主任4名；县十四届人大设法制财政科教委员会一个专门委员会，核定行政编制数2名，领导1名，主任委员1名，委员4名；县乡两级人大共设12个“人大代表之家”，43个代表小组；县十四届人大代表名额150人，实际选举149人；乡（镇）十五届人大代表520人。

【重要会议和活动】 年内，共召开本级人民代表大会1次、常委会会议6次、主任会议6次、党组会议10次、党组理论学习中心组会议12次；听取和审议专项报告20个，作出决议决定11项；开展专题调研4次、专项视察2次、执法检查2次；外出考察学习2次，接待考察学习18次；联系指导乡镇人大工作60余次。

【第十四届人民代表大会】 7月9—12日，召开白朗县第十四届人民代表大会第一次会议。会议选举杨晓龙为白朗县第十四届人民代表大会常务委员会主任，平措旺拉、达娃、片多、普珠为副主任，巴罗等26人为白朗县第十四届人民代表大会常务委员会组成人员；选举普布次仁等5人为白朗县第十四届人民代表大会法制财政科教委员会组成人员；选举陈锋为县人民政府县长，扎西次旦、陈君峰、杨金花、王恒良、达娃顿珠、扎西巴桑、普布扎西为副县长，夏日林为县监察委员会主任，许东升为县人民法院院长，扎西次仁为县人民检察院检察长。

【常委会会议】 2月26日，白朗县十三届人大常委会第三十一次会议召开。会议审议通过白朗县人大常委会关于接受尼玛顿珠辞去白朗县第十三届人民代表大会常务委员会主任职务的请求的决定（草案）、白朗县人大常委会关于接受米玛次仁辞去白朗县第十三届人民代表大会常务委员会副主任职务的请求的决定（草案）、白朗县人大常委会关于接受尼玛顿珠、米玛次仁辞去白朗县第十三届人民代表大会代表职务的请求的决议（草案）；表决通过人事任免事项，向新任命人员颁发任命书，并组织新任命人员进行集体宪法宣誓。

4月20日，白朗县十三届人大常委会第三十二次会议召开。会议审议通过白朗县县乡两级选举工作实施方案、白朗县第十三届人民代表大会常务委员会关于设立白朗县县乡两级人大换届选举委员会组成人员的名单（草案）、白朗县第十三届人民代表大会常务委员会关于白朗县乡镇第十五届人民代表大会代表名额的决定（草案）、白朗县第十三届人民代表大会常务委员会关于调整充实白朗县第十三届人大常委会代表资格审查委员会的报告；表

2021年3月4日，西藏自治区人大常委会工作组到白朗县开展《西藏自治区民族团结进步模范区创建条例》执法检查座谈会

决通过人事任免事项。

7月8日，白朗县十三届人大常委会第三十三次会议召开。会议审议通过白朗县第十三届人民代表大会常务委员会代表资格审查委员会关于白朗县第十四届人民代表大会代表的代表资格的审查报告、关于召开白朗县第十四届人民代表大会第一次会议的决定（草案）、白朗县第十四届人民代表大会第一次会议议程（草案）、白朗县第十四届人民代表大会第一次会议主席团和秘书长名单（草案）、白朗县第十四届人民代表大会第一次会议列席人员名单（草案）、白朗县第十四届人民代表大会第一次会议选举办法（草案）、白朗县第十三届人民代表大会常务委员会工作报告、白朗县2021年财政预算报告、白朗县人大常委会2021年度工作要点、关于接受尼玛顿珠辞去日喀则市第二届人民代表大会代表职务请求的决定（草案）；表决通过人事任免事项，向新任命人员颁发任命书，并组织新任命人员进行集体宪法宣誓。

2021年7月26日，白朗县人大常委会组织新任命国家工作人员进行集体宪法宣誓

7月26日，白朗县十四届人大常委会第一次会议召开。会议审议通过白朗县人民代表大会常务委员会议事规则（草案）、白朗县人民代表大会常务委员会主任会议议事规则（草案）、白朗县第十四届人民代表大会常务委员会代表资格审查委员会组成人员名单（草案）；补选次仁顿珠、陈锋、杨晓龙为日喀则市第二届人民代表大会代表；表决通过人事任免事项，向新任命人员颁发任命书，并组织新任命人员进行集体宪法宣誓。

10月12日，白朗县十四届人大常委会第二次会议召开。会议审议通过白朗县人民政府关于2020年全县生态环境状况和生态环境保护目标完成情况及2021年生态环境保护目标计划安排及生态高地建设情况的报告、白朗县人民政府关于全县教育经费投入和使用管理情况的报告、白朗县人民政府关于2021年上半年国民经济和社会发展计划执行情况与下半年国民经济和社会发展计划安排的报告、白朗县人民政府关于2021年上半年预算执行情况的报告。

12月17日，白朗县十四届人大常委会第三次会议召开。会议审议通过白朗县人民政府关于2021年盘活存量资金使用方案的报告、白朗县人民政府关于

2021年9月28日，白朗县人大常委会组织召开白朗县新时代人大代表履职能力提升暨人大干部培训

"七五"普法工作开展情况的报告、白朗县人民政府关于义务教育均衡发展情况的报告、白朗县人民政府关于《西藏自治区民族团结模范区创建条例》贯彻落实情况的报告、白朗县人民政府关于2020年度本级财政预算执行情况和其他财政收支审计工作的报告。

【依法监督】 年内，围绕县委中心和全县工作大局，用好宪法赋予人大的监督权，实行正确监督、有效监督、依法监督。抓好"四件大事"，实现"四个创建"目标任务，审查和批准白朗县国民经济和社会发展第十四个五年规划、二〇三五年远景目标纲要、2020年财政决算、2021年财政预算调整方案、盘活存量资金使用方案、2021年财政预算执行情况和2022年预算草案；听取和审议县人民政府关于2021年计划执行情况和2022年计划草案、2020年度财政预算执行和其他财政收支审计查出问题整改落实情况、教育经费投入和使用管理、义务教育均衡发展、"七五"普法、国家生态文明高地建设、2021年度生态环境保护状况、生态目标完成情况、2022年生态环境保护目标计划安排、宗教工作法治化建设情况以及听取和审议县人民法院关于民事审判服务保障经济社会发展专项工作报告和县人民检察院关于民事检察专项工作报告等专题报告20个；加强规范性文件合宪性、合法性审查，对县人民政府报备的3件规范性文件进行备案审查；开展《西藏自治区国家生态文明高地建设条例》《日喀则市市容和环境卫生管理条例》执法检查活动2次；组织36名基层人大代表围绕乡村振兴、产业发展、重大民生项目实施等开展专项视察活动2次，促进县"一府一委两院"依法行政、严格执法、公正司法，保证法律得到有效实施，推动经济社会高质量发展。

【决定任免】 年内，向县委请示人大重要会议7次，汇报重要事项7件，按照县委决策作出决议决定11项。坚持党管干部和人大依法任免相统一，健全完善机制，严把关键环节，规范任免程序，通过法定程序依法任免国家机关工作人员47人次，其中任命33人次、免职9人次、接受辞职5人次。

2月26日，经白朗县十三届人大常委会第三十一次会议审议决定，免去王家骅的白朗县监察委员会委员职务，任命多吉平措为白朗县监察委员会委员；任命龙甫为白朗县市场监督管理局局长；杨兴文为白朗县林业和草原局局长；巴桑扎杰为白朗县水利局局长。

4月20日，经白朗县十三届人大常委会第三十二次会议审议决定，免去洛松江村、平措旺堆的白朗县人民检察院检察委员会委员职务。

7月8日，经白朗县十三届人大常委会第三十三次会议审议决定，免去罗布顿珠的白朗县公安局局长职务、尼玛旺拉的白朗县农业农村局局长职务、王潮的白朗县应急管理局局长职务、余艳群的白朗县人力资源和社会保障局局长职务、洛松江村的白朗县人民检察院副检察长职务、王晓杰的白朗县监察委员会委员职务；任命马宁为白朗县监察委员会副主任、洛松江村为白朗县监察委员会副主任、次普为白朗县监察委员会委员、多吉平措为白朗县监察委员会委员。

7月26日，经白朗县十四届

2021年8月24日，白朗县第十四届人大一次会议代表意见建议交办会议召开

2021年7月26日，白朗县第十四届人民代表大会常务委员会第一次会议召开

人大常委会第一次会议审议决定，任命扎西次旦为县扶贫开发办公室主任、普琼次仁为县公安局局长、格桑吉拉为县教育局局长、索朗平措为县科学技术局局长、旦木真为县民族宗教事务局局长、巴桑普尺为县民政局局长、白玛为县司法局局长、旦增杰布为县财政局局长、普布次仁为县人力资源和社会保障局局长、次仁罗布为县自然资源局局长、何堃为县住房和城乡建设局局长、尼玛次仁为县交通运输局局长、巴桑扎杰为县水利局局长、徐洁为县商务局局长、扎西为县文化和旅游局局长、普珍为县卫生健康委员会主任、王起龙为县退役军人事务局局长、松姆为县审计局局长、龙甫为县市场监督管理局局长、白玛央吉为县统计局局长、杨兴文为县林业和草原局局长、格桑卓嘎为县医疗保障局局长、次珍为县信访局局长、次仁曲宗为县行政审批和便民服务局局长、达次为县城市管理和综合执法局局长。

【代表工作】 换届以来，常委会以提升代表素质为突破口，分两期对114名县十四届人大代表进行集中培训，代表的法律素养和履职能力明显提升；10月22日，组织20名人大代表、基层人大干部到山东济南市就生态环境保护、基层党建、乡村振兴等内容开展考察学习，开阔代表视野，激发履职活力；9月29日，组织23名县、乡两级人大代表到谢通门县、桑珠孜区实地考察学习人大“代表之家”“代表小组”运行情况、先行做法和典型经验，在学习借鉴中开拓创新，推动人大工作创新发展；指导各乡镇采取专题辅导、以会代训等多种方式，广泛开展辖区代表培训工作，先后培训代表520余人次，完成县乡两级代表履职培训全覆盖；坚持邀请基层人大代表列席常委会会议和参与常委会开展的视察调研、执法检查等活动，扩大代表知情知政渠道，提高代表参政议政能力；高度重视代表意见建议办理工作，通过召开座谈会、常委会领导领衔督办等方式，及时了解、跟进、监督工作进展，提出工作建议，提升办理实效。承办县十四届人大一次会议90件代表建议，承办率100%，答复率100%，满意率100%，推动解决一批群众最关心的热点难点问题。

【自身建设】 年内，增强政治机关意识，坚持以政治建设为统领，健全和完善人民代表大会、常委会和专委会工作机制，全面加强自身建设，着力提升依法履职的能力和水平。牢牢把握“四个机关”建设的新定位、新要求，持续不断加强党的政治建设，始终坚持在党的全面领导下，围绕县委贯彻落实党中央大政方针的部署安排，主动谋划和推动人大工作；修订完善常委会会议、主任会议等议事规则，规范会议组织、议案提出、审议表决等程序，提升议事质量和效率；建立健全常委会组成人员联系代表、代表联系群众“双联系”制度，密切代表同群众的联系，组织常委会组成人员、代表深入开展“双联系”活动100余人次，虚心听取群众意见建议，及时帮助解决实际困难；落实全面从严治党要求，压紧压实管党治党政治责任，坚持把党史学习教育、“三更”专题教育、党的建设、党风廉政建设和意识形态工作作为贯穿全年的重要任务抓实抓细抓好，推进全面从严治党向纵深发展。

（徐　鹏）

县人大常委会办公室工作

【概况】 白朗县人大常委会办公室成立于1962年。办公室核定行政编制数3人，实际人数6人。办公室主任1人，副主任1人，一级主任科员1人，事业编1人，“三支一扶”1人，公益性岗位1人。本科及以上学历4人，大专2人，本科及以上学历占66.67%。

【文秘工作】 年内，坚持高标准、严要求、高质量做好文秘工作，使机关文秘工作更好地为县人大及其常委会依法行使职权服务。严格办文程序，规范收文、传阅、承办、督办、归档等各个环节，做到及时、准确、衔接有序，提高办文工作效率；认真做好各项文稿起草工作，把好文字草拟、审核关，力求文字符合政策法律法规、贯彻领导意图、切合实际情况，通过文字服务发挥办公室参谋助手作用。全年共形成党组文件10件、常委会文件17件、办公室文件（函）25件、各类会议纪要14期、各类简报28期，撰写各类讲话材料80余份。

【重要会议】 年内，按照“精心策划、严密组织、服务到位”12个字要求，坚持会前精心准备，会中细化服务，会后认真总结，着力提高办会质量。年内，完成市二届人大二次会议白朗代表团会务服务工作，保障代表团依法履职，高质量完成各项任务；认真做好县十四届人大一次会议、常委会会议、主任会议、党组会议及党组理论学习中心组等各类会议和代表视察、执法检查、调研等活动的筹备组织、服务保障工作。对每一次会议和活动，都注重抓早、抓实、抓快，从建议议题、材料准备、路线规划、人员安排到会场布置和座谈交流等各个环节，都周密安排，力求规范有序、周到细致，确保每次会议和活动顺利举行。年内，办公室共参与服务市人民代表大会1次，筹办召开常委会会议6次、党组会议10次、主任会议6次；配合开展专题调研4次，执法检查2次；组织外出考察学习2次，接待考察学习18次。

【督办代表建议】 年内，督导承办单位把代表建议办理同“我为群众办实事”活动结合起来，同改进工作、健全机制结合起来，积极研究采纳代表提出的建议举措，以办理工作的实际成效回应群众关切；加强与承办单位、代表之间的联系，定期组织召开专题会议，听取承办单位关于代表意见建议办理工作情况汇报；坚持在常委会分管领导的监督指导下，深入代表建议重点承办单位，通过走访、座谈、实地查看、邀请代表深入承办单位督办、电话催办等多种形式，及时了解、跟进、监督工作进展，加大对代表建议督办力度，努力提高代表建议办结率。全年共召开代表意见建议督办会4次，县十四届人大一次会议90件代表建议、批评和意见已全部在规定时限内办结并答复代表，代表评价满意率100%。

【内部管理】 年内，落实各项工作制度，促进机关工作有条不紊，高效运转。严格考勤制度，建立健全考勤台账，指定专人做好考勤记录，考勤结果作为年终评先评优重要依据。严肃请销假纪律，严格请销假审批程序，认真执行请销假制度，做好请销假备案工作。严格值班带班制度，认真

2021年5月19日，白朗县人大常委会机关党员干部到曲奴乡团结新村开展“我为群众办实事”活动

2021年12月3日，日喀则市谢通门县达木夏乡人大主席团到白朗县巴扎乡拉东村曲木扎娟姗奶牛养殖农民专业合作社考察学习

做好交接班手续，落实好值班值守期间的各项工作，确保值班带班工作无缝对接，责任落实到位。严肃会风会纪，严格会议请假、会议签到制度，严肃会场秩序和纪律，领导干部带头执行会议要求、遵守会议纪律、维护会场秩序，坚持把严的主基调贯穿各类会议全过程，以好会风促进干部党风作风持续向上向好。

【"人大代表之家"】 年内，白朗县人大常委会办公室对标"人大代表之家"建设标准和活动要求，指导各乡镇建立健全"八簿一册"，完善场地基本设施，规范常态化运行机制，努力打造集宣传方针政策、反映社情民意、联系选民（群众）、提升履职能力、议政督政于一体的代表履职平台，为新一届人大代表创造更好的履职环境。

年内，全县各级人大代表依托12个"人大代表之家"和43个代表小组，主动到"家"学习代表法、选举法等一系列法律法规和人大业务知识，及时向群众宣传党的各项方针政策，以及重大决策部署和经济社会发展有关情况；认真接待群众来信来访，广泛听取和收集群众意见，帮助群众调解矛盾纠纷，解决实际困难；广泛开展座谈交流，围绕乡村振兴、产业发展、生态保护、社会保障等方面工作，集思广益，汇集民智，形成高质量代表意见建议，推动各项决策部署贯彻落实；依法向选民开展述职活动，主动接受选民监督，代表履职意识、履职能力不断提升。

【党的建设】 年内，认真落实党建工作责任制，加强组织建设、强化制度落实，推动支部党建工作高质量发展。坚持把党的思想政治建设贯穿始终，认真制订学习计划，明确学习内容，规定学习内容，创新学习载体，坚持自学与集中学习相结合，组织开展各项学习活动，增强思想淬炼，提升党性修养；组织召开党支部换届选举大会，选举产生新一届支部委员会，进一步充实支部组织力量，为引领党建工作高质量发展奠定坚实基础；认真召开"三更"专题组织生活会，坚持问题导向，深入开展批评和自我批评，班子查摆整改落实突出问题17条，班子凝聚力、战斗力不断增强；建立健全党费收缴工作机制，固定专人负责党费收缴工作，严格党费收缴标准，全年按时足额上缴党费1757.5元。年内，办公室党支部共组织召开党员大会4次、支部委员会会议14次，集中学习26次，党课4次，理论测评8次，撰写研讨材料50余篇。

【党史学习教育】 年内，聚焦党史学习教育目标要求、重点任务，成立县人大常委会机关党史学习教育领导小组，及时召开动员会、专题会进行安排部署，结合实际制订学习计划，组织党员干部认真学习指定内容，扎实开展专题学习。班子成员带头参加各项学习活动，先后开展集中学习和研讨交流26次，在深学精学中推动党史学习教育入脑入心。按照"学史力行"工作要求，把"我为群众办实事实践"活动作为推进党史学习教育的有效抓手，机关党员干部深入基层开展为群众办实事解难事实践活动8次，有效增强群众获得感、幸福感、安全感。

（徐　鹏）

白朗县人民政府

新建易地搬迁民房整齐排列，人民生活一片欣欣向荣

白朗年鉴

2022

综述

【政府决策概要】 年内，白朗县人民政府坚持不断健全完善县政府及各部门重大事项决策的规则和程序，把公众参与、专家论证、风险评估合法性审查和集体讨论决定作为重大决策的必经程序，实行科学决策、民主决策、依法决策。严格执行“三重一大”集体决策和请示报告制度，凡涉及制订或调整各类总体规划和专项规划、编制财政预决算草案、政府重大投资项目（计划）、重要国有资产处置、重要资源配置、重要编制和干部任免、大额财政性资金和社会公共资金使用及制度安排、社会分配调节、保障和改善民生、治理和创新社会管理的重大举措等关系全局的重大事项，由集体讨论和决定。需要市委决策的事项，及时提交请示报告。2021年，县政府共召开政府常务会议10次、县政府党组会议21次。

【政府常务会议纪要】 2月7日，日喀则市副市长、白朗县委副书记、县长赤列朗杰主持召开2021年第一次县长办公会议，政府各副县长出席会议，相关部门负责人列席会议，会议研究并原则同意《应收账款账务处理的请示》《白朗县中学关于学校班级安装书柜的申请》等请示件。

3月19日，日喀则市副市长、白朗县委副书记、县长赤列朗杰主持召开2021年第二次县长办公会议，政府各副县长出席会议，相关部门负责人列席会议，会议研究并原则同意《关于申请国库集中支付中心及审计局办公设备购置经费的请示》《关于申请购买考斯特的请示》等请示件。

4月23日，日喀则市副市长、白朗县委副书记、县长赤列朗杰主持召开2021年第三次县长办公会议，政府各副县长出席会议，相关部门负责人列席会议，会议讨论并原则同意《关于巴扎乡冲堆村环境治理建设项目立项并实施的请示》《关于申请自治区级生态文明建设示范乡镇、村居经费的请示》等请示件。

5月7日，受日喀则市副市长、白朗县委副书记、县长赤列朗杰委托，县委常委、常务副县长扎西次旦主持召开2021年第四次县长办公会议，政府各副县长出席会议，相关部门负责人列席会议，专题研究县住建局《关于审核办理农牧民资质的请示》，会议讨论并原则同意办理农牧民建筑施工队资质，请县住建局牵头，联合相关部门严格审核申报资质的92家农牧民建筑施工队相关资料，并严格按照程序尽快办理。

7月27日，县委副书记、县长陈锋主持召开2021年第五次县长办公会议，政府常务副县长、各副县长出席会议，相关部门负责人列席会议，会议研究并原则同意《关于申请解决〈中国纪检监察报〉〈中国纪检监察〉征订费用的请示》《关于申请将洛江镇大门左右两边出租房改造为值班室及便民大厅的请示》等请示件。

8月17日，县委副书记、县长陈锋主持召开2021年第六次政府常务会议，政府常务副县长、各副县长出席会议，相关部门负责人列席会议，研究《关于聘请第三方开展“白朗县年楚河国家湿地

2021年8月17日，2021年白朗县人民政府第一次全体会议召开

公园生态修复工程”规划的请示》《关于申请解决农业现代化示范区创建方案编制费用的请示》等请示件。

9月22日，县委副书记、县长陈锋主持召开2021年第七次政府常务会议，政府常务副县长、各副县长出席会议，相关部门负责人列席会议，会议研究并原则同意《关于申请报废和新购置两台复印机的请示》《关于申请解决党政综合大楼一楼大厅显示屏安装需要资金的请示》等请示件。

11月3日，县委副书记、县长陈锋主持召开2021年第八次政府常务会议，政府常务副县长、各副县长出席会议，相关部门负责人列席会议，会议讨论并原则同意《关于申请解决“互联网＋明厨亮灶”工程设备资金的请示》《关于购买视频会议加密系统的请示》等请示件。

11月14日，县委副书记、县长陈锋主持召开2021年第九次政府常务会议，政府常务副县长、各副县长出席会议，相关部门负责人列席会议，会议讨论并原则同意《关于实施白朗县中学附属设施建设项目的请示》《关于白朗县嘎东镇中心小学少年宫校舍维修资金的请示》等请示件。

12月30日，县委副书记、县长陈锋主持召开2021年第十次政府常务会议，政府在岗各副县长出席会议，相关部门负责人列席会议，会议研究并原则同意《关于解决曲奴乡垃圾转运车辆费用的请示》《关于解决杜琼乡垃圾转运车辆费用的请示》等。

【政府党组会议纪要】1月22日，日喀则市副市长、白朗县委副书记、县政府党组书记、县长赤列朗杰主持召开县政府党组2021年第一次会议，会议传达学习《习近平总书记在中央全面深化改革委员会第十七次会议上的重要讲话》《中共中央办公厅　国务院办公厅关于严格规范村庄撤并工作的通知》等文件。

2月7日，日喀则市副市长、白朗县委副书记、政府党组书记、县长赤列朗杰主持召开县政府党组2021年第二次会议。会议传达学习《日喀则市政府工作报告》《日喀则市委二届二次全会暨市委经济工作会议精神》等文件精神，研究并原则同意《关于龙甫等任免职的通知》《关于曲宗等任免职的通知》等干部人事任免事项。

3月19日，日喀则市副市长、白朗县委副书记、政府党组书记、县长赤列朗杰主持召开县政府党组2021年第三次会议。会议传达学习《2020年国务院政府工作报告》、西藏自治区党委九届九次全会暨区党委经济工作会议精神等。研究并同意《关于贵桑等3名同志聘任初级专业技术职务的请示》《关于强堆乡农牧综合服务中心徐洋辞职的请示》等请示件。安排近期重点工作。

4月9日，县委常委、政府党组副书记、副县长胡卫波主持召开县政府党组2021年第四次会议。会议传达学习中央第七次西藏工作座谈会精神、《中共中央关于贯彻落实新时代党的治藏方略，进一步做好西藏工作的意见》等文件精神，会议研究并原则同意《2021年度政府工作报告(草拟稿)》《关于平措多吉等正式任职的通知》《关于赵珠勇等任免职的通知》等请示件。

4月23日，日喀则市副市长、白朗县委副书记、政府党组书记、县长赤列朗杰主持召开县政府党组2021年第五次会议。会议传达学习《西藏自治区人民政府关于印发西藏自治区招商引资优惠政策若干规定的通知》等文件精神。审议通过《白朗县2021年财政预算报告》《白朗县2021年天曲河河道采沙(清淤)工作方案》等请示件。安排部署近期重点工作。

4月25日，受日喀则市副市长，白朗县委副书记、政府党组书记、县长赤列朗杰委托，县委常委、副县长胡卫波主持召开县政府党组2021年第六次会议，研究并原则同意《关于余艳群等任免职的通知》《关于格桑旦增等任免职的通知》《关于德吉仲嘎免职的通知》《关于王潮免职的通知》《关于蒋春岚等任免职的通知》《关于格桑穷达等免职的通知》等干部人事任免有关事宜。

6月21日，县委常委、政府党组副书记、政府常务副县长扎西次旦主持召开县政府党组2021年第七次会议，会议传达学习《中华人民共和国国务院令——政府督查工作条例》等文件精神。研究并同意《关于罗布顿珠等任免职的通知》《关于普珠等免职的通知》《关于旦增欧珠等正式任职的通知》等干部人事任免有关事宜。

7月21日，县委副书记、政府党组书记、县长陈锋主持召开县政府党组2021年第八次会议。会议传达学习中共中央办公厅、国务院办公厅《关于进一步严肃纪律清理规范地方违规发放公务员工资津贴补贴的通知》等文件精神。研究并同意《关于援藏项目授权委托事宜的请示》请示件，以及《关于江志龙等免职的通知》《关于扎西次旦等任免职的通知》干部人事任免有关事宜。

7月28日，县委副书记、政府党组书记、县长陈锋主持召开县政府党组2021年第九次会议，会议讨论并原则同意《白朗县人民政府工作规则》《白朗县“三公”经费管理办法》等请示件。

8月20日，县委副书记、政府党组书记、县长陈锋主持召开县政府党组2021年第十次会议，会议传达学习李克强总理在国务院西部地区开发领导小组第二次会议上的讲话、《中华人民共和国乡村振兴促进法》、《关于印发西藏自治区高质量发展综合绩效评价指标体系（试行）的通知》等，会议研究并原则同意《关于机关后勤服务中心仓决退休的请示》《关于替换索朗普赤等7名高校公益性岗位名额的请示》等请示件。

9月18日，县委副书记、政府党组书记、县长陈锋主持召开县政府党组2021年第十一次会议，会议传达学习《西藏自治区安委会办公室关于转发〈国务院安委办公室　应急管理部关于近期重大及典型事故情况的通报〉的通知》《中共中央办公厅　国务院办公厅印发〈关于建立健全审计查出问题整改长效机制的意见〉的通知》等文件精神。会议讨论并原则同意《白朗县新冠肺炎疫情防控工作方案（草案）》《白朗县新冠肺炎疫情防控应急预案（草案）》等请示件，按程序提请县委审议通过后组织实施。

10月11日，县委副书记、政府党组书记、县长陈锋主持召开县政府党组2021年第十二次会议（扩大），会议传达学习《西藏自治区人民政府　西藏军区印发〈关于加强新时代西藏人民防空工作实施意见〉的通知》，听取县发改委《白朗县2021年1—3季度重点项目建设情况报告》《白朗县2021年1—3季度财政收支情况报告》等报告。

2021年10月12日，西藏自治区副主席江白（左一）到白朗县调研乡村振兴工作

11月2日，县委副书记、政府党组书记、县长陈锋主持召开县政府党组2021年第十三次会议，会议传达学习《中共中央组织部关于领导干部及时报告个人有关事项的通知》《中共西藏自治区委员会　西藏自治区人民政府印发〈贯彻落实《中共中央、国务院关于加强基层治理体系和治理能力现代化建设的意见》的具体举措〉的通知》等文件精神，研究并原则同意《关于2021年（第一批）盘活存量资金安排计划的请示》《关于解决耕地占用税滞纳金的请示》等请示件。

11月18日，县委副书记、政府党组书记、县长陈锋主持召开县政府党组2021年第十四次会议，会议通报政府党组2021年第十三次会议落实情况，传达学习《中共中央关于党的百年奋斗重大成就和历史经验的决议》等文件精神。会议听取县发改委、县财政局、县统计局、县商务局、县人社局《2021年度主要工作开展情况报告》。会议研究并同意《关于开展2021年度第六期技能培训班的请示》《关于县文化和旅游局工人巨鑫工作调动的请示》等请示件。

11月25日，县委副书记、政

府党组书记、县长陈锋主持召开县政府党组2021年第十五次会议暨安全生产专题会议，会议通报政府党组2021年第十四次会议落实情况，传达学习《日喀则市关于自治区第十次党代会期间安保维稳工作方案》《中共中央 国务院关于推进安全生产领域改革发展的意见》等文件精神，听取县应急管理局2021年1—10月全县安全生产工作情况报告，会议讨论并原则同意《白朗县冬季防雪防冻应急预案》。

11月25日，县委副书记、政府党组书记、县长陈锋主持召开县政府党组2021年第十六次会议暨国有企业改革专题会议，会议传达学习《中共中央 国务院关于深化国有企业改革的指导意见》等文件精神，听取县年雄实业有限责任公司工作开展情况报告，会议研究并原则同意《关于提请研究〈白朗县国有企业改革工作实施方案〉的请示》请示件。会议强调，要提高政治站位，强化思想认识，扎实推进国有企业改制；要把握政策要求，讲究工作方式，积极推进国有企业改革；要完善规章制度，坚持依法治企，规范推进国有企业经营；要坚持问题导向，理顺发展思路，稳妥推进国有企业发展。

12月3日，县委副书记、政府党组书记、县长陈锋主持召开县政府党组2021年第十七次会议（巩固拓展脱贫攻坚成果同乡村振兴有效衔接专题会议）。会议传达学习《中共中央 国务院关于实现巩固拓展脱贫攻坚成果同乡村振兴有效衔接的意见》以及习近平、胡春华同志在中央农村工作会议上的讲话等文件。会议听取县乡村振兴局工作开展情况汇报，会议讨论并原则同意《关于实施白朗县娟姗牛养殖镇乡推进项目的请示》《关于提请研究〈白朗县2022年财政衔接推进乡村振兴补助资金项目库〉的请示》等请示件。会议对乡村振兴工作做了安排部署，深刻认识乡村振兴战略实施的重大意义；坚决守住不发生规模性返贫的底线；严格落实脱贫攻坚成果巩固具体措施；大力开展青稞良种繁育和牛羊种业培育；全力抓好新发展阶段“三农”工作要求。

12月13日，县委副书记、政府党组书记、县长陈锋主持召开县政府党组2021年第十八次会议（涉粮领域专题会议），传达学习习近平总书记关于粮食安全系列重要讲话精神、《中华人民共和国国务院令〈粮食流通管理条例〉》等文件。研究并原则同意县政府办公室《关于提请研究〈调整充实白朗县粮食工作领导小组〉的请示》《关于提请研究〈白朗县粮食工作实施方案〉的请示》。会议对涉粮领域工作进行安排部署。

11月14日，县委副书记、政府党组书记、县长陈锋主持召开县政府党组2021年第十九次会议，会议传达学习《中共西藏自治区委员会关于印发王君正在中国共产党西藏自治区第十届代表大会上的报告、闭幕会上的讲话的通知》等文件精神。会议研究并原则同意《中共白朗县委员会关于周志刚免职的通知》《中共白朗县委员会关于郭雷任职的通知》《中共白朗县委员会关于洛松西热免职的通知》等请示件，按照程序提交审议。

12月30日，县委副书记、政府党组书记、县长陈锋主持召开县政府党组2021年第二十次（扩大）会议。会议研究同意《关于解决全县行政事业单位固定资产盘点经费的请示》等请示件。会议安排部署近期全县重点工作，全面总结重点工作。

12月31日，县委副书记、政府党组书记、县长陈锋主持召开县政府党组2021年第二十一次会议，会议研究并同意《关于巴桑卓玛等任免职的通知》《关于格桑扎西等任免职的通知》《关于李隆武等任免职的通知》等干部人事任免事宜。

2021 年白朗县人民政府红头文件一览表

表 1

序号	文件名称	文号
1	白朗县人民政府关于印发 2021 年政府工作报告主要任务分解方案的通知	白政发〔2021〕1 号
2	白朗县人民政府关于转发《日喀则市人民政府办公室关于印发 2021 年政府工作报告任务分解方案的通知》《日喀则市人民政府办公室关于印发 2021 年自治区〈政府工作报告〉任务分解方案的通知》的通知	白政发〔2021〕2 号
3	白朗县人民政府关于调整政府工作分工的通知	白政发〔2021〕3 号
4	白朗县人民政府关于同意《白朗县水利局关于由县水利队承担水利建设项目法人的请示》的批复风险评估报告	白政发〔2021〕5 号
5	白朗县人民政府关于组建白朗县曲奴乡防洪堤工程项目法人的批复	白政发〔2021〕6 号
6	白朗县人民政府关于组建日喀则市白朗县楚松灌区续建配套与节水改造工程项目法人的批复	白政发〔2021〕7 号
7	白朗县人民政府关于第一轮中央生态环境保护督察反馈问题整改方案	白政发〔2021〕8 号
8	白朗县人民政府关于印发《白朗县乡村“四旁”植树工作方案（2021—2023 年）》的通知	白政发〔2021〕9 号
9	白朗县人民政府关于电子商务进农村综合示范项目监察建议办理情况的报告	白政发〔2021〕10 号
10	白朗县人民政府关于提请审议龙甫等任免职的议案	白政发〔2021〕11 号
11	白朗县人民政府关于曲宗等任免职的通知	白政发〔2021〕12 号
12	白朗县人民政府关于恳请协调解决县万亩枸杞生态观光产业园项目有关问题的请示	白政发〔2021〕14 号
13	白朗县人民政府关于以往审计发现问题整改情况报告	白政发〔2021〕15 号
14	白朗县人民政府关于组建日喀则市白朗县楚松灌区续建配套与节水改造工程项目法人的批复	白政发〔2021〕16 号
15	白朗县人民政府关于组建日喀则市白朗县党精灌区续建配套与节水改造工程项目法人的批复	白政发〔2021〕17 号
16	白朗县人民政府关于组建日喀则市白朗县曲奴乡彭嘎水库工程项目法人的批复	白政发〔2021〕18 号
17	白朗县人民政府关于组建白朗县嘎普乡楚松村帕林岗灌溉水塘工程项目法人的批复	白政发〔2021〕19 号
18	白朗县人民政府关于平措多吉等正式任职的通知	白政发〔2021〕20 号
19	白朗县人民政府关于赵珠勇等任免职的通知	白政发〔2021〕21 号
20	白朗县人民政府关于格桑旦增等任免职的通知	白政发〔2021〕23 号
21	白朗县人民政府关于德吉仲嘎免职的通知	白政发〔2021〕24 号
22	白朗县人民政府关于蒋春岚等任免职的通知	白政发〔2021〕25 号

续表1

序号	文件名称	文号
23	白朗县人民政府关于格桑穷达等免职的通知	白政发〔2021〕26号
24	白朗县人民政府关于成立军事设施保护委员会领导小组的通知	白政发〔2021〕28号
25	白朗县人民政府关于成立国防潜力统计调查工作军地联合领导小组的通知	白政发〔2021〕29号
26	白朗县人民政府关于对2020年在建水利项目法人授权县水利队的批复	白政发〔2021〕31号
27	白朗县人民政府关于印发《白朗县农村乱占耕地建房专项整改工作实施方案》的通知	白政发〔2021〕32号
28	白朗县人民政府关于《关于强堆乡农牧综合服务中心徐洋辞职的请示》的批复	白政发〔2021〕33号
29	白朗县人民政府关于《县自然资源局关于一宗国有土地使用权挂牌出让的方案》的批复	白政发〔2021〕34号
30	白朗县人民政府关于提请审议罗布顿珠等免职的议案	白政发〔2021〕35号
31	白朗县人民政府关于罗布顿珠等任免职的通知	白政发〔2021〕36号
32	白朗县人民政府关于旦增欧珠等正式任职的通知	白政发〔2021〕37号
33	白朗县人民政府关于组建白朗县玛乡玛干渠建设项目法人的批复	白政发〔2021〕38号
34	白朗县人民政府关于请求解决日喀则市至和平机场高等级公路白朗段未兑现征地补偿款遗留问题的请示	白政发〔2021〕39号
35	援藏项目授权委托书	白政发〔2021〕40号
36	白朗县人民政府关于聘任贵桑等3名同志初级专业技术职务的通知	白政发〔2021〕41号
37	白朗县人民政府关于聘任旦增欧珠等2名同志初级专业技术职务的通知	白政发〔2021〕42号
38	白朗县人民政府关于印发《白朗县2021年财政收支预算》的通知	白政发〔2021〕44号
39	白朗县人民政府关于提请审议扎西次旦等免职的议案	白政发〔2021〕45号
40	白朗县人民政府关于印发《西藏自治区白朗县"绿水青山就是金山银山"实践创新基地建设实施方案》的通知	白政发〔2021〕46号
41	白朗县人民政府关于江志龙等任免职的通知	白政发〔2021〕47号
42	白朗县人民政府关于《白朗县人民政府关于6宗国有土地使用权挂牌出让方案》的批复	白政发〔2021〕48号
43	白朗县人民政府关于印发《白朗县人民政府工作规则》的通知	白政发〔2021〕49号
44	白朗县人民政府关于拨付白朗县斗牛场建设项目尾款资金的情况说明	白政发〔2021〕50号

续表1

序号	文件名称	文号
45	白朗县人民政府 2021 年履行教育职责自评自查情况报告	白政发〔2021〕51 号
46	白朗县人民政府关于调整政府工作分工的通知	白政发〔2021〕52 号
47	白朗县人民政府关于《关于解决县不动产办证历史遗留问题的请示》的批复	白政发〔2021〕53 号
48	白朗县人民政府关于创建农业现代化示范区的函	白政发〔2021〕54 号
49	白朗县人民政府关于恳请协调解决全民健身生态公园步道建设项目资金的请示	白政发〔2021〕56 号
50	白朗县人民政府关于恳请协调解决县中学义务教育薄弱改造能力提升建设项目资金的请示	白政发〔2021〕57 号
51	白朗县人民政府关于印发《白朗县 2021 年脱贫县统筹整合资金补充方案》的通知	白政发〔2021〕58 号
52	白朗县人民政府关于印发《2021 年白朗县加快农牧民转移就业促进农牧民增收实施方案》的通知	白政发〔2021〕59 号
53	白朗县人民政府关于开展白朗县“绿水青山就是金山银山”实践创新基地创建工作的通知	白政发〔2021〕60 号
54	白朗县人民政府关于创建申报“绿水青山就是金山银山”实践创新基地的请示	白政发〔2021〕61 号
55	白朗县人民政府关于印发《白朗县充实完善全县统计工作领导小组成员及统计工作联席会成员的通知》的通知	白政发〔2021〕63 号
56	白朗县人民政府关于组建白朗县天曲灌区续建配套与节水改造工程项目法人的批复	白政发〔2021〕64 号
57	白朗县人民政府关于组建白朗县洛江镇嘎玛琼孜干渠工程项目法人的批复	白政发〔2021〕65 号
58	白朗县人民政府关于提请开展生态文明建设示范乡建设规划和生态文明建设示范村建设方案论证的请示	白政发〔2021〕66 号
59	白朗县人民政府关于办理 2021 年人大建议和政协提案办理工作的通知	白政发〔2021〕67 号
60	白朗县人民政府关于印发《白朗县全面推行“路长制”工作实施方案》的通知	白政发〔2021〕68 号
61	白朗县人民政府关于聘任拉珍等 11 名同志初级专业技术职务的通知	白政发〔2021〕69 号
62	白朗县人民政府关于聘任尼玛顿珠初级专业技术职务的通知	白政发〔2021〕70 号
63	白朗县森林和草原火灾风险普查外业调查委托书	白政发〔2021〕71 号
64	白朗县人民政府关于《白朗县巴扎乡等 2 个乡(镇)生态文明示范乡镇创建规划及团结新村等 61 个村(居)创建西藏自治区生态文明建设示范村建设方案》的批复	白政发〔2021〕72 号
65	白朗县人民政府关于印发《2021 年普通高中及中职招生、劝返复学工作实施方案》的通知	白政发〔2021〕73 号
66	白朗县人民政府关于印发《中共白朗县人民政府党组工作规则》的通知	白政发〔2021〕74 号

续表1

序号	文件名称	文号
67	白朗县人民政府关于印发《白朗县临时救助"救急难"工作暂行办法(试行)》的通知	白政发〔2021〕75号
68	白朗县人民政府关于印发《白朗县招商引资若干规定(试行)》的通知	白政发〔2021〕76号
69	白朗县人民政府关于《关于白朗县参卓林寺等6座寺庙确权发证及格培林寺等3座寺庙用地划拨的请示》的批复	白政发〔2021〕77号
70	白朗县人民政府关于印发《白朗县2021年脱贫县统筹整合资金补充方案》的通知	白政发〔2021〕78号
71	白朗县人民政府关于解决白朗县第一次全国自然灾害综合风险普查相关经费的请示	白政发〔2021〕79号
72	白朗县人民政府关于《西藏自治区2021年度生态环境保护考核办法实施细则》完成情况自评报告	白政发〔2021〕80号
73	白朗县人民政府关于组建满拉灌区续建配套与现代化改造工程(白朗段)项目法人的请示	白政发〔2021〕81号
74	白朗县人民政府关于印发《白朗县推进权责清单编制工作方案》的通知	白政发〔2021〕82号
75	白朗县人民政府关于《关于县发改委袁隆伟辞职的请示》的批复	白政发〔2021〕84号
76	白朗县人民政府关于白朗县2021年度第一批次村镇建设项目用地的请示	白政发〔2021〕87号
77	白朗县2021年度第一批次村镇建设用地新增建设用地有偿使用费准备情况说明	白政发〔2021〕86号
78	白朗县人民政府关于申请解决均衡性转移支付资金的请示	白政发〔2021〕88号
79	白朗县人民政府关于调整充实白朗县征兵工作领导小组的通知	白政发〔2021〕89号
80	白朗县人民政府关于白朗县2022年巩固拓展脱贫攻坚成果衔接乡村振兴项目计划的审核意见	白政发〔2021〕90号
81	白朗县人民政府关于调整充实白朗县粮食工作领导小组的通知	白政发〔2021〕91号
82	白朗县人民政府关于印发《白朗县粮食工作实施方案》的通知	白政发〔2021〕92号
83	白朗县人民政府关于周志刚等任免职的通知	白政发〔2021〕93号
84	白朗县人民政府关于提请审议巴桑卓玛等免职的议案	白政发〔2021〕95号
85	白朗县人民政府关于格桑扎西等任免职的通知	白政发〔2021〕96号
86	白朗县人民政府关于李隆武等任免职的通知	白政发〔2021〕97号
87	白朗县人民政府关于《2021年度实行最严格水资源管理制度考核工作》的自查报告	白政发〔2021〕98号
88	白朗县人民政府关于成立白朗县深化税收征管改革工作领导小组的通知	白政发〔2021〕99号

(欧珠罗布)

县政府办公室工作

【政务服务】 年内，白朗县人民政府办公室以“服务发展、服务决策、服务落实”为宗旨，以“强化理论武装、转变工作作风、提高服务水平”为重点，切实履行参谋助手、综合协调、督促检查、信息反馈、后勤保障等职能，继续深入开展党史学习教育，加强自身建设，全面完成办公室各项工作任务。抓公文审查、起草工作。严把公文拟稿、审核、会签、签发程序关，提高公文撰写质量，减少公文差错。

年内，以政府名义共印发文件90余件，以政府办公室名义共印发文件40多件，同比下降11%。以县政府名义组织召开会议30余场次，协调办理电视电话会议120余次，协助全县各部门办文办会30余次，同比下降15%。完成政府工作报告、政府经济运行分析会材料、精准扶贫和产业发展等各类大型会议材料90余份。全年共传阅、处理中央、自治区、市及县级有关文件1250余份，为相关领导准确把握上级政策提供保障。

【政务调研】 年内，为准确了解各乡镇巩固拓展脱贫攻坚成果同乡村振兴有效衔接工作、产业发展、民生项目等重点工作开展情况，白朗县人民政府办公室协助政府各县长开展下乡调研，形成调研报告18篇。

【信息工作】 年内，白朗县人民政府办公室根据年度政务信息和工作要求，针对白朗县实际情况，协调各乡镇和县直各部门，通过政府网站、广播电视、微信平台、宣传资料等形式公开各种规章制度、重点领域信息和体系建设等信息9600余条。县政府办公室向市政府信息科报送涉及经济发展、项目建设、社会保障、社会事业等重要政务信息84条。

2021年8月19日，白朗县政府办党支部组织观看庆祝西藏和平解放70周年大会

【应急处置】 年内，白朗县人民政府办公室充分发挥全县应急管理枢纽作用，高效做好综合协调、上传下达、信息汇总等工作，确保各类突发公共事件得到及时、妥善、高效处置。严格落实《白朗县应急预案》，坚持24小时应急值守，一旦出现突发事件，第一时间主动与相关乡（镇）、各部门了解情况，及时提出科学全面的拟办意见，并梳理汇总后立即呈送县委、县政府领导，认真做好上传下达、左右协调工作。全年未发生重大安全事故、无人员伤亡。严格落实机关内部安全保卫制度，加强安全防范，加强对党政大楼大门安保人员的监督管理；对党政大楼水电、消防及通信进行全面检修，及时排除安全隐患。

【后勤保障】 年内，白朗县人民政府会同机关后勤服务中心，细化完善公务接待制度，在筹备和接待工作中，严格按照《白朗县“三公”经费管理办法（试行）》和《白朗县公务用车管理办法》，严把“三公”经费支出关口，坚决杜绝违反接待流程、违规使用资金的问题。认真做好领导干部用餐、用车安排相关工作。截至年底，接待工作组、督导组和考察团等380余次，共计5330余人次。按照《白朗县政府采购管理办法（试行）》，会同相关部门完成全县各项政府采购工作。

【政务督查】 年内，共完成市政府办公室交办的督查任务20余项；完成县政府会议议定事项和县政府主要领导批办事项的督办工作；完成市、县两级政府工作报告落实情况的督办工作；做好县政府主要领导指示要求的督查以及会风会纪督查等工作。

【机关事务管理】 年内，进一步完善资金管理制度，重视财务收支管理，通过公开“三公”经费、强化财务监督、实行集中采购等方式，严把财务收支关，做好各项资金保障工作。2021年县政府办公室年初部门公用经费总预算为717.406万元，实际拨款717.406万元，拨款率为100%；实际支出711.576万元，支出率为99.19%。完成休假包干费、值班和加班补助、公益性生活补贴兑现等工作。

年内，完成党政大楼的维修改造保障全县电路正常运行，进一步规范公用物品采购、车辆管理使用、会议服务、县级领导小院维保、机关内部食堂管理等工作，服务保障水平明显提升。

（欧珠罗布）

2021年7月28日，山东省济南市第九批援藏干部到枸杞园调研深加工援藏项目建设情况

援藏工作

【项目建设】 年内，山东省济南市第九批援藏干部管理组共投入援藏资金6827万元，涉及11项34个子项目完成。产业发展类投资3498万元，重点实施产业链延展工程，包括中农圣域、七彩庄园、万亩枸杞等几个重点园区的冷链物流配送中心、深加工车间、加工设备购置、新建大棚、农旅配套设施等。保障和改善民生类投资3029万元，其中“鲁藏百村幸福家园”建设投资1794万元，主要实施马义、彭仓2个乡村振兴示范村项目；其他包括对46个村实施乡村发展规划编制，巴扎乡干渠扩建，玛乡兽医服务中心建设，嘎东、旺丹、嘎普3个乡镇卫生院院内硬化，雪布村道路硬化，玛乡小学新建操场、珠峰党建项目等。智力支援类投资300万元，主要开展农牧民、教师、机关干部等培训17期（225人次）。

【产业扶持】 年内，起草制定《白朗县招商引资有关规定（试行）》《招商引资项目审批流程图》《白朗县人民政府招商引资项目“全程代办·专班服务”工作方案》等，提出白朗招商管家理念，持续优化招商引资营商环境。科学制订产业规划，对接协调中南勘测设计研究院有限公司为白朗县制订光伏产业发展规划，邀请山东农科院制订白朗县蔬菜产业发展专项规划，邀请专业第三方制订白朗县重点产业品牌战略发展规划，制订县域加油站发展规划等。组织、推荐、引导县域内各类经营主体参加自治区内外展销会、广交会等。创新电商推广方式，积极引导、鼓励企业参加网络直播、抖音宣传、微商宣传等推广活动，进一步扩大产品销售渠道，增强宣传力度。委托山东3家知名企业在山东长期广泛开展消费扶贫、电商带货、宣传推介等工作。投入援藏资金1400万元，实施白朗县国家农业科技园区精品果蔬加工区建设项目和果蔬冷链物流配送中心项目，实现生产、加工、分拣、包装、配送的全链条覆盖。2021年投资近1350万元，“十四五”投资4600万元，建立高标准枸杞种植基地和援藏车间，引进新生产线、新设备，推动园区在优规划、拓链条、强品牌上实现新进展，力争把枸杞产业打造成新的援藏名片。实施白朗县重点产业转型升级项目，进一步推动“五彩天域·有机白朗”地域公共品牌和重点产业品牌体系建设，提升品牌知名度和影响力，增强白朗县重点产业长期核心竞争力。11月，在济南举办白朗县重点产业品牌战略发布会，以品牌的力量赋能白朗产业发展再攀高峰。

2021年3月17日，山东省济南市第九批援藏干部到巴扎乡彭仓村调研乡村振兴示范村建设项目

【合作交流】 年内，在济南市历城区唐王街道建立泉朗草莓园合作示范基地和西藏白朗县草莓种植实训基地。安排7名技术人员分2批到济南市历城区和平阴县开展为期3个月的果蔬种植培训。9月，与大智教育集团合作建立白朗县教师素养提升培训基地，首批4名白朗籍教师到济南实地培训，实现由走马观花向实地蹲点、学用分离向即学即用、短期交流向长期合作的转变。与济南超意兴餐饮有限公司签署藏品入鲁协议，在济南打造白朗县重点产业展示交流暨高原特色农产品体验展销中心，挂牌白朗县电商培训实践基地及白朗县农产品仓储配送中心，同时在山东省总工会、济南市总工会App开设白朗县消费扶贫产品专栏，实现产品快速、便捷进超市、进餐桌、进家庭。积极协调其他省份单位、企业及爱心人士，先后为白朗县部分学校捐助文具、电脑、玩具、生活用品等，为县城建部门捐助建设资金、为城区、学校、企业捐赠直饮水机等，各类捐款累计达390余万元。

【医疗援助】 6月，协调济南华视眼科医院专家到白朗开展“西藏光明行”活动，共筛查学生6931名进行手术矫治22名，免费配镜313副。同时组织援藏医疗队义务开展白内障筛查，共筛查农牧民群众680人，协调山东省医院眼科专家为120名患者免费手术治疗，从而实现白朗县儿童先心病、斜视弱视和白内障筛查的全覆盖。

2021年7月16日，山东省济南市第九批援藏干部到嘎东镇调研民族手工业情况

【打造乡村振兴“白朗样板”】 年内，借鉴其他省份先进经验，牵头起草白朗县乡村振兴五年实施方案，提出打造新时代城乡融合示范区、日喀则先行区、乡村振兴“白朗样板”，初步制定产业振兴“四化”（种养规模化、生产标准化、经营产业化、销售品牌化）、人才振兴“三化”（实用人才专业化、职业农民当地化、高端人才培养常态化）、组织振兴“三化”（党建标准化、知识结构合理化、队伍年轻化）、文化振兴“四化”（思想引领政治化、文化民生均等化、优秀文化传承化、文明时尚培育时代化）、

生态宜居“五化”（硬化、美化、亮化、绿化、净化）的示范标准。

成立白朗县乡村振兴领导小组和五个工作专班，明确工作职责和任务目标，初步建立起一套工作专班责任明晰、重点项目试点引路、考核奖惩同步跟进的运行体制机制。

8个示范村被列入“十四五”援藏项目规划。2021年投资4000余万元，启动巴扎乡彭仓村生态宜居示范工程（包括村内道路硬化、路灯亮化、村庄绿化、墙体美化、污水处理设施一体化等）、文化提升工程（包括新建露天广场舞台、绿地休闲公园、村史馆、幼儿园游乐设施等）、产业提质增效工程（包括改造蔬菜大棚、购置厢式货车、建设恒温库及设施配套等）和嘎东镇马义村道路硬化、文化广场、小湿地公园、文化宣传设施工程等项目，为打造乡村振兴先行区夯实基础。

（常德立）

2021年5月27日，白朗县应急管理局联合相关单位在玛乡开展地质灾害应急演练

应急管理

【概况】 白朗县应急管理局于2019年3月正式挂牌成立，按照全国机构改革相关精神，由原安监局人员组建县应急管理局，为正科级，是县人民政府部门，并成立应急指挥中心。2021年，白朗县应急管理局实有5人，其中部门领导3人、工作人员2人；藏族3人，汉族1人，白族1人。全年无重大、较大安全事故发生，各种风险隐患都在可控、能控范围内，实现全年经济建设可持续发展。

【预案体系建设】 年内，对全县各类专项应急预案进行梳理、汇总，加强对乡镇、县直单位和村、学校、企业等基层单位预案制订工作的指导，加快基层应急预案编制步伐。截至年底，白朗县已制订印发县级总体应急预案1个，专项预案13个，乡镇预案11个，行政村、学校、企业等基层组织应急预案130余个，打造较为完整的应急预案体系。

【应急救援】 按照全国机构改革相关精神，由原安监局人员组建县应急管理局，成立应急指挥中心平台，职能划转上从县民政局接手减灾委相关工作，向县卫健委移交职业健康工作，本着边组建边完善的原则积极组织开展与相关部门建立应急情报信息共享机制，加强防灾减灾救灾工作的组织指挥与协调沟通，建立健全防灾减灾救灾工作机制，进一步明确工作职责与分工，适应安全生产与应急管理工作上的监管协调能力和机制。

【救援力量建设】 年内，坚持把加强应急管理基层队伍建设作为应急管理工作的重要环节来抓，提高基层群众参与度，建立县、乡、村三级网格化管理新格局，全面提升白朗县应急救援能力。截至年底，全县已建成基层综合应急救援队伍11支、企业救援队伍4支、专业应急救援队伍1支，专兼职队员总数达800余人。

【灾害救助】 年内，为全面做好抢险救灾工作，向受灾乡镇发放铅丝笼145卷、编织袋4.5万只，出动机械25台次，切实保障群众生命财产安全。开展冬春受灾困难群众生活救助工作，向577户3949名受灾群众兑现救助资金245.94万元。

【监督管理】 年内，对重大突发事

件、重要社会动态、紧急灾情和疫情的信息预测、预警分析，严格执行24小时领导干部带班值班制度和机关干部双岗值班制度，建立突发事件信息报告网络，健全突发事件信息上报制度，层层设立信息报告员，保证紧急信息上报及时准确。截至年底，应急指挥系统每日信息上报率达100%，事故联网直报系统上报率达100%。

【事故调查处理】 年内，部门互动，工作到位，全县各级各部门坚持“属地管理原则”，对明确为本单位、本部门牵头的处置的事件及时制订预案。各级各部门各司其职、协调一致、密切配合、妥善处置。

【物资储备】 年内，按照“针对性、实用性”的要求，开展应急救援物资种类、数量、分布调查，制定补充、管理、调用实施细则，探索推行日常生活物资、大型救援抢险设备“以商代储、以租代储”等模式，最大限度减少救灾物资保质期外自然损耗，减轻储备资金压力。全县抢险救援物资储备种类齐全、数量充足、分布合理、管理规范。截至年底，县级储备物资有帐篷48顶、棉被650床、棉褥（垫）735套、毛毯163张、棉大衣31套、棉衣裤457条、毛皮鞋10双、棉鞋360双、雨衣270件、发电机1台。

【宣传教育】 年内，为进一步提升广大干部群众的安全生产意识，提高应急自救能力，提高从业人员的安全水平，以“防风险、除隐患、遏事故”为主题，超前谋划，周密部署，先后印发“安全生产月”和“安全生产白朗行”活动方案，开展“5·12”全国安全宣传日、主题宣讲、现场咨询、警示教育、应急演练、联合执法等专项活动，普及安全生产常识，强化“打非治乱”，保障活动取得实效。全年开展防灾减灾宣讲30场次，发放宣传资料6500余份，悬挂安全警示条幅90余条，制作宣传展示10余幅，发送安全生产和应急知识短信1300余条，受教育干部群众达2.5万余人次；组织安委会各成员单位开展防灾减灾应急培训和防灾避险应急演练1次，参加培训会和现场演练119人。有效提升全民安全意识，消除安全隐患，巩固安全生产根基，为构建和谐白朗营造良好的社会氛围。

（王庆菊）

2021年11月30日，白朗县应急管理局工作人员到巴扎乡开展全国第一次自然灾害综合风险普查

消防救援

【概况】 2021年，白朗县消防救援大队有水罐消防车2辆，抢险救援车1台，轻型抢险救援车1辆（皮卡车），生活保障车1辆，行政车1辆。大队有指挥员5人，正式消防员9人，政府专职消防员3人，消防人员2人（其中1名指挥员总队挂职，1名消防员总队挂职）。

【监督管理】 年内，白朗县消防救援大队认真学习践行习近平总书记授旗训词精神，贯彻落实中共十九届六中全会精神和习近平总书记系列重要论述，习近平总书记“七一”重要讲话和在西藏视察时的重要讲话精神，牢牢把握“全面发展年”这个大势大局，全面对标“主力军、国家队”职能定位，坚决贯彻落实上级决策部署，围绕大局、抓住重点，紧紧围绕全年工作要点，全力防风险、保稳定、推改革、谋发展。

【自身建设】 年内，坚持建设“忠诚可靠、团结协作、担当作为、风清气正”的好班子，以支部引领队伍全面发展。年内，召开党支部会19次，落实党支部议训、议管、议廉、议防、议教制度，及时研究解决队伍建设、消防员晋升、入党、立功受奖、评优评先以及重大经费开支等重要问题议题27项，做到沟通及时、讨论广泛、程序严谨。

白朗县消防救援大队把党建工作与各项工作紧密结合起来，把业务工作的难点列入党建工作的重点，以抓党建促进其他工作的开展。为充分发挥基层党组织战斗堡垒作用，大队结合干部调整情况，及时改选大队党支部，吸收发展1名预备党员。先后开展“学党史、悟思想、办实事、开新局”，“学党史、担使命，知藏史、感党恩”，消防救援队伍管酒制酒“六个严禁”，“训词三周年纪念活动”。部署开展“捍卫先进荣誉再创九无目标”基层安全万里行活动，与指战员签订安全工作承诺书，加强对指战员的管理，并将管理延伸至8小时以外，从源头上杜绝各种违法违纪行为的发生，切实维护消防救援队伍的良好形象，有效增强队伍的凝聚力、向心力和战斗力。

【做好安全防事故】 年内，白朗县消防救援大队严格落实党委议教议管议训制度，根据队伍管理的新要求和实际情况，不断完善并落实各项制度，做到以制度管理，定期召开大队党支部会和安全形势分析会，分析当前队伍管理中存在的问题，不断加强安全教育，建立健全安全组织，召开专题部署会12次、安全形势分析会12次，开展作战训练安全、交通安全、网络安全、法规法纪、保密教育、应急救护等专题授课13次，对休假疗养、公务出差人员电话跟踪15人次，手机网络安全专项检查13次，实现无作战安全事故、无刑事案件、无违纪违规事件发生。

白朗县消防救援大队党支部始终将党风廉政建设作为班子建设的底线，做到防微杜渐，警钟长鸣，全面落实主体责任、监督责任和“一岗双责”，逐级签订责任书，坚持抓好经常性的反腐倡廉教育和警示教育，切实筑牢班子拒腐防变的思想防线。开展执法腐败自查、“装备采购领域廉政风险整治”“消防执法微腐败”、收送红包礼金整治等专项整治活动，近亲属涉消自查共4人次。

2021年4月30日，白朗县消防救援大队指战员对漏油车辆进行泡沫覆盖

【专业力量建设】 年内，共参加勤务安保15次，熟悉演练98次，共出动车辆135车次，出动人数700余人次，完成总队、支队直报直调、轻骑兵及地震拉动22次，制订完成48家辖区重点单位防消一体化预案。坚持实战化练兵，把“抓基层、打基础、苦练基本功”思想贯穿训练始终，坚持“生命至上”的指导思想，遵循“安全第一、预防为主”的原则；扎实开展全员岗位大练兵活动，紧贴实战开展寺庙、易燃易爆、人员密集、交通事故、冰冻雨雪灾害紧急救援操法实战演练。

【火灾防控】 年内，白朗县委书记次仁顿珠、县长陈锋等县委、县政府主要领导多次到大队，考察队伍建设、装备建设情况，听取消防工作汇报，先后组织相关行业部门召开消防工作部署会2次。扎实开展冬春火灾防控、“复工复产”期间消防安全专项检查等系列专项行动，以老旧小区、易燃易爆、电动车、消防产品、违规搭建、仓储物流、养老院、“九小”（小学校、小医院、小商店、小餐饮场所、

2021年6月21日，白朗县消防救援大队举行开放日活动，洛江镇团支部组织人员参加此次活动

小旅馆、小歌舞娱乐场所、小网吧、小美容洗浴场所、小生产加工企业）场所、“三合一”场所等为重点，强化零点夜查、联合检查、错时检查，全面开展火灾隐患排查清剿专项工作。2021年大队共开展社会面消防安全监督检查712次，发现火灾隐患1291处，督促整改1285处，下发责令整改通知书580份，临时查封2家，罚款14500元，实现全年“零火灾”。

为进一步提升民众消防安全意识，大队相继组织开展易地扶贫安置点消防培训、“开学第一课”、“119”消防宣传、消防培训演练进寺庙等系列消防宣传培训演练活动，持续推进全民消防学习平台、消防志愿者活动，辖区注册率已达到3600余人次，切实提升全民认识消防、参与消防的良好态势。

【后勤保障】 年内，严格贯彻落实后勤工作有关规定，建立规范的财务管理体系，确保各项财务活动有章可循、有制可依，实现财务管理规范化、制度化、正规化，切实提高大队的财务管理水平。切实让指战员感受遇到组织关怀，增强指战员职业荣誉感、归属感，确保广大指战员思想稳定、士气高昂，为大队各项工作的开展打下坚实的基础。

（陈　鹏）

信访工作

【办信接访】 年内，白朗县信访局紧紧围绕群众信访事项“件件有着落、事事有回音”和“事要解决、案结事了”“事心双解”的总体目标，坚持把“了解民情、集中民智、维护民利、凝聚民心”作为信访工作的主线，以解决实际问题为核心，不断加大矛盾纠纷排查力度、大力推行领导接访、干部下访等有效举措，较好地完成各阶段目标任务，赢得信访群众的理解和支持，且满意率达100%，为全县社会长治久安和高质量发展创造良好的环境。

年内，共办理（接待）群众来信来访59批（件）、85人次，分别较上年同期上升28.2%、31%，59批（件）年内已办结。白朗县信访形势总体平稳向好发展，秩序平稳好转，保持“三无”县的良好态势，为全县社会稳定和经济健康发展做出积极贡献。

【专题大事】 年内，县委常委会会议、政府党组会议听取信访工作开展情况，召开2021年信访工作联席会议4次，会议传达学习何文浩书记在全区信访工作联席会议全体会议上的讲话，传达学习张延清书记在日喀则市信访工作专题会议上的讲话精神以及洪力副书记在全市2021年第一次、第三次信访工作联席会议上的讲话，尼玛次仁副市长在全市第二次、第四次信访工作联席会议上的讲话精神；通报2020年全县信访工作考核情况及2021年全县信访工作开展情况。

【体制机制创新】 年内，为全面推动信访“五访”（公开接访、主动下访、带案约访、跟踪回访、定期巡访）工作法落实落地，制定白朗县信访“五访”工作法实施方案及白朗县庆祝中国共产党成立100周年和西藏和平解放70周年期间信访工作方案，通过提前预约、开门接访、主动下访等形式，多次开展领导接访、下访活动，县级党政领导共接访35次，下访56次，其他联席会成员单位领导共接访

2021年3月14日，白朗县信访局工作人员开展《信访条例》宣传活动

36次，接访群众42人次，群众的合理诉求得到妥善解决，解决一大批影响群众生产生活的实际。为进一步健全完善人民、行政、司法调解“三联动”快速衔接机制，依法维护人民群众合法权益，深入扎实地做好矛盾纠纷排查调处工作，制定《白朗县矛盾纠纷多元化解工作方案》，按照“横向到边、纵向到底、不留死角”的工作要求，压实各领域责任，全县干部下访重点领域排查矛盾纠纷225次，共排查出158个隐患，均已化解。对群众反映强烈的热点、难点问题，认真查找原因，坚持问题导向、对症施策，严格落实责任，明确负责领导、责任单位和责任人员，限期妥善解决，确保问题和隐患不疏忽、不遗漏，努力把隐患消除在萌芽状态，做到小事不出村、中事不出乡镇、大事不出县的要求，真正沿用“枫桥经验”。

【法规宣传】 年内，结合各法治宣传节点，积极参与法治宣传活动，并开展《信访条例》宣传工作4次，引导群众依法有序上访，就地就近反映问题；为积极推动依法信访、树立法律意识，加大法治宣传力度，通过各方力量引导群众实行依法逐级走访，开展“诉访分离、分类处理”等教育工作，发挥各级信访工作协调员的作用，加强工作衔接，畅通工作流程，确保各类信访问题依法合理分流、妥善处理，强化法律在信访工作中的权威地位，努力实现定纷止争的目标，绝不能游离于法治之外解决问题，更不能为了化解一时矛盾而突破法律底线，确保信访工作依法合规、不越红线，切实做到在法治的轨道上、法律的框架内行使职权、化解矛盾，不断地提高信访工作的法治化水平，做到“阳光信访、责任信访、法治信访”。年内，开展法治宣传活动7次，发放宣传资料2000余份。

（次仁卓玛）

中国人民政治协商会议白朗县委员会

农业牧业齐头并进

白朗年鉴

2022

综述

【常务委员会会议】 3月24日，政协第二届白朗县委员会常务委员会第十五次会议召开，应到16人，实到10人。白朗县政协党组成员、副主席赵俊峰主持会议。会议传达学习《中国共产党百年光辉历程》、汪洋在全国政协第十三届四次会议上作的政协常委会工作报告（摘要）精神；会议研究并讨论通过免去普布次旦等2人职务的相关情况，讨论通过《政协白朗县委员会2021年度协商计划》和《政协白朗县委员会2021年工作要点》。

6月11日，政协第二届白朗县委员会常务委员会第十六次会议召开，会议应到常委16名，实到12名，常委会委员普布次旦主持会议，通过政协第二届白朗县委员会常务委员会关于召开政协三届一次会议的决定（草案）；审议通过政协第三届白朗县委员会委员推荐人选建议名单及界别（草案）；审议通过政协第二届白朗县委员会常务委员会工作报告及报告人名单（草案）；审议通过政协第二届白朗县委员会常务委员会关于提案工作情况的报告及报告人名单（草案）；审议通过政协第三届白朗县委员会第一次会议议程（草案）和日程（草案）；审议通过政协第三届白朗县委员会第一次会议列席人员名单（草案）；关于研究撤销洛桑旦增第二届白朗县委员会委员的资格。

7月2日，政协第三届白朗县委员会常务委员会第一次会议召开，应到17人，实到17人，县政协党组书记、主席普琼主持会议，审议通过政协第三届白朗县委员会关于设立专门委员会机构的决定（草案）；听取县委组织部作专门委员会主任、副主任人事说明；审议通过专门委员会主任、副主任名单（草案）。

【全体委员会会议】 7月9—11日，政协第三届白朗县委员会第一次会议召开，会议应到委员106人，实到101人。县委常委、政协党组副书记、统战部部长杨彬主持开幕会。县委书记次仁顿珠做开幕讲话，听取和审议政协第二届白朗县委员会常务委员会工作报告（五年总结）；听取和审议政协第二届白朗县委员会常务委员会关于提案工作情况的报告（五年总结）；选举产生政协第三届白朗县委员会主席、副主席、常务委员；列席第十四届白朗县人民代表大会第一次会议，听取并讨论政府工作报告及其他报告；讨论白朗县国民经济和社会发展第十四个五年规划和二〇三五年远景目标纲要；审议通过政协第三届白朗县委员会第一次会议政治决议；审议通过政协第三届白朗县委员会第一次会议提案审查委员会关于政协三届一次会议提案审查情况的报告；审议通过政协第三届白朗县委员会第一次会议关于常务委员会工作报告的决议。

会议期间，成功选举政协第三届白朗县委员会主席1名、副主席4名、常务委员会委员12名，共发出选票101张，收回选票101张，有效选票101张，选举有效。市委批准的主席、副主席候选人和县委批准的常务委员会委员候选人，均得赞成票101票，不赞成

2021年7月12日，中国人民政治协商会议第三届白朗县委员会常务委员会第一次会议召开

票0票，弃权票0票，全部当选。

【提案工作】 政协第三届白朗县委员会第一次会议以来，提案审查委员会共收到提案45件，按照《中国人民政法协商会议白朗县委员会提案工作条例》规定，提案审查委员会对收到的提案进行初步审查，立案42件，占提案总数的93.33%。其中，水利建设类提案8件，占立案总数的19.05%；道路交通类提案6件，占立案总数的14.29%；社会事业类提案6件，占立案总数的14.29%；环境保护类提案6件，占立案总数的14.29%；就业类提案1件，占立案总数的2.38%；科教文卫类提案10件，占立案总数的23.81%；民族宗教类提案1件，占立案总数的2.38%；其他方面4件，占立案总数的9.52%。意见建议3件，占提案总数的6.67%。

【民主监督】 年内，运用调研、视察、建议、大会发言等方式进行监督，充分发挥政协委员联系广泛、凝心聚力、桥梁纽带的作用，及时倾听群众利益诉求，了解社情民意，掌握一手资料。开展"幼儿接送方面存在交通安全隐患"专题社情民意调研协商，将社情民意扩展至教育系统交通安全隐患，针对上学和放学、放假等特殊时间交通安全隐患防范化解进行针对性调研。就教育部门、公安交警部门、各类各级党委、政府、学校之间如何配合开展工作，如何捋顺学生家长接送与道路交通执法之间的矛盾等问题进行相对详细调研协商，并形成调研报告，积极为白朗县学前教育发展建诤言、献良策。这些基层协商调研活动，助推各级党政部门发现问题、改进工作、破解难题。

【视察调研】 年内，迎接政协全国委员会办公厅、自治区政协等各级各类政协考察学习组16次，达200余人次，主要推介白朗县蔬菜种植、娟姗牛养殖、民族手工业、农畜产品加工、历史文化等相关内容。同时到定结县开展以乡镇政协委员联络办规范化建设为题的考察学习，到兄弟县区开展以乡村振兴战略实施先进经验和典型做法考察学习，迎进来走出去的联谊工作，对推介白朗县各类特色产业起到一定作用。县政协按照年度协商计划，围绕中心工作深入开展协商调研活动，专题调研坚持求精，关注民生，立足实际，取得积极的成效。配合市政协做好"畜牧业生产方式对草原生态环境影响情况""推进乡镇政务服务机构规范化运行管理"等协商调研工作，县政协自行组织开展"关于加快产业发展助力乡村振兴""乡镇政协委员联络办建设""应急救援体系建设""公立医院信息化建设"等协商调研，形成调研报告4篇，提出意见建议15条，得到县委、县政府高度重视并做出重要批示。

【基层政协组织建设】 年内，坚持完善学习机制，抓好思想理论建设。坚持党组中心组学习制度，及时通过县政协党组（扩大）会议、主席会议、委员会议、专题学习会议、委员活动小组会议等形式，全面开展"党史学习教育"和"三更"专题教育以及"我为群众办实事活动"；学习宣传中央第七次西藏工作座谈会精神、自治区第十次党代会精神、习近平新时代中国特色社会主义精神，《习近平谈治国理政》《习近平关于加强和改进人民政协工作重要思想》等精神，深刻领会"四个创

2021年9月5日，山南市桑日县政协相关工作人员到白朗县考察调研蔬菜产业和现代农业青稞生产

建”努力做到“四个走在前列”的战略布局，切实提高政协组织推动科学发展、促进社会和谐的能力，为更好地履行职能奠定坚实的思想理论基础。

【文史资料编纂】 年内，发挥政协文史资料“存史、资政、团结、育人”的作用，注重挖掘和体现白朗人文历史史料的时代价值，2021年主要对白朗藏戏歌舞洛江镇“则嘎卓舞”、强堆乡“白岗温谐”、嘎东镇民间传统藏戏等10类进行再整理再校对再翻译，口述相关歌舞资料5.2万余字，图片200余张，为市文史委搜集提供文史相关内容达2万余字，丰富和完善白朗的文史资料。

【重要活动】 年内，在政府各相关部门的邀请下，政协委员积极参加各类会议和活动，在会议和活动期间进行民主监督，特别是参加县检察院的听证会，听取相关案件的办理程序和结果情况。同时县政协组织政协委员针对县域经济发展、生态环境保护、应急救援工作等问题深入调研和民主监督，指导政协机关驻强堆乡亚龙村工作队扎实开展基层党建和乡村振兴工作，深入开展“4321”结对帮扶和高校毕业生“4321”结对工作，为10户结对户送去慰问资金2.5万元，并通过“扶志”与“扶智”相结合的思想教育方式，引导结对帮扶户迈向更加美好的生活，为结对高校毕业生送政策、送岗位，实现就业7人。

（白玛卓玛）

县政协办公室工作

【会务工作】 年内，白朗县政协办公室围绕政协中心工作，精心组织，周密安排，完成政协第三届白朗县委员会第一次会议。通过组织政协第二届白朗县委员会常务委员会第十五次会议、常委会会议、主席会议，就白朗县经济社会发展中热点、难点问题进行协商讨论。积极配合区市两级政协各专委会完成调研任务，做好到白朗县开展调研、视察活动工作组的协调、接待工作。

【提案工作】 年内，政协第三届白朗县委员会第一次会议以来，提案审查委员会共收到提案45件，按照《提案工作条例》规定，提案审查委员会对收到的提案进行初步审查，立案42件，占提案总数的93.33%。其中，水利建设类提案8件，占立案总数的19.05%；道路交通类提案6件，占立案总数的14.29%；社会事业类提案6件，占立案总数的14.29%；环境保护类提案6件，占立案总数的14.29%；就业类提案1件，占立案总数的2.38%；科教文卫类提案10件，占立案总数的23.81%；民族宗教类提案1件，占立案总数的2.38%；其他方面4件，占立案总数的9.52%。意见建议3件，占提案总数的6.67%。从数量看，委员的提案呈现逐年增长趋势，从办理结果看，县委、县政府及有关部门对提案办理高度重视，采取有效措施，认真进行办理。

【专题调研】 年内，协助县政协按照《年度协商计划》，围绕中心工作深入开展协商调研活动，专题调研坚持求精，关注民生，立足实际，取得积极的成效。配合市政协做好“畜牧业生产方式对草原生态环境影响情况”“推进乡镇政务服务机构规范化运行管理”等协商调研工作，县政协自行组织开展“关于加快产业发展助力乡村振兴”“乡镇政协委员联络办建设”“应急救援体系建设”“公立医院信息化建设”等协商调研，形成调研报告4篇，提出意见建议15条，得到县委、县政府高度重视并做出重要批示。

【提升委员履职能力】 年内，在政府各相关部门的邀请下，政协委员积极参加各类会议和活动，在会议和活动期间进行民主监督，特别是参加县检察院的听证会，听取相关案件的办理程序和结果情况。同时县政协组织政协委员针对县域经济发展、生态环境保护、应急救援工作等问题深入调研和民主监督。充分发挥提案在保障和改善民生中的重要作用，把提案作为重点，全面推进提案办理工作。三届一次全会提案审查委员会共收到提案45件，按照《提案工作条例》规定，提案审查委员会对收到的提案进行初审、复审，通过严格审查，召开提案交办会议，20余家县直部门主要负责人参加会议，常务副县长做表态发言，下一步将组织委员现场督办，召开提案办理对接会，并开展提案办理满意度测评，切实解

2021年5月18日，白朗县政协办党支部召开领导干部报告个人有关事项专题组织生活会

决涉及人民群众切身利益的实际问题。

【自身建设】 年内，坚定不移用习近平新时代中国特色社会主义思想武装头脑。贯彻落实党中央、自治区、市、县关于加强政协系统党建工作的决策部署要求，制订学习计划，根据实际内容定期更新学习计划，以党组理论中心组为龙头、以党支部为基础，分层次抓好理论学习。认真学习习近平总书记在庆祝中国共产党成立100周年的重要讲话习近平总书记在西藏视察时的重要指示重要讲话精神，以及党内法规、党的理论知识，集中学习次数达22次；开展"三更"教育、党史学习教育各类研讨交流9次，加强党史、新中国史、改革开放史、社会主义发展史、西藏地方和祖国关系史的学习教育，引导党员干部自觉主动学、原原本本学、及时跟进学，始终在政治立场、政治方向、政治原则、政治道路上同以习近平同志为核心的党中央保持高度一致；健全完善党的基层组织体系，推进党组织标准化规范化建设。按照"组织设置、班子建设、党员队伍、组织生活、工作载体、工作机制、活动场所和基本保障"八个方面的标准化建设任务要求，截至年底，建立党员活动室1间，党员队伍8支，完善相关制度9个，召开党员大会5次，讲党课4次，11月进行党支部换届工作，选举党支部委员4名。全面推进政协机关党的基层组织建设，逐步实现党的工作全覆盖，提升政协党建工作水平；政协党组、政协党支部将每月15日固定为主题党日。突出主题党日活动的政治性、严肃性、规范性，做到每月以集体学习、收缴党费、参观廉政教育警示基地、献爱心、党员签字承诺、志愿服务、年楚河道垃圾清理等为主题开展活动8次。发动党员积极参加白朗县"慈善协会"活动，共捐款4200元。组织党员结合中国共产党成立100周年，开展过政治生日、重温入党誓词、专题学习、讲党课等系列庆祝活动。

截至年底，召开组织生活会1次，谈心谈话1次，征求意见1次。政协党组成员以普通党员身份参加组织生活会，会上扎实开展批评和自我批评，会后认真抓好整改，切实提高组织生活会质量。严格党员组织关系管理，运用珠峰党建信息化平台改进组织关系转接工作，为党员提供高效便捷的服务。对因工作单位发生变化的党员，提醒及时转接组织关系，确保将党员纳入党组织有效管理。开展违规违纪发展党员专项整治工作，聚焦"四类问题"认真自查自纠，进一步完善党员档案信息。紧跟党建信息化建设脚步，运用中国农业银行党费交纳系统，严格执行党费交纳规定，党支部及时督促党员自觉、主动、亲自、足额交纳党费。年内，政协党支部共交纳党费1287.78元。

（白玛卓玛）

中国共产党白朗县纪律检查委员会
白朗县监察委员会

绿油油的青稞地，迎来又一年旺果节

白朗年鉴

2022

综述

【重要会议】 6月29日，中国共产党白朗县第十届纪律检查委员会举行第一次全体会议。

受中国共产党白朗县第十次代表大会主席团的委托，夏日林主持会议。此次会议应到县纪委委员13名，实到12名，符合规定人数。

大会选举产生中国共产党白朗县第十届纪律检查委员会常务委员会委员和书记、副书记。选举结果报中国共产党白朗县第十届委员会第一次全体会议通过。

夏日林当选为中国共产党白朗县第十届纪律检查委员会书记；马宁、洛松江村当选为中国共产党白朗县第十届纪律检查委员会副书记。马宁、次普、洛松江村、夏日林当选为中国共产党白朗县第十届纪律检查委员会常务委员会委员。

新当选的县纪委书记夏日林代表新一届县纪委常委会讲话，向新当选的第十届纪律检查委员会常务委员会委员表示祝贺，并对新一届纪委常委班子提出殷切希望。要求新一届纪委常委会班子团结带领全县纪检监察干部真抓实干、奋力拼搏，不断推进全县党风廉政建设和反腐败工作再上新台阶、再上新水平、再上新高度，不辜负党和人民的重托。

【党风廉政建设】 年内，聚焦“忠诚”筑牢思想防线，县纪委监委党员干部要准确把握、深刻领会当前全面从严治党的新形势、新思路、新要求，努力在深化学习中加深理解，在指导实践中正确把握，不断净化党风政风，为经济社会发展保驾护航。县纪委监委要充分发挥牵头抓总作用，持续强监督、正作风，从筑牢思想防线到扎紧制度之笼，不断把党风廉政建设和反腐败斗争引向深入。聚焦“主业”强化执纪监督，各乡镇纪委书记把纪律建设摆在更加突出位置，充分发挥监督探头作用，紧盯易于滋生腐败的重点环节和重点部位，加强对项目建设、生态环保、低保评审、村集体经济发展等与群众利益密切相关事项的监督，主动参加“两委”各类会议，适时提出意见建议，加强对权力的制约，提高反腐倡廉实效。聚焦“责任”提升工作实效，坚持全面从严治党态度不变、决心不减、尺度不松，自觉履行党风廉政建设主体责任，持续开展群众身边腐败和作风问题专项治理，坚决破除“庸、懒、散、推、拖、浮”等作风顽疾，大力发扬“严、准、细、快、勇、实”的工作作风，推动党风政风和社风民风持续好转，持续巩固风清气正的良好政治生态。

【纪律检查】 年内，县纪委监委受理问题线索48件，审理办结36件（其中3件并案处理了结），未办理12件，立案10件10人，给予党纪政务处分10人，诫勉谈话9人，谈话提醒38人，批评教育14人，责令做出书面检讨1人，挽回经济损失100余万元。县纪委监委运用“四种形态”处理82人次。其中，第一种形态72人次，占87.80%；第二种形态6人次，占7.32%；第三种形态3人次，占3.66%；第四种形态1人次，占1.22%。

针对被查处的典型案例，严格要求案发单位党组织开展案件

2021年11月16日，白朗县纪委监委召开《中国共产党第十九届中央委员会第六次全体会议公报》专题学习会

通报会、案件剖析警示教育会等，剖析原因、查摆问题，以自警、自省的方式督促党员干部知敬畏、存戒惧、守底线。同时多次组织纪检干部到各单位开展案例剖析警示教育活动，深化以案促改工作，使“处分一张纸”提质为“警示一堂课”，达到处理极少数教育大多数的目的。年内，白朗县纪委监委开展回访谈心20次，了解受处分干部的思想工作状况，帮助其放下包袱，大胆开展工作，对有问题或者存在苗头性、倾向性问题的干部“拉一把”，帮助党员干部找回初心，重回正轨。围绕查处案例分析研判，针对问题易发多发的重点领域和关键环节，下发纪律检查、监察建议书25份，督促完善各类制度13项。

【监察管理】 年内，县纪委常委会坚持把习近平新时代中国特色社会主义思想贯穿纪检监察工作全过程，带头学习贯彻中共十九届五中全会精神、习近平总书记“七一”重要讲话精神、习近平总书记在西藏考察时重要指示重要讲话精神，共组织召开27次县纪委常委会（监委委务会），带领全县纪检监察干部在学懂弄通做实上下功夫。开展党史学习教育，坚持班子带头学、全体干部集中学，组织集体学习33次、专题研讨12次、班子成员讲党课4次，高质量召开组织生活会，通过升国旗、重温入党誓词、观看警示教育片、观看红色电影、“我为群众办实事”等多种形式，强化政治引领，建设合格的政治机关。

聚焦“两个维护”，把政治监督放在首位，实现全县党政机关领导班子党史学习教育专题民主生活会、组织生活会督导检查全覆盖，开展监督检查2次，发现问题30余个。围绕县委6个方面46项工作进行部署，积极开展精准监督，确保县委决策部署落地生根。

规范运用“责任清单”“述责述廉”“提醒约谈”等工作机制，制定印发《白朗县关于开展学习贯彻中共中央关于加强对“一把手”和领导班子监督的意见工作实施方案》，推动党委（党组）主体责任、书记第一责任和纪委监委监督责任贯通联动、一体落实。严把干部“廉洁关”，严格按照党风廉政意见审核范围和流程，全年回复党风廉政意见103批次，涉及100余个单位3000余人次，提出否定意见28人次，防止干部人选“带病推荐”“带病提名”。

【巡视整改】 白朗县委坚守政治定位，贯彻巡视方针，九届县委任期内共开展11轮巡察，派出24个巡察组，对50个党组织开展政治巡察，覆盖率达100%，对8个问题较为突出的党组织开展巡察“回头看”，督促推动被巡察党组织建立完善相关制度157条，向被巡察党组织反馈立行立改问题646个，整改率100%；反馈被巡察党组织存在的突出问题691个，整改率100%；巡察机构移交纪委、组织部问题线索65件123人，其中立案4件，给予党纪政务处分5人，完成在一届任期内巡察全覆盖的任务。十届县委高度重视巡察工作，全面加强对巡察工作的领导，推进全面从严治党向纵深发展。根据巡察工作新要求，制定《白朗县十届县委任期内巡察工作规划（2021—2025年）》，将全县62家单位、2家国有企业、111个行政村被纳入巡察范围，十届县委第一轮巡察工作有序开展。每轮巡察结束后，及时召开巡察工作领导小组会议，对被巡察党

2021年7月1日，白朗县纪委监委组织参观警示教育基地

组织存在的问题提出切实可行的整改措施。截至年底，共召开29次巡察工作领导小组会议，研究巡察工作、听取巡察情况汇报；对每轮发现的问题线索及时召开书记专题会进行研究，各巡察组对书记点人点事结果按时移交相关单位办理，截至年底，共召开书记专题会11次；安排巡察工作领导小组成员参与每一轮巡察反馈会议，传导巡察整改责任压力；县纪委监委牵头，县委巡察办、组织部参与成立巡察整改督查组，对被巡察单位前期、中期、后期整改情况进行常态化、全程督导，巡察震慑遏制治本作用充分彰显。

【专项监督检查】 年内，按照《日喀则市纪委关于做好农村乱占耕地建房问题整治工作监督的提醒函》要求，联合县自然资源局、县农业农村局及11个乡镇，安排专人对全县农村乱占耕地建房"八不准"落实情况开展5次专项监督检查，明确整改实现、整改要求，下发监察建议书4份，有力地推进乱占耕地建房问题的整治。截至年底，共排查出2宗乱占耕地建房问题，其中玛乡普西村边巴次仁户多占耕地建房部分已经依法拆除，曲奴乡团结新村仓决户乱占耕地所建房屋已经依法全部拆除。

成立工作专班，联合县委组织部、县财政局对全县干部职工借用公款问题进行大起底、大排查。发现干部职工或单位借款问题9个，涉及资金104万余元。截至年底，已还款38万元。

坚决落实自治区、市两级纪委关于"私车公养"排查整治工作相关要求，指定专人负责，印发《关于在全县组织开展"私车公养"问题专项治理工作实施方案》，第一阶段自查工作已结束，自查梳理问题258个，涉及资金31万余元。截至年底，已全部整改完毕，违规报销资金全部上缴。

对照自治区、市方案中明确的10项排查内容，督促县人社局研究制定《白朗县社会保险基金管理风险排查工作实施方案》，明确工作实施步骤，精细"时间表""路线图""任务书"，以"半月一盘点、一月一调度"的方式，加快排查任务推动，排查工作中发现问题7个，涉及资金99121.39元，已全部缴至日喀则市公积金账户。

县乡两级纪检监察机关广泛接受群众监督，畅通"信、访、电、网"四位一体的信访举报渠道，最大限度地挖掘线索。同时，充分发挥协调小组职能，加大与涉粮领域行业部门的沟通协调，督促畅通举报渠道，梳理汇总本部门涉粮领域问题线索，及时移送县纪委处置。截至年底，县纪委监委调度县粮食和物资储备局、县粮食公司开展监督检查3次。

认真按照《关于开展惠民惠农财政补贴资金"一卡通"管理问题专项治理工作的通知》要求，组建工作专班，召开专项治理工作动员部署会议，积极与县财政局等相关部门沟通，摸清底数，找准问题，明确工作任务和工作时限，确保专项治理工作扎实有序开展。截至年底，专项监督组先后3次到县财政局了解工作进度，县直各职能部门已完成数据核对，对梳理核对后的惠民惠农补贴资金"一卡通"逐项、逐笔、逐人、逐卡进行全面清理，汇总形成台账，为后续"一卡通"管理专项治理提供依据。

及时制定《关于深入开展公务接待"吃公函"问题专项检查的通知》，组织各乡镇、县直各部门、企事业单位认真开展自查，并结合报送的自查情况进行抽查，全县公务用餐接待1324次，自查发现问题1个，抽查发现问题13个，涉及单位按照"发现一起、整改一起、销号一起"的原则，建立健全整改销号台账，在规定时间内完成整改。

【内设机构改革】 启动县级纪委监委内设机构改革试点工作以来，县纪委始终高度重视，认真学习领会自治区、市两级纪委监委有关内设机构改革文件精神，深刻认识开展内设机构改革的重大意义，进一步提高全委干部思想认识，在全委进行广泛动员，迅速成立以县纪委书记、监委主任为组长的内设机构改革试点工作领导小组，明确一名县纪委副书记主抓内设机构改革试点工作，精准对接自治区、市纪委相关要求，严格按照自治区纪委印发的工作方案制定目标任务、基本原则和实施步骤，科学制定实施内设机构改革试点工作时间表、路线图和任务清单，围绕试点工作各个节点制定倒排工期，保障内设机构改革试点工作有计划、有步骤地推进。

根据自治区、市纪委监委的统一部署和要求，迅速行动采取有力措施，全力推进，及时召开纪委常委会专题研究部署，统一思想认识，明确工作要求，有效推进内设机构改革试点工作。主动向县委、县政府主要领导汇报，县委、县政府对内设机构改革试点工作高度重视、大力支持，主要领导亲自过问、亲自协调、亲自督促，组织指导改革工作。先后3次听取内设机构改革试点工作情况汇报，召开2次县委常委会研究讨论《中共白朗县纪委　白朗县监察委员会内设机构改革试点工作方案》《关于调整充实白朗县纪检监察协作片区工作方案》，并提出修改意见，明确改革重点工作，进一步保障内设机构改革试点工作顺利推进；多次针对内设机构改革试点工作开展调研、论证，广泛征求意见建议，确定内设机构改革试点工作方案基本框架；市纪委领导多次听取改革试点工作汇报，并现场督查指导改革试点工作，提出很多指导性意见，进一步丰富完善内设机构改革试点方案内容，于6月17日最终形成《白朗县纪委监委内设机构改革试点工作方案》，对改革试点工作进行全面部署和细致安排，确保内设机构改革试点工作稳步推进；积极与组织部门协调对接，结合内设机构改革试点工作方案要求，会同县编办及时调整内设机构职能，明确内设机构建制和人员编制；8月15日，县委编委会召开专题会议研究通过《白朗县纪委监委关于内设机构调整的请示》，并及时上报市委编委会审核；坚持不等不靠的原则，严格按照内设机构改革试点工作方案规定的时间节点，积极开展试运行工作，注重发现总结试运行过程中存在的问题，及时纠正工作偏差，“纪检监察室＋协作片区＋乡镇纪委”的工作模式初步形成。

推动内设机构改革试点工作开展，抓住契机，多措并举，内部挖潜，将有限的力量最大限度向监督执纪问责主战场集中。在不增加“领导班子和内设机构领导职数、内设机构数量、编制总数”的情况下，进一步厘清内设机构工作职责，减少职能交叉，调整后设综合室、第一纪检监察室、第二纪检监察室3个内设机构，调整后的纪检监察室主要履行依纪依法监督、执纪审查和依法调查处置职责，突出监督执纪问责；对现有人员进行重新调配，保障每个纪检监察室配备3名行政编制人员，从事监督执纪业务的内设机构和人员编制占到内设机构总数和人员编制的近70%，进一步把骨干力量向监督执纪、查办案件工作倾斜，把更多的人员力量配备到党风廉政建设和反腐败斗争上来，更好地履行纪检监察机关主责主业。

按照工作方案，完善纪检监察协作片区工作机制，以深入推进党风廉政建设工作为目标，以创新监督方式、打破地域界限、有效整合纪检监察力量为举措，按照统筹调度、就近整合、优势互补、有利工作的思路，合理划分2个协作区域，固定2个办公场所，解决工作经费15万元，实现人员、经费、办公地点全部到位，有效解决县纪委监委和乡镇工作力量薄弱的问题。

聚焦监督执纪问责、监督调查处置主责主业，持续深化“三转”，对白朗县纪委监委参与的议事协调机构进行全面清理，保留议事协调机构12个，有效解决“胡子眉毛一把抓”的问题，厘清工作范围，实现收缩战线、聚焦主业。

针对内设机构改革工作运行中遇到的问题，先后3次召开县纪委常委会，研究制定《白朗县纪委监委问题线索研判处置方法（试行）》《白朗县纪委监委问题线索处置管理及线索办理工作方案》《白朗县纪委监委协作片区工作机制》等6项制度，以制度的刚性约束工作开展，为推动内设机构改革工作提供有力保障。针对统筹县乡力量工作开展中存在的运行不畅问题，先后4次召开专题会议，及时研判，制定形成定期例会、指导协调、点题交办、交叉检查、协作配合制度，使“单兵突击”变为“兵团作战”，极大提升工作效率。

【自身建设】 年内，主动适应反腐败斗争新形势新任务新要求，一体推进“三项改革”，在更高水平、更深层次上持续深化“三转”，县纪委监委清退议事协调机构20余个，保留或继续参与12个，进一步聚焦主责主业。树立正确用人导向，从系统内选拔3名“敢于担当、善于监督”的优秀年轻干部担任乡镇纪委书记，全县纪检监察系统共提拔使用或晋升职级11名，其中交流到系统内5名，交流到系统外3名，系统内交流3名，推动干部能上能下、能进能出，有效充实一线监督力量，进一步激发纪检监察干部队伍活力。

年内，坚持问题导向，针对纪检监察干部能力不足的短板，强化"全员培训"，通过主要领导亲自抓、亲自讲，分管领导带头抓、带头讲，把"周五"理论学习打造成提升干部能力素质的"大课堂"，先后组织33次集中学习培训，举办4期专题业务培训班，轮训干部160余人次，并通过以考促学，全面检验学习成效。选派12人到自治区、市纪委跟班学习、跟案锻炼，选派15人到县纪委监委跟班学习，选派4人参与巡察工作，纪检监察干部队伍能力素质不断增强。

年内，始终牢记"打铁必须自身硬"的政治要求，坚持"刀刃向内"，严格自我约束，全面规范纪委常委会会议议事规则和干部请销假管理规定，对办案人员、财务人员等关键岗位和执纪审查、财务管理等关键环节实施靶向监督，坚决防止"灯下黑"。

（罗无穷）

巡察工作

【概况】白朗县委巡察机构于2017年9月批准成立，设有县委巡察办和县委巡察一组、巡察二组，巡察办核定行政编制3名，巡察组核定行政编制4名（每组各2名）。2019年3月机构改革后，县委巡察工作办公室更名为县委巡察工作领导小组办公室，沿用原有建制，2019年8月正式配齐7名干部，其中，办公室主任1名、副主任1名，工作干部1名；2个常设巡察组组长各1名，副组长各1名。2021年，在编干部6名，行政编制7名，党员干部6名，主任、副主任各1名。

巡察机构严格按照《中国共产党巡视工作条例》《中共西藏自治区委员会市县党委巡察工作实施办法》《中共白朗县委巡察工作五年规划（2021—2025）》开展工作，从党的领导弱化、党的建设缺失、全面从严治党不力三大问题到加强党的政治建设、思想建设、组织建设、作风建设、纪律建设和夺取反腐败斗争压倒性胜利以及加强对巡视巡察整改情况的监督检查，再到聚焦基层贯彻落实党的路线方针政策和党中央决策部署情况、聚焦群众身边腐败问题和不正之风、聚焦基层党组织软弱涣散和组织力欠缺问题。

巡察机构始终把坚决维护习近平总书记党中央的核心、全党的核心地位，坚决维护党中央权威和集中统一领导作为明确的政治准则和根本的政治要求，聚焦政治责任、强化政治监督，创新巡察工作方法、完善巡察工作格局、强化巡察成果运用，在县委一届任期内对所管理的乡（镇）、县直部门、企事业单位、村（居）、寺管会党进行全面巡察，实现巡察全覆盖，推动全面从严治党向纵深发展，发挥巡察的监督作用。

【巡察监督】年内，县委巡察办共组织开展2轮巡察工作，完成对6个县直单位（教育局、统战部、民宗局、人社局、民政局、退役军人事务局）的常规巡察，对已巡察的6个单位（交运局、发改委、住建局、林草局、德瓦坚寺管委会、谢珠林寺管委会）开展巡察"回头看"，根据自治区、市两级巡视巡察新要求，对4个村级党组织（者下乡那堆村、曲奴乡团结新村、洛江镇雪布村、嘎东镇马义村）开展直接巡村巡察。2021年度通过常规巡察、交叉巡察、巡察"回头看"以及巡察向村级延伸等方式对16家单位开展政治巡察。

3月11日，九届白朗县委第十一轮巡察采取常规巡察方式，对6家已巡察单位开展巡察"回头看"，共发现面上突出问题74个，反馈立行立改问题48个，向有关部门移交问题线索5件。9月24日，县委授权江孜县市县统筹交叉巡察一组、二组和县委巡察三组对统战部等6个县直单位、者下乡那堆村等4个村级党组织开展常规巡察，共向被巡察单位反馈"三个聚焦"方面的问题179个、立行立改问题23个，向县纪委移交问题线索6件。2021年县委巡察工作领导小组4次听取被巡察单位巡察情况汇报，2次召开县委书记专题会听取巡察工作情况汇报。

【巡察整改】年内，通过问题线索办理和相关部门协作配合以及

2021年10月23日，十届白朗县委第一轮巡察暨第一次市县统筹巡察进驻动员会召开

巡察反馈问题的整改落实，各级党组织的制度更加健全、管理更加规范，巡察成效更加凸显。在此基础上，压实整改责任，杜绝选择性整改、打折性整改、延期性整改，督促被巡察单位用好巡察“良方”，做到整改一个、销号一个、巩固一个，除了日常电话督导和巡察办自行组织督查之外，巡察办定期不定期督促县纪委和县委组织部对被巡察单位整改情况进行督查，现场指出存在的问题，提出整改措施和思路，要求限期整改，推动被巡察单位加快整改进度，提高整改质量，确保巡察“后半篇”文章做好、做实。

【组办融合】 年内，巡察机构准确把握巡察工作特点和规律，以提升巡察队伍管理水平和规范化建设为重点，理顺组办关系、凝聚工作合力。巡察期间巡察办充分运用“统筹协调、指导督导、服务保障”职能责任，协助巡察组综合运用好个别谈话、问卷调查、专题汇报、受理群众来信来电来访、调阅查阅有关文件资料、向有关知情人询问、“下沉一级”、商请有关部门予以配合等多种方式，找准“病灶”、点准“穴位”；畅通巡察办和巡察组之间的沟通渠道，根据各阶段工作进展情况，向巡察组传达巡察工作领导小组的指示精神和巡察工作新要求、新任务，及时解决巡察组在工作期间的困难和问题，保证巡察组和巡察办之间的无缝隙沟通和信息对称。巡察准备阶段县委巡察办深入了解被巡察单位岗位特点和职能职责，制订巡察工作方案，明确巡察监督重点，组建巡察组、召开动员会、跟进后勤保障、批准成立临时党小组。其间，巡察组进驻被巡察单位开展了解工作，起草巡察汇报，巡察办及时跟进工作进度和指导工作，协助巡察组综合运用巡察方式，传达巡察工作领导小组的指示精神和巡察工作新要求、新任务，解决巡察组在工作期间的困难和问题；后期组办移交问题线索、交接巡察材料，保证组、办之间的无缝隙沟通。

【自身建设】 年内，巡察机构以支部建设为载体，加强党建与业务工作的深度融合，在巡察期间各巡察组成立临时党小组，坚持工学结合，提高政治站位，增强“四个意识”、坚定“四个自信”、做到“两个维护”，做到绝对忠诚、勇于担当，推动巡察工作发展，营造良好政治生态。

（尼玛次旺）

人民团体

广阔无边的草地上，放牧娃潇洒甩“吾儿朵”

白朗年鉴

2022

白朗县总工会

【概况】 2021年，白朗县共建有各类工会组织161个，共有会员10696人。建有8个县级工会组织，22个乡镇工会组织，111个村级工会组织，干部职工会员达1525人，农民工会员达8561人，建有24个非公有制企业工会组织，会员达916人。会员中有全国级、自治区级、市级劳动模范和先进工作者、五一劳动奖章获得者13人，有建档立卡困难职工6人。有联合驻村点1个，为洛江镇恰嘎村。

【维护职工权益】 年内，为更好发挥工会维护职工合法权益的基本职责，利用“4·15”全民国家安全教育日、“6·2”民族团结进步日、“9·16”平安西藏宣传日和西藏网络安全周、《中华人民共和国民法典》颁布日等时机，积极开展《中华人民共和国合同法》《中华人民共和国劳动法》《中华人民共和国社会保险法》《中华人民共和国职业病防治法》《中华人民共和国劳动合同法》《全民所有制工业企业职工代表大会条例》等一系列维权法律法规政策的宣传活动，同时积极宣传《女职工劳动保护特别规定》《中华人民共和国妇女权益保障法》《女职工保健工作规定》等女职工权益保护法律法规，积极营造工会组织工作的社会氛围。

2021年3月17日，日喀则市总工会党组副书记、主席佟珠次仁（右二）到白朗县嘎东镇开展慰问活动

【帮扶救助】 年内，开展走访慰问帮扶活动，发放资金共计256400元。其中，开展生活救助，兑现4户在档困难职工生活救助金共计13900元；兑现1户在档困难职工医疗救助金共计5万元；开展“三大节日”慰问，其中对防疫一线的医护工作者、在档困难职工以及城镇困难职工进行集中慰问，送去价值45400元的慰问品及慰问金；对全体护路队员、警务人员、医务人员共计92人送上价值73000元的慰问品；开展结婚、生育、生病、退休和去世慰问活动，对符合条件的121名干部职工送上72100元的慰问金和慰问品；开展干部结对帮扶，共慰问4户贫困户，发放共计2000元的现金及物品。开展走访慰问在档困难职工活动，结合工会服务在基层“五送”活动和困难职工精准识别活动，走访慰问5户困难职工，送上慰问品。

年内，按照“先建档后救助”的要求，县总工会审批符合金秋助学标准的2名大学生，2人共获32760元的金秋助学金。县总工会紧紧围绕县委、县政府关于疫情防控工作的各项决策部署，主动作为，先后对县疾控中心、乡镇疫苗接种点的医务工作人员开展集中慰问活动，并发放价值2000余元的慰问品。为充分体现党和政府以及工会组织对工人阶级和工会工作的重要论述，聚焦主责主业，深化工会服务，保障和促进职工身心健康发展，提升技术工人的荣誉感、获得感、自豪感，激发技术工人的积极性、主动性、创造性，充分调动广大技术工人从百年党史中汲取奋进力量，积极投身全面建设社会主义现代化国家新征程的热情。满足技术工人保健和医疗预防方面的基本需要，更好地调动技术工人投入白朗县经济社会事业发展建设中。年内，县总会开展1次技术工人疗休养活动，到拉萨疗（休）养，参加人数共计7人。

【工会经费收缴管理】 年内，白朗县总工会严格按照《中华人民共和国工会法》《西藏自治区基层工会经费收支管理实施办法（试行）》要求开展工会经费收缴管理。2021年，工会经费收入总额为4771257.87元，其中会费收入200339.50元，为1525名干部职工会员（机关、事业单位及工人、公益岗）缴纳的会费；拨缴经费收入2165049.03元，为各级工会组织按全部职工工资总额2%依法向工会拨缴的经费；上级补助收入1135152元，为上级工会组织下拨的专项补助及帮扶补助等资金；其他收入1270717.34元，为利息收入。工会经费按照《西藏自治区基层工会经费收支管理实施办法（试行）》主要用于组织建设、职工服务、节日慰问和工会活动方面。

【组织建设】 年内，在整体推进工会组建和会员发展工作的基础上，以开展"货车司机（出租车司机）、快递员、保安员入会集中行动"为牵引，大力推进货车司机（出租车司机）、快递员、保安员、护工护理员、家政服务员、商场信息员、网约送餐员、房地产经纪人员等群体（以下简称"八大群体"）入会工作，结合白朗县实际，积极宣传动员。截至年底，有货车司机会员840人，八大群体入会工作进一步推进，农民工入会工作实现新提升。

2021年7月7日，日喀则市总工会副主席伦珠（右一）到白朗县总工会督导检查工作

结合自治区、市两级工会基层组织建设工作规划，继续开展"双亮""双爱双评"活动，按照基层工会规范化建设规划，努力巩固县总工会"六有"目标和乡镇工会组织"八有"目标建设，推进村级工会"五有"建设。截至年底，全县乡镇工会组织"八有"建设全部达标。根据玛乡、者下乡工会委员会职工之家项目的申请，结合县总工会实际，积极沟通上级工会为其提供资金支持49.5万元，同时县总工会出资20.5万元。

按照"哪里有职工，哪里就有工会组织"的方针，以巩固和发展并举为组建工会和发展会员的主线，不断发展符合条件的基层工会组织。新增非公有制企业工会组织4个，工会会员102人。截至年底，白朗县党政机关、事业单位、国有企业建会率达到100%；规模以上非公有制企业（符合四要素）建会入会率达到100%。

在入户调查核实的基础上深入分析职工基本情况和存在的实际问题及困难并对5户在档困难职工进行重新精准识别精准分类动态调整。以实地走访的方式深入8户生活困难户家中开展困难职工摸底排查工作；在摸底排查中新建档一名困难职工，并向上级工会上报困难职工医疗救助。

白朗县总工会召开2021年劳动模范座谈会，全国、自治区、市级劳动模范、先进工作者、五一劳动奖章获得者共10人参加，在全县营造学习劳模、争当劳模的浓厚氛围。举办以"弘扬劳模精神、争当时代先锋"为主题的劳模事迹宣讲会，全国、自治区、市级劳动模范、先进工作者、五一劳动奖章获得者共13人参加县工会劳模研讨会。

白朗县总工会通过微信等网络平台，积极引导动员各级基层组织、全县干部职工、群众关注"西藏工会新闻网""高原劳动者""日喀则工会"微信公众号。

县总工会在深入调查的基础上对2021年基层以上工会和基层工会开展统计年报网上填报工作。

（雷啸宇）

中国共产主义青年团白朗县委员会

【概况】 2021年，白朗县共有县级团委1个、乡（镇）团委11个、教育团工委1个、中学团总支1个、县直机关团支部6个，村团支部111个。团员1410名，14—28周岁青年6355名，发展新团员60名。

【青少年思想工作】 年内，组织各级团组织开展“学党史、强信念、跟党走”活动。围绕新民主主义革命、社会主义革命和建设、改革开放、中国特色社会主义新时代、习近平总书记“七一”重要讲话精神等内容进行学习。截至年底，开展学习会议142场，参与1500人次。号召少先队学党史、学英雄、学楷模，从而引导更多的青少年，扣好人生第一粒扣子，127名学生参与活动。联合县委党校组织42名乡村振兴专干开展党史学习教育，引导他们从党史中启迪思想、获得力量，进一步夯实马克思主义和共产主义的信仰根基，进一步认识我们党的光荣传统、优良作风和革命精神，更加坚定地追求思想上先进、灵魂上纯洁、精神上强健。开展“书信手拉手”活动，铸牢中华民族共同体意识，不断加强与对口支援省市少年儿童结对交流交融。截至年底，共寄信318封、回信301封。

以中国共产党成立100周年、西藏和平解放70周年、五四运动102周年暨建团99周年为契机，组织开展“青春心向党、百年正辉煌”主题演讲比赛，12名选手参与比赛。进一步增强全县广大青年爱党、爱国、爱家乡情怀，做到学史明理、学史增信、学史崇德、学史力行。讲述党的革命故事、奋斗故事、成长故事，大力营造讴歌和传承中国共产党精神谱系的浓厚氛围。引导青少年听党话、感党恩、跟党走，厚植爱党爱国爱社会主义情怀。受益群众达到1000余人，投入资金23.9万元。组织100余名学生参加“我和党旗合个影”“跟党说句心里话”“希望学子绘画献礼”等丰富多样的活动。

【青年创业】 年内，通过督促落实好2020年青年创业就业培训班运行情况。其间，教育引导20名参训青年学员走出去，走出自己的“一亩三分地”，接纳和学习自己平时无法了解到的知识和技术，提高学员自我发展能力。同时，通过开展“返乡大学生”社会实践活动，为15名返家乡社会实践大学生与巴扎乡等6个实习单位搭建实习平台，进一步巩固拓展脱贫攻坚成果同乡村振兴有效衔接，帮助返乡大学生提升社会实践能力，使白朗籍大学生切身感受到家乡的发展，增强对家乡的归属感和认同感。

【青少年志愿者服务】 年内，参加“3·11”宪法修正案颁布实施3周年宣传活动，向群众发放法治教育、预防未成年人犯罪手册50份，发放印有预防未成年人犯罪标语的手提袋、安全帽30个（顶），宣传受益人数100余人。

以学雷锋纪念日为契机，组织青年志愿者对五保供养服务中心的老人和易地扶贫搬迁安置点社区的重点青少年进行走访慰

2021年1月22日，共青团白朗县委员会工作人员到嘎普乡开展“寒冬亦温暖 暖流爱相伴”活动

2021年3月5日，共青团白朗县委员会工作人员到县集中供养中心开展亲情陪伴活动

问，并到集中宣传点及商户门店向群众发放垃圾分类知识的宣传单页，让群众通过阅读单页了解垃圾分类知识，同时对垃圾分类的重要性及分类方法进行讲解，并呼吁群众主动参与垃圾分类，促进生活垃圾的减量化、资源化和无害化利用，发放宣传单50余份。

在中考临近之际，为切实缓解考生的心理压力和焦虑烦躁的情绪，使考生考前拥有良好的心理素质，体现党和团组织对青少年学生的关心和关爱。组织开展2021年中考减压活动，初三老师及600余名考生参加减压活动。

围绕防溺水、用火、用电以及与陌生人交往中应当注意的自身安全问题，为学生们讲述安全常识及经典案例，让学生充分了解并遵守各种公共场所活动的安全常识，熟练掌握各种危险的安全知识，增强学生的安全意识，掌握遇到危险时的逃生技巧。并发放宣传手册50份。

【服务青少年】 年内，积极争取公益项目，为嘎普乡中心小学200名学生送去中国社会福利基金会暖流计划公益基金和北京艾之爱公益提供的价值6万元左右的物资。

为巩固拓展脱贫攻坚成果同乡村振兴有效衔接，不断改善建档立卡贫困户儿童生活与学习环境，关心关爱青少年健康、快乐成长。积极对接团山东省委为16名建档立卡学生成功争取“希望小屋”工程资金16万元。

为12名生活困难学生争取国务院国资委党费专项资金和国酒茅台助学金每人5000元、共计6万元。

以“五四”青年节为契机开展干部职工运动会系列活动，组织青年开展趣味活动、问答活动，参加活动达240人次，大力弘扬以爱国、进步、民主、科学为主要内容的五四精神。

（扎　央）

白朗县妇女联合会

【概况】 白朗县妇女联合会下设白朗县妇联办公室、白朗县人民政府妇女儿童工作委员会办公室，县妇联机构编制共2名，实有工作人员3名（其中，科级干部2名，公益性岗位1名）。全县共有123个妇联组织（其中，1个机关妇联，11个乡镇妇联，111个村级妇联组织）。全县共设31个妇委会，其中“两新”组织妇委会18个，学校妇委会13个。

【基层组织建设】 年内，配齐配强第二届村级妇联班子，县妇联牢牢把握村委会换届契机，推进村级妇联组织建设。根据自治区、市妇联的要求，村级妇联主席100%进村“两委”班子，村级妇联换届与村“两委”换届同步进行，选举产生村级妇联主席111名，副主席111名，兼职副主席111名，执行委员625名，妇女进村“两委”班子做妇女工作，在各项工作中充分发挥委员作用。

召开乡（镇）妇联换届安排部署暨业务培训会，乡（镇）妇联主席（专干）参加会议，会上对乡（镇）妇联换届工作流程进行专题培训，顺利完成乡镇妇联换届工作，成功选举产生乡镇妇联主席11名，副主席11名，兼职副主席27名，执委86名，配齐配强第二届乡镇妇联班子。

【“两新”组织和“各学校”妇委会组建】 年内，白朗县妇联以服务发展大局，服务“两新”组织妇女为主线，在党政大局、妇女工作企业发展上找准切入点，重点从女性就业密集、党建基础扎实的“两新”组织入手，指导和帮助一批条件成熟的“两新”组织建立妇女组织。截至年底，白朗县已建党组织的非公有制企业24家，其中符合成立妇委会18家，已建妇委会18家，覆盖率为100%。

为进一步加强女教职工队伍建设，组建妇女组织，根据《整改落实区党委督查室督查调研反映问题任务分工方案》和市妇联《关于在全市各学校成立妇女组织的通知》要求，白朗县妇联制订实施方案，各学校妇联组织建设全指导，成功地选举产生各学校第一届妇委会委员，主任、副主任，并挂牌成立“各学校”妇委会。

【妇女创业就业】 年内，选派1名基层妇女工作者到其他省市学习培训新时代乡村振兴战略与基层妇联工作。选派8名乡村振兴专干参加市妇联举办的创业就业培训。选派2名女大学生参加上海市妇联与市妇联联合举办的2021年巾帼电商创新创业培训。选派9名“妇字”合作社负责人参加自治区妇联举办的农牧区经济合作组织运营能力提升培训。选派1名女创业者和1名女致富带头人参加山东“藏汉一家亲”联谊活动。

【妇女儿童维权】 年内，充分利用“三八”维权周、宣传月、宣传日等节点，在县城集中路段开展法治宣传活动，向广大妇儿宣传《中华人民共和国未成年人保护法》《中华人民共和国婚姻法》、修订后的《中华人民共和国妇女权益保障法》等有关维护妇女儿童合法利益的法律法规知识，共发放宣传资料2000余份，挂横幅2条。各乡（镇）村妇联依托“妇女之家”广泛开展普法宣传和家庭婚姻纠纷、赡养纠纷等知识的宣传。积极组织基层妇女群众观看以家庭教育、法律知识、女性健康知识等为主要内容的“阿佳讲堂”，观看妇女群众达1600余人次。

2021年5月21日，庆祝中国共产党成立100周年、西藏和平解放70周年，组织全县各级妇联举办“巾帼心向党 奋斗新征程”文艺会演

【技能培训】 年内，开展“乡村振兴、巾帼行动”妇女技能培训，县妇联积极争取上级培训资金14.8万元。6月11日，在恰珠编织坊举办“乡村振兴、巾帼行动”妇女编织技能培训班，共有30名贫困户妇女参加培训。通过编织技能培训，学员们掌握各种编织技能技术。此次培训提升妇女就业创业本领，拓宽妇女就业渠道。

【妇女儿童工作】 年内，开展“把爱带回家”寒假儿童关爱服务“四送”活动，2月20日为洛江镇聂普村20名学生送去书包、文具盒、作业本等学习用品。为庆祝“三八”国际劳动妇女节111周年，县妇联开展“巾帼心向党·暖心姐妹情”慰问基层妇女工作先进代表和一线妇女工作者，为她们送去党和政府的关怀，激励她们继续发挥模范带头作用。为庆祝中国共产党成立100周年、西藏和平解放70周年，5月21日，组织全县各级妇联在县丰登广场举办“巾帼心向党 奋斗新征程”文艺会演。歌颂中国共产党的百年辉煌和伟大成就，展现新时代女性爱国爱党、自信向上的亮丽风采。开展“学党史、送党恩、守护安全伴成长”暑期儿童关爱服务活动。组织巾帼志愿者开展环境卫生整治活动。

【帮扶救助】 年内，白朗县妇儿

2021年11月24日，白朗县妇儿工委工作人员到嘎东镇中心小学开展“情暖童心 赋能成长”关爱留守儿童活动

工委办在嘎东镇中心小学开展留守儿童、困境儿童慰问活动，为48名儿童送去书包、笔袋、铅笔、彩色笔、削笔刀、计时跳绳、乒乓球拍等爱心大礼包。3月5日，在嘎普乡走访慰问单亲母亲、患重病妇女，给她们发放大米、面粉、食用油等(折合人民币8030元)。“六一”国际儿童节活动期间到者下、玛乡中心小学、嘎东镇嘎夏琼村学前班开展慰问活动，与孩子们一起共庆“六一”国际儿童节，为孩子们送去节日的祝福，共发放书包115个、文具盒115个、本子567个、安全帽77个、铅笔115套等学习用品，折合人民币13734元。组织乡镇、村级妇联开展“助农秋收、帮扶解暖心”活动。组织广大妇女向河南灾区捐款205534元。认真落实关于开展白朗籍2021年高校毕业生“4321”结对帮扶工作，帮助高校毕业生厘清结业思路，及时有效地提供就业帮扶信息。

（黎芙蓉）

军 事

耀眼的彩虹在一片“绿”色中，闪耀着这片土地

白朗年鉴

2022

人民武装

【思想政治建设】 2021年是中国人民解放军实现国防和军队建设目标任务之年，白朗县人民武装部认真参加中心组党委理论学习，通过学习教育、调查研究、检视问题、整改落实等措施，强势推进党的创新理论入心入脑、落实于行。

【后备力量建设】 年内，白朗县人民武装部以备战打仗为发力点，努力建强国防后备力量。新冠疫情防控期间，严格落实返营人员实行隔离医学观察的要求，保证"内防扩散"落实于心、"外防输入"落实于行；按照"一手抓疫情防控、一手抓练兵备战"指示要求，科学制订训练计划，在抓好官兵自身训练的同时，多次组织基干民兵的队列训练、防暴处突和维稳执勤等，推进11个乡（镇）及相关系统基干和普通民兵整组任务。修订完善各类方（预）案，开展战备演练、点验、防爆训练、队列训练、政治教育、实弹射击训练，不断提高民兵反应能力。在春节、藏历新年、"两会"等重点时点，组织各乡（镇）及县城民兵武装巡逻，维护辖区内社会稳定。

【正规化建设】 年内，白朗县人民武装部坚持依法治军、从严治军不动摇，做到议事有制度、干事讲规矩，推动单位建设由"权力主导"向"规则主导"转变，实现党委依法决策、机关依法指导、官兵依法履职。强化从严要求，广泛组织分组讨论和体会交流，做到人人在组织中、人人在教育中、人人在管理中，树牢安全意识，明确安全责任，堵塞安全漏洞，落实规定动作。开展"安全警示月"活动，贯彻《军队安全管理条例》，拉网式排查安全隐患；大抓《中国共产党章程》《中国共产党廉洁自律准则》《中国共产党党内监督条例》等党内法规的学习贯彻，让纪律规矩深植官兵心灵。

【征兵工作】 年内，白朗县人民武装部紧密结合新冠疫情防控要求，依托各乡（镇）专武干部和民兵骨干，通过兵役登记，采取"多渠道宣传、分片区动员、一对一发动"的工作方法，入户宣传政策，递送征兵手册等，确保征兵信息和政策精准送达每个适龄青年。征兵领导小组明确各部门责任，及时召开征兵工作推进会，落实集中办公，纪检部门和廉洁征兵监督员全程参与监督执纪，全面深入展开征兵工作。上半年全县完成征集新兵，以征兵人数全市第一的成绩完成春季征兵任务。

【后勤保障】 年内，白朗县人民武装部适应新体制、新职能、新使命下部队转型发展新方位、新特点、新要求，加紧构建平战结合的保障体系。严格执行预算管理制度，严审立项报销程序，严把经费流动关口，从严执行经费使用审批程序，强化官兵对经费使用监督，确保该花的钱用在刀刃上。新冠疫情防控期间，筹备采购口罩、体温计、消毒液等防疫物资，对在外、在位及归队人员按要求全面落实疫情防控措施，实现"零感染"目标。加强大棚蔬菜种植，提高自我保障能力，实现部分蔬菜自给自足。

（冯丽秧）

武警

【政治建设】 年内，举旗铸魂育忠诚，坚持用习近平新时代中国特色社会主义思想和习近平强军思想武装头脑，紧紧围绕主题教育，积极探索创新教育模式，注重现地教育、随机教育，强化官兵使命感、责任感，激发广大官兵投身强军事业的政治热情。

【中心工作】 年内，武警白朗中队紧紧围绕执勤这个中心工作，牢固树立战斗力标准，坚持开展实战化训练，常态开展检验性比武竞赛，强化军事素质水平，部队遂行多样化任务能力有极大提升。积极配合公安部门开展巡逻勤务，维护白朗县社会稳定。

【部队管理】 年内，牢固树立依法依规抓部队的观念，坚持依法从严，坚持战斗力标准，以纪律建设为核心，以人员管理为重点，保持

2021年11月11日，武警白朗中队官兵帮助环卫工人清理街道

正规秩序，培养优良作风，严格组织纪律，管好武器装备，预防各类事故，部队法治建设水平不断提高，安全发展根基更加牢固。

【后勤保障】 年内，不断增强后勤保障人员责任心，把心思用在事业上，把精力用在工作上，把劲头用在开拓上，不断提高能力素质，加强业务学习，正规经费管理，严把标准要求，提高保障质量。

【作风建设】 年内，强化政治教育，增强纪律观念，以严格的纪律促进作风转变，从政治纪律、组织纪律、思想作风、战斗作风和工作作风方面入手，进一步规范部队组织建设、日常管理、作风纪律、内务设置和言行举止，建设正规的战备、训练、工作、生活秩序，以务实的作风促进部队建设上台阶。

【拥政爱民】 年内，武警白朗中队官兵大力弘扬拥政爱民的优良传统，在不断提升稳边固防能力的同时，倾注真情建设第二故乡，与白朗县各族人民群众共建家园，共谋发展，共守边关。

（李国富）

法 治

年楚河湿地公园内，马儿悠闲地吃草

白朗年鉴

2022

政法委及综治

【扫黑除恶专项斗争】 年内，常态化推进扫黑除恶专项斗争，及时调整充实全县扫黑除恶专项斗争领导小组，县委常委会、县政府党组先后2次听取扫黑除恶专项斗争阶段性工作汇报，安排专项斗争经费15万元；开展线索摸排120余次，尚未发现新增涉黑涉恶线索。全年核查办理各类线索14条，其中县自然资源局收集核查办理农村乱占耕地建设问题线索2条，受理电信诈骗案件线索10条，受理并办结网络信息领域涉藏危安案件线索1条，受理涉恶九类案件的故意毁坏公私财物案件线索1条。对2018—2020年已核查办理的20条案件（线索）进行全面梳理倒查，重点倒查2起属于涉恶九类案件的寻衅滋事、故意毁坏公私财物案件，未发现任何背后保护伞；以村"两委"换届工作为契机，开展村"两委"成员县级联审，对590名村干部进行全面联审。对项目建设领域招投标情况、施工许可办理、项目竣工验收备案以及施工现场管理等开展逐一排查，先后开展检查3次，排查沙场2个、施工地5处，对辖区的超市、药店、农贸市场、乡镇卫生院、乡镇超市餐馆等进行排查，发现问题经营户数33户，没收过期食品、药品、无标签食品价值2万余元，县生态环境局对县汽修集中点、采石采沙场、企业等进行执法检查14次，发现并处理1起环境违法行为。扎实推进控辍保学工作，全县控辍保学实现阶段性清零目标。对辖区医疗机构和民营诊所进行全面检查。共受理电信诈骗案件10起，侦破5起。

【平安创建】 年内，利用综治宣传月、"4·15"国家安全教育日等契机，广泛开展"七五"普法宣传和法律"七进"活动，成立323人的县乡村三级普法教育志愿服务队，培养村（居）"法律明白人"222人。打造法治主题广场，从政法五部门抽调20名精干人员到全县11个乡镇111个行政村开展防电信诈骗及民间借贷领域专题法治宣传活动。共开展各类法治宣传2022场，制作《白朗县典型案例》，发放藏语和汉语法治宣传资料2.8万余份，提供法律咨询353人次，受教群众达3.1万人次。大力实施案发前法治宣传先行、办案与普法并进的法治措施，最大限度地提高群众学习、知法、守法、用法的水平和能力，进而促进依法治县走深、走实。

【社会面管控】 年内，采集录入标准地址坐标8192处，实有房屋12765间，新增219间，实有单位1071家，从业人员5247人，新增单位177人，新增从业人员653人。认真开展户籍管理服务，办理出生入户390人，死亡注销153人，迁入136人，迁出63人，非主项变更更正23209人，补录户口9人，无相片处理255人；办理二代身份证2725人，临时身份证230人，办理异地身份证18人，居住证43人；政务服务运行管理平台系统录入6551人，电子证照系统录入5367人；办理边境通行证11251份，完成政治考察417人次，实现政审零失误。

对全县104家治安保卫单位建立档案、签订安全责任书；对2家寄递部门开展日常监管，严格执行"三个100%"（实名制收集100%、过机检验100%、开箱验视100%）规定；对10家旅馆安装实名登记系统，登记入住人员。持续开展缉枪治爆专项行动，收到群众主动上缴各类军用子弹703发、小口径子弹10发、非制式子弹132发、各类雷管2793枚、炸药457.4公斤、黑火药40公斤、导火索1586.6米、藏式土枪1支、步枪弹匣2个、乳化炸药18根。开展护校安园专项行动，对全县47家中小学和幼儿园在系统平台内建立档案，开展校园周边安全隐患综合治理112场，上下学期间交通秩序疏导540余次。强化零散油品管理，落实加油站守护和安全责任机制，开展油气站联合演练3次。强化危化品使用监管，签订责任书3份，开展危化品专项检查21次，清查25批次。检查各类场所872家次，排查隐患52处，下发隐患告知单41张，整改52起。共受理、查处治安案件56起，100%查处，行政拘留26人。

2021年4月6日，县委政法委召开"开门搞政法队伍教育整顿、开门评警"座谈会

县、乡、村三级调解委员和政法机关坚持"应调尽调"的原则，开展信访问题排查21次，共调解各类矛盾纠纷206起，以婚姻家庭纠纷、劳动争议纠纷及借贷合同纠纷为主，约占九成，无任何涉法涉诉信访案件。特别是组织县调解指导中心成员单位开展嘎东镇马义村村民拉旺拖欠多人巨额借款问题的调查处理，实现"小事不出村、中事不出县、矛盾不上交"。

落实"一对一、六对一、多对一"教育稳控策略，针对在册13名社区矫正对象和110名在册安置帮教人员，走访排查100余次，电话排查430次，开展调查评估9次、宣告25次，组织公益劳动6次，集中教育6次。通过以证、以房、以业管理流动人口，共排查外来流动人员1314人，为422人登记居住卡，对一般精神病12人和易肇事肇祸精神病人员4人不定期回访，落实易肇事肇祸精神病人员管理工作和监护人"以奖代补"政策，确保特殊人群盯紧看牢、教育管好、服务到位，做到一个不漏、一个不失控。

深入开展道路交通安全专项整治7次，加大现场交通违法行为检查力度，深入开展"拼车包车超员载客""货车超载""醉驾入刑十周年""一盔一带""两危一客""拖拉机摩托车三轮电动车"等专项整治8轮，排查统计小型汽车3125辆、大型汽车457辆、公务用车223辆、班线客运车9辆、摩托车4852辆、电动车2978辆、拖拉机5400辆、装载机172辆、压路机15辆、挖掘机183辆、吊车17辆、搅拌车87辆。对15辆未检验到报废期限的车辆公告后进行报废注销。排查道路隐患点11处、安全隐患路段11条，安装实时测试警示牌15处。共查处交通违法行为1074起，包括一般程序34起（其中醉驾7起、饮酒驾驶7起、无证驾驶16起、货车超载3起、未投强制保险1起），简易程序655起（其中超速49起），教育纠正385起（其中未系安全带105起、未戴安全头盔180起、违法载人90起、其他10起），采取行政拘留17人，暂扣驾驶证7本，血液检测7人，罚款18.53万元，从源头上有效预防重特大道路交通安全责任事故。

【执法监督】 年内，公安机关共立刑事案件31起（其中盗窃案5起、故意伤害案5起、电信网络诈骗10起、拐卖妇女儿童案1起），破获19起、撤案1起、未破11起，破案率65%，刑事拘留4人、取保候审17人。检察机关共办理案件208件，其中刑事检察21件，行政检察2件，公益诉讼检察147件，刑事执行检察1件，控告申诉检察37件；受理审查逮捕2件5人，批准逮捕1件1人，不批准逮捕1件4人；受理审查起诉16件19人，提起公诉12件12人，做出不起诉4件7人。侦查活动监督2件，发出侦查活动违法问题纠正通知书1份，检察建议1份；对县医保局和县公安局交警大队履职不当问题发出检察建议2份；走访调查县城各医疗卫生机构和店铺对医疗废物处置不规范，立案27件，制发检察建议2份；深入白朗县辖区各中小学、幼儿园及校园周边商店、饮食店进行食品安全专项检查，共发现线索13条，梳理汇总线索6条，立案审查6件；深入县辖区所有行政村，逐一摸排影响人居环境、村容村貌的问题线索，发现问题线索111件，立案111件，对白朗县农业农村局等相关部门制发检察建议

13份，相关行政部门在法定限期内积极整改；共出动1.9万人次，清理固体废弃物6000余吨，使全县村容村貌得到质的改变；开展“深入乡村下接访、我为群众办实事”专题接访活动，共受理群众各类问题线索37件，就地调解答复13件，转交相关部门24件，提供法律服务40余人次。审判机关全年共受理各类案件280件，办结253件，同比分别下降32.08％和30.41％，结案率列全市第一，员额法官人均结案35件；依法审结各类刑事案件13件，妥善审理白朗县多发性的危险驾驶罪9件，交通肇事罪2件，依法严惩非法持有、私藏枪支弹药罪，盗窃罪各1件；审结民商事案件253件，化解纠纷179件，家事审判审理各类案件28件，办理执行案件109件，执结91件，布控并抓获23名被执行人，执行到位金额214.2万元。司法行政机关代理各类法律援助案件10件，法律帮助14件，挽回受理人经济损失20.6万元，受理法律咨询21人次，代写法律文书62份，旁听公安审理案件5次，参加法律术语翻译4次。

【护路联防】 年内，严格按照区党委“西藏铁路无小事、事事连政治”的总要求，及时召开“三大节日”、全国两会、2022年北京冬奥会、冬残会期间铁路工作安保部署会，加强队员学习、生活、卫生、训练、执勤、纪律等六项任务，继续推进半军事化管理；同时继续加强后勤保障力度，“以老养护”工程不间断供应蔬菜瓜果，最大限度减轻队员生活开支，基本实现拴心留人。同时经常性组织队员开展铁路沿线隐患排查工作，对辖区群众进行爱路护路思想宣传，做到宣传及时、管理及时、排查及时，确保辖区铁路运输安全畅通、万无一失。

【“双联户”工作】 年内，细化制定工作方案，签订县乡村户长户五级责任书，制定县、乡、村、户长四级承包机制，明确双联专干、细化双联机制，签订“15条”协议书，制定联户家庭、联户长、十条公约等制度。组织县乡两级综治人员深入全县11个乡镇，面向831名户长开展户长职责、“七员”职责、“10+1”联户任务以及“先进双联户”创评和户长绩效考核程序标准培训1轮。细化完善《白朗县联户单位、联户长同步月考打分考核办法》，建立联户单位、联户长每月打分考评机制，分别评选年度村、乡、县级“先进双联户”148个联户1489户、30个联户310户、10个联户94户，积极向市里推荐先进集体4个、“先进双联户”3个联户30户，向自治区推荐先进集体2个、“先进双联户”1个联户单位9户，确保“先进双联户”评选和户长考核有依据、不走形式，杜绝抓阄、轮流坐庄等行为。按照20%的优秀比例表彰148名优秀户长，发放优秀户长奖励资金8.88万元。以村“两委”换届为契机对不称职户长及时进行调整。严格把关、全程监督，按照规定标准，完成上一年度自治区、市、县、乡、村五级“先进双联户”奖励资金兑现工作，及时划拨和兑现自治区、市、县、乡四级先进集体奖励资金。开通绿色通道为19户享受加分政策的考生办理相关手续，确保奖励资金兑现到手、惠民政策送到家。

【队伍建设】 年内，认真贯彻落实中央、自治区、市政法工作会议精神及县委、县政府重要部署，认真学习《中国共产党政法工作条

2021年4月12日，白朗县委政法委组织召开政法队伍教育整顿谈心谈话专题会

例》、《中国共产党党内监督条例》和《中国共产党纪律处分条例》及自治区第十次党代会精神。围绕县委、县政府中心工作，组织开展党史大讨论，力求做到领导班子学习与机关党员干部学习相结合，做到理论学习与研究改进政法综治工作相结合，把理论学习贯彻到做好政法综治工作、建设“平安白朗”和维护社会稳定的实际工作中去。充分运用党校培训、外出培训、挂职培训、专题调研、参观考察等形式，畅通学习培训渠道。结合政法队伍教育整顿活动，积极开展光荣传统教育、理想信念教育、群众观和核心价值观教育。邀请县纪委负责人为政法干警和综治干部授课。组织观看《全国英模报告会》等专题录像片并进行座谈讨论。以中国共产党成立100周年为契机，深入开展学习党史活动，重温入党誓词，观看《建国大业》等经典影片，开展一系列主题党日活动。通过系列主题教育，进一步增强队伍的战斗力、创造力和凝聚力。

（索朗拉珍）

公安

【刑事侦查】 年内，白朗县公安局主要负责辖区刑事案件的现场勘验及案件侦办等工作。配备使用的警用装备有现场勘查灯、现场勘查箱、十三波段光源、粗糙面痕迹提取胶、宽幅足迹灯、便携502熏显器、急救箱、爆炸现场勘查箱、足迹踏板、全光谱数码照相

2021年3月10日，白朗县公安局交通警察大队车管所揭牌仪式举行

机等。

年内，白朗县公安局紧紧围绕当前社会发展的新形势，结合刑事犯罪的新特点，深入开展“扫黑除恶打非治乱”“盗抢骗”“三打击一整治”“命案防范”“打击电信网络诈骗犯罪”等一系列专项斗争，破获一批刑事案件，抓获一批违法犯罪人员，有效打击犯罪分子的嚣张气焰，为维护全县社会大局持续稳定、保护全县干部群众生命财产安全做出积极贡献。

【社会治安防控】 年内，白朗县公安局紧紧围绕中国共产党成立100周年及西藏和平解放70周年庆祝活动等系列维稳安保任务，不断加强和提升治安管理工作，严厉打击各类治安违法犯罪行为，完成各项维稳安保任务。持续推进“扫黑除恶打非治乱”、食药安全监管、护校安园、黄赌毒、矛盾纠纷排查化解、流动人口服务管理、“一标三实”、公共安全隐患排查整治等工作。牢固树立社会治安可防可控的理念，多措并举，加强对辖区建筑工地、企业、出租房屋、宾馆、娱乐场所、餐饮场所、朗玛厅、城乡接合部等流动人口较为集中的公共复杂区域的清查，全面收缴流入社会的易爆物品、枪支弹药、管制刀具、零散油品等，加强寄递物流业整治，深入辖区重点场所、大型仓库以及“九小”场所、“三合一”场所开展消防安全隐患大排查，全面强化社会治安防控体系建设，确保全县社会治安局势持续稳定。

年内，共排查各类矛盾纠纷123起，化解98起，移交相关部门25起，努力将矛盾纠纷化解在基层、化解在当地、化解在萌芽状态。

年内，对辖区重点单位、娱乐场所、网吧、“九小”场所、洗浴中心、寄递物流、出租房屋等开展隐患大排查、大整治行动，完善落实各类行业场所内各项安全措施，预防和遏制火灾及治安灾害事故

的发生，全年共出动警力2360余人次，共检查各类单位及行业场所1340次，发现各类隐患281起，销号各类安全隐患272起，移交相关部门9起。

年内，对辖区烟花爆竹市场进行安全检查20余次，对购销、运输、经营、仓储等环节进行专项整治，组织民警对辖区危险物品使用领域进行安全检查15次，排查安全隐患5起，有效杜绝无证上岗带来的安全隐患，提高涉爆人员的安全意识。

年内，对全县36所幼儿园、11所小学、1所中学进行160余次检查，发现隐患34处，落实整改28处，下达整改通知书6份，出动警力380人次、警车160辆次。同时，提高信息化应用能力水平，开展派出所基础工作、警务站警务综合应用平台运用培训，进一步提升民警的信息化应用水平。

年内，共受理治安案件33起，查处违法行为人30人，其中行政拘留14人，罚款27人，不予处罚1起，治安调解5起。检查互联网营业场所30余次，下达《互联网网络安全隐患整改通知书》1份，落实信息等级保护制度案件1起，罚款1万元。

【执法服务】 年内，为进一步规范民警的执法行为，不断提高执法工作的标准化和精细化水平，白朗县公安局先后制定《白朗县公安局领导案件审批责任制度》《白朗县公安局法制员案件审核制度》《白朗县公安局民警旁听庭审制度》《白朗县公安局受案、立案监督管理工作规定》《白朗县公安局案件卷宗管理规定》等9个规章制度，构建比较完备的执法监督与服务制度体系。

白朗县公安局全面推进公安“放管服”改革，深化“互联网＋政务服务”，实现更多事项网上办，在服务社会经济发展和便民利民等方面推出一系列新政策和新措施，包括办理通行证、户籍、机动车检验合格标志核发等工作流程，通过精简行政审批事项、简化环节流程、梳理规范基层证明、改革审批方式，最大限度地方便群众、服务群众，让办事的老百姓只跑一次就能办结，切实提升管理服务质量和效能。

截至年底，共办理出生入户709人、死亡注销226人、省外迁入18人、省外迁出12人、省内移入140人、省内迁出353人、重户注销2人、非主项变更32699人、主项变更75人；受理居民身份证4282张、异地身份证57张、临时身份证391张、通行证办理18752张；发放机动车检验合格标志36张；公安部“互联网＋政务服务”平台本级认领73项，已发布20项，办理跨省通办1起，送证上门服务160余次、580余张。

【户籍管理】 年内，白朗县公安局认真贯彻落实西藏自治区人民政府《关于进一步推进户籍制度改革的实施意见》的通知。截至年底，办理出生入户709人，办理死亡注销226人，上传二代身份证制证信息4506条，西藏自治区公安厅制证中心已制出证件4339份（其中制出异地身份证57份），办理临时身份证391份，办理网上迁移523人，解决无户口补录人员20人，纠正户口登记项目差错75人，完成入户核对32699人，解决应落未落常住户口178人，解决应销未销常住户口人数591人，纠正户口登记项目差错32774人，一次办结、一站式服务192人。

【外来人口管理】 年内，按照《西

2021年3月2日，白朗县公安局组织民警到县中学开展校园安全检查工作

藏自治区流动人口服务管理办法》等有关法律、法规规定，为保障流动人口的合法权益，规范白朗县流动人口服务管理，民警在工作中采取以教育、宣传、服务为主的方式，及时登记辖区外来流动人口，严格依法办事、依法强化管理。截至年底，共登记流动人口1099人，办理居住登记卡995张、居住证18张。

【交通管理】 年内，全县共发生道路交通事故78起，其中一般程序案件13起、简易程序案件65起，结案率达98%以上，道路交通事故四项指数与2020年同期相比明显下降，全县未发生较大以上的道路交通事故。截至年底，共查处道路交通违法行为1642起，其中，一般程序违法行为57起、简易程序违法行为1585起，行政拘留38人，行政罚款378300元，结案率达95%以上，通过道路交通专项整治行动，有效预防了各类重特大道路交通事故的发生，确保辖区道路安全形势平稳。

为进一步消除辖区道路交通安全隐患，切实维护人民群众生命财产安全，按照上级公安机关统一部署和局党委有关要求，对辖区349国道进行全面系统的隐患排查治理和道路交通防护设施设备维护维修。年内，白朗县公安局在事故多发地段新增测速提示牌8块，在弯道和岔路口盲区设立广角凸透镜44块，在学校路口施划禁停网状线2段，联合住建等部门规划停车位215个，在各交叉路口增设减速带400米，在危险路段增设"慢"字警示灯26个，及时消除各类道路防护设施设备不全诱发的道路交通安全隐患。

同时，积极开展交通安全宣传，进一步提高人民群众的交通安全意识。年内，白朗县公安局以"美丽乡村行"为载体，组织开展广泛深入的主题宣传活动56次，进农村宣传活动108次，阵地宣传30次，出动宣传民警80余人次，发放交通安全宣传材料4万余份，播放宣传碟片5张，免费发放摩托车安全头盔1000余顶，受教育群众达4万余人次，进一步提高广大人民群众的交通安全意识。

白朗县公安局以"我为群众办实事"为契机，联合车管所深入开展"放管服"，2021年共办理驾驶证业务287次、车辆年检业务100余次，报废机动车15辆，学习并推广交管"12123"，使用达5000余人次，与辖区干部群众携手共创安全、有序、畅通的道路交通环境。

【重大案件】 年内，白朗县共发生民事案件26起，立案24起，其中破获15起、未破9起（均为网络诈骗案）、撤案1起、不予立案2起，案件类型有11起电信网络诈骗案、7起盗窃案、2起骗取医疗保险案、5起故意伤害案、1起失踪案。共抓获犯罪嫌疑人17人，其中取保候审13人，刑事拘留4人。年内，白朗县未发生重大刑事案件。

（田乾垚）

检察

【刑事检察】 年内，受理审查逮捕2件3人，批准逮捕1件1人，不批准逮捕1件2人；受理审查起诉25件29人，提起公诉17件17人，做出不起诉8件12人，提前介入侦查活动1件，开展侦查活动监督2件，发出纠正违法通知书1份，检察建议1份，针对社区矫正不规范问题发出检察意见书1份，案件优化比1 ∶ 1.07，量刑采纳率100%，案件结案率100%。

【司法体制改革】 年内，白朗县人民检察院制定与纪委监委、法院、公安、司法工作衔接机制4项，检察权监督制约机制更加健全。开展重点案件跨县交叉评查，查纠整改问题42项。持续推动严格执行"三个规定"登记报告制度的落实，主动登记报告的意识更加深入。

【建立健全监督制约机制】 年内，完成检察听证室建设及软硬件配备工作，检察听证工作步入正规化。完成检察工作网建设，并投入使用，检察办案系统2.0版本正式启动运行，涉密领域国产化工作取得新突破，检察机关信息化建设取得新成效。向县政府争取资金30万元，拟建设塑胶篮球场，进一步完善基础建设，丰富检察文化建设。

【队伍建设】 年内，深入开展党史学习教育、"三更"专题教育，先后召开党组理论中心集中学习会35次，支部学习研讨会议12次，党史学习专题会8次，党史、“三更”专题教育专题民主生活会、组织生活会8次，教育整顿专题学习会23次，专题研讨会4次，警示教育大会3次，领导班子讲党课5次，听取县纪委主要领导廉政教育报告1次，组织观看各类教育片7次，撰写各类心得体会共96篇，签订党员政治承诺书、“六小时”外行为禁令36份，深入整治“六大顽瘴痼疾”和五类突出问题12项22条，以自我革命精神正风肃纪，铸牢对党政治忠诚。

2021年4月16日，西藏自治区人民检察院党组书记、检察长夏克勤（前排中）到白朗县人民检察院督导、检查工作

【阳光检察】 年内，深入学习贯彻《中国共产党政法工作条例》《中国共产党党组工作条例》《中共中央关于加强新时代检察机关法律监督工作的意见》，白朗县人民检察院党组认真履行主体责任，严格落实重大事项请示报告制度，严肃开展组织生活会，严格落实民主集中制、“一把手”末尾表态制，充分发挥党组“把方向、管大局、促落实”作用。全年召开党组会议20次，研究讨论重大事项22项；向县委、市人民检察院、县人大、县委政法委请示汇报重大事项11次，主要领导批示8次。

【公益诉讼检察】 年内，办理行政公益诉讼检察144件，同比增加2倍。开展城乡环境和公共卫生安全领域公益诉讼专项活动，对过期药品、过期食品上架销售、医疗废物处置不规范等问题，立案27件，向县卫生与和健康委员会、市场监督管理局共制发检察建议2份。开展“开学季”未成年人校园食品安全公益诉讼检察专项行动，共发现线索13条，梳理汇总线索6条，立案审查6件，并以召开公益诉讼专题磋商会形式，推动行政执法部门更好履职整改。开展“服务乡村振兴，检察机关在行动”专项活动，发现乱堆乱放固体物影响乡村环境问题线索111件，立案111件，对白朗县农业农村局、日喀则市生态环境局白朗县分局及11个乡镇共制发检察建议13份，相关行政部门在法定限期内积极整改，清理固体废弃物6000余吨，使全县村容村貌得到质的改变，得到县委领导和群众的肯定，被最高人民检察院列为典型案例在全国检察机关予以推广学习。

【民事行政检察】 年内，白朗县人民检察院本着群众身边无“小案”的司法理念，主动收集拖欠民工工资、拒绝支付抚养、赡养费等群众最关注的司法需求，深化支持起诉民事检察工作，成功调解一起抚养纠纷案件，兑现申诉人6000元抚养费。

白朗县人民检察院对县医保局办理的涉嫌骗取医疗保险案件依职权主动监督，制发检察建议1份，督促行政执法机关有关涉嫌犯罪线索依规移送公安机关立案侦查。依法对县公安局交警大队2021年治安处罚决定案件进行合法性审查，对录入系统不及时、权利告知不准确等行政处罚程序不规范问题发出检察建议1份，督促行政机关依法行政。

【控申申诉检察】 年内，坚持以百姓心为心，将心比心，把“小案”当作群众的大事来办，解民怨、暖民心，筑牢党。开展“深入乡村下接访、我为群众办实事”专题下村接访活动，共受理群众各类信访问题线索37件，就地调解答复13件，转交相关部门24件，提供法律服务40人次，把矛盾化解在基层，解决在萌芽状态。白朗县人民检察院下村接访工作举措得到自治区人民检察院高度评价并在全自治区检察机关进行通报表扬。

（巴　宗）

法院

【审判执行】 年内，坚持“决心不变、力度不减、指标不降”，紧紧依靠党委、政府和各界支持，推动综合治理执行难问题的解决。全年新收执行案件121件，旧存2件，执结123件，执行到位金额306.48万元。开展“六稳”“六保”专项执行行动，执结涉民生案件6件，执行到位9.97万元。主动融入基层社会治理网格，通过点对点查控系统，网上查询被执行人信息109次，会同公安机关完善网上布控机制，对23名被执行人进行布控，抓获被执行人23人。完善失信联合惩戒体系，累计公开失信被执行人信息7人次，充分发挥震慑作用。加大司法强制措施的适用，全年将13人列为失信被执行人，司法拘留3人。大力推进司法网拍，网络拍卖1件3次，执行规范化建设水平显著提升。

2021年3月25日，西藏自治区高级人民法院党组书记、院长索达（正面中）到白朗县人民法院调研

【审判管理】 年内，全面落实司法责任制，严守办案质量生命线。建立工作督办函制度，针对弱项指标和异常数据，形成“院长—分管领导—庭长”三位一体督办合力，精准攻破案件。进一步完善审判人员权责清单，制定实施《关于规范和加强裁判文书管理的暂行办法》《扣除审限审批制度》，确保放权不放任、监督不缺位。进一步发挥审判委员会重大疑难案件定案把关和专业法官会议参谋咨询作用，落实类案强制检索制度，着力防范“类案不同判”，保障法律统一适用。年内，共召开审判委员会3次、专业法官工作会2次。

【司法改革】 年内，结合司法体制改革，因地制宜构建“繁简分流”审判格局，确保实现“简案快审、难案精审”，助力案件提质增效。由白朗县人民法院一半的法官先后组建“阿佳综合速裁团队”“新型执行团队”。综合速裁团队成立后以速裁方式审理各类案件116件，占民事、刑事案件总数的51.32%，平均审限5天；加强诉调对接，委派调解案件22件，调解成功率为100%；同时深化开展多元解纷工作，办理司法确认案件45件，平均审限1.5天。新型执行团队成立以来，通过挂图作战方式全力开展执行大会战工作，共执结案件123件，执行到位金额306.48万元，平均执结时限66.1天。

【矛盾纠纷化解】 年内，坚持“关口前移、联合化解”理念，主动置身于社会治理大格局中谋划法院调解工作。联合9家单位出台《关于建立白朗县多元解纷机制的实施方案》，探索建立符合白朗县实际和特点的多元解纷工作机制。下沉治理重心，探索建立“法官指导村居法治共建”工作机制，8名员额法官与3个乡镇6个行政村完成结对，助力乡村调解规范化、专业化建设，指导乡村调解组织化解各类矛盾纠纷8件。拓宽化解渠道，协调市公证处，实现全区首家引入公证力量参与法院工作，化解家事纠纷3件。扎实推进人民调解平台应用，依托平台在线调解67件，成功率95.38%。2021年白朗县人民法院诉前纠纷化解率 17.5%，立案调撤率 83.87%，实质化解纠纷成效明显。

深化多元化纠纷解决机制，继续加大与行政机关和各类调解组织的诉调对接力度，在全县 3 个乡镇 6 个行政村开展《法官联系村居法治工作方案》，诉前化解纠纷 13 起。

坚持把非诉讼纠纷解决机制放在前面，通过白朗县人民法院特邀调解组织、巾帼法治服务队、驻村法官工作室等化解纠纷 179 起。

2021年12月17日，党组书记、院长许东升（主席台左一）到强堆乡宣讲党的十九届六中全会精神暨西藏自治区第十次党代会精神

【队伍建设】 年内，将队伍教育整顿与党史学习教育、“三更”专题教育相互贯通，深化政治教育、警示教育、英模教育，共组织党组理论中心组学习 24 次，开展“一把手”讲党课 6 场次，邀请专家讲座 3 次，参加英模事迹报告会 4 次，观影 3 场次，组织支部开展民法典夜校 10 场次，全面提高干警政治判断力、政治领悟力、政治执行力。严把选人用人关口，遴选员额法官 2 名，职级晋升 1 名，完成公务员和司法警察职务职级套改，理顺人事关系，激发干事活力。

层层压实全面从严治党“两个责任”，扣紧系牢“责任链条”。以贯穿全年的“政法队伍教育整顿”为主轴，聚焦“六大顽瘴痼疾”整治，健全完善扣除审限审批、裁判文书审签制度等 5 项长效机制；充分利用“四种形态”，特别是第一种形态处理问题线索 14 条干警 7 人，同时结合干警中存在的精神不振作问题，组织干警签订《白朗县人民法院干警“履职承诺书”》，使干警知其任、明其责、出其力、终其事，进一步强化干警自律意识、责任意识、担当意识。

【基础设施建设】 年内，坚持以“人民为中心”的发展思想，探索便民服务举措，着力减轻群众讼苦讼累。筹资 190 万元，以达标标准，大力推进 2 个“一站式”建设，完善服务中心软硬件设施，规范窗口建设，配备自助立案查询服务机，方便当事人网上立案、查询庭审时间等信息。提供诉讼引导、诉讼材料一次性告知、判后答疑等服务，尽可能只让当事人只跑一次。严格做到有案必立、有诉必理，当场登记立案率达 100%。推广便民立案方式，全年网上立案 61 件、跨域立案 25 件，有效减少“立案跑”。利用移动微法院、互联网法庭开庭 16 次，调解案件 14 件，大幅减少“审理跑”。全年直播案件庭审 17 件次，通过网络公开裁判文书 344 份，上网率 100%，方便群众足不出户观看庭审、查阅文书，全面减少“公开跑”。

坚持需求导向，探索推进无纸化办案、办公模式，加大全流程网上办案系统建设应用力度，立案、审理、执行等所有诉讼事务均实现网上办理，建成 2 间云端法庭、1 间智慧法庭，有效化解疫情防控期间被告人“出不来、进不去”难题。自 2021 年 8 月投入使用以来，共线上开庭审理 16 件，调解 14 件。

白朗县人民法院收结案一览表

表 2

	旧存(件)	新收(件)	未结(件)	已结(件)	总计(件)	结案率(%)	结案占比(%)
白朗县人民法院	3	347	7	343	350	98.00	100.00

(臧艳林)

司法行政

【概况】 2021年,白朗县司法局核定政法编制为12个(含乡镇司法助理员编制5个)。局机关实有在职人员13人,其中四级调研员1人,副科级2人,四级主任科员2人,一级科员2人,司法助理员5人,"三支一扶"1人,平均年龄31岁。下设7个科室,县委依法治县办、法制办、公共法律服务中心、社区矫正中心、普法办、人促科(安置帮教、人民调解)、局办公室。

【法治政府建设】 年内,成立以县长为组长,各单位部门主要负责人为成员的法治政府建设工作领导小组,认真履行党政主要领导负责人推进法治政府建设的第一责任人责任制,将法治政府建设工作摆在重要位置,与改革发展任务同部署、同落实、同考核,加强组织协调,落实工作责任,定期听取汇报,解决重大问题。根据自治区、市政府统一安排,对主要集中在市场监管、生态环境、文化和旅游、交通运输、农业农村、应急管理等与人民群众生产生活切身相关的重点领域进行执法情况评查,集中评查10余户个体商户,重点对被执法对象的主体、依据、程序以及执法决定的合法性、适当性进行全面评查。通过开展评查活动,及时发现和纠正执法不规范、不公正等行为,进一步提升行政执法质量和水平。2021年为进一步严格规范公正文明执法,推进法治政府建设,落实行政执法责任制,不断提高执法意识和执法水平,白朗县在市法制办的具体指导和县委、县政府的关心帮助下,于6月10日开展行政执法专题培训会。同时为白朗县39人新申领行政执法证和更换行政执法证,13人新申领行政执法监督证,加强行政执法监督机制建设,加大行政执法监督力度,进一步规范行政执法行为。

【法治宣传教育】 年内,根据全国、全自治区、全市推进"八五"普法工作思路,全面总结"七五"普法工作,做好前期调研等相关工作,科学谋划白朗县"八五"普法规划,筹备"八五"普法启动,制定《白朗县2021年普法与依法治理工作计划》。2021年,普法办按照"谁执法谁普法"责任制深入各乡镇、村(居)围绕《中华人民共和国宪法》《中华人民共和国民法典》《西藏自治区民族团结进步模范区创建条例》等主题开展各类法治宣传活动80余次,发放宣传资料1.5万余份,组织开展《中华人民共和国宪法》颁布日、国家安全日、政法队伍教育整顿、《中华人民共和国社区矫正法》、《中

2021年12月26日,白朗县2021年普法责任制述职评议会议召开

2021年9月1日，白朗县普法办开展县各学校法治副校长聘任仪式

华人民共和国反有组织犯罪法》、《信访条例》、《中国共产党政法工作条例》、《中华人民共和国环境保护法》等集中宣传活动35次，解答法律咨询300余人次，受教育群众达3.7万余人。此外，县司法局创建的普法微信公众号——“法治白朗”共计发布150余篇文章，向广大群众普及法律知识，教育引导全县广大干部群众形成尊法学法守法用法的良好法治氛围。

县直单位和乡镇机关组织干部职工集中学法，举行国家工作人员宪法宣誓仪式50多次。各乡镇举办1—2次村“两委”干部法律知识培训。各村培养“法律明白人”，建立法治宣传栏，“农家书屋”设立法律图书角。由县普法办牵头，白朗县所有兼任法治副校长陆续为各自负责的中小学校及幼儿园开展“法治进校园”活动。广大师生普遍学习《中华人民共和国宪法》、《中华人民共和国民法典》、《中华人民共和国未成年人保护法》、《中华人民共和国预防未成年人犯罪法》、疫情防控、安全、防电信诈骗等法律法规知识教育。

【民法典学习宣传】 年内，组织普法工作人员先后走进各乡镇、部门、学校、寺庙等，通过发放宣传资料、现场答疑、举办讲座等形式，进一步提高群众尊法学法守法用法的意识。充分利用微信公众号、微博等新媒体平台，多角度宣传民法典。参加自治区、市两级举办的民法典专题学习讲座。同时在大型会议、大型活动等人员集中场所进行宣传，并对各乡镇、部门等落实民法典宣传工作进行数次督导，全县民法典宣传工作取得良好成效。

【人民调解】 年内，全县共建立各级人民调解委员会145个，其中县级人民调解指导中心1个，乡镇人民调解指导中心共11个，村级人民调解委员会111个，设立公安派出所调解室11个，专业性行业性人民调解委员会8个，企事业调解委员会3个。2021年白朗县人民调解指导中心共调处矛盾纠纷36件，调解成功率达100%，其中司法确认案件28件，并建立完善调解卷宗档案。

【社区矫正】 年内，白朗县司法局与11个乡镇、派出所签订目标责任书，明确相关部门职责，进一步加强重点人员管控。2021年，结合新冠肺炎疫情防控工作，走访排查社区矫正对象220余次，电话排查350余次；建立社区矫正对象管理微信群，每日同矫正工作人员共享实时位置，进一步加强社区矫正对象管理；开展社区矫正调查评估20次，组织矫正小组开展入矫解矫宣告46次，为进一步增强社区矫正对象服刑意识，强化矫正效果，组织社区矫正对象开展公益活动12次，开展以学习宣传《中华人民共和国社区矫正法》《中华人民共和国民法典》等为重中之重的集中教育12次。积极加强与各成员单位的协同配合，组织开展帮扶救助22次。同时为全力抓好社区矫正领域重点案件自查自评工作，结合2021年政法队伍教育整顿工作要求，对2018年以来容易滋生司法腐败、执法不公的特定范围案件开展评查，聚焦社区矫正监管教育全过程、各环节存在的问题，重点发现定性不准、程序违规等问题，做好线索摸排，与在册社区矫正对象逐一谈话排查、征求意见，签订承诺书，全面核查已解矫和在编社

2021年8月1日，聘请援藏律师商苗苗（右一）为白朗县人民政府法律顾问

区矫正人员案件档案，制定《白朗县司法局减刑、假释、暂予监外执行突出问题常态化检查整治方案》《白朗县持续整治社区矫正领域突出问题实施方案》，为下一步常态化推进减、假、暂案件领域突出问题整治奠定基础。截至年底，全县在册社区矫正对象13人。

【安置帮教】 年内，走访排查安置帮教对象300余次，通过电话、微信等方式排查600余次。按照“必接必送”要求衔接刑满释放人员33人，解矫21人。为能让安置帮教工作成效在维护社会稳定中发挥出良性作用，白朗县司法局为困难的安置帮教对象解决临时救助金5000余元，切实发挥安置帮教作用，维护社会和谐稳定。截至年底，全县有在册安置帮教对象110人。

【法律援助】 年内，结合司法行政各项工作，组织开展各类法治宣传活动40余次、为农牧民群众办实事实践活动120余件，深入田间地头，走村入户，与服务对象“面对面”开展法治宣传120次，走访排查70余人次，排查化解各类矛盾纠纷24起，代写法律文书121份，提供法律援助21件，开展“学雷锋”活动1次。

【基层基础建设】 年内，白朗县司法局中心司法所正式投入使用，利用洛江镇的优越地理位置，中心司法所向附近其他4个乡镇辐射各项司法行政职能，以“一乡一联络员”为原则，在原有的人员基础上增派4名在编司法助理员，分别负责一个乡镇，任该乡镇司法所联络员。截至年底，白朗县中心司法所共有在编正式干部5人，辅助人员1名(“三支一扶”)，其中正式党员5名。中心司法所建成后为更好发挥司法行政各项业务职能，真正把便民利民举措运用到日常工作开展中，按照公共法律服务工作站标准，整合公证咨询、法治宣传、法律援助、人民调解等资源，建成集政务、业务、服务三大功能于一体的“枫桥式”公共法律服务工作站。设有法治宣传、法律援助、人民调解、社区矫正、安置帮教等5个服务窗口，分为办公区、服务区、等候区，实现“一个大门进来，多个窗口服务，一揽子解决问题”。公共法律服务工作站的运行采用“前台统一受理、后台分别办理”模式，通过“8+3+1”工作准则和“七到五免”（依法治理到位、法律服务到位、安置帮教到位、社会矫正到位、法治宣传到位、纠纷排查到位、志愿服务到位，公证咨询免费、法律顾问免费、法律援助免费、心理咨询免费、法律书籍免费）等内容，结合中心司法所特有的工作站负责人、乡镇联络员、领域专职人员共同负责的整体工作方法，根据群众需求不断完善便民利民举措，打造全流程服务。截至年底，共有工作人员6名。共计接待群众来访40余人次，解答法律咨询80余人次，代写法律文书121件，受理法律援助2件，公证咨询4件，矛盾纠纷排查90余次，调解各类纠纷7件，申请司法确认4件。接收社区矫正对象5人，解除7人，有在册11人；接收安置帮教人员13人，解除2人，在册75人。

（白玛卓嘎）

经济管理

一栋栋整齐的大棚温室，尽显白朗蔬菜发展新态势

白朗年鉴

2022

发展改革

2021年4月8日，白朗县发改委工作人员参加以工代赈项目选址活动

【参谋服务】白朗县发展和改革委员会是白朗县政府综合经济职能部门，主要负责全县的宏观经济调控、国民经济和社会发展总体规划及年度计划的拟订和执行、经济协调、项目建设、产业协调、物价监管、粮食收购等工作，内设办公室、项目办、易地搬迁办3个室。白朗县发展和改革委员会紧紧围绕市委、市政府确定的各项目标任务，充分发挥自身职能作用，当好参谋服务，为推动全县经济发展做出自己应有的贡献，确保项目顺利推进。白朗县重点项目建设领导小组和联审联批联验工作小组办公室均设在发改委，按照投资1000万元以上提交重项领导小组会议研究要求，白朗县发展和改革委员会重项办共组织召开会议4次，涉及项目事项14个，涉及资金17908.81万元；按照政府投资400万元以下项目交由农牧民施工企业实施要求，联审联批联验办公室按照“一公告、四审核、两公示、一制度”工作机制共组织召开联审联批联验会议8次，涉及项目27个，投资4198.58万元。

【经济调节】年内，坚持规划引领，深入推进“十四五”规划、国土空间规划和村庄规划等编制工作，认真落实中央第七次西藏工作座谈会确定的优惠政策。统筹疫情防控和经济社会发展，定期召开经济运行分析会议，促进经济平稳运行。全县实现地区生产总值151200万元，同比增长10.05%；完成社会消费品零售总额29300万元，同比增长9.6%；农村居民人均可支配收入达到19844元，同比增长15.5%；完成全社会固定资产投资35770万元；完成工业总产值23442.11万元；一般公共预算收入达2943万元，同比增长20.71%；完成全口径税收2898万元；金融机构各项人民币存款余额9.29亿元，同比增长9.92%；人民币贷款余额9.67亿元，同比增长6.99%；三大通信运营商全年业务收入达2879万元；新增市场主体472户，注册资金4.94亿元；全社会用电量250.3万千瓦时，同比增长9.2%。

【项目建设】年内，始终坚持项目是点、产业是线、经济是面的项目建设原则，积极与上级对接工作，3次组团到自治区对接争取项目，成功争取中央预算内、中央财政资金等国家投资11.32亿元。2021年全县实施新续建项目116个，完成社会固定资产形象投资9.22亿元。白朗县鲁藏百村幸福家园建设项目、特色优势产业发展项目、2020年高标准农田、玛干渠工程、“雪亮工程”、杜琼乡差强村等6个集中安置区幼儿园等86项目竣工投入使用，当年完工率达93%。

【改革开放】年内，持续推进“放管服”改革，进一步激发市场活力和创造力，清理不必要证明91项，放宽市场准入，优化营商环境。县便民服务大厅开设25个便民窗口，可办事项增至117个，全年总办件量达25041件，办结率100%，在“互联网＋政务服务”平台上梳理904项，网上办件75275

件，网办率 100%，切实做实做细减证便民工作。推进农村集体产权制度改革，发放宅基地确权证 5527 本。

【产业支撑】 年内，粮食播种面积 9.43 万亩（青稞 8.83 万亩、小麦 0.6 万亩），产量达 5490 万公斤以上；经济作物播种面积 2.7 万亩（油菜面积达到 0.97 万亩，果蔬面积达到 1.73 万亩，产量 6700 万公斤）。饲草料播种面积 0.61 万亩，产量达 2360 万公斤。以牲畜结构调整为契机，结合实际制订牲畜出栏计划，年末全县牲畜存栏 26.63 万头（只、匹）、牲畜出栏（出售 + 自宰）5.91 万头（只、匹）。完成牦牛经济杂交 1242 头，黄牛改良 12055 头，完成计划任务的 100.46%；新型经营主体持续发展。以完善产业链条为主导，加大培育力度，积极推进合作社规范化运行工作，完成依法注册农牧民专业合作社 283 家，获批国家级示范社 2 家；服务业进一步回暖复苏。充分发挥日喀则珠峰农业科技创新博览园 AAAA 级旅游景区优势，全年旅游景区农牧民实现就业 540 人次，接待游客 10.43 万人次，旅游综合收入 423.77 万元。电子商务运营不断完善。线上运行平稳，通过对接珠峰电商等销售平台，全年网络销售金额达 442 万余元。组织开展电商培训 13 场次，培训 862 人次。

【物价局工作】 年内，以稳定民生领域商品价格、清费治乱、抑制物价通胀、整顿价格秩序为重点，根据白朗县市场发展情况，重点监测与群众生活密切相关的粮、油、肉、蛋、菜等 22 种商品价格，切实关注容易诱发价格总水平较快上涨和社会不稳定因素的商品价格动态，努力维护价格秩序，营造良好的物价环境；完成日常生活用品及服务价格的调查和监测，畅通“12358”价格举报平台和举报电话渠道。专门打击囤积居奇、哄抬物价等擅自提高农资销售价格的行为，切实保护消费者的合法权益。加强市场价格监管，特别是节假日市场监管和重点领域执法并及时上报市物价局，保障县域市场物价总体稳定。

加强价格监测预警，为价格决策和消费者理性消费提供参考依据，截至年底，共上报价格监测月报 10 期、节假日价格监测报表 7 期；持续加强价格管理工作，配合公安部门开展价格认证工作，办理盗窃赃物价格认定案件 5 起，涉及资金 8681.5 元。

根据相关文件要求，白朗县发展和改革委员会先后 2 次到县加油站调研。全县成品油销售以汽油和柴油为主。石油成品油月销售总量为 4322 吨，销售总额 4345 万元，其中，柴油销售 2447 吨，销售额 2347 万元；汽油销售 1875 吨，销售额 1998 万元。

【粮食和物资储备局工作】 年内，白朗县拥有国有粮食动态储备企业 2 家和粮油应急供应销售点 1 个，分别是白朗康桑农产品有限公司、白朗县粮食公司和扎西康桑商贸公司，按照市粮食局每年确定的储粮数量和规模，白朗县发展和改革委员会建立企业每周上报动态储粮数量工作机制，并且定期或不定期深入企业复核储粮数据，1—11 月承储库存有原粮青稞 2049.03 吨，成品粮大米 22.4 吨，成品粮面粉 20.5 吨，成品粮糌粑 149.54 吨，均达得日常承储 50% 以上要求，有力保障市场上糌粑、大米、面粉、清油等生活物资的供应。完成旺季粮食收

2021年11月9日，西藏自治区经信厅相关工作人员到白朗县指导工业企业发展

2021年5月15日，县委常委、副县长扎西次旦（左二）到巴扎乡恰仓村调研乡村振兴示范引领村建设项目开展情况

购工作，价补分离资金 125911.36 元，已全部兑现，惠及群众 355 人。

机构改革后县救灾物资储备仓库交由白朗县发展和改革委员会管理，2021 年组织人员再次对仓库物资进行清点和数量核查，并和县粮食公司签订代管协议，强化救灾物资的管理和调度，在 7 月汛期，白朗县发展和改革委员会及时为玛乡调拨帐篷 2 顶。

【经信局工作】 年内，全县工业总产值达到 4.03 亿元，同比增长 10.1%；联合县应急管理局等部门开展工业企业安全生产大检查 3 次，涉检企业 7 家，排查出电线隐患、作业隐患等安全隐患 12 条，下发隐患整改意见 12 条，均在时限内得到整改，在政策扶持和监管指导下，全县工业经济发展迅速。

白朗县正常运行民族手工业企业共计 48 家，并按照要求分为 5 类（藏香、藏毯、纺织服装鞋帽、铁木藏式家具、民族特色旅游产品）。按照首届日喀则市工艺美术大师报名相关通知，白朗县发展和改革委员会及时通知各乡镇，并组织相关从事专业人员积极报名，报名 29 人。

中央层面成立碳达峰、碳中和工作领导小组成立后相继发布《中共中央　国务院关于完整准确全面贯彻新发展理念做好碳达峰碳中和工作的意见》和《2030 年前碳达峰行动方案》。年内，白朗县发展和改革委员会举行碳达峰和碳中和有关的宣传活动，讲述节能、低碳、绿色等理念，发放预知相关的宣传手册 2000 册及相关物品。

（次旺巴久）

自然资源管理

【概况】 白朗县辖区内有 11 个乡镇、111 个行政村，有耕地 220446 亩，农作物总播种面积 197946.75 亩，天然草场 3608780.81 亩，可利用草场面积 3553702.31 亩。白朗县地处被动大陆边缘，紧邻雅鲁藏布江缝合带，构造变形强烈，境内地层发育齐全，沉积环境和岩石类型具有多样性，为金属、非金属矿产的形成提供良好的条件。白朗县属西藏冈底斯成矿带，矿产资源丰富，已发现矿产种类有铜、铅、锌等金属矿产，石灰石、石英砂岩、页岩、河沙、砾石等非金属矿产。

【耕地保护】 年内，县政府和各乡镇政府签订耕地保护目标责任书，夯实基本农田保护措施，年终对各乡镇耕地保有量和基本农田保护工作进行全面考核，并将考核结果纳入各乡镇年终先进考核中，确保白朗县 170450 亩基本农田和 195421 亩耕地保有量面积数量不减少、用途不改变，完成上级下达的保护指标。

按照自治区三条控制线划定的要求，本着“大稳定、小调整”原则，白朗县开展永久基本农田核实整改补足工作。召集 11 个乡镇的主要领导和相关项目单位负责人召开征求意见会，初步成果已上报市局待审核。

【用地保障】 年内，为贯彻节约集约用地政策，同时保障重点项目用地，共完成 2 个批次的农用地转用批次上报工作，共涉及 32 个项目。完成用地预审 67 个，办理建设用地规划许可证 22 个，办理建设工程规划许可证 22 个，办理乡村规划许可证 45 个。

【地籍管理】 年内，完成对农村宅

基地4680宗(其中包含易地扶贫搬迁521宗)、集体建设用地335宗、集体土地1266宗、6座寺庙、城镇不动产修补测量等不确权的登记。

【矿产资源管理】 年内,对全县11个乡镇开展非金属矿产资源摸底调查工作,共计新增符合质量要求、储量要求、开发要求的采石点16处、取土点6处,报送至上级自然资源主管部门,拟纳入日喀则市"十四五"矿产资源总体规划。同时,结合乡镇人民政府日常监管工作、矿产卫片管理系统,采取不定时抽查方式,开展对无证开采、偷挖偷采等违法行为的查处。

【国土资源监管】 年内,开展执法动态巡查20余次,出动人员120余次,严厉打击乱占耕地建房、无证开采矿产资源等各类违法违规开采行为。全年共查处非法开采案件3起,累计出动执法人员12人次、车辆9辆次,非法偷采的现象得到彻底遏制。深入各乡镇认真开展"大棚房"问题专项清理整治工作,坚决制止农地非农化乱象。

【地质灾害项目检查】 年内,通过地质灾害"三查"对白朗县6个已治理地质灾害工程项目的运行效果开展日常监测、检查,并邀请自治区地质灾害专家、自然资源部地质灾害专家对已治理工程开展复核检查。

【安全生产】 年内,制订白朗县地质灾害年度工作计划,编制白朗县2021年度地质灾害应急预案,组织开展汛前排查、汛中巡查、汛后核查工作,对地质灾害群测群防员开展地质灾害防灾避险宣传培训,会同县水利局、应急管理局、消防救援大队,在玛乡门康村开展山洪地质灾害防灾避险宣传培训,保障人民群众生命财产安全。

生态岗位地质灾害群测群防员226人,兑现补助资金共计79.1万元;专职地质灾害群测群防员84人,兑现补助资金共计29.4万元。开展白朗县地质灾害风险普查工作,共完成各类野外调查点442个(泥石流170个、滑坡6个、崩塌4个,其余为一般观测点、孕灾点、切坡建房点、遥感解译点262个),完成调查面积2806平方千米。

【队伍建设】 年内,通过贯彻"从严教育、从严管理"方针,全面提高队伍的政治素质、业务水平和工作责任感,把队伍精湛的业务、一流的服务、良好的形象展示给广大群众。寻找工作运作机制中不足,并努力改造和完善,高效工作开展;坚持严管和厚爱结合、激励和约束并重,完善干部考核评价机制,加强日常管理、上下班时间、请假销假制度的落实,着力培养一支吃苦耐劳、作风过硬的干部队伍。

(白玛曲吉)

2021年11月17日,白朗县自然资源局工作人员到者下乡调查泥石流地质灾害隐患点

审计

【概况】 2021年,县委审计委员会始终贯彻落实习近平总书记关于审计工作重要讲话和重要指示批示精神,紧紧围绕中央、自治区、市审计委员会及全国审计工作会议决策部署,认真推进审计工作,切实履行审计监督职责,先后3次召开县委审计委员会,研究制定《中共白朗县委审计委员会工作规则》《中共白朗县委审计

2021年12月18日，白朗县审计局全体干部职工、第三方审计人员到巴扎乡恰仓村开展“‘十三五’政府投资项目审计”现场审计

委员会办公室细则》《白朗县委审计委员会关于进一步加强审计整改工作的意见》，审议通过《白朗县“十三五”政府投资项目决算审计方案》，明确审计监督重大事项和改革方案、年度审计计划、审计整改事项等重点任务，健全完善审计整改工作长效机制，规范反馈问题的整改落实。

2021年，累计实施审计项目26项，出具审计结果报告40篇，提出审计建议98条，被全部采纳，审计发现问题259个，涉及金额223848.83万元，其中，非金额计量问题103个，促进增收节支247.97万元，审计促进整改落实有关问题资金89962.49万元。截至年底，259个问题，整改到位215个，整改率达到90.34%（不含未到整改时限的21个问题）。开展乡镇财务审计调查11项，分别出具审计报告、审计决定各11篇，发现问题81个，涉及金额1311.9万元；开展领导干部经济责任审计5项，出具审计报告5篇，审计决定3篇，发现问题58个，涉及金额31528.39万元；开展合作社专项审计1项，出具审计报告1篇，发现问题16个，涉及金额110万元；开展财政预算执行和其他收支情况审计1项，分别出具审计报告、审计决定各1篇，发现问题34个，涉及金额190812.25万元；开展寺庙财税监管审计监督6项，出具审计报告7篇，发现问题70个，涉及金额86.3万元。在市审计局的统一调度下开展新型冠状病毒疫情防控财政资金、捐赠款物和新增财政直达资金跟踪审计2项。

【经济责任审计】 年内，围绕领导干部“经济运行”和“责任落实”，白朗县审计局对白朗县原农业农村局局长尼玛旺拉任期经济责任履行情况进行审计。发现问题21个，涉及资金29258.81万元，其中，非金额计量问题8个。如农业农村局内部财务人员不固定或未配备财务人员、财务人员业务能力不足，使领导干部经济运行和资产管理不到位，造成涉农惠民资金、小型项目资金、财政配套和援藏配套等资金长期闲置、损失、浪费；乡镇农牧综合服务中心办公楼等国有资产长期闲置；未经审批报销以及对专项资金使用范围不了解，导致专项资金扩大开支范围问题；未履行“三重一大”议事规则或集体研究、民主决策等。

（边巴卓嘎）

统计

【统计服务】 年内，白朗县统计局发挥好统计工作“感应器”和“晴雨表”作用，积极探索经济变化预警决策机制。节点数据方面，围绕月度、季度、年度等统计时间节点，监测行业经济发展动态，严谨分析数据情况，做好各项指标定比、同比分析。趋势研判方面，突出做好增长速度变化的监测，洞察全县经济的趋势变化，及时预警问题，并提出针对性建议，做好县委、县政府的参谋工作。

【统计普法】 年内，白朗县统计局充分利用统计开放日、国家宪法日、《中华人民共和国统计法》颁布纪念日、各类统计培训学习及年报布置会等契机，大力宣传《中华人民共和国统计法》《中华人民共和国统计法实施条例》等统计法律法规8次，不断提高基层领导干部、统计调查对象和统计工作人员的统计法律意识和统计

2021年12月4日，白朗县统计局工作人员参加全县“宪法宣传周”活动

法治观念，为做到依法统计、科学统计、应统尽统创造良好的工作氛围。

【普查调查】 年内，白朗县统计局严格按照第七次全国人口普查方案及相关工作要求有序完成第七次全国人口普查后续工作及主要数据发布公报。第七次全国人口普查数据显示：全县常住人口为44564人，与2010年第六次全国人口普查的42551人相比，增加2013人，增长4.73%，年平均增长率为0.46%。为准确、及时地掌握全县人口发展变化情况，加强人口监测和形势研判，为上级党委政府制订国民经济和社会发展计划，调整完善有关政策，促进人口均衡发展，提供可靠的人口数据，根据文件精神及上级行业部门的相关通知要求，组织人员对白朗县曲奴乡昂嘎村68户开展人口变动情况抽样调查。

为判断白朗县就业形势、调整就业政策提供依据，按照市调查队要求，2021年对抽中的嘎东镇马义村和洛江镇洛江村2个点384户开展月劳动力调查12次，并按时对就业人员行业和职业编码的录入进行“一对一”审核、验收、督促，辅助乡镇调查员录入月度劳动力调查数据工作，及时进行专项审核和查漏补缺工作，做到工作上报按时、按质、按量。

【制度方法】 年内，白朗县统计局不断健全完善各项统计规章制度，为切实做好统计保密工作，建立统计保密工作制度，统计领导干部严格按照要求对经手的统计资料和数据保密。为加强统计数据管理，切实维护统计权威，针对部门所需要的数据在提供时进行登记备案。

【基层基础建设】 年内，按照上级业务部门要求，挂牌成立11个乡镇统计站，上墙22个乡（镇）统计站工作职责和统计员工作职责制度，实现乡镇统计机构全覆盖。

为扎实做好依法统计工作，提高全县统计数据质量，积极组织乡镇统计人员开展业务培训。组织各相关部门、各乡镇开展基础台账整理、源头数据质量检查等工作，顺利完成国家统计督查的各项工作。

【固定资产投资统计】 年内，全社会固定资产投资完成35774万元。

【年度统计公报】 年内，全县完成地区生产总值14.8亿元，同比增长6.3%，人均地区生产总值28449元。其中：第一产业增加值4.5亿元，同比增长5.4%；第二产业增加值4.44亿元，同比下降5.1%；第三产业增加值5.86亿元，同比增长18.2%。

年内，实现工业增加值7657.2万元。其中，规模以上工业实现增加值2828.3万元，同比下降24.3%；规模以下工业实现增加值4828.9万元。

年内，全县实现社会消费品零售总额29337.01万元，同比增长9.6%，其中，批发零售业销售额达2498万元，住宿餐饮业销售额达4389.23万元。

年内，全县农作物播种面积为9271.68公顷，与2020年持平，其中，粮食作物播种面积6286.67公顷（其中青稞播种面积5886.67公顷），油料播种面积601.99公顷，蔬菜播种面积1097.22公顷，瓜果类播种面积39.48公顷（其中西瓜播种面积23.42公顷），中药材播种面积500公顷，其他农作物播种面积746.32公顷。全县2021年粮食产量达到5428.81万公斤，其中，小麦产量达367.24万公斤，同比增长0.09%；青稞产量达5061.57万公斤，同比增长0.04%。油菜籽产量达200.46万公斤，同比下降21%；蔬菜产量达6696.59万公斤，同比下降1.06%；其他农作物产量达4181.76万公斤。

年内，全县牲畜存栏头数266338头（只、匹），其中大牲畜59980头，同比增长3%。其中，牛57678头，同比增长4.9%；羊存栏206031只，其中山羊38672只、绵羊167359只；马存栏1902匹；驴存栏177头；骡存栏223头；猪存栏327头。当年肉类总产量127.37万公斤。其中，牛肉产量72.16万公斤，羊肉产量54.97万公斤，猪肉产量0.24万公斤。当年奶类总产量1464.46万公斤。

年内，农林牧渔服务业总产值实现59963.85万元。其中，农业产值达49900.84万元，林业产值实现712万元，牧业产值实现8665.41万元，服务业产值达685.6万元。农林牧渔服务业实现增加值45539.4万元。其中，农业增加值38468.83万元，林业增加值139.95万元，牧业增加值6431.92万元，服务业增加值498.7万元。

年内，全县常住人口51938人，比2020年增加793人。其中，农业人口43702人，牧业人口3718人，非农牧业人口3088人，流动人口1430人。2021年平均人口51541人，人口出生率11.6‰，死亡率4.99‰，人口自然增长率6.61‰。

（德　吉）

市场监督管理

【商事制度改革】 截至年底，全县各类市场主体发展4631户，注册资本633452.6245万元，从业人员24961人。其中，企业1449户，注册资本549007.6435万元，从业人员15486人；个体工商户2898户，注册资本57953.9188万元，从业人员4863人；农专284户，出资总额26491.0622万元，从业人员4612人。2021年新增企业111户，注册资本41580.6万元，从业人员1105人；新增个体工商户361户，注册资本7811.0888万元，从业人员683人；新增农专10户，出资总额651.6044万元，从业人员110人。与2020年相比市场主体户数增长3.9%，注册资本增长10.3%，从业人员增长9.6%。

【市场监管】 食品安全监管。对全县11个乡镇进行全覆盖检查3次，共出动执法人员230余人次，检查食品经营主体940余户，没收方便面、面包、辣条、调料等各类过期变质食品33种，重762公斤，价值2.3万余元。8月26日，通过车队巡游形式展出没收的过期食品，向消费者传递打击假冒伪劣食品的决心和违法后果，进一步对制假售假行为形成震慑，在全社会形成共治的良好局面，随后组织执法人员对过期食品进行集中销毁。对170余户餐饮服务单位进行食品安全、餐饮浪费检查，发现个别餐饮服务单位卫生达不到要求，从业人员无健康证，设施设备简陋，未做进货检验记录，针对存在的问题，要求限期进行整改。对西藏旺达青稞食品有限公司在生产经营中存在的47个问题责令其停业整改。对市场监管总局风险监测2批次抽检不合格食品及时进行处理。共查处各类食品违法案件6件，案值8799元，罚款72288.49元。

特种设备安全监管。以辖区内压力容器、锅炉、电梯为主要检

2021年3月12日，白朗县市场监督管理局执法人员到农贸市场开展食品安全检查

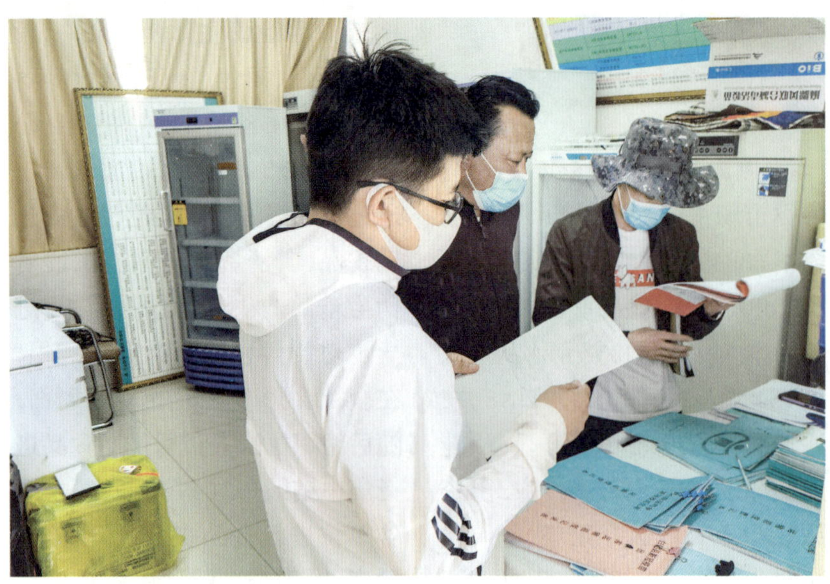

2021年6月7日，白朗县市场监督管理局执法人员到县疾控中心开展疫苗安全检查

查对象，对特种设备的管理、安全管理人员和操作人员持证、企业安全应急救援预案的落实情况等方面进行检查，共检查特种设备9台次，下达监察指令1份。

“两品一械”安全监管。重点检查医院、诊所、药店经营许可证件、特殊药品的管理、药品储藏室的三色五区、处方药的销售、违规促销、无证经营医疗器械、非法渠道进货、储存条件、化妆品质量安全存在的问题和县疾控中心、乡镇卫生院疫苗运输、储存条件和相关记录。共检查医疗机构19家，化妆品店14家，没收过期药品8种，90盒，医疗器械5种，2714个，下发责令整改通知书8份，没收过期化妆品9种，价值3818元。为确保白朗县药品领域监管安全，组织执法人员对零售药店执业药师“挂证”进行全程监督检查。对1起销售过期药品诊所进行立案查处，案值45元，罚款2万元；对1起销售假冒化妆品进行立案查处，案值2376元，罚款1311.6元。

智慧监管。紧紧围绕构建智慧食品安全体系这条主线，积极探索“互联网+明厨亮灶”监管模式，试点建设校园食堂及对重点餐饮单位食品安全进行“线上”监管，引领餐饮服务规范升级，逐步实现全覆盖。截至年底，县城、乡镇所在地13所校园食堂、县城10家餐饮单位实现智慧监管。

综合监管。加大打击传销力度，协同公安等部门对县城出租房等容易滋生传销的地方进行排查摸底，利用各宣传日向过往群众发放打击传销知识法律读本，并现场接受群众咨询与举报。开展矛盾纠纷排查、扫黄打非、卫星接收设施设备专项工作，协同县公安、文化等部门开展5次专项检查；加大对无照经营的查处力度，共开展4次联合检查。

新冠疫情防控。加大对疫苗知识的宣传和普及力度。2021年共排查人员560人，第一针接种548人，接种率97.86%；第二针接种537人，接种率95.89%；第三针接种率39.1%。加强对辖区进口冷链食品经营户的监督检查力度，继续禁止经营进口冷链食品，每周组织相关从业人员和市场监管一线人员开展核酸检测，均为阴性。加强监督市场主体户落实疫情防控措施，停业整顿未落实防控措施的市场主体户7家。

【质量技术监督】 年内，以辖区超市、餐饮店、农贸市场、商店为主要整治对象，督促企业采购使用可降解购物袋，推广使用环保布袋、纸袋等非塑产品，共出动执法人员12人次，检查市场主体户200余户次，没收“三无”（无生产日期、无质量合格证、无生产厂家）塑料购物袋3500余个。开展计量器具市场专项检查，向计量器具使用单位和消费者宣传计量法律法规，讲解计量器具防作弊常识，提高消费者维权防范意识，共出动执法人员20余人次，检查市场主体100余户，检查计量器具80余台次，引导检测计量器具10台次。紧扣“商标富农、品牌兴藏”总体工作思路，对辖区一定规模企业进行充分调研，指导企业注册商标。截至年底，白朗县注册商标72件。围绕电线电缆、洗涤用品等市场开展检查，没收假冒“红玫瑰”牌洗洁精10箱，价值0.12万元，进一步维护商标持有人合法权益。

【消费者维权】 年内，利用市场检查等时机开展上门宣传活动，重点以《中华人民共和国消费者权益保护法》、《中华人民共和国食品安全法》、《中华人民共和国商标法》、《中华人民共和国产品质量法》、《中华人民共和国反不正当竞争法》、打击传销规范直销、商事登记制度改革、企业年报公示等法律法规和市场监管相关知识，为广大农牧民消费者树立正确的消费维权观念，引导其正确消费。充分发挥"12315"消费者投诉举报网络的作用，认真受理和处理消费者的投诉和举报，为消费者提供高效、便捷、热情、周到的维权服务。截至年底，共受理消费者投诉4件，成功调解4件，为消费者挽回经济损失2900元。

【队伍建设】 年内，组织干部职工开展党史学习教育，学习《论中国共产党历史》、《习近平新时代中国特色社会主义思想学习问答》、《毛泽东邓小平江泽民胡锦涛关于中国共产党历史论述摘编》、《习近平谈治国理政》第三卷、《西藏革命史》等相关书籍，学习中共十九大，十九届二中、三中、四中、五中全会，中央第七次西藏工作座谈会精神，扎实开展"三会一课""主题党日""学习强国"活动。加大力度宣传非公有制党建工作，对各类市场主体中的党员情况进行摸底、登记和统计。开展党风廉政拒腐防变学习活动，及时传达学习各级纪委通报文件。组织干部职工填写党员（岗位）承诺书并上墙进行公示，接受监督，签订《不参与赌博或赌博性质娱乐活动承诺书》。每个节日前夕，组织召开会议对假日期间持续纠正"四风"活动进行安排部署，防范各类违规违纪问题发生。

2021 年全县个体工商户登记管理一览表（累计）

表 3

数量（户）	注册资本（万元）	从业人员（人）
2898	57953.9188	4863

2021 年全县私营企业登记管理一览表（累计）

表 4

数量（户）	注册资本（万元）	从业人员（人）
1733	575498.7057	20098

（龙　甫）

商务

【概况】 2021 年，全县招商引资项目 13 个，累计到位资金 3.42 亿元。共洽谈企业 10 家，其中意向性投资项目 6 个。

【加油站管理】 年内，白朗县商务局工作人员坚持驻加油站执勤轮班制，严格执行《白朗县零散成品油销售管理办法》，严格审批程序。

【商贸流通】 年内，新冠疫情常态化下保障生活必需品市场供应。对全县蔬菜、粮油、猪肉、成品油、液化气等生活必需品进行供应监测，开展供应监测调查 70 余次，全力保障市场供应不脱销、不断档。开展加油站、再生资源回收企业环保督察专项检查 3 次，督促完成问题整改 6 项，督促完成商务领域环保整改任务；域内油、气正常流通。截至年底，销售成品油 7477.47 吨，其中汽油 3345.92 吨，柴油 4131.55 吨；销售液化气 116.54 吨。

【电子商务】 年内，线上运行平稳，网络销售额 442 万余元。其中，"832"贫困地区农副产品网络销售平台平稳运营企业 1 家，销售额约 21 万元；指导域内企业运营淘宝店 3 家，"拼多多"平台店 1 家，销售额约 113 万元；各类微商销售额近 20 万元；乡（镇）村站点运营额 287.4 万元。

2021年5月28日，白朗县商务局工作人员到县加油站检查安全生产工作

创新电商推广方式，积极引导、鼓励企业参加网络直播、抖音宣传、微商宣传等推广活动，进一步扩大产品销售渠道、加大企业宣传力度。协调珠峰电商抖音宣传白朗枸杞、糌粑等农特产品，销售额达60余万元；积极推进电商消费扶贫，建立扶贫产品名录；对接旺家福、互惠互利等大型商超，中石油集团有限公司，珠峰电商等销售平台，积极推进扶贫产品产销对接；组织电商培训，开展提升培训13场次，培训862人，鼓励、引导电商站、店主积极发展电商；万亩枸杞园溯源体系建设已全部完工并投入使用；物流配送扎实开展，电商累计配送包裹共48000余单；积极协调西藏自治区商务厅，邀请第三方专业机构顺利完成电商项目（1500万元）验收、审计工作，年底已进入整改阶段。

【招商引资】 年内，顺利完成2020年度西藏自治区招商引资各项考核工作，争取扶持资金970万元；积极进行项目洽谈，截至年底，全县招商引资项目13个，累计到位资金3.42亿元。年内，共洽谈企业10家，其中意向性投资项目6个；持续优化招商引资营商环境，起草制定《白朗县招商引资若干规定（试行）》；进一步完善招商引资工作体制机制，制定《招商引资项目审批流程图》《白朗县人民政府招商引资项目“全程代办·专班服务”工作方案》。

【会展经济】 年内，积极落实《白朗县在常态化疫情防控中保护市场主体、促产业发展的若干政策措施》，组织开展“乐享消费，嗨购白朗”促消费活动（第二阶段）1次，发放消费券1000余张，销售额达20余万元；组织、推荐、引导县域内各类经营主体参加自治区内外展销会4场次，销售额达20余万元；完成“地球第三极”优选标准平台企业信息采集；推荐白朗后藏杞原农业科技开发有限公司、白朗县贡潘文化创意有限公司、白朗中农圣域农牧科技有限公司3家企业入驻拉萨会展中心2号馆扶贫超市。

【外贸发展】 年内，积极为外经贸企业旺达青稞食品有限责任公司争取外经贸发展专项资金500万元，进一步扩大企业建设规模。克服疫情防控常态化下影响，实现外贸销售额54万元。

【项目申报】 年内，牢牢把握“十四五”开局之年的有利机遇，完成白朗县商务领域“十四五”规划编制工作；制定出台《关于合理规划建设白朗县加油站的意见（试行）》，完成白朗县“十四五”新建加油站规划上报工作；向自治区商务厅申报“十四五”中央预算内投资计划项目1个、白朗县城乡农资物流配送网络一体化建设项目1个、农贸市场项目建设需求3个、乡镇商贸中心建设项目10个，完成供销合作社“新网工程”项目申报工作。

（戴　鹏）

农牧业

秋收中的农田，金灿灿的青稞堆

白朗年鉴

2022

农业农村

【概况】 2021年，白朗县农业农村局有干部职工31名，其中，行政干部3名（局长1名、副局长1名、科员1名），事业管理人员3名（主任1名、副主任2名），专业技术人员15名（中级职称4名、初级职称11名），农牧生产技术专员2名，畜牧兽医专员2名，工人1名，三支一扶1名，公益性3名，合同工1名。按照年初既定目标，落实各项政策，农牧业生产和农村经济发展保持平稳增长，完成年度各项目标任务。

【“三农”工作】 年内，白朗县农业农村局坚持把实施乡村振兴战略作为新时代“三农”工作总抓手。全县农作物播种面积12.74万亩，其中，粮食播种面积9.43万亩（青稞8.83亩、小麦0.6万亩），经济作物播种面积2.7万亩（油菜0.97万亩、蔬菜1.73万亩），饲草饲料播种面积0.61万亩。全县粮油产量28146.308万公斤，比2020年增长22547.308万公斤。完成深耕深松4万亩。改良黄牛12000头，牦牛经济杂交2000头。

【乡村治理】 年内，全县乡村治理体系建设工作分三个阶段：第一阶段，宣传发动（2019年9月至10月底），召开全县乡村治理体系建设试点工作动员大会，成立试点工作领导机构，开展前期调研和准备工作。第二阶段，试点先行（2019年11月至2020年10月），各乡（镇）选出不低于30%比例的行政村作为试点村，对照乡村治理体系建设试点工作6个方面的主要内容，重点围绕加强村级基层基础工作，健全党组织领导的自治、法治、德治相结合的乡村治理体系开展工作，形成可复制、可推广的典型做法和经验。第三阶段，全面推进（2020年11月至2021年12月），在试点村取得成功试验的基础上，推进全县乡村治理体系建设工作全覆盖。

2021年4月12日，白朗县农业农村局农牧综合服务中心技术人员开展高标准农田建设核定工程量

【特色农牧业品牌建设】 2021年，白朗县共申请注册8个地标、6个普通商标、12个集体商标。截至年底，白朗西瓜、白朗辣椒、白朗香瓜、白朗黑苦荞、白朗枸杞5个地理标志商标已下达商标注册证，白朗西红柿、白朗黄瓜、白朗青稞3个地理标志商标被驳回，正组织人员重新认定材料。五彩天域集体商标12个、普通商标6个已下发商标注册证。

【农牧业生产监督管理】 年内，白朗县持续推进食用农产品承诺达标合格证制度工作，21家生产主体积极开具食用农产品承诺达标合格证，共开具合格证139845张，附带农产品2亿吨；开具检疫证共计448张。

【强农惠农政策】 年内，农作物播种面积12.74万亩，粮食播种面积9.43万亩，其中青稞播种面积8.83万亩，小麦0.6万亩。落实经济作物播种面积2.7万亩（油菜面积达到0.97万亩，蔬菜面积达到1.73万亩），落实饲草饲料播种面积0.61万亩，全县粮经饲比例为74∶21∶05。全县完成黄牛改良12000头，牦牛经济杂交2000头。新生牛犊356头，牲畜出栏47367

万头(只、匹),牲畜出栏率42%。

【农牧业产业化】 年内,白朗国家产业融合发展示范园内共有家庭农场6家,各类农民专业合作社273家。其中,国家级示范社2家,市级合作示范社2家。在示范园有机青稞、有机果蔬全产业链升级带动下,已培育入驻龙头企业9家,行业协会1个。

【农牧业项目】 高标准农田建设项目总投资10936万元,全部为中央财政投资。自建项目新建高标准农田4万亩,深耕深松4万亩,新建农田林网、渠系等。白朗哲丹林娟姗牛养殖农牧民专业合作社升级改造项目总投资98万元,新建牛粪加工处理棚153.78平方米,总平电气1项,化粪池1座,青贮池1座,硬化院内地面730.20平方米,采购附属设施设备等,已开工建设;白朗县现代农业万亩青稞标准化生产基地建设项目总投资1349.15万元,建设内容为对项目区现有的2个农机合作社机库进行升级改造,打造成可容纳20套大型农机具的机库,对项目区1万亩青稞种植区增施商品有机肥1000吨、磷酸二铵120吨,追施尿素60吨,购置统防统治植保机械4台植保无人机,配备杀虫、除草、杀菌各类药剂,配备东方红拖拉机8台、免耕施肥播种机8台、扇条犁8台、雷沃联合收割机2台。进行农机托管作业1万亩。

【农用机械购置补贴】 2021年完成新增录入1041(台套)农机具,涉及1007户230.748万元,已完成补贴资金兑现111.558万元。涉及2021年群众自主购机部分543台套538户,应兑现补贴资金155.295万元,其中国补资金152.075万元、省补资金3.22万元,待开账后予以兑现。全县农械总数达28179台(套)。

【防灾减灾】 年内,全县降水过程多,降水强度大,白朗县农业农村局开展以农田管理为主的各项农牧业工作,及时联系市保险公司,做到受灾一片、上报一事、登记一事,并及时发放叶面肥。7月,实行人工影响天气作业人员24小时在岗制度,同时在遇到极端天气时进行多点多次数的作业,有效减少冰雹灾害对农田的影响,保障青稞产量不减。

2021年6月28日,白朗县农业农村局农牧综合服务中心技术人员到强堆乡夏吉村开展无人机植保作业

【科技服务保障】 年内,白朗县农业农村局及时与各乡镇签订农牧业指标、良种繁育基地建设、粮食作物绿色高质高效建设、耕地质量保护与提升等相关目标责任书,各乡镇把任务层层分解到户、落实到地块、落实到人。积极组织乡村两级技术人员、科技特派员,联合西藏自治区农牧科学院农业研究所高级农艺师禹代林、自治区农业技术推广中心白玲、日喀则市农业技术推广中心巴桑普尺等蹲点专家,在各乡镇开展种植业技能培训工作,开展技术培训会10期,培训1500多人次。3—4月,组织精干农技人员、各乡镇农技人员、科技特派员深入各农户检查播种用种情况,对达到质量要求的种子进行精选包衣,完成180万公斤青稞种子的精选包衣及调选。

【农业农村人才建设】 年内,县乡两级农牧综合服务中心技术资格中级考试合格15人,初级2人,共培训16次,参训1223人次。

【农业资源区划工作】 年内,按

2021年9月2日，白朗县农业农村局农牧综合服务中心技术人员到洛江镇唐党村开展良种繁育基地产量核查工作

照农业农村部的工作要求，认真组织相关人员对数据进行分析整理，多次与相关部门进行数据核实。8—11月在确定数据的有效性之后，认真做好国家农业资源台账远程交汇系统数据录入、复核和上传工作。

【农牧业改革】 年内，严格按照目标任务要求，严格规程、有序推进、全面铺开农村土地承包经营权确权登记领证工作。截至年底，共办理土地确权分户3个、合户3个、土地使用权转让7个。

【政策性农业保险】 年内，白朗县将政策性涉农保险作为“富民，改善民生”政策的一项基本工作。对中国人民保险公司的扩面、提标、增品，白朗县委派13名农业保险专干人员负责处理，确保让农牧民得到赔款。每年到111个行政村宣传政策性保险知识2—3次。2020年白朗县政策性涉农保险承担的险种有养殖业、种植业、大棚蔬菜、温室主体框架、农牧民住房，承担98%。涉及保险自2020年开始实行“一案一赔”，一户实行一个理赔案件，当天出险第二天理赔的机制。养殖业赔款10768699元，种植业年度赔款129051.6元，农房年度赔款57350元，合计赔款10955100.6元。

【畜种改良】 年内，白朗县黄牛改良任务为1.2万头，实际完成12004头。其中，巴扎乡2587头，嘎东镇2511头，洛江镇2456头，强堆乡1134头，杜琼乡1119头，曲奴乡1031头，玛乡527头，旺丹乡586头，嘎普乡53头。按照市农业农村局提出的“基础做强、种群做大、结构做优、机制做全”的工作要求和“一年打基础、两年建模式、三年见成效”的工作目标，白朗县黄牛改良专班组成员走村入户开展新生牛犊出生登记和参配母牛配种，宣传牛犊的饲草管理知识，推进2021年黄牛改良工作进程。组织县、乡、村三级技术人员开展黄牛改良相关培训3次，参训360余人次。

【动植物检疫】 年内，按照“县不漏乡、乡不漏村、村不漏户、户不漏畜、畜不漏针，针不漏量”原则，全面消灭死角死面，消除疫情隐患。完成春季牲畜免疫287461头（只、匹）、注射禽流感12658羽。完成羊三四联苗注射43386只，免疫率100%。开展动物疫病监测工作4次，掌握口蹄疫、禽流感等高致病情况。

（斯朗拉姆）

白朗绿色蔬菜发展有限公司

【概况】 白朗绿色蔬菜发展有限公司成立于2003年6月，是从事农业产业化经营的国有企业，占地面积约165334.16平方米，先后被评为“国家级蔬菜标准化生产示范区”“全国科普惠农兴村先进单位”等。2021年，白朗绿色蔬菜发展有限公司注册资金达1000万元，公司已认证无公害蔬菜产品32种。

白朗绿色蔬菜发展有限公司以打造高原果蔬强县为使命，以促进群众增收为目标，已构建起集物资供应、果蔬生产、品种试验、销售、休闲采摘以及科普培训等于一体的蔬菜产业综合体系。白朗绿色蔬菜发展有限公司有干部职工41人，其中白朗县下派干部6人（事业编制6人），公益性岗位11人，小工和技术员24人。

2021年3月27日，西藏自治区农科院蔬菜研究所专家到白朗绿色蔬菜发展有限公司开展技术培训

【公司运营】 年内，通过优化公司管理体制、提升产品品质、推进机关食堂供菜业务、开发白朗县教育系统“三包”蔬菜市场、强化新品种试验及筛选、严抓农产品质量安全关、加强生产管理科学性、推进订单农业新模式等措施，实现公司各项工作安全、有序、精准推进。截至年底，公司基地销售500余吨蔬菜产品，销售收入342.42万元。

白朗绿色蔬菜发展有限公司经营主推种植品种有西红柿、辣椒、芹菜、大白菜、青笋、香菇、西葫芦、甜椒、莲花白、上海青等20余种，产品主要供销于白朗县。

【技术帮扶】 年内，白朗绿色蔬菜发展有限公司通过组织技术指导服务团队到巴扎、嘎东、洛江、强堆等蔬菜主产乡镇，为蔬菜种植农民专业合作社及农民蔬菜种植户开展蔬菜产品分拣包装、营销、蔬菜栽培管理、病虫害防治等营销技能及种植管理技术指导服务，技术指导受益达1400余人次，通过技术指导使技术服务受益区病虫害防治率达95%以上，累计解决技术疑难问题70余项，有效降低蔬菜种植经营主体的生产风险。

【引进果蔬新品种】 年内，为提升生产效益，推广果蔬优良品种，白朗绿色蔬菜发展有限公司引进西红柿(粉石头)、西蓝花(碧丽)、花椰菜(天山雪)、上海青(华冠)、大白菜(丽春)等22个果蔬新品种，通过在公司示范基地种植试验后，把产量高、品质好的品种向公司蔬菜基地及各蔬菜主产乡镇推广种植，主要推广品种有西蓝花(碧丽)、花椰菜(天山雪)、上海青(华冠)、西红柿(粉石头)4个优质果蔬品种，推广品种均增收12%左右。

【农牧民蔬菜种植技术培训】 年内，白朗绿色蔬菜发展有限公司与自治区农科院蔬菜研究所建立联合培训合作关系，通过“本地师资+特邀专家”形式，开展蔬菜种植技能培训等6期，参训600余人。培训内容重点从农药合理使用、蔬菜栽培管理、蔬菜病虫害防治管理、蔬菜品种筛选推广、市场营销等方面开展培训服务，有效提高蔬菜种植户生产技能，增强蔬菜种植经营主体的市场意识。

【开拓白朗县教育系统“三包”蔬菜市场】 年内，与日喀则市农投

2021年11月15日，白朗绿色蔬菜发展有限公司开展农牧业知识实践培训活动

2021年7月6日，西藏自治区农科院科研管理处相关工作人员到白朗绿色蔬菜发展有限公司检查指导工作

集团（农商公司）建立合作关系，对接白朗县教育系统“三包”蔬菜产品供应业务，实施订单式农业发展，每周为白朗县11个乡镇各所学校配送2次（周一、周四）优质新鲜蔬菜，为白朗绿色蔬菜发展有限公司基地及农民蔬菜合作社、种植户等经营主体的蔬菜产品营销开通重要销售渠道，白朗县教育系统“三包”蔬菜市场，平均每月蔬菜配送供应量达4.5万公斤。

【扶持奖励果蔬产业发展贡献者及行业领头人】 年内，为扶持奖励对白朗县蔬菜产业发展做出突出贡献的集体和个人，鼓励提升白朗蔬菜产业发展水平、开拓创新发展新模式，制定《关于扶持奖励果蔬产业发展贡献者及行业领头人的实施方案》，采取乡镇推选、考核小组测评的方式，评选出白朗县良心蔬菜种植农民专业合作社、白朗县塔杰蔬菜种植农民专业合作社等5家农民蔬菜种植示范合作社及张际明（援藏技术指导员）、格桑旺姆（大学生创业合作社领办者）等贡献者10人，共发放扶持奖励资金20万元，有效激发白朗蔬菜产业建设者、参与者及推动者的积极性，推动白朗蔬菜产业发展。

【宣传工作】 年内，白朗绿色蔬菜发展有限公司通过设立户外广告、媒体宣传等方式，通过西藏电视台、CCTV-9节目《西藏 我们的故事》等，积极宣传白朗蔬菜发展经验、新做法、新模式，讲好白朗蔬菜故事。

（旺 杰）

林业 草原

【概况】 2021年，全县总面积280584.56公顷。其中，林地面积40486.23公顷，占全县总面积的14.43%；非林地面积240098.33公顷，占85.57%。全县森林覆盖率10.74%，林地绿化率11.61%。林地面积按地类分：有林地面积1248.92公顷，占林地面积的3.08%，全部为乔木林。在乔木林中，纯林面积1135.19公顷，混交林面积113.73公顷。灌木林地面积31148.63公顷，占林地面积的76.94%。其中，国家特别规定的灌木林地面积28881.64公顷，其他灌木林地面积2266.99公顷。未成林地面积479.63公顷，占林地面积的1.18%，全部为未成林造林地。苗圃地面积74.94公顷，占林地面积的0.19%。无立木林地面积34.29公顷，占林地面积的0.08%，全部为其他无立木林地。宜林地面积7499.82公顷，占林地面积的18.52%，全部为宜林荒山荒地。

【生态修复】 年内，组织人员对高速公路出口、国道349沿线裸露地块进行绿化美化，筹集资金1.353万元用于公路沿线生态修复，共绿化面积20余亩，撒播花草种子125公斤。

【造林绿化】 年内，完成人工造林6491亩，封山育林8392.9亩，涉及5个乡镇9个行政村，建设内容为人工造林、网围栏、宣传警示牌及灌溉设备。投入资金554.23万元用于开展乡村“四旁”植树行动，共涉及8个乡镇91个行政村5542户，分2年组织实施，计划绿化面积4434亩，种植苗木22.17万株（已完成11.034万株），进一步巩固和提升消除“无树村、无树户”成果；组织150余名机关干部

2021年7月20日，白朗县林业和草原局在嘎东镇贵热村组织开展2018年“两江四河”项目验收工作

开展义务植树活动，共栽种榆树1800余株，绿化面积36亩。全面巩固好往年造林工程，认真落实自治区、市相关会议精神和工作要求，对仍处在项目管护期的重点区域、“两江四河”、拉萨周边等各类营造林项目进行补植补栽，对成活率未达到项目建设要求的，视情况延长管护期，并停止资金拨付，确保造林工作取得成效。

【荒漠化防治】 年内，通过采取客土压沙、降低沙丘高度、乔灌草混播的方式逐年对白朗县沙化地段进行清理，做到实施一片、绿一片。

【野生动植物保护】 年内，加大野生动植物保护力度，利用各类宣传日组织开展野生动植物保护法宣传，向农牧民群众普及野生动植物保护法律法规知识，积极引导农牧民群众提高保护野生动物意识，营造不惊扰野生动物，不捕杀、食用、买卖野生动物的浓厚氛围。严格开展野生动物专项检查，积极发挥部门职能职责，在全县范围内的商铺、菜店、超市等场所宣传禁止野生动物买卖与宰杀。积极发动群众自觉抵制食用野生动物的行为，倡导健康饮食方式，不杀害、不买卖、不食用野生动物制品，增强防范意识，增强自我保护意识。充分调动2名野生动物疫源疫病监测人员，定期对辖区内野生动物集中分布区、集群活动区、候鸟越冬区、迁飞停歇地、迁飞通道等开展野生动物疫源疫病监测、巡护工作，杜绝非法网捕、猎杀、毒杀以及干扰候鸟迁徙等违法犯罪活动发生，做到巡护全覆盖，严防出现非法捕猎、杀害、收购、运输、出售、食用野生动物行为。同时，为充分调动野生动物监测人员工作积极性，按照每人每年7200元标准，以“一卡通”形式兑现2名野生动物监测人员工资共计14400元。

【资源林政管理】 年内，认真落实“预防为主，预防与查处相结合”的林草资源监管服务分级巡查工作方针，按照“谁的范围谁巡查”的原则，落实任务、压实责任，班子成员切实承担巡查工作任务，及时对发现的2起破坏林地草原的违法行为进行纠正和制止，并督促其限期恢复原貌或及时办理林草地征占用手续，切实推动林草资源监管服务分级巡查工作扎实开展。同时，落实好林业岗位

2021年4月6日，白朗县林业和草原局组织机关全体干部到巴扎乡扎西村开展义务植树活动

2021年4月13日，白朗县林业和草原局组织各乡镇召开乡村“四旁”植树工作动员部署会

资金兑现，通过一卡通形式兑现2021年林业生态岗位资金280万元。

【生态效益补偿政策】 年内，充分发挥第三次全国国土调查数据在国土空间管理中的“统一底板”作用，厘清林地、草地、湿地与其他土地的范围界线，解决地类交叉重叠问题，将公益林落到山头地块范围，加强对公益林的监督管理，进一步支撑森林生态效益补偿制度。优化调整前公益林面积19068.98公顷。其中，国家级公益林面积2446.67公顷，占12.8%；自治区级公益林面积16622.31公顷，占87.2%。优化调整后公益林面积7579.50公顷，总面积减少11489.48公顷，减少60.3%。其中，国家级公益林面积减少1308.47公顷，减少53.5%；自治区级公益林面积减少10181.01公顷，减少61.3%。全县公益林区划分10个管护责任区，涉及10个乡镇（除东喜乡外），39个小班。年内，兑现2021年中央森林生态效益补偿基金及2020年提标资金1653962.78元，涉及4537人，全部已通过一卡通兑现到人。

【项目建设】 年内，为扎实推进林业重点项目实施，提高林业项目建设质量，通过明确职责分工，确定专人负责，坚持定期实地检查、监督和指导，发现问题及时整改，确保重点项目按时实施，实现预期绩效目标。全年共实施项目2个，其中白朗县2020年两江四河流域造林绿化工程项目总投资4800万元，造林及抚育面积14883.9亩（人工造林6491亩，封山育林8392.9亩），涉及5个乡镇9个行政村，建设内容为人工造林、网围栏、宣传警示牌及灌溉设备，已全部完成当年造林任务；白朗县年楚河流域重要生态功能保护区建设项目总投资3000万元，主要建设内容为保护区修复与治理（含新建水厕5座、网围栏16770.6米、透视围墙4173.5米、边坡植草11573平方米、人工植树46573棵以及购置生态检测设备等），完成年度建设任务的90%以上。

【集体林权改革】 年内，为进一步完善农村基本经营制度，深化农村改革，推进农村经济发展，增加农民财产性收入，根据《中共中央国务院关于全面推进集体林权制

2021年7月2日，白朗县林业和草原局组织干部群众到嘎东镇马义村撒播草种

度改革的意见》《国务院办公厅关于完善集体林权制度的意见》《西藏自治区集体林权制度改革实施方案》《日喀则市集体林权制度改革实施方案》《白朗县集体林权制度改革实施细则》,对巴扎乡扎西村300亩林地进行确权登记。

【野生动物肇事补偿】 年内,白朗县共发生野生动物肇事家畜(牛、羊)795头(只),出险理赔金额232550元。

【湿地保护】 年内,实施白朗县年楚河流域重要生态功能保护区建设项目,总投资3000万元,其中建筑安装工程费2552.32万元,设备及工器具购置费用82.23万元,工程建设其他费用288.13万元,工程预备费77.32万元。资金来源为中央预算内投资,建设工期自2021年3月20日至2022年3月14日。建设内容及规模:新建砖混水冲卫生厕所5座,每座87平方米,含外接给水管、化粪池、硬化等附属工程及购置70个垃圾桶;新建网围栏16770.6米,透视围墙4173.5米,混凝土排水管7米,围墙区域填方20182.1立方米,填方边坡植草11573平方米;种植旱柳4511棵,藏川杨482棵,沙棘41580棵;安装标志牌10块,警示牌1块,铁花大门1座,钢筋石笼1、2号共5522.4米;购置生态检测设备、生态检测基站建设设备、宣传教育建设设备等。高度重视科普宣传教育,充分利用世界湿地日、爱鸟周、野生动物保护宣传月节点以及广播、电视、网络、户外媒体等媒介进行广泛宣传,增加科普宣教的针对性,使保护湿地、爱护湿地、建设生态家园成为自觉行动。

(次仁卓玛)

水利

【概况】 2021年,白朗县水利局内设科室7个,分别为局办公室、水利队、农村人饮办、党员活动室、水政办、河长办和综治办。白朗县水利局共有行政编制3名,核定领导3名,实有3名(1名正局长、2名副局长)。所辖水利队设事业编制8名,管理岗位领导1名(7级),有编制人员7名。全局共有干部职工16名(其中,局机关3名,技术人员8名,企业合同工3名,公益性岗位1名,临时工1名),其中,藏族干部14名、汉族干部2名,全局共有正式党员11人。

【项目建设】 年内,续建项目及重点项目4个,总投资1.2657亿元。重点项目包括日喀则市白朗县党精灌区续建配套与节水改造工程,总投资1362.5万元,完成总工程量的85%;日喀则市白朗县曲奴乡彭嘎水库工程,总投资2690万元,6月25日完工;日喀则市白朗县楚松灌区续建配套与节水改造工程,总投资5653.59万元,已完成总工程量的90%;白朗县洛江镇嘎玛琼孜干渠工程,总投资2951万元,已完成工程量的85%。

【民生水利建设】 日喀则市确定白朗县用水指标1.025亿立方米;楚松灌区用水量为6500万立方米(其中,耕地灌溉用水量6400万立方米,林地灌溉用水100万立方米);满拉灌区团结干渠下游全年灌溉用水总量为780.5万立方米(其中,耕地灌溉用水量680.5万立方米,林地灌溉用水100万立方米);满拉灌区巴扎干渠水资源,控制灌溉面积为1万亩至5万亩,全年灌溉总用水量为1250万立方米(其中,耕地灌溉用水量1150万立方米、林地灌溉用水100万立方米);满拉灌区仁钦岗干渠所属水资源,控制灌溉面积为1万亩至5万亩,全年灌溉总用水量为710.2万立方米(其中,耕地灌溉用水量610.2万立方米、林地灌溉用水100万立方米);满拉灌区下觉干渠所属水资源,控制灌溉面积为1万亩至5万亩,全年灌溉总用水量为975.3万立方米(其中,耕地灌溉用水量875.3万立方米,林地灌溉用水100万立方米),全年灌溉用水总量10216万立方米。

县城自来水公司,全年生活用水量为28.8万立方米,完成年初制定的各项任务指标。

【防汛工作】 年内,成立以政府县长为组长,分管副县长为副组长,相关县直各部门、各乡镇负责人为成员的防汛抗旱工作领导小组。按照市防办的要求,结合白朗县实际,抓紧完善《白朗县防汛抗旱应急预案》,并与乡镇层层签订目标责任书,明确责任、细化任务。投入资金25万余元，购买铅丝笼13140平方米、编织袋7万条，并按照“分级负担、分级储备、分级使用、分级管理、统筹调度”的原则，对物资品种、规格、数量、存放地点、管理人员等登记造册。广泛发动群众，认真抓好抗旱宣传，安排专人就抗旱意识、目的、意义、预案要点等相关知识在各乡镇进行宣传；同时，投入资金10万元，完成县、乡、村三级防汛抗旱培训及山洪灾害演练。

【工程监督检查】 年内，在项目建设期间，按照《水利项目质量监督细则》严格监管项目的质量、安全、运行，如期完成项目的所有建设内容。

【水资源管理】 年内，白朗县全面建立区域与流域相结合的以县、乡（镇）、村三级河长为主要内容的河长制组织体系，指导乡（镇）、村制订河长制工作方案、建立办公机构、完善工作制度，确保各项责任落实到人。坚持因地制宜，围绕河长制工作重点，立足白朗实际，以问题为导向，编制完成白朗县县级河流“一河一档”方案，明确目标、问题、任务和责任。同时，组织乡镇维修、更换公示牌65处，进一步巩固工作成果。在2020年专项整治的基础上，联合有关部门，在全县范围内大力开展沙砖厂整治“回头看”行动，确保专项整治成果。及时编制河道清淤方案，配合开展河道清淤工作，确保汛期行洪畅通。积极推进巡河常态化工作，围绕生态岗位职责，乡（镇）河长每月巡河不少于1次，村级河长每周巡河不少于1次，并认真填写巡河记录。投入资金3万多元，制作宣传手册、工作证、巡河台账等资料，并结合脱贫攻坚工作，进村入户宣传河长制相关政策，逐步形成共同关心河湖环境的良好氛围。

【河流治理】 年内，为保障白朗县群众生命财产安全，重点治理特大山洪区域河沟，建设白朗县天就扎吉曲江嘎雄曲嘎普乡段防洪堤工程，工程总投资2400万元，新建防洪堤21809米，均为铅丝石笼＋钢筋石笼基础重力式防洪堤，新建牧道卡口5处，维修原堤防1857米，拆除原堤防464米。

项目实施后，能够有效保护1个乡，3个行政村，146户、402人，3560头（只、匹）牲畜，2650亩耕地。

2021年9月23日，楚松灌区节水改造及续建配套工程取水枢纽

【水土保持】 年内，完成嘎东镇帕嘎村水土流失综合治理项目落地，项目总投资1832.11万元。建设内容及规模：综合治理面积52.85平方千米，其中水保林草地种植面积为64.73公顷，封育治理面积51.72平方千米，沟道治理面积47.82公顷。治理沟道工程由浆砌石防洪堤3.654千米。水保造林植草：白朗县帕嘎村1号、2号治理区共种植桃树971亩（53405棵），桃树间隙植草，植草面积971亩；配套相应工程措施：水源工程有新建机井共2座，蓄水池2座，分水井8座，闸阀井4座，排气井2座，泄水井10座。帕嘎村2个片区干管长5.22千米，分干管3.276千米，竖管1.23千米，支管长179.5千米，毛管长45.81千米。灌水器53405个，管理房2座；封育治理：封禁围栏1千米，封禁碑4块，退化草场补植25860公斤草种。项目共涉及71户、538人。

【河长制工作】 年内，坚持“县级河长一季度一巡，乡级河长一月一巡”工作制度；以“零容忍”态度，处置河湖“四乱”问题，开展水行政执法6次，下发整改通知书4份，执法过程做到公正透明、依法、依规，有效打击非法采沙蔓延势头，保障全县河势基本稳定，守住“绿水青山”底线；组织各乡镇河长办开展集中整治活动20次，村级河长组织整治55次，累计出动干部群众8000余人，雇用机械6台，清理垃圾40余吨，特别是针对宗萨干渠、雪布大桥上下游等重点区域定期组织群众进行清理，进一步打造“水清 岸绿 河畅 景美”的生态环境。利用世界水日、中国水周宣传日，联合各乡镇充分利用各种媒体及网络宣传保护水资源的重要性，开展集中宣传12次，悬挂宣传条幅25条，张贴海报50张，发放宣传资料800余份。

（桑珠次仁）

交通　通信

宽敞的高等级公路，推动经济快速发展

白朗年鉴

2022

交通运输管理

2021年10月28日，西藏自治区交通厅相关工作人员到白朗县检查道路交通工程建设项目

【概况】 2021年，白朗县交通运输局共有行政编制3个，核定领导职数3个，实有2人。交通综合行政执法队编制3人，有编制人员1人。全局共有干部职工8人（其中机关正式干部6人、公益性岗位2人），其中藏族干部6人，汉族干部2人。

全县农村公路总里程507.352千米（其中县道136.459千米、乡道35.911千米、一般专用公路76.219千米、村道258.763千米）。全县11个乡镇道路通畅率达100%；111个行政村已通畅99个，通畅率达89.2%；白朗县11个乡镇通客车率100%，111个建制村具备条件通客车81个，完成通客车建制村81个，实现具备条件建制村通客车率100%。

【重点工程建设】 年内，根据《农牧民施工企业承揽政府投资400万元以下项目"联审、联批、联验"管理办法（试行）》，2021年完成2个"十项提升项目"，白朗县洛江镇扎林村集中安置点公路工程和嘎东镇白雪村集中安置点公路工程，建设总里程为3.204千米，总投资475.2242万元。为切实解决建制村与农村公路主线不连接问题，结合党史学习教育，紧盯"最后一公里"建设，积极争取到白朗县S512线岔口至旺丹乡夏麦村公路工程和白朗县S512线岔口至嘎普乡楚松村公路工程，项目建设总里程为1.582千米，项目总投资为394.029638万元。2个项目均于9月11日开工，10月31日顺利完工。

【公路养护】 年内，为充分发挥养护公司的职能，按照《白朗县属国有企业改革工作实施方案》，白朗县交通运输局于2021年5月26日正式将养护公司移交给白朗县年雄实业有限责任公司。按照"建养并重，管养结合"的方针，积极争取上级养护工程资金110.18万元对洛江镇至曲奴乡公路及4座涵洞进行维修；争取县级养护工程资金99.8万元对G349岔口至格培林寺道进行维修；利用自治区、市两级养护补助资金95.33万元，对嘎东镇江帮线岔口至热旦康萨公路、G349岔口至查吾冲公路增加铅丝笼挡墙等防护工程约20立方米，修复油返沙路面及沙石路面，维修4座盖板涵。入汛以来，白朗县白者公路、白岗公路等5条农村公路水毁最为严重，共造成严重水毁路段36处。组织县养护公司开展抢险保通作业20余次，出动抢险机械23台次，投入抢险作业人员200余人次，共清理泥石流94500立方米，修复路基3242立方米，累计投入抢险保通资金约6.6万元。

【市场管理】 年内，组织干部职工不定期对项目施工安全、工程质量安全等进行监督检查，共开展监督检查30余次，查出问题23处，整改23处；共开展施工现场矛盾纠纷排查工作7次，化解矛盾纠纷2起。为进一步规范道路运输市场的管理，白朗县交通运输局始终坚持以"规范执法，护路为民"为宗旨，在交通运输领域重点对客车、货车、非法营运车辆、超载超限车辆等违法行为进行执法检查，共查处违法违规车辆12辆，现场批评教育12人，并对3辆货车超重司机罚款9000元。

2021年9月22日，西藏自治区交通厅相关工作人员到白朗县检查道路“最后一公里”项目

【公共服务】 年内，为认真贯彻落实“简政放权、放管结合、优化服务”工作要求，进一步方便广大群众，8月12日市局正式将道路运输经营许可事项和从业人员资格年审权限放到县一级，为确保业务人员全面熟练掌握业务流程，经与日喀则市道路运输管理局沟通协调，8月18日安排一名工作人员到市行政审批和便民服务局就事项审批步骤、工作要点、系统操作方法等进行为期14天的跟班学习，并筹备进驻便民大厅相关事宜。

【安全生产】 年内，为做好安全生产和道路运输工作，保障广大旅客安全、便捷、高效出行，组织干部职工对白朗县道、乡道农村公路交通标志标线优化提升进行全面排查评估，并完成标志标线的提升改造工作。为扎实做好全国自然灾害综合风险普查工作，严格按照自治区、市、县要求，结合部门实际制定《白朗县交通运输局自然灾害综合风险农村公路承灾体全面普查工作实施方案》。8月19日，组织干部职工对白朗县462.119千米农村公路和所有桥梁开展为期30余天的普查。为切实做好全县道路交通安全管理工作，结合日喀则市政府关于印发《日喀则市“防风险、除隐患、保安全”道路交通安全百日攻坚专项整治工作方案》的通知要求，白朗县交通运输局联合县交警大队、年雄养护公司，于11月26日至12月1日对白朗县辖区内的所有农村公路及专用道路危险路段、事故多发频发路段和缺少警示、警告标志、安全防护设施等不符合标准路段开展全面排查，排查中共发现存在道路交通安全隐患的专用道路12条、农村公路安全隐患8处，组织养护公司对排查出的隐患进行集中整治。

2021年12月8日，日喀则市交通运输局相关工作人员到白朗县开展道路安全检查

【公路运输】 年内，为进一步规范白朗县客运发展，切实解决广大群众安全出行问题，按照《白朗县属国有企业改革工作实施方案》，白朗县交通运输局于5月26日正式将白朗县年雄农村客运有限责任公司移交白朗县年雄实业有

限责任公司。截至年底，全县有2家客运企业正常运营。白朗县开通农村客运班线8条，有1个县级客运站，者下、东喜、嘎东等3个乡镇综合运输服务站。县城至嘎普乡、县城至旺丹乡、县城至者下乡、县城至玛乡4个乡镇客运班线由日喀则市珠峰安达客运公司负责运营，其余客运班线由白朗县年雄农村客运有限责任公司负责运营。农村客运班车手续齐全有效，标识统一，从业人员资格证持证率达到100%。

（平　措）

邮政

【概况】 白朗县农村邮路共36条，邮路里程835.15千米，邮路共配备乡邮投递员11名及乡邮营业员10名、乡邮驾驶员2名、县城投递员2名、营业员3名、负责人1名。主要业务为收寄包裹、汇兑、报刊、函件、集邮。2021年，白朗县邮政分公司认真贯彻落实集团公司和自治区（市）分公司的各项决策部署，积极应对复杂多变的市场环境，克服各种困难和市场环境的不利因素，完成各项市分公司下达的目标任务，取得一定成效。

【工作开展】 年内，白朗县邮政分公司始终坚持以习近平新时代中国特色社会主义思想为指导，贯彻落实中共十九大和十九届历次全会精神，紧紧围绕邮政发展中心任务，以提高党员干部职工队伍素质能力为重点，扎实开展党的专题教育活动，全面推进工作作风建设和党风廉政建设，筑牢廉洁自律思想防线，未出现领导干部和职工利用职务之便谋取私利，挪、借用公款，以及奢靡浪费等有违“四风”建设的廉政问题。

【市场经营】 年内，白朗县邮政分公司业务发展情况为70.5万元（其中函件业务完成1.8万元，集邮业务完成0.6万元，分销业务完成20万元，报刊业务完成22万元，其他业务完成26.1万元）。

2021年3月19日，白朗县邮政分公司组织乡镇网点营业员开展业务培训

【乡邮工作】 年内，白朗县邮政分公司提高服务质量，本着人民邮政为人民的宗旨，以精准管理、提质增效为出发点，对乡镇一级报刊投递频次原来每周3次加密到每周5次，村一级投递频次每周2次加密到每周3次，为更好地监督乡镇、村一级的党报党刊投递情况，及时准确传递党的声音及相关惠民政策，制定村一级投递打卡系统，得到基层单位及广大农牧民的一致好评，为白朗县的经济繁荣做出应有的贡献。

（普布塔杰）

电信

【概况】 白朗县电信业务始于2000年，2001年正式开办电信业务，主要经营固定电话、移动通信、电视电话会议，互联网接入及应用等综合信息服务。2021年，有员工4人，9个乡2个镇全部设有实体店。全县共建设53个基站，其中4G基站53个，9个乡2个镇及111行政村手机信号已全部覆盖，全县无线网络覆盖98%以上，103个行政村均已完成光纤覆盖。

【市场经营】 年内，移动用户达到12828户，宽带达到4563户，

2021年3月23日，白朗县电信局新建基站投入运营

来电显示渗透率100%，七彩铃音渗透率96%。全县移动份额达43.62%，完成全年目标。

【通信建设】 年内，为更好提高和改善白朗县老百姓及政府机关通信条件，加快农村建设小康社会步伐，持续发展电子政务为用户带来优质全面的电信网络服务。持续发展维护好县城及乡村网络，白朗县所有农村区域4G信号覆盖信号100%。全县共建设53个基站，其中53个4G基站，9个乡2个镇手机信号已覆盖，全县无线网络覆盖达到98%以上，光纤通达率达90%。2021年新建设自然村基站5个。2021年"雪亮工程"是以县、乡、村三级综治中心为指挥平台、以综治信息化为支撑、以网格化管理为基础、以公共安全视频监控联网应用为重点的"群众性治安防控工程"。它通过三级综治中心建设把治安防范措施延伸到群众身边，发动社会力量和广大群众共同监看视频监控，共同参与治安防范，从而真正实现治安防控"全覆盖、无死角"。白朗县电信局"雪亮工程"有193个点位，遍及6个乡镇。

【客户服务】 年内，白朗县电信局以"用户至上、用心服务"为理念，以提升用户满意度为指导，以关键服务环节为切入，以感知测评为手段，强化差异化服务优势，积极参与政风行风建设，不断规范白朗市场，加强用户信息安全、网络安全和信息化建设。

【应急保通及社会责任】 年内，为维护白朗县电信局稳定，保障通信畅通，为有效落实通信保障工作，确保通信网络安全，稳定运行，保障重点客户、重点区域、重点网络的通信畅通，妥善处置各类应急突发事件，根据白朗县电信局实际，制订白朗县电信局应对突发事件维稳保通应急预案。白朗县电信局进一步深入学习和实践科学发展观，积极实施聚焦客户的信息化创新战略，坚持"用户至上、用心服务"的服务理念和"追求企业和客户价值共同成长"的经营理念，努力实现业务又好又快发展，为白朗县经济发展和社会信息化建设做出更大贡献。

（刘　帅）

移动

【概况】 白朗县移动分公司位于日江路3号，业务区包括2个镇9个乡。有2家渠道、1家直营店。共有6名员工、4名直销员、1名驾驶员，员工平均年龄为31岁。2021年，白朗县移动分公司尊崇"守土有责，守土尽责"的业务精神，并以诚信、稳中求进为经营理念，创造良好的企业环境。深入贯彻落实中共十九大精神，落实公司战略转型、改革创新、廉洁健康的战略。以全新的管理模式、完善的技术、周到的服务、卓越的品质为生存根本，始终坚持用自己的服务去打动白朗县各族群众。白朗县分公司实施数智化转型能力打造工程，以客户为中心，以市场为导向，以执行提升为保障，面向数智化时代转型，打造可持续发展新能力，为白朗县高质量发展贡献一份力量。

【市场经营】 年内，白朗县移动分公司紧扣市公司市场开展工作，夯实服务基础，以保有中高端市场为基准，以拓展潜在市场为动力，以效益增长为目标，创新

5G行业应用，推动5G高质量发展，推进各项工作，保持行业领先地位。在农村市场、县城市场和集客市场通过常态化营销、驻点服务等方式提升市场掌控能力，全面抢占宣传资源，扩大宣传覆盖面和影响力，业务要发展，宣传是依托，为第一时间让广大客户知晓公司营销活动，培育营销服务能力，为加强高价值集团、普通政企集团的保有和维系，对所有集团进行认真梳理，查缺补漏，严格要求客户经理定期对集团业务进行培训，并将各个集团分配到集团客户经理手中，做到每个集团有人、有服务、有产品。同时，白朗县移动分公司加大渠道的建设力度，通过统一组织培训、跟班学习、帮扶等措施提升所有渠道点的整体业务、服务能力。加强直销团队的管理、分工、培训力度，充分利用直销团队拓展业务。

2021年6月20日，白朗县移动分公司工作人员到洛江镇恰嘎村沙场覆盖宽带资源

【通信建设】 年内，白朗县移动分公司员工下村进行测信号、测网速，重点抓好农村、务工和异网市场，做好建站和网络覆盖工作。聚焦“稳定、发展、生态、强边”四件大事，加大信息化手段赋能力度，助力白朗经济社会高质量发展和长治久安。始终发挥党建优势，实现党建引领与融合发展，充分发挥党员先锋作用，积极联系乡镇村领导，从网络触点出发，以投诉为抓手，优先解决，投诉量大、感知差的弱覆盖区域，主动加强网络指标测试，通过路测、实测等方式做到先于客户发现问题，提升网络质量，打造良好的客户口碑。对弱覆盖区域进行优化，对无覆盖区域进行覆盖，统一办理新入网，组织驻点营销活动。全村安装移动安防监控，基本实现数字乡村。

2021年6月26日，白朗县移动分公司组织开展“幸福1+1”员工关爱活动

【客户服务】 年内，优化营业员业务培训和考核制度，提高营业员的业务能力，增强主动服务意识。做好基础服务工作，及时处理客户投诉，给客户满意的答复。套餐推荐量身定制，套餐优势区别宣传，提升营业厅服务水平。积极树立“用心服务”的服务意识，加大重点集团驻点服务力度，提高客户感知力。

【应急保通及社会责任】 年内，在重大节日及安全维稳期间，提前进行安全隐患排查，安排专人或者应急通信设备到现场确保网络畅通。承担央企社会责任，积极配合县政府各部门助力各大节日及重点场所的网络信号的保障工作。白朗县移动分公司强化流程制度，提升规范化管理能力。建立健全惩治和预防腐败体系建设为主线，深入抓好基层党建和反腐倡廉工作。以工会和班组建设凝聚团队力量，开展各类“幸福1+1”等活动，提升公司凝聚力和战斗力。

（卓玛拉姆）

城建　环保

原生态的自然环境，孕育着最美的高原风光

白朗年鉴

2022

住房和城乡规划

【保障性住房管理】 年内，白朗县共有保障性住房1641套，严格按照《日喀则市公共租赁住房管理暂行办法》和《住房城乡建设部 财政部 国家发改委关于公共租赁住房和廉租住房并轨运行的通知》要求并轨周转住房使用。白朗县保障性住房入住审批立足"合理使用、有效周转"的工作原则，严格按照自治区住房政策规定，依规管理，公开透明。按既有标准发放城镇低收入住房困难家庭租赁补贴，2021年上半年通过排查核对，共有9户10人符合此条件，根据每人每月300元的补贴标准，2021年成功兑现住房租赁补贴资金共计36000元，切实让城镇低收入家庭享受到党中央的关心关怀。

【城建重点工程】 白朗县2021年干部职工周转房建设项目，新建干部职工周转房56套及室内附属设施等，于2022年11月竣工并投入使用。县城周转房维修项目，对县城272套保障性住房供排水、屋面防水等进行统筹维修。白朗县楚松小区围墙建设项目，白朗县楚松小区建成于2017年，共建有20栋住宅，住户达460余户，建设时小区围墙为通透式。后由于西边各商户私自拆除围墙用于日常通道，导致围墙小区道路窨井损坏较多，严重影响住户的日常生活。经白朗县住房和城乡建设局研究，对白朗县楚松小区围墙进行维修。年内，改造乡镇民房250户，资金共计342万元。

2021年6月5日，白朗县住房和城乡建设局联合相关部门开展"安全生产大检查"

【建筑市场管理】 年内，累计监管全县项目工程46个，组织项目质量、消防安全、建筑材料等大检查3次，查处各类安全质量隐患10条（已限期整改完毕），隐患消除率100%；发出停工通知书4份、整改通知书8份，全年未发生任何重大事故，实现"一无两降"目标。下达《扬尘治理整改通知书》3份、《扬尘治理停工通知书》1份，整改后，各建筑施工现场达到100%治理扬尘要求。大力开展扫黑除恶打非治乱专项斗争，对阻挠项目施工、强买强卖等相关情况进行摸排调处。审核颁发建筑工程施工许可证26个。加强对全县房建和市政工程民工工资拖欠问题排查处理，实行务工人员实名制管理，召开2次专题调度会，实名制完成率达98%。同时，民工工资按照20%的工程资金拨付，杜绝拖欠民工工资现象发生。

【行政审批和行政许可】 年内，严格遵守《中华人民共和国城乡规划法》《西藏自治区城乡规划条例》《中华人民共和国建筑法》《建筑工程施工许可管理办法》，以及自治区、市相关行政审批、许可规章制度，结合《白朗县住建局限时办结制度》，依法依规审核颁发建筑工程施工许可证26个。

【城镇化建设】 白朗县雪布、党如棚户区建设项目，建设内容为改造道路硬化、绿化、亮化等工程。已完成开工建设，年底达到该工程量的95%左右。按照农村住房安全保障方案，完成农牧民住房

2021年10月19日，县城周转房维修现场

安全排查工作，存在安全隐患的4户已基本完成改造。争取到援藏资金100万元，用于县城改造提升项目。

【城镇供水排水】 年内，持续做好对自来水公司的监管，特别是供水管网日常管护、财务报销等工作，切实做好供好水、管好账、服务好群众。此外，为规范国有资产管理，按照政企分离要求，自来水厂已划转年雄城市投资有限责任公司统筹管理。

【污水处理设施建设】 白朗县污水处理设施建设项目总投资2602万元，该项目已全面建设完成。项目初验已完成。

【自然灾害综合风险普查】 第一次白朗县自然灾害综合风险普查房屋建筑和市政设施调查工作成效明显。自然灾害综合风险普查是摸清全县灾害风险隐患底数的重要手段。自普查工作开展以来，白朗县住房和城乡建设局始终高度重视，按照上级要求，制定《白朗县第一次全国自然灾害综合风险普查房屋建筑和市政设施调查实施方案》，以加强组织领导全面部署、强化业务指导重点培训等工作手段，打牢基础，扎实推进普查工作。全程由第三方派人协助白朗县住房和城乡建设局完成录入，11月开展交叉互检，12月开展抽样质检，按时按量完成相关工作。

（洛朗旺布）

城市管理

【概况】 2019年3月正式成立白朗县城市管理和综合执法局，属于行政单位，人员编制3人，有2人，执法人员属于行政执法类公务员，白朗县城市管理和综合执法局前身为白朗县住房和城乡建设局下设部门，下设办公室、行政执法大队、环卫大队。

主要职能为城市管理综合执法、市容和环境卫生维护、污水处理厂监管、园林绿化养护、城市生活垃圾收集与填埋等。

【行政执法】 年内，白朗县城市管理和综合执法局共出动执法车辆90余辆次，执法人员70余人次，治理违规越门经营、占道经营、乱倒污水、乱扔垃圾、乱撒尿等不文明行为380次，责令限期整改33次，做出行政处罚17件，环卫车每天定时定点收集垃圾2次，2021年生活垃圾填埋处理共12000立方米左右，水质监测4次、土壤监测2次均达到环保标准，严查渣土车、工程运输车辆带泥上路、遗撒渣土行为9次，查获违规车辆35辆，规范施工围挡150平方米，洒水车每天在县城主要路段洒水2次，与从事餐饮服务、集体供餐单位签订“门前三包”责任书150余份。

【县城管护】 年内，所有公厕24小时对外开放，共2次清理化粪池48座，管道疏通10余次，确保县城公厕正常运行，全年修复破损井盖40个，清理堵塞雨水口200个，维修雨水口45个，修复破损护栏13处，增设厨余专用垃圾桶55个，修复破损人行道5处。市政基础设施完好率达95%以上，全年共清理雨污排洪沟长达2100余米。

【园林绿化】 年内，指导绿化养护工人加强对城区绿化苗土及花箱的管养，适时对城区绿化带和花

2021年10月26日，白朗县城市管理和综合执法局党员干部开展爱国卫生活动

箱开展松土、除草、施肥、浇水、清洗和补植补种工作，城区绿化苗木生长茂盛，绿化带干净整洁。县城道路两边补栽树木 150 棵，修剪 300 余棵，春季浇灌 5 处绿化带。

【设施建设】 年内，为营造干净、整洁、美丽的县城环境，以良好形象迎接中国共产党成立 100 周年和西藏和平解放 70 周年，县城绿化景观提升项目、党政综合大楼亮化项目、更换丰登大道沿街灯杆灯箱项目等。修复检查井 32 个，清理雨水口 256 个，维修雨水口 28 个，加固维修路灯底座 79 盏，更换灯泡 383 盏，更换广告灯箱 114 个，更换垃圾桶 25 个，增设停车场 1 个，划定停车位 38 个，确保城市基础设施良好，县城路灯亮化率达到 98%。

【环卫工作】 年内，建立环卫工人清扫保洁工作责任制，按县城管辖范围划分为 18 个责任片区，选派 2 名环卫组组长和 2 名城管督查组组长具体负责县城环境卫生清扫和督导考核工作，发现问题，立即整改。坚持日常管理和不定期整治相结合，从而形成分管领导、城管、环卫工人组长“三管齐下”，一级抓一级，齐抓共管的工作格局，有效保证此项工作的协调高效运行。每天早 8：00 至晚 9：00 不间断巡回治理环境卫生问题，垃圾清运车每天收集垃圾 2 次以上。扫路车每天沿县城主要路段清扫 2 次，按照生活垃圾四分类要求，加大对广大干部群众的思想教育宣传力度，部分小区配备垃圾四分类设施，进一步提高群众垃圾分类意识，充分发挥环卫队一线工作的优势，全年共收集填埋生活垃圾 13500 余吨。

（普布欧珠）

生态环境保护

【概况】 白朗县环境保护局成立于 2010 年 10 月，2019 年改革完成，统一规范为日喀则市生态环境局白朗县分局，为日喀则市生态环境局派出机构，由日喀则市生态环境局直接管理，承担所辖区域内的生态环境保护及执法工作。2021 年，全局共有 7 名干部职工，行政在编人数 3 人。下设生态环境保护综合行政执法队、环境监测站 2 个事业单位，在编人数 4 人。

【环境督察】 年内，由分管县级领导带队，着重抓好乡村“四清四化”“四改两建”“一抓一控”等工作，集中整治粪土乱堆、污水乱流和私拉乱建等“六乱”现象，共出动干部群众 2560 余人次、车辆 20 辆次，清理河道及农村人居生产生活垃圾、沙场废弃物 300 余吨。通过实地查看、交流了解等形式对农村环境综合整治试点村庄成效进行了解。召开农村人居环境综合整治工作推进会。各职能部门总结经验做法，分管县级领导在工作方式、狠抓贯彻落实等方面工作进行安排部署。农村人居环境“脏乱差”现象得到有效治理，农村人居环境明显改善。

【自然生态保护】 年内，以科学发展观为统领，大力推进生态环境建设，加大环境保护和治理力度，白朗县生态环境总体得到改善，主要表现：水土流失得到逐步改善；土地沙漠化逐渐好转；通过加大植树造林，生态环境得到进一步改善；生物多样性得到保护；通过实施饮用水水源地保护工程，地下水、河流、湖泊得到进一步保护；土壤、水体和大气污染防治工作进一步开展；通过修建垃圾填埋场和垃圾中转站，农村生活垃圾等环境污染问题得到有效改善；通过推进农村人居环境综合整治，着重抓好乡村“四清四化”“四改两建”“一抓一控”等工作，集中整治粪土乱堆、污水乱流和私搭乱建等“六乱”现象，使农牧民群众居住条件得到改善；禁止燃煤锅炉和使用各种污染燃料，大力发展沼气、太阳能等清洁能源，生态环境和空气质量得到改善。

【污染防治】 年内，梳理危险废物摸底排查和申报登记工作，加强对医废产生单位的监督管理，对县卫生服务中心、各乡镇卫生院医疗废物的贮存、收集和转运情况进行督导检查。县卫生服务中心和各乡镇卫生院共收集医疗废物12吨，已转运约12吨；汽修行业产生危废600千克，已转运600千克；教育机构产生危险废物0.002吨，已转运2千克。各产生危险废物单位均按照相关要求规范收集和转运，无违规操作现象。

【环保审批】 年内，认真贯彻落实国务院《建设项目环境保护管理条例》，对全县新续建项目进行全过程的控制和管理，认真把好审批关。对一些审批权限不在本级的项目，及时向市局汇报，做好联系服务，对环境比较敏感的项目实行审批公示制。年内，共办理环境影响评价项目45个。

【生态环境监测】 地表水环境质量点位3个（白朗县年楚河上游500米、白朗县年楚河下游1千米、白朗县楚松水库）。集中式生活饮用水点位3个（白朗县自来水厂、白朗县第二自来水厂、白朗县备用水源地）。地下水每半年监测1次，地表水每季度监测1次。全年地下水监测指标全部达到Ⅱ类标准限值要求；地表水环境质量指标均达《地表水环境质量标准》（GB 3838—2002）Ⅱ类标准。每季度通过白朗微信公众号公布，接受群众监督。

2021年4月20日，日喀则市生态环境局相关工作人员到白朗县污水处理厂督导检查工作

县城空气环境质量点位1个（白朗县委），每季度监测1次。全年监测结果显示，县城空气质量总体优良，县城大气监测4项指标均达到《环境空气质量标准》（GB 3095—2012）二级标准。每季度通过白朗微信公众号公布，接受群众监督。

根据县域实际情况，委托第三方认真研究选址，完成白朗县环境功能区划分工作。

委托第三方完成千人万吨农村饮用水水源地保护划分工作，做好全面排查工作，定期组织人员对取水口周围进行垃圾和障碍物的清理，确保饮用水源地的环境卫生。开展每季度农村环境质量试点监测工作（巴扎乡扎西村、洛江镇雪布村、洛江镇洛江村），包括农村村庄空气质量监测、农村村庄地表饮用水水源地监测、农村村庄土壤环境监测等。

为贯彻落实《〈大气污染防治行动计划〉实施细则》，确保实现空气质量持续保持优良的目标，出台《白朗县大气污染防治行动计划实施方案》《白朗县水污染防治行动工作方案》《白朗县人民政府办公室关于成立大气、水、土壤污染防治“三大战役”领导小组的通知》，编制《环境保护法律法规汇编》追究办法。年初与11个乡（镇）相关部门签订大气、水、土壤污染防治目标责任书。与县直各部门签订环境目标责任书，与企业签订主要污染物总量减排目标责任书。

【监督执法】 年内,与全县相关重点企业康桑农产品发展有限公司、圣雄养殖场、娟姗牛养殖场、旺达食品有限责任公司等签订污染减排目标责任书。截至年底,对辖区范围内的建筑施工工地、洗车场、采沙场等领域开展专项执法检查工作,累计出动执法车辆35辆次,出动执法人员65人次,下达整改通知书12份,下达行政处罚决定书2份,处罚金额6500元。

【项目建设】 年内,为提高农村人居环境质量,开展巴扎乡冲堆村基础设施建设项目。把近三年财政预算安排的环境保护与修复治理专项经费中的约260万元,用于冲堆村环境综合整治,包括道路硬化、排水沟修建、街面整治等工作,该项目于10月竣工,年底已通过验收。

【中央生态环境保护督察】 年内,为切实做好中央环保督察组反馈问题整改工作和自治区领导重要批示精神,与各乡(镇)和县直相关部门签订环境保护目标责任书,确定奖惩办法,并将落实情况纳入年终绩效考核。市环保督察交办国家环保督察的问题清单中,白朗县照单认领并将整改17个大项38个子项任务,按照市整改办要求每月5日、15日、25日报送整改进度。县城污水处理厂建设项目,处于试运行状态,截至年底,均已全部整改完成。

【生态乡村建设】 4月,到11个乡镇宣传生态文明建设示范村申报工作,组织村“两委”班子多次召开专题会议,统一思想认识,使广大村民认识到生态文明建设的重要意义,充分发动和依靠群众,积极做好宣传发动工作,引导群众自己动手建设美好家园,形成全村上下齐行动建设生态文明示范村的生动局面。2021年创建生态文明建设示范乡(镇)2个(巴扎乡、者下乡),创建生态文明建设示范村61个行政村。5月19—25日,到各乡镇收集工作要点;5月31日至6月1日,到各乡镇督促申报进度;6月2日,召开白朗县2021年生态文明建设示范工作推进会并完成上报工作。制作生态文明示范村宣传栏28个,宣传标语牌28个、水源地保护警示牌28个。

【生态文明建设】 年内,开展“绿水青山就是金山银山”实践创新基地建设项目,编制资料已上报自治区生态环境厅审核。开展“白朗县年楚河国家湿地公园生态修复工程”规划项目,有效保护白朗年楚河国家湿地公园生态系统和生物多样性,保障区域生态环境安全,弘扬湿地文化,满足人民日益增长的物质文化生活和旅游产业发展需要。

(张红娟)

白朗县年雄城市投资有限责任公司

【概况】 2020年底,白朗县年雄城市投资有限责任公司公开招聘管理层后,2021年1月起逐一开展工作交接并逐步完善公司运行工作;于2021年11月经请示县财政局(政府国资委)同意,由白朗县年雄实业开发有限责任公司变更为白朗县年雄城市投资有限责任公司。2021年,公司下设3个子公司,分别为白朗县年河精品酒店有限责任公司、白朗县年雄农村公路养护有限责任公司、白朗县年雄农村客运有限责任公司,内设综合办公室、财务室、资料室3个科室。公司初步改制方案已起草完成,根据白朗县总方案和县蔬菜公司、自来水公司和经营性资产审计、评估结果,再行实施产权划转、资产调充、工商变更及产业发展谋划等相关工作。

【公司运营】 恰嘎村乃琼萨普山砂岩矿采项目。已完成6个报告(矿业权实地核查报告、资源量检测报告、开发利用方案、矿山地质环境保护与土地复垦方案、水土保持方案、安全预评价报告)的编制与送审工作,并已取得相关部门的相应批复;已完成2个报告(社会稳定风险性评估报告、矿山地质环境影响评价报告)的编制工作,并于2021年7月23日完成收集三级政府意见、群众意见等前置资料。

商品房屋租金及电费收缴工作。对全县各行政事业单位商品出租房屋(包括市区白朗县驻日喀则办事处、白朗农贸市场、项目中心辅助房)信息台账(包括纸质版、电子版)、合同台账等进行及时

2021年3月10日，白朗县年雄城市投资有限责任公司组织员工排查商品房屋隐患情况

归档，公司工作人员严格按照董事会会议精神，做到应收尽收，保证国有资产的增值保值。

酒店管理工作。年河精品酒店因消防器材陈旧及线路安装不规范等导致酒店消防器材频繁出现故障。截至年底，所破损的消防器材及线路问题已维修完成，同时定期检查消防器材，开展消防演练等。另外，根据疫情防控工作需要酒店始终加强各项防控措施。

养护公司工作。2021 年 5 月，交运局划归农村公路养护公司，由农村公路养护公司全面承担全县农村公路日常养护和抢险保通等工作。公司按照养事不养人，兼顾脱贫攻坚的原则，划转 2 名养护专职人员，聘请 1 名养护管理工作人员，公司配有养护机械 4 台（辆），其中巡逻车 1 辆，挖掘机 1 台，装载机 2 台。农村抢险保通公路被泥石流淹没，公司动用装载机进行清理（15 处）；公路段突发强降雨，车辆无法通行，公司进行泥石流清理（22 处）；农村日常养护总长 12.5 千米，同时已实施养护项目 2 个。

客运公司工作。2021 年 5 月，交运局划归年雄农村客运公司，为确保公司能够及时正常营业，完善各项管理制度及车辆动态监控、车辆维护制度，驾驶员安全培训制度等，划转 4 辆中巴车（19 座），2 辆承租车（县城至曲奴、强堆），租金为每月每辆车 1000 元，租至 2021 年底。其中 2 辆雇用固定司机，以公交车形式运行，线路为县城至嘎东镇、杜琼乡。

（边巴旦增）

财税　金融

年楚河流域多姿多彩的白朗秋景

白朗年鉴

2022

财政

【概况】 2021年,白朗县财政局共16人,设总会计1人,负责单位财务人员9人,出纳2人。以习近平新时代中国特色社会主义思想指引,认真学习贯彻中共十九大精神,十九届二中、三中、四中、五中全会精神,以及全国财政工作会议精神,自治区、市经济工作会议精神,落实预算法和改革完善预算管理制度意见要求,坚持稳中求进、进中向好、补齐短板的工作基调,紧紧围绕白朗县"1234"总体工作思路,《关于深化预算管理制度改革的决定》及"量入为出,收支平衡"的基本要求,立足全县财政经济实际,深化预算改革,完善预算制度,加强全口径预算管理,盘活存量资金,强化支出预算约束,自觉接受人大、审计和社会公众的监督,扩大预算公开范围,提高预算透明度。

【财政收支】 年内,经白朗县人民政府第五次党组会议研究,并提请九届县委第十三次常委会、白朗县十三届人民代表大会常务委员会第三十三次会议审议批准的白朗县2021年财政收支预算:2021年白朗县财力89372.39万元。其中,一般性转移支付收入68750.9万元,一般公共预算收入2943万元,专项转移支付收入499.15万元,税收返还233万元。教育单列财力16946.34万元。

2021年财政总支出安排71851.47万元,比2020年年初预算增加8710.24万元,增长13.79%。包含教育单列经费16946.34万元,安排预备费313.38万元。

预算执行结果,2021年白朗县一般公共收入完成2978万元,同比增长22.09%,完成目标任务的111%。其中主要资金安排,税收收入完成1157万元,同比2021年增长0.5%;非税收入完成1600万元,同比增长49.8%。非税收入增长主要原因是具有不确定因素,2021年年初收回自然资源行政处罚决定专用公路新改建工程处罚金1247.14万元导致大幅度增长。白朗县年初预算财力为72164.85万元,全年追加财力为73345万元(一般公共服务追加财力19471万元,公共安全追加财力138万元,教育系统追加财力3325万元,科技局追加财力47万元,文化旅游追加财力114万元,社会保障追加财力3919万元,卫生健康追加财力1100万元,农林水支出追加财力39958万元,住房保障追加财力414万元,自然资源局追加财力1409万元,交通局追加财力691万元,住建局追加财力2759万元),总财力为145509.85万元,支出进度达到66.2%。

【财政保障】 年内,白朗县优先保障"三保"支出,保工资支出24014.62万元,占年初可供财力的61.15%;保运转支出安排3432.77万元,占年初可供财力的8.7%;保县级基本民生支出7728.9万元,占年初可供财力的19.68%;"三保"共计支出35176.29万元,占年初可供财力的89.58%。教育单列支出16946.34万元,预备费313.38万元,年初预算安排基本收支平衡。

支农资金安排14034.19万元,比2020年预算增长198.9%,主要是增加年初预算提前告知专项资金。其中,中央财政农业资源及生态保护补助资金(草原生态保护补助奖励)1020万元;中央财政农业生产发展(优势特色主导产业发展)68.38万元,中央财政农业生产发展(农业绿色发展与技术服务)1000万元,中央财政农业生产发展(基层农技推广改革与建设)60万元,中央财政农田建设补助资金3269万元;森林资源管护支出163.43万元;中央水利发展资金7664.86万元;大中型水库移民资金(普乡楚松村帕林岗灌溉水塘工程)187万元;县本级安排脱贫攻坚、产业发展、农林水资金601.52万元,包括农牧业投入299.55万元,林业投入24.7万元,水利投入137万元,扶贫脱贫攻坚投入140.27万元。

医疗卫生投入1669.69万元,比2020年预算增加19.63%,其中主要投入城乡居民医疗保险138.42万元,城乡医疗救助60万元,医疗救助补助232万元,医疗保险系统维护费1.38万元,医疗

2021年10月31日，白朗县财政局工作人员开展录入预算系统数据

保险基金28.9万元，基本公共卫生服务19.2万元，防疫津贴2.7万元，防疫工作2.5万元，卫生防保18.8万元，医疗管理3.5万元，寿星老人健康11.29万元，村医工资376.2万元，城乡居民在编僧尼健康体检250.79万元，重大传染病防控61.64万元，卫生监督能力建设2.5万元，出生缺陷项目43.38万元，住院分娩补助100.27万元，精神病人肇事补助3.62万元，基本药物制度补助及取消药品加成收入补偿191.05万元，公立医院综合改革100万元，藏医藏药事业发展专项20万元，经济困难高龄、失能等老年人补贴1.55万元。

社会保障方面安排资金2230.22万元，比2020年增长10.28%。其中，抚恤和社会福利救济，救灾应急资金，“三老”人员、五保供养，特困群众医疗生活救助，“三老”人员生活补贴，老年人、残疾人两项补贴，农村五保户供养服务机构管理经费等民生资金。

科技投入及科协事业经费5万元，其中，县本级投入5万元。

安排教育投入19750.35万元，其中，县级投入占比25%，提升教学质量激励资金、教育系统教职工伙食补助等县本级投入891.56万元。教育单列支出16946.34万元，教育总投入达到财政上年县级收入的36.57%。

各项与工资相关的支出共计7492万元，比2020年增长11.67%。其中，养老保险、失业保险、医疗保险、生育保险、工伤保险安排4506万元；住房公积金2095万元；工会经费331万元；职工取暖费318万元；电话补助188万元；电价补助35万元；其他独生、肉价、职工福利、退休特需经费19万元。

重点工作支出：乡镇强基工作经费11万元，驻村工作队生活补助200万元，党建工作经费24.6万元，创建和谐模范寺庙及爱国守法僧尼表彰经费9.4万元，安排乡镇组织保障经费33万元，项目前期经费150万元，保障性住房基金50万元，文物保护及非物质文化遗产保护经费10万元，政协、人大视察经费8万元，寺庙“六个一”活动工作经费15座寺庙26万元，楚松水库后续管理维护费4万元，珠峰文化节活动经费安排7万元，“双联户长”培训经费及办公经费5万元，环境保护管理业务经费4万元，环境保护监察与监测经费3万元，环境保护与修复治理专项经费50万元，县乡环卫队运转经费428.5万元，“人大代表之家”活动经费20.6万元，县自来水厂运行与维护经费100万元，村“两委”班子考核激励补助资金170万元，防雹经费21.6万元，艰苦台站津贴20万元，防汛抗旱资金25万元，党风廉政建设资金17万元，干部抽调护路执勤补助12万元。其他按照工作需求也适当提高，保障性支出共计1409.7万元。

2021年新增重点支出：全县换届工作经费50万元，党史学习教育“三更”专题教育经费50万元，“两个一站式”诉讼服务矛盾化解中心建设项目40万元，农牧民转移就业奖补资金20万元，村医工资376.2万元，生态文明建设示范乡（村）经费99.1万元，新时代文明实践中心建设资金184.03万元，政法委公检法司系统教育整顿专项经费15万元，纪检监察工作片区协作组运行经费15万元，大庆系列活动经费30万元等各项新增重点支出1830.55万元。追加以前年度安排预算资金共计824.76万元。

【支持经济社会发展】 年内，落实公共安全资金5346万元，本级财政对社会稳定投入1059万元。足额落实政法转移支付资金，统筹支持政法部门业务办案、司法救助、法律援助等，提升政法机关履职能力。完成全县6个寺庙财税监管工作，为下一步寺庙财税监管全覆盖奠定基础。做好中国共产党成立100周年、西藏和平解放70周年庆祝活动经费保障工作。

年内，全县财政涉农支出达到27432万元，本级财政安排支农资金601.52万元。安排产业发展专项资金500万元，促进全县产业良性发展。

年内，始终坚持“绿水青山就是金山银山、冰天雪地也是金山银山”的发展理念，加大对污染防治及城市环境事业发展的投入力度，落实县城环境保护本级财政资金274.1万元、城乡环境综合整治资金587.5万元，打好蓝天、碧水、净土保卫战，推动白朗县污染防治及城乡环境整治工作更上一层楼。

根据白朗县经济社会发展需要，对急需解决的“卡脖子”基础设施短板、短时间无法在规划内解决的项目进行梳理，完成5个债券项目申报。截至年底，2个专项债券已经获批总投资3900万元。其中，白朗县城停车场建设项目资金1800万元，白朗县有机设施蔬菜种植基地项目资金2100万元。

【财政改革】 年内，为进一步深化全县国有企业市场化、专业化和法治化，确实增强国有经济竞争力、创新力、控制力和抗风险能力，根据《中共中央、国务院关于深化国有企业改革的指导意见》，总结县国有企业改革工作成效，找准突出问题，厘清工作思路，对县属国有企业进行改制重组，防止国有资产流失，确保国有资产保值增值。截至年底，已完成对县属国有企业资产清产核资及资产评估，为下一步国企重组，改制、划转奠定基础。

为打造智慧城市，方便干部职工查询工资，经多次和县农业银行沟通衔接，9月全县工资正式实现电子化，在农行掌上银行登录即可查询详细工资。

为深入贯彻党中央、国务院重大决策部署，中央设立特殊转移支付，财政部建立资金直达市县基层、直接惠企利民机制，并对直达资金相关工作提出明确要求。截至年底，到位资金1.8亿元，支出进度为30%，为确保白朗县直达资金支出工作顺利开展，在有关部门推行通报机制，切实加快直达资金支出进度。

为指导藏传佛教寺庙加强会计基础工作，提高藏传佛教寺庙自我管理水平，根据《白朗县2021年度藏传佛教寺庙财税监管工作方案》，结合各寺庙实际情况开展2021年度藏传佛教寺庙财税监管工作。截至年底，6个寺庙进行为期3天的业务培训。

为适应现代化社会信息发展的需求，运用现代化信息技术手段，实行财政电子化票据管理，实现以数字化的财政电子票据取代现有的纸质财政票据，推进财政电子票据管理改革。4月，县直部门及乡镇分管财务统一安排有关非税系统电子化票据的培训，年底已全面实现票据电子化。

为确保2022年使用财政一体化新系统，在8月开展一体化管理系统培训并进行信息录入，

2021年10月28日，白朗县财政审计支部党员志愿服务队到县小学开展“我为群众办实事”活动

以试点形式在新系统中录入2021年年初预算财力以及部分支出，为2022年正式上线使用一体化系统打下基础。

【民生政策落实】 年内，全县社会保障和就业支出5147万元，本级财政安排1059万元，用于保障和改善民生；加大有组织转移就业和技能培训力度，促进农牧民持续就业增收；加大城乡救助力度，落实城镇低保、农村低保、特困群众救助、城乡医疗救助、老年人和残疾人两项补贴等民生资金；加大城乡居民养老保险、公益性岗位补助、就业补助资金等方面的投入，保障各项社会保障事业的发展。全年按照上级社会保险征收改革要求，积极与县人社局、税务局沟通衔接，确保改革顺利推进，全县职工养老保险、医疗保险、工伤保险、失业保险、生育保险等五大保险资金按时足额配套。促进教育高质量发展，教育支出20936万元。其中，本级财政对教育投入1091.56万元，达到2020年财政收入的44.74%，支持全县教育基础设施改善，提升教育教学质量；支持卫生健康事业，继续加大对医疗卫生事业的投入，全县医疗卫生支出5344万元。其中，本级财政对卫生事业投入682.87万元，为全县常态化疫情防控工作及医疗卫生事业发展提供支持。支持文体事业发展，文化体育与传媒支出2251万元。其中，本级对宣传文化投入345.03万元，支持县艺术团公益演出、村级文化活动室建设、"三馆一站"免费开放、文物保护利用和非物质文化遗产保护传承等。

【资金争取】 年内，根据《国务院办公厅关于进一步做好盘活财政存量资金工作的通知》《西藏自治区人民政府办公厅转发财政厅关于做好盘活财政存量资金工作实施意见的通知》文件规定，2021年收回存量资金3278万元，主要用于基本建设、教育资金、民生改善等重点急需支出事项，为全县稳定、发展、生态、强边等重点工作提供坚实的资金保障。

【乡村振兴】 年内，严格落实"四个不摘"要求，整合资金13402.38万元，支持优势特色产业发展、小型基础设施建设、易地扶贫搬迁后续帮扶等，推动巩固拓展脱贫攻坚成果同乡村振兴有效衔接。兑现巩固脱贫攻坚生态岗位资金1128万元，年人均劳动报酬3500元。助力提升农业发展质量，支持农村集体经济发展、高标准农田和美丽乡村建设，推进农村"厕所革命"。加强农村基层组织运转经费保障，足额落实村干部待遇。

（杨 燕）

税务

【组织收入】 年内，共组织收入2898万元。其中，税收收入完成2636万元，同比减少11.84%，减少354万元；非税收入合计完成262万元。全力做好白朗县社会保险和非税收入工作，整体入库社保费为11772.85万元，其中城乡居民基本医疗保险费为684.07万元，城乡居民基本养老保险费445.65万元，单位社会保险费10643.13万元。

【税收征管】 年内，规范"农牧民合作社"管理，落实《关于进一步深化税收征管改革的意见》。把对规范合作社发展的建议列入县委全面深化改革委员会和农牧民专业合作社规范提升工作要点，11个乡镇已有7个纳入代理试点，清理合并合作社248家。做好"大学生创业代理"服务，探索精准服务方式。收集在政策落实、系统操作等方面的意见，及时解决问题、完善措施，使第三方正确、高效地完成代理工作。发挥"以税咨政"职能，为落实意见凝聚税收共治力量。向领导定期汇报情况，经常走访部门，探索联建机制，争取各方支持。

【构建一体化监督体系】 年内，成立由党委书记、局长为组长，党委委员、纪检组组长为副组长，其他党员干部为成员的深化税务系统纪检监察体制改革工作领导小组。党委书记（组长）落实"第一责任人"职责，纪检组长（副组长）落实专责职责，班子成员认真履行"一岗双责"，督促各项制度文件的贯彻落实。

将学习"1+7"和"1+6"制度列为党委会议题，纳入党委理论学习中心组学习专题，党委书记和领导班子成员带头学、深入学，

2021年4月1日，“税宣走进合作社 惠民办事暖人心”——白朗县税收宣传月启动仪式举行

通过专题学习和集体研讨，谈认识、讲体会，做好示范引领，切实提升自觉接受监督、主动开展监督的政治自觉和行动自觉，不折不扣抓好落实。

国家税务总局西藏自治区税务局党委巡察工作领导小组会议决定，自治区税务局党委第一提级巡察组于9月进驻，按照“三个聚焦”要求，突出政治巡视重点，对白朗县税务局党委领导班子及其成员进行提级巡察。白朗县税务局统一思想、端正态度，精心组织、全力配合，接受监督、认真整改，切实将巡察工作作为一项政治任务，完成一次全面体检，有力推动整体工作的开展。

认真开展2次强化作风专项整治工作。召开纪律作风问题专项整治工作动员部署会，制订相应方案，开展专题学习，加强廉政教育，围绕4个方面13类具体问题，以纪律作风问题专项整治工作为抓手，确保专项整治工作切实有效。

尤其是在第一种形态运用上探索出了符合基层县局实际的经验，让提神醒脑个性化、日常化、常态化、家常化。对新入职干部或新任领导干部到岗后进行廉政谈话。在节假日、升学季、人员调整期等节点，集中开展提醒谈话和廉洁教育。通过日常沟通，对苗头性、倾向性问题及早发现、及时提醒，切实做到提醒常在、警钟长鸣。

【家庭化队伍建设】 年内，为纳税人、缴费人送“福”，一起布置店铺、拍过年合影，一同喜迎新春。开展一期“办年货”装扮“我的家”、“我们的节日·话年俗”、“飞信传福、吃团圆饭、线上送福”文体活动和“团圆、团结”闹元宵等系列活动，并在春节后举行升国旗仪式和诵读党章活动，及时收心，全面启动上班模式。开展中央代表团赠送纪念品发放仪式和示范宣讲、新时代文明实践活动，收看庆祝中国共产党成立100周年大会直播，重温入党誓词，制作赠送“政治生日卡”，过好“政治生日”，上好专题党课，开展学习研讨，举办“喜迎百年华诞、礼赞盛世中华、凝聚税务力量”文体活动，展现了税务党员青年干部的良好形象。用好系统内外资源，依托县局“夜校”平台开展好学习，解决工学矛盾。加强轮岗锻炼，强化岗位实践，让新入职人员尽快从“门外汉”变成“行家里手”，让全体干部变成“多面手”，

2021年10月13日，白朗县召开2022年城乡居民医保缴费工作安排部署会议

成为能完成急难险重任务的“急先锋”，力争成为熟悉政策的“活字典”和熟练操作的“键盘侠”，以坚守、坚韧、向上、向阳的姿态传递正能量，发出白朗税务人的“青春之声”，做出白朗税务人的“青春之行”。

【减税降费】 年内，累计减税降费1259.41万元。落实2021年新出台的政策减税降费151.81万元。其中，落实小型微利企业所得税再减半优惠减免45.57万元，落实个体工商户经营所得减半征收个人所得税减免10.06万元，落实提高小规模纳税人增值税起征点减免54.98万元，落实提前享受前三季度研发费用加计扣除减免41.2万元。落实2021年展期实施政策减税降费1068.69万元，其中税收减免986.06万元、社保费减免82.63万元。落实2020年年中出台政策，在2021年末新增减税降费38.91万元，其中社保费减免38.91万元。

（严翔宇）

农行白朗县支行

【概况】 中国农业银行股份有限公司白朗县支行（以下简称农行白朗县支行）网点遍布城乡，服务功能齐全，承担着支持地方经济建设和服务“三农”历史重任，是一家国有大型股份制商业银行分支机构。全辖共5个网点，分别为县支行本部、嘎东营业所、旺丹营业所、杜琼营业所、洛江营业所。从人员结构来看，全行在职员工36人，男员工15人，女员工21人，平均年龄33岁，党员15人，本科学历19人。农行白朗县支行业务涉及存贷款业务、结算业务、银行卡、自助银行、网上银行、电话银行、现金管理、第三方存管、消费信贷、开放式基金买卖、代发工资、代收油费（油料销售款）、代理保险、国债、养老金、医疗保险等。有着全县最大的金融服务网络。各项业务经营呈逐年增长态势，在经济建设方面具有一定的潜力。

【存贷业务】 截至年底，全行各项存款余额92990万元，较年初增加8908万元，年增量较同期增加7273万元，其中对公存款余额56789万元，较年初增加3718万元，个人存款余额36201万元，较年初增加5190万元；个人理财余额1772万元，较年初增加781万元；各项贷款余额97123万元，较年初增加7150万元，增速7.94%，其中对公贷款余额17748万元，较年初增加3698万元，个人贷款余额79375万元，较年初增加3452万元，其中农户贷款余额70249万元，较年初增加2260万元。

【服务经济】 年内，为认真贯彻落实中央第七次西藏工作座谈会议，全面落实总分行、人行日喀则中心支行、县委、县政府工作部署，农行白朗县支行站在事关党性党风的高度做好金融服务地方经济相关工作，从巩固拓展脱贫攻坚成果有效衔接乡村振兴金融服务、支持中小型企业发展、普惠型小微企业发展、巩固扩大全行“三农”和实体经济发展、政策宣传等方面，提出乡村振兴及“三农”领域企业金融服务的具体要求。

截至年底，涉农贷款余额70248万元，较年初增加2247万元。“四卡”信用贷款余额67472万元，较年初增加6421万元。已为全县7206农牧户中6581户

2021年6月28日，农行白朗县支行开展“小小银行家”主题实践日活动

2021年9月7日，农行白朗县支行召开“智慧乡村、智慧场景”座谈会

发放“四卡”贷款证，发证面达91.33%，其中给予5145户农牧民信贷支持，贷款证使用率达到79.17%。为满足白朗县建档立卡贫困户生产经营贷款需求，农行白朗县支行紧紧围绕“脱贫不脱政策”的基本方略，持续为建档立卡贫困农牧户提供优质、精准的金融服务。年内，累计发放建档立卡贫困户小额到户贷款6886万元，贷款余额达到2414万元，惠及1381户贫困户，切实解决广大贫困户的资金需求。截至年底，全行累计发放“三农”对公贷款49607万元，贷款余额达到17748万元，较年初新增3698万元，其中“三农”对公贷款余额达到12748万元，主要涉及七彩庄园、珠峰华绿等“三农”领域企业。对照国家级、自治区级、市级示范合作社清单，组织全行上门对接农牧民专业合作社，通过支持农牧民专业合作社带动脱贫人口得到创业、就业等机会，增加收入。截至年底，有贷款余额的共37个合作社，贷款余额782万元；为向农牧户提供“足不出村、足不出户”、方便快捷的现代金融服务，农行白朗县支行对具备交通、电力、通信条件的行政村设立124个惠农通服务点，实现行政村全覆盖。服务点日均交易量12笔，2021年支付服务点劳务费643200元。为丰富广大客户金融知识，使客户更加了解金融产品，农行白朗县支行采取LED屏播放金融知识，以厅堂定点、扫街式进行宣传。认真组织开展“3·15”金融消费者权益日、“4·26”知识产权宣传周、“5·15”打击经济犯罪宣传日等主题宣传活动，认真普及法律、征信等知识；以辖属营业所走村入户等形式主动将中央赋予西藏的特殊金融优惠政策和脱贫攻坚政策宣传到农牧民群众中去，同时将农行白朗县支行的先进的产品知识送到广大客户身边。

【普惠金融】 年内，不断提升农行白朗支行服务担当意识，深入了解企业实际情况，了解企业经营状况及金融服务需求，帮助企业解决金融服务方面的疑难问题。截至年底，农行白朗县支行小微企业贷款余额为8105亿元，累计发放小微企业贷款10笔，金额达2980万元，其中法人线上贷款余额2869亿元，共计12户。进一步完善线上小微金融产品融资体系，更好地服务实体经济。截

2021年12月18日，农行白朗县支行工作人员到嘎东镇马义村开展“积极还款光荣 拖欠赖账可耻 拥有诚信记录 农行助你成长”征信宣讲活动

至年底，全行小微企业线上产品贷款余额2869元，有贷户12户。截至年底，个人商户及小微企业主经营贷款余额463万元，5笔，比年初增加64万元。

【中间业务】 年内，农行白朗县支行实现中间业务收入183.12万元。其中零售中间业务收入105.76万元，对公中间业务收入77.36万元。

（西 央）

教育　科技

具有几百年历史的者下斗牛节开幕式现场

白朗年鉴

2022

教育

【概况】 2021年，白朗县教育系统有各级各类学校48所，其中初级中学1所，小学11所，幼儿园36所（含县幼儿园1所，乡镇附设幼儿园10所，村级幼儿园25所）。全县在校生9423人，其中学前段学生2536人，小学段学生4953人，初中段学生1934人，义务教育阶段入学率达到100%，巩固率达到98.9%。全县共有正式教师609人，其中学前幼儿教师136人，小学教师312人，初中教师161人。白朗县教育局党组下设1个中学党总支、14个党支部，共有党员344人，党员教师占教师总数的60.56%。县教育局内设科室9个（综合办、教研室、督导室、财务室、核算中心、项目办、教信办、教室工作科、招生办），行政编制人员3人（一正两副），事业编制40人（藏族干部35人、汉族干部5人），合同工1人，临时工3人。全局共有正式党员34人，入党积极分子3人。

【教师队伍】 年内，全县师资队伍609人，全县609名教师中认定5级岗位教师9名、6级岗位教师21名、7级岗位教师55名、8级岗位教师64名、9级岗位教师66名、10级岗位教师103名、11级岗位教师73名、12级岗位教师101人和13级岗位教师117名，教师学历合格率达到100%。

【教育惠民】 年内，白朗县高度重视“9+X”中职班工作，县委、县政府前期投入资金4.3万元用于基本的办学设备。为满足各行各业的人才需求，做大、做强具有白朗特色的“1+X”职业教育办学模式，实现校企“优势资源互补，利益成果共享”的良性循环机制，2021年白朗县“9+X”职业学校共招收37名学生，分别开设中餐烹饪班、农机维修班和水电维修班3个专业，为全县待业青年指明就业方向、提供更多的就业选择，同时为实施乡村振兴战略输送大批专业技术人才。2020—2021学年度自治区、市、县三级共资助白朗县建档立卡贫困大学生139名，共发放资助金73.2万元，至年底已全部发放完毕。

2021年6月30日，县委副书记、县长陈锋（左一）到县中学考点考察考务工作

【教学科研】 年内，白朗县全面贯彻落实党的教育方针，坚持以习近平新时代中国特色社会主义思想为指导，以“质量立校，良心办学”为办学宗旨，以培育“五育并举”的社会主义建设者和接班人为目标，全面落实立德树人根本任务，从教育教学常规管理入手，抓好特色教研活动，形成“人人重视质量，人人关心质量，人人做好质量”的教育教学氛围。

县委、县政府每年设立教育奖励资金100万元，2021年第37个教师节表彰大会上，县委、县政府表彰一年来涌现出的17个“质量立校先进学校”和“名校长”“名教师”“优秀教育工作者”等91人。通过新老教师结对帮扶、推门听课、公开课、利用寒假时间开展全县中小学教师业务能力提升培训、全县教师教学技能大赛、“一考三评”等规范教学行为提高课堂教学效果。年内，各中小学其他省市西藏班录取人数达到22人（小升初15人，初中升高中7人）。

【素质教育】 年内，全县中小学共配备47名兼职思政教师，其中专职教师17名，初中小学均设有思政课。通过珠峰旗云平台组织全县教师参加学校思想政治建设网上培训，培训300余人。结合“四讲四爱”群众教育实践活动，重视加强学校思想政治教育，打造嘎普乡小学、县完小、嘎东镇小学思政教育示范校，并将社会主义核心价值体系、爱国主义、民族团结、新旧西藏对比和反分裂斗争教育融入课堂教学、学校管理、学生生活之中，提高德育的针对性和实效性，引导学生树立正确的世界观、人生观和价值观，使学生成为有责任心、有正义感、有奉献精神的人，切实将爱我中华的种子埋入每一个青少年的心灵深处。把“德育教育突出、校园文化突出、特色亮点突出”的自治区级未成年人思想道德建设示范基地嘎东镇中心小学少年宫创建作为白朗县思政教育试点，用习近平新时代中国特色社会主义思想铸魂育人，引导学生增强走中国特色社会主义道路自信、理论自信、制度自信、文化自信。以点带面，充分发挥示范引领作用，先后打造嘎普乡中心小学、强堆乡中心小学、县完小等6所学校一校一品牌德育教育阵地。2021年，全自治区少年宫现场会顺利在白朗县嘎东镇中心小学召开。

2021年8月15日，县委组织部相关工作人员到县教育局调研

2021年6月21日，白朗县中学开展“重走长征路、永远跟党走”红色教育体验活动

【教育均衡化发展】 年内，白朗县严格对照《西藏自治区义务教育学校办学基本标准评估主要指标体系》要求，加大投入力度，配齐配足教学仪器设备、学生图书，合理分配教师资源，使生均教学及辅助用房面积、生均体育场馆运动面积、生均教学仪器设备值、生均图书册数、师生比等指标均达到自治区规定标准，全县12所义务教育阶段寄宿制学校实现一生一铺，男女宿舍分区、如厕设施配置率100%，标准食堂配备率100%，校校拥有“职工之家”，师生的工作、学习、生活、食品安全等保障水平得到不断提升。

国家投资项目。2021年白朗县教育系统各学校改扩建项目共15个，总投资5070.9万元。其中基建10个，投资3850万元；设备采购类项目5个，投资1220.9万元。新建6所村级幼儿园，解决学前幼儿园入园困难问题、小孩接送困难问题；投资947万元实施嘎东小学和巴扎小学供暖项目；投资2200万元新建杜琼小学等4所学校室内风雨操场。

为民办实事维修类项目。2021年以为民办实事为主题的各学校维修类项目共16项，总投资334.43万元，投入资金84.18万元，实施暖心工程，解决嘎普小学、巴扎小学、县完小等3个学校学生洗漱用房问题，保证24小时给师生提供热水，改变学生的个人卫生条件，让学生在冬季也能使用热水洗漱、洗澡；投入资金58.42万元，改造嘎东学校大门，对路面进行硬化，对外墙进行粉刷等，为顺利召开全自治区的少年宫现场会提供有利环境。“五个100%”教育目标明确：全县中小学藏语和汉语教育普及率已达到100%，汉语文周课时不低于6课时；白朗县小学数学开课率已达到100%，小学数学课程教学计划达到100%，各年级小学数学周课时不少于6课时；中学数理化生课程计划完成率现已达到100%，并严格落实国家课程计划，开齐课程，开足课时。受现有条件及教师专业化水平的影响，部分实验无法开课。如仪器设备缺失，声音的波形、探究乐器声音的波形图、噪声的波形图等实验无法开课；教师专业水平有限，部分操作性强的实验无法完成；部分学生动手能力和理解能力差，部分具有一定危险性的实验不能做。县中学理化生实验课程开课率已达80%以上。教育信息化发展迅速：全县共有教学用机1151台，其中学校办公电脑399台，学生电脑752台，全县中小学教室电子白板教学设备实现全覆盖。此外，全县各学校均接入100兆云网专线，拥有电子图书14.53万册，拥有各类教学音频视频4344件。各项指标均超出自治区、市规定标准，基本能够满足各学校的日常教学需求。2019年，自治区“组团式援藏”项目投入500万元将县中学打造成数字校园示范校。其中包括校园网络系统、多媒体教室、精品录播室、平安校园四大项。教育系统共有多媒体教室173间，电子教学设备、交互式一体机和相关教学软件，预算资金692万元；各学校申请安装一键报警系统预算资金35万元。

【基础设施建设】 年内，各学校、幼儿园总占地面积408447.18平方米，生均51.8平方米，总建筑面积106309平方米，生均13.5平方米，绿化面积27371.9平方米；运动场地面积63728平方米。全县各中小学图书拥有量14.5万册，生均拥有量18.4册；教学用计算机699台，网络多媒体教室167间。各项指标均超出自治区、市规定标准，基本能够满足各学校的日常教学需求。

【培训交流】 年内，共组织15名骨干校长、教师到济南进行为期15天的跟岗培训；37名新分配来的幼儿园教师分两组分别到日喀则市齐鲁幼儿园和县幼儿园进行为期一个学期的岗前培训，通过采取“走出去”培训方式，切实提高教师业务能力。

年内，白朗县始终坚持将县中学、县小学、县幼儿园打造成县域优质学校，切实发挥辐射带动作用。经调研发现，县中学以“万名援藏援疆教师支教计划”为中心，深入开展双向交流活动，进一步发挥教育援藏优势；全县各小学以教师交流为主；全县各级幼儿园主要以持续推行“老园带新园”“城园联乡园”的结对办园模式，以城园联乡园，整体带动新建的镇、村级幼儿园均衡、提质发展，改善幼儿园教育环境，完善更

2021年5月19日，热烈庆祝中国共产党成立100周年、西藏和平解放70周年暨白朗县教育工会教职工文艺汇演举行

新保教设施，全力做好示范园创建工作，努力扩大优质资源覆盖面。

【教育援藏】 白朗县作为“万名援藏援疆支教计划”受援县，2021年第二批山东对口援藏教师支教工作完成，为白朗教育注入新的理念、新的思想，通过开展一对一、一对多、“同课异构”和手拉手帮扶活动切实提升广大教师的综合素质。

【群众体育】 年内，充分发挥县体育局桥梁作用，成功举办白朗县第二届农牧民运动会及首届干部职工趣味活动。这些活动的开展，进一步丰富了全县干部职工的生活。

（田龙江）

科学技术

【概况】 白朗县科学技术局属政府下属正科级行政管理单位，下设白朗县科学技术协会，无编制。2021年，有干部职工3人，党员3人，其中行政在编人员3人；农牧民科技特派222名（其中农业种植技术人员65名，蔬菜种植技术人员77名，畜牧养殖技术人员80名）；有自治区、市、县三级“三区”人才22名，61名大专生科技专干。

【项目建设】 在2018年科学技术部公布的全国首批创新型县（市）建设名单中，白朗县以“科技支撑民生改善”为建设主体成功入选，是西藏自治区唯一入选的县（市）。创新型县建设从2018年开始至2021年，取得良好的进展。其中包括制定《白朗县建设创新型县工作实施方案》；成立创新型县建设工作领导小组，县人民政府县长担任组长，分管副县长担任常务副组长，县科技局局长担任副组长，各相关部门为成员单位，全面指导白朗县建设工作；召开白朗县创新型县建设推进会议，调动山东寿光、西藏珠峰农业、中农圣域、绿色蔬菜发展公司、西藏枸杞、康桑农产品有限公司等企业的积极性；双创工作、相关企业科技创新工作也取得良好的成效。做好白朗县娟姗奶牛扩繁和性控技术试验与推广工作。2020年4月，白朗县以创新型县建设为实施主体，成功申报300万元的娟姗奶牛扩繁和性控技术试验与推广项目，目的是通过引进先进技术，增加娟姗牛基因比例，提升牛群生产性能，调整种牛群结构。该项目由白朗县农牧综合服务中心实施，截至年底，项目的80%已建设完毕。

2021年7月14日，2021年山东省科学技术厅送教上门智力援助培训——白朗县现场现场教学

【农业科技】 年内，推广繁育“藏青2000”6.39万亩、“喜马拉雅22号”0.8万亩；良种繁育基地建设总面积0.932万亩（其中，一级种子田0.152万亩，二级种子田0.78万亩）；粮油总产量5667.45万公斤，连续16年实现丰产丰收；引进果蔬新品种65个，建设新型高效蔬菜大棚5座（援藏投资1400万元包含5座温室、蔬菜保鲜库及附属设施），果蔬种植面积达1.73万亩，蔬菜产量达0.67亿公斤，已认证无公害农产品90余种、有机产品7种（中农4种、旺达青稞食品2种、康桑农产品1种），有农产品地理标志产品5种。做大万亩有机枸杞。通过客土改良、使用有机肥、引入滴灌技术，种植枸杞7500亩，年产量酵素53.71吨，枸杞原浆20.02吨，蜂蜜25.93吨，红枸杞干果52.31吨，黑枸杞干果1.70吨，枸杞芽茶1.54吨，优质枸杞通过国家枸杞绿色产品

认证；14个通过国家无公害农产品认证、20010亩获得无公害产地认证，万亩有机蔬菜曲奴核心区获批西藏首个蔬菜出口备案基地；推广“分户饲养、集中管理、合作经营”养殖模式，建成者下乡岗巴羊规模化养殖基地，重点扶持标准化养殖合作社2家，短期育肥856头（只），肉产量达14吨。

【科技成果转化】 年内，开展法制宣传日、科技活动周、科技下乡等活动，通过电视台、报纸、政府网站等渠道，开展面向全社会的宣传活动，提高企业的科技成果转化应用能力，加强社会公众的科技成果转化意识，在全社会营造科技成果转化的良好氛围和政策环境。引入山东寿光、西藏珠峰农业、湖南华绿、中农圣域、西藏枸杞等一批企业落户白朗，组建优化县实业开发公司、扶贫投资开发公司、绿色蔬菜发展公司等平台，并成功打造“万亩珠峰有机蔬菜白朗生产基地暨日喀则市‘菜篮子’计划巴扎核心区基地”项目。

【科技精准扶贫】 年内，白朗县科学技术局根据日喀则市科技精准扶贫工作实施方案的相关要求，探索建立科技扶贫长效机制，组建科技扶贫队伍，持续推进科技特派员帮扶机制，鼓励支持科技人员带项目进村入户、开展创业式扶贫服务。优先在贫困村宣传推广增收效果好的新品种、新技术和科技创新成果，解决特色产业科技支撑薄弱问题；充分发挥科技人员“传帮带”作用，加快科技成果的转化步伐，提升贫困群众养畜、种田管理水平。

【人才培养】 年内，白朗县科学技术局组织各类农牧民和科技特派员培训2期，受训222人次。2021年，以山东省科学技术厅送教上门智力援助培训班为契机，在白朗县巴扎乡彭仓村开展现场指导手把手授课形式开展培训，此次参加培训农牧民群众、科技专干、科技特派员等50多人次，专家团还进入白朗县七彩庄园到蔬菜大棚里检查已种植的蔬菜瓜果长势情况和存在的问题，与技术员进行交流探讨，解决蔬菜种植、瓜果种植过程中一道道难题，解决技术瓶颈。

【科技交流与合作】 年内，坚持贯彻新发展理念，充分发挥科技创新引领作用，着眼白朗县特色优势资源推动传统农牧产业改造升级，邀请国内顶级专家和科研机构编制产业总体规划和专项规划，与山东农科院、国家枸杞工程技术研究中心、西藏农科院等建立战略合作关系。

【科技受援】 年内，白朗县按照上级文件要求，积极实施“三区”科技人才支持计划。白朗县“三区”人才分为白朗县1团、白朗县2团（蔬菜团队）、白朗县3团（黄牛改良团队）3个团，每团各选出一个团长。围绕白朗县支柱产业和优势特色产业，选派符合选派条件的“三区”科技人员，到白朗县针对作物栽培技术、蔬菜栽培技术、家畜家禽养殖技术、动物疫病防治技术等领域生产中出现的问题进行帮助和指导服务，为白朗县乡村振兴工作提供技术支撑。按照上级科技行政部门的工作要求，共计选派22名专业技术人员参加专项计划工作，其中助理农技师12名、工程师2名、市农科研究所助理研究员2名、枸杞育种研究院1名、高级兽医师1名、

2021年2月8日，白朗县科学技术局干部学习2021年全国科技工作会议精神

助理畜牧师3名、研究实习员1名。日喀则市农科研究所深入白朗县的乡镇、村组、农牧民专业合作社、田间地头、棚室圈场进行指导，每人包扶1—2个行政村，对这个村的农牧业生产提供专业技术支撑，对生产中存在的技术问题给予指导，并加以解决，并签订三方服务协议。白朗县非常重视“三区”人才支持计划科技人员专项计划工作，选派理论水平高、生产经验丰富、有一定农村工作经验、工作热情高的具有初级以上专业技术职务的人员参加“三区”人才支持计划科技人员专项计划工作。按专业分为农作物栽培、植物保护、设施蔬菜栽培、畜禽疫病防治、常见病治疗、边境性畜及市场检疫等多个专业领域，满足农村对人才的需求。根据市科学技术局相关要求，白朗县选派工作实行包干制。选派对象工作期满后，由县科学技术局组成考核小组，对9名选派对象逐一考核，采取听述职、受援单位现场打分、实地查看、小组评定等程序，确定选派对象的得分和考核等次；按照自治区科技厅下发的“三区”科技人员培训计划，选派的“三区”科技人员均参加学习，通过学习专业知识，使知识得到更新，使专业人员与职业农牧业近距离接触，相互了解，掌握生产中的问题，为有针对性地开展工作奠定基础。

（普　布）

文化　旅游

雪后白朗，披上银装

白朗年鉴

2022

综述

【概况】 2019年3月机构改革后成立白朗县文化和旅游局。白朗县文化和旅游局是县人民政府工作部门，为正科级，加挂文物局牌子，人员编制共有3名，部门领导有3名。白朗县辖区内有11个乡镇、111个行政村，每个乡镇都已建立乡镇文化站，每个村建立文化活动室。2021年，全县国家AA级景区2个，分别为参卓林寺、色热朱德寺。国家AAAA景区1个，为珠峰现代农业科技创新博览园景区（田园综合体）。

【文化旅游惠民】 年内，持续推进公共文化服务体系示范区创建，支持依法组建群众文化团体，深入实施文化惠民工程，白朗县文化和旅游局制订文艺下乡演出及群众性文艺宣传活动方案。县艺术团联合县委宣传部到11个乡镇、111个行政村以及县城、者下乡、东喜乡易地搬迁集中安置点等开展“四讲四爱”群众教育实践活动暨“爱国卫生运动”巡回演出，共开展文艺下乡演出91场次，观众3.8万余人次，达到上级业务部门指标任务，切实做到用文艺宣讲传递党的声音。县艺术团所有演员到全县111个行政村开展“一对一、点对点”培训，提升村级文艺演出队的专业水平和文化素质，为满足群众精神文化生活发挥更大作用。为加强旅游宣传，培养国民旅游休闲意识，在5月19日第十二个中国旅游日开展旅游宣传活动，并发放旅游宣传资料340余份、手提布袋250个、菜篮子和围裙60个，解答过往游客咨询白朗旅游情况25人次，让广大群众享受更多更有特色、更有文化、更有内涵的旅游产品和服务。

2021年11月30日，者下乡金果藏戏队到曲奴乡如康村演出《曲杰怒桑》

【文化遗产】 年内，为了更有效地保护白朗县民间文化和非遗濒危项目，弘扬传统民俗文化，2021年非遗骨干对索康谐钦等7个项目是否符合县级非物质文化遗产项目标准进行评审。积极申报嘎东参卓林藏香、恰珠传统编织技艺等4个项目第二批市级文化产业项目；嘎东镇藏靴传统技艺申报为自治区级非遗传习基地；旺丹卡垫（冲斯）传统技艺和嘎东藏靴传统技艺申报为乡村文化振兴传统文化；白朗现代藏式服装厂生产的手工面具申报为市级文创。

【艺术创作】 年内，通过开展文艺调研、采风等活动，进一步挖掘本土文化元素，以文艺的方式助力乡村振兴，在白朗县文化和旅游局精心指导和县艺术团演职人员共同努力下，截至年底，新创节目《我的祖国》（独唱）、《姑娘悲》（独舞）、《不覆重蹈》（小品）、《疫情防控人人有责》（小品）等6个精品文艺节目。

【旅游经济】 年内，全县共接待游客10.43万人次，同比增长25%。实现旅游收入423.77万元，同比下降37%。全县共有1个国家AAAA级旅游景区：日喀则珠峰现代农业科技创新博览园；2个AA级旅游景区分别是参卓林寺、色热珠德寺；4个旅游产品：卡垫、藏靴、七彩氆氇、藏帽。修编白朗县旅游发展规划，构建以休闲观光游为主导、文化体验游为特色、康体养生游为潜力的特色旅游体系：依托年楚河湿地等资源，发挥日喀则珠峰现代农业科技创新博览园AAAA级景区引领作用，加快发展休闲观光业，提升游客吸引力。

【文化旅游市场监管】 年内，进一步加强文化旅游市场监管，有力促进白朗县文化旅游市场的健康有序发展，在旅游景区、文化娱乐场所、网吧等人员流动密集处，在发生新冠肺炎疫情传播感染的风险地带进行疫情防控宣传，联合县公安局、市场监督管理局、消防救援大队等5家单位逐一排查并发放相关暂停营业通知单，做到疫情防控期间防控工作不留死角。开展文化市场综合执法整治行动，出动执法人员100多人次，对全县网吧（网咖）、KTV、朗玛厅、宾馆、超市、书店、文具店、打字复印店、宗教用品店、音像制品店、景区（点）等进行日常检查，下发安全生产整改意见书24份，进一步规范市场经营秩序。

【文物管理与保护】 年内，为确保辖区内文保单位消防安全，联合消防救援大队和民宗局对辖区21座文保单位进行消防安全大排查整治6次，出动150人次。县文物局针对自治区、县文保单位白岗寺和羊巴寺2座寺庙主殿土木结构的特点，殿堂墙面出现多处裂缝，又因屋顶被雨水侵蚀，主殿内渗水严重，加之近年来受地震影响，地面下陷、断裂等问题突出，按照文保单位“四有”工作的要求，开展17座县级文保单位的保护范围和建设控制地带划定工作。同时制作白朗县21座文物保护单位的文物安全责任公示牌和消防安全承诺书。2020年10月，县文旅局（文物局）邀请自治区文物鉴定中心专家娘吉及工作人员对白朗县21座文物保护单位的文物进行鉴定建档登记，为下一步文物收藏馆藏文物工作奠定坚实基础。

【公共文化服务】 年内，为加强新时代文明实践阵地建设，提高全县基层公共文体服务效能，大力推进文化惠民工程，白朗县文化和旅游局对11个乡镇进行乡镇文化站免费开放情况及村级文艺队群众文化活动开展情况进行调研、督导。实地查看各乡镇综合文化站免费开放和使用情况，截至年底，全县11个文化站免费开放率达到75%，各行政村文艺队利用各村特色谐钦、郭庄、“四讲四爱”主题曲等群众喜闻乐见的节目来宣传党的好政策，让群众感受到当今幸福生活。年内，全县111个行政村文艺队开展文艺活动800余场次。同时要求各乡镇高度重视乡镇综合文化站免费开放工作，坚持实事求是、因地制宜的原则完善综合文化站，协同推进乡镇文化站建设工作。

年内，全县有11处文化活动中心，县、乡镇、村居三级公共文化设施网络不断完善，“十分钟文化服务圈”全面形成。在此基础上，建立村（居）文化站专职管理员制度，为111个村（居）分别配备专职文化管理员（村“两委”班子成员兼任），提高基层文化站的管理水平和服务效能。

（米玛普赤）

广播电影电视

【宣传报道】 2021年是中国共产党成立100周年和西藏和平解放70周年，为切实讲好白朗故事、传播好白朗声音，白朗融媒体积极做好宣传报道工作，充分发挥《白朗新闻》栏目龙头引导作用。

主要围绕县内重大工作做好政治、经济新闻，为县领导和各单位做好新闻宣传服务。在双休日重点做好策划内的民生新闻、特色栏目及组稿工作。着力策划推出中国共产党成立100周年、西藏和平解放70周年系列重大主题宣传，利用新角度、新方式大力宣传中华人民共和国发展变化和伟大成就，突出体现在中国共产党领导下，西藏民主改革后的历史变迁和跨越式发展，展现国家富强、民族团结、社会稳定、人民安康的美好图景和新时代中华各族儿女的精神风貌。结合脱贫攻坚政策解读及“不忘初心、牢记使命”主题教育等内容，编制形式多样的主题宣传材料，全方位宣传白朗县疫情防控、重点项目建设、平安白朗、作风建设、精准脱贫、学习习近平新时代中国特色社会主义、中共十九届四中全会贯彻落实等工作的开展情况。

【采编供稿】 年内，制作各类宣传片3个、专题片3个，制播2期专题栏目《聚焦白朗》，通过白朗县自办台共播出《白朗新闻》200多条。通过新媒体抖音官方账号共发布294条作品，粉丝数也达到4.6万人。向市广播电视台推送新闻154条，市电视台采纳90余条。

【精品创作】 年内，白朗融媒体中心精心策划的《热烈庆祝建党100周年》《请党放心、强国有我》《聚焦“两会”》《小小村史馆 承载大记忆》《党的好女儿——记白朗县玛乡果堆村党支部书记米玛》等系列报道，得到干部群众的一致好评。《我们村里有个姑娘叫白央》荣获新华社优秀作品奖。

【基础建设】 4月，白朗县融媒体中心正式挂牌成立。成立后的中心整合原县广播电视台和县对外宣传办公室（白朗县新闻中心）职能，具体负责全县新闻宣传工作。中心事业人员编制13名，实有工作人员11名。

【广播电视行业管理】 年内，强化组织保障。按照国家广电总局关于安全播出的工作要求，牢固树立政治意识、大局意识、安全意识，迅速动员部署，明确工作职责，切实做到思想到位、认识到位、部署到位。

年内，强化制度保障；规范机房管理、值班备勤、安全管理、供配电管理、维护检修、技术管理等一系列制度，修改应急协调、突发事件应急、事故处置等应急预案，完善安全播出指挥系统，切实把安全播出、网络安全、安全保卫等各个环节工作做严、做细、做深、做实。严格落实交接班等规章制度，做到制度上墙、责任定岗，落实机房值班人员责任到人，做事有章可循，出现事故有人负责，坚决杜绝麻痹大意思想，确保万无一失。

2021年1月7日，白朗融媒体中心工作人员开展“村村通”维修工作

【安全播出及转播工作】 年内，为保证白朗县广大干部、群众收视收听，完整转播有线数字电视节目四套：中央1、2套，西藏1、2套，转播数字电视节目110套，市县级节目3套，共计113套电视节目和4套调频广播、中央无线数字电视频道16套、中央无线数字广播节目12套。严格落实24小时值班制，确保第一时间解决突发问题。值机人员对每日节目播出情况和交接情况进行登记，并向有关部门报平安。

【农村数字电影放映】 年内，白朗县电影放映队累计为全县农民群众、校园学生以及寺庙僧尼放映电影1181场，观看达5万余人次，放映《红海行动》《我的喜马拉雅》等电影，对普及科学技术知识，提高农民群众的思想道德、科学文化素质，丰富农民群众精神文化生活发挥重要作用。

（格桑旺久）

编译工作

【藏语言文字工作】 年内，白朗县藏语文工作委员会办公室（编译局）全面贯彻落实《西藏自治区学习、使用和发展藏语文的规定》，全面推广藏语和汉语，电视、各类门牌、广告、印章以及窗口服务领域均实现藏语和汉语使用的全面普及，极大地便利了藏族和汉族两民族群众的生产生活。截至年底，共完成翻译文件300多份，翻译量30万余字。同时做好藏语文受

2021年11月2日，白朗县各乡镇翻译专干人员及编译局全体人员参加日喀则市2021年国家通用语言文字和藏语文翻译骨干培训

众服务工作，全年翻译公章145个（枚）、各类门头招牌和宣传标语157条。

年内，全力做好普及藏语文工作，借助“白朗县发布”等载体，为汉族人民学藏语提供有利平台。同时，充分发挥平台对各乡（镇）、县直部门学习使用藏语文的指导监督作用，科学指导学习、使用藏语文。

【藏语文社会用字管理】 年内，为全面净化社会用字现象，积极营造文明、健康、向上的语言用字环境，白朗县藏语文工作委员会办公室（编译局）先后组织社会用字检查整改工作领导小组成员单位对白朗县各街道商铺、党政机关、窗口行业、公路沿线，重点检查大小型广告、宣传标语、各类牌匾、横幅、电子屏幕等社会用字情况进行全面检查，对藏语和汉语社会用字错译、错字、漏字、掉字、张贴不规范、大小比例失调等情况进行详细检查和督促整改。截至年底，共检查475个点，发现问题32处，下发整改通知单32张，推动社会用字规范化、标准化。

【编译工作】 年内，白朗县编译局在保质保量完成“两会”各类文件翻译的基础上，按时完成县委、人大、政府、政协四大班子交办的各类文件、领导讲话、县直各部门政策性、法规性文件编译任务及重要会议、重要举措、面向基层政策解读文件册子、各乡（镇）相关材料的编译事项，努力完成各项惠民政策措施翻译，为农牧民群众学懂、弄通各项政策，提供语言便利。

同时，全面贯彻落实习近平新时代中国特色社会主义思想，认真执行中央和自治区民族语言文字工作方针政策和法律法规，以更加昂扬的姿态和更加优良的工作作风，齐心协力、克难奋进不断开创全县藏语文编译工作新局面，更好地为白朗县经济社会长足发展和长治久安做出新的贡献。

【培训指导】 年内，白朗县藏语文工作委员会办公室（编译局）组织工作人员及各乡（镇）翻译专干参加自治区、市两级组织的翻译业务培训，2021年参加自治区级翻译业务培训3人次，参加市级翻译业务培训4人次。同时，加强对各乡（镇）、有关单位学习、使用藏语文及编译工作的日常性指导，定期到各乡（镇）了解各乡（镇）学习、使用藏语文情况，切实提高编译队伍业务素质，进一步打牢汉语和藏语翻译理论知识基础，铸牢中华民族共同体意识，努力提高国家通用语言文字水平和汉藏翻译能力，提高服务保障中心工作的能力和水平，保证藏语文工作及编译工作的普及性和规范性。

（琼　达）

医疗　卫生

乘着乡村振兴的东风，农牧民群众过上小康生活

白朗年鉴

2022

医疗保障

【概况】 2019年3月20日，白朗县医疗保障局正式挂牌成立，为正科级单位，编制3人，负责全县城乡居民、干部职工基本医疗保险统筹及保障工作；负责医疗保障基金监督管理工作；编制城乡统一的药品、医用耗材、医疗服务项目、医疗服务设施等医疗保障目录，并制订支付标准，建立动态调整机制；制定全县药品、医用耗材的招标采购政策并监督实施，推进药品、医用耗材招标采购平台建设；制定全县定点医药机构协议和支付管理办法并组织实施，建立健全全县医疗保障信用评价体系和信息披露制度等。

【基金监督管理】 年内，按照日常考核及专项检查结果，扣除县卫生服务中心违约金3000元；扣除紫丹玛药店及旭康药店检查当月保证金各1500元。3月1日，接到有关线索，辖区存在2名票据造假现象，其中一人根据《中华人民共和国社会保险法》规定，已追回其骗保资金共计21342.61元，并处骗取基金金额两倍罚款共计42685.22元；另一人涉及骗保资金达26万余元，根据《医疗保障基金使用监督管理条例》《中华人民共和国行政处罚法》已移交公安部门处理。

【待遇保障】 截至年底，城乡居民医疗费用报销共计3374人次，统筹基金报销599.89万元（门诊报销2440人次，统筹基金报销62.42万元；特殊门诊106人次，统筹基金报销35.2万元；住院报销828人次，统筹基金报销502.27万元）。完成县卫生服务中心“一站式”结算汇款共计417人次，金额113.56万元。

2021年11月11日，白朗县医疗保障局组织11个乡镇卫生院开展医保系统设备安装及使用培训

年内，落实干部职工住院报销92人次，报销金额93.88万元；落实生育津贴70人次，金额110.31万元；清户11人次，金额9.08万元；完成1—11月定点药店基金核算工作，兑现旭康药店职工结算款129.86万元，居民结算款0.6万元；兑现紫丹玛药店职工结算款104.73万元，居民结算款0.39万元。根据《关于核发2020年度干部职工体检费的通知》精神，6月10日完成全县干部职工2020年体检费发放工作，兑现1286人次，金额168.03万元；职工个人账户购买商业保险共计126人次，并向保险公司转款5.12万元。

【医药服务管理】 年内，有序开展2022年度城乡居民基本医疗保险参保缴费工作。10月13日，白朗县医疗保障局联合税务局召开2022年度城乡居民医保缴费工作安排部署会议，针对缴费率不高的问题，于12月15日召集各乡镇主要领导召开白朗县城乡居民基本医疗保险缴费工作推进会议，2022年全县城乡居民基本医疗保险参保率达到97%。

结合党史专题学习活动及医保费用征缴工作，白朗县医疗保障局干部及各乡镇医保专干走村入户对《日喀则市城乡居民基本医疗保险实施办法（试行）》及《医疗保障基金使用监督管理条例》进行宣传和解读，宣传达120余场次（7500余人次）发放宣传单7000余张；通过手机短信方式宣传参保缴费政策2万余条；制作宣传视频并发布白朗县融媒体抖音账号1条。4月，围绕《日喀则市医疗保障局关于开展2021年医保基金监督集中宣传月实施方案》，采取“线上+线下”多种渠道开展宣传，充分结合当前疫情防控形势，在县丰登广场、县纪委用LED显示屏播放医保监管动画、《医疗保障基金使用监督管理条例》视频，在定点医药机构宣传橱窗、医院门诊大厅、定点零售药店结算柜台、社保办事大厅张贴海报。4月20—27日，在县电信大楼前开展集中宣传活动，进一步提高公众认识和主动参与基金监管的积极性，营造全社会关注并自觉维护医保基金安全的良好氛围。全县共计播放宣传短片20条次，张贴宣传海报30张，派发宣传资料50余份。8月，给各乡镇印发藏语和汉语《医疗保障基金使用监督管理条例》折页3000余份。

召开医保政策培训会及工作安排部署会4次，参加100余人次，统筹推进各项医保政策的实施，提高医保管理水平，保障群众利益。

年内，与白朗县中心医院、旭康大药房、紫丹玛大药房签订定点医疗服务协议。9月8日，根据《日喀则市医疗保障局关于加快推进乡镇卫生院医保联网结算的通知》精神，与11家乡镇卫生院签订医保协议，完成贯标、开户及专网连接工作，11月正式开通。

【医疗惠民】 年内，严格按照《日喀则市城乡困难群众医疗救助及重特大疾病医疗救助工作实施细则》落实医疗救助审批手续。截至年底，共救助311人次，发放救助金59.47万元，其中救助建档立卡户157人次，发放救助金17.24万元；救助残疾户60人次，发放救助金20.53万元；救助重点优抚对象18人次，发放救助金1.74万元；救助低保41人次，发放救助金12.06万元；救助特困人员8人次，发放救助金0.5万元；救助特殊门诊26人次，发放救助金2.9万元；救助低收入1人次，发放救助金4.5万元。

3—9月疫苗注射59414人次，将疫苗注射费59.414万元及时转账至县疾控中心账户。

（旦增平措）

卫生健康

【概况】 2021年，白朗县有111个行政村，共有医疗卫生机构118家、县级卫生服务中心1所、疾病防控中心1所、乡卫生院11所、村卫生室105所，县卫健委有7人，其中行政编制有3人，从乡镇卫生院借调4人。全县卫生技术人员共计396名，其中县卫生服务中心医疗技术人员70名（包括县疾控中心8名），11个乡镇卫生院医疗技术人员130名，村医211名。

【医药卫生体制改革】 年内，白朗县卫生服务中心全面取消药品差价实行药品零差率销售并按照要求挂网采购药品，将医院各类收费录入医保系统，严格按照收费标准解决群众“看病贵”的问题，另外，邀请第三方做好乡镇卫生院固定资产评估和药品交接工作。推动援藏帮扶工作有效衔接，建立援藏医院与当地医院一对一的医疗共同体，设立特色专科门诊室。

年内，根据上级业务部门统

2021年12月29日，白朗县医疗保障局召开2021年总结暨2022年医保政策宣讲培训会

筹安排，实施健康云项目建设和远程项目建设，添置硬件设施设备，实现数据标准的统一、数据互联互通、家庭医生签约、公卫信息收集的电子化。进一步方便群众就近就医，不断提升公共服务均等化、普惠化、便捷化，让群众对基层医疗服务更加满意、放心，不断创新发展理念，深入优化远程医疗服务，让更多的群众享受“互联网＋医疗健康”的便利。

2021年6月4日，白朗县曲奴乡卫生院医务人员到萨嘎村开展中央第七次西藏工作座谈会精神宣传和免费医疗服务

【基础设施建设】 年内，白朗县共有2个基础建设项目施工，其中新建藏医院于2020年11月开始动工，整体建筑已完工，共投资1200万元；白朗县卫生服务中心传染病房于2021年3月动工，共投资1200万元。

【人才队伍建设】 年内，严格按照日喀则市基层培训实施方案要求，加强医务人员的理论学习，提升技术水平，2人进行规范化医师培训，1人进行转岗医师培训，1人进行骨干医师培训，医院援藏专家以“传、帮、带”的教学模式每周最少开展1次院内培训。截至年底，已开展培训42次，参加培训108人次。同时对核酸检测人员、定点酒店工作人员、乡镇部门流行病学调查人员、学校疫情处置人员、储备流调人员等培训36次，涉及8200余人次。2021年，白朗县卫生服务中心新招录医疗技术人员6人，乡镇卫生院新招录医疗技术人员10人。

【卫生服务体系】 年内，白朗县建立完善以县人民医院为龙头、以乡镇卫生院为支撑、以村卫生室为主的“县＋乡＋村”三级医疗卫生服务体系。

【公共卫生】 1—10月，活产数556人，其中男283人、女273人，住院分娩人数554人，住院分娩率99.6%，高危孕产妇住院分娩100%，5岁以下儿童死亡数9人，死亡率16.7‰，无孕产妇死亡。

年内，以因症就诊、转诊、追踪、因症推荐、接触者检查等多种方式发现病人，全县有结核病病人27例，发现病人时做到“查出必治、治必彻底”，对发现病人实施强化期督导管理，做到发现一例、报告一例、登记一例、管理一例、治疗一例，以有效地控制结核病的传播。

年内，按季度进行随访和疗效评估，随访和疗效评估均达到100%，包虫病“建档立册”率达到100%。乡镇卫生院共发现和登记管理高血压患者2356人、糖尿病患者23人、65岁及以上老年人总数3792人，并开展一季度一次随访，中心对乡镇卫生院高血压管理情况开展2次督导，发现患者服药依从性较差、血压控制率低。共筛查复核诊断重型精神病患者133人，在死因监测网上录入139个死亡病例。

严格按照上级要求，充分利用职能优势，利用各种疾病防治日积极开展专项宣传，针对县域内常见、多见疾病每季度开展健康知识宣传。通过宣传、宣讲等形式，在全县范围内的各所学校、重点行业、场所开展健康素养66条知识宣讲，共悬挂横幅16条，发放宣传单2500张、宣传册1700张、海报500张，发放礼品2500余份。

【人才援藏】 年内，全面实施全国三级医院对口帮扶贫困县级医院工作，开展医疗人才援藏工作，充分发挥援藏对口帮扶力量，深入开展“西藏光明行”活动，由山东省对口支援办公室、山东省第九批援藏干部中心管理组、山东省广播电视台融媒体资讯中心、中华儿慈会瞳爱救助中心共同主办，济南华视眼科医院与济南市第九批援藏干部管理组具体组织实施。在前期筛查工作中，济南华视眼科医院的医疗团队在9天的时间里共筛查11所中心小学、34所幼儿园、11所学前点，筛查学生6931名，查出斜视75人，弱视50人，配镜313副。9月，在援藏医疗队的带领下为88人进行白内障手术，为6835人进行先心病筛查。

【健康扶贫】 年内，持续开展基本医疗有保障“三个一、三合格、三条线”工作，白朗县设有1个公立医院，每个乡镇有1个政府办卫生院，共11个乡镇卫生院，每个行政村设立1个卫生室，共105个村卫生室。白朗县卫生服务中心内设6个科室，每个专业科室至少有1名合格的执业医师、20名执业医师，每个乡镇卫生院至少有1名合格的执业(助理)医师或全科医师。每个村卫生室配备1—2名经过培训的乡村医生或执业(助理)医师，县乡镇卫生院具有执业医师12名、助理医师8名、全科医师1名，共计21名。每个村卫生室配备1—2名经过培训的乡村医生或执业(助理)医师，白朗县配备村医211名；县级医院等级为二级乙等，每个乡镇卫生院应承担基本医疗和基本公共卫生服务，承担常见病、多发病诊急危重症病人初步现场急救和转诊，每个行政村卫生室都设有诊室、治疗室和药房。房屋条件不具备的，可利用现有房屋分区设置，并做到相对独立。承担与其功能相适应的基本医疗卫生服务的要求，村卫生室有诊室、治疗室和药房105个。同时根据中共白朗县委员会、白朗县人民政府关于印发《白朗县实现巩固拓展脱贫攻坚成果同乡村振兴有效衔接工作实施方案》《白朗县关于健全防止返贫致贫动态监测和帮扶机制的实施方案》的通知内容，卫健委积极巩固健康扶贫工作成效同乡村振兴工作有效衔接，进一步落实家庭签约服务和慢性病管理，做好因病致贫返贫对象监测工作，积极提供基本医疗保障和基本公共卫生服务，防止出现因病致贫现象。

【藏医药事业】 年内，继承和发扬民族医学，加快提升乡镇卫生院藏医药服务能力，全面推广藏医适宜技术，11个乡镇藏医馆已全部开设使用，县藏医院推广适宜技术32种，乡镇卫生院推广适宜技术6种。

【基本药物制度】 年内，全面贯彻落实国家基本药物制度和《国家基本药物目录(2018版)》，调整全县基本药物用药目录，县级医院共计使用454种药品(其中西药238种，藏药216种)，乡镇卫生院使用药品403种(其中西药185种，藏药218种)。

【基层卫生】 年内，全面贯彻落实自治区、日喀则市关于基层质量提升的重要指示精神，全面启动2021年“基层医疗卫生能力提升工程”，按照《西藏自治区基层医疗卫生机构评价手册》，积极开展乡镇卫生院能力提升、制度建设、专业优化、人才培养工作，加快推进家庭医生签约服务工作。截至年底，全县11个巡回诊疗责任医生团队充分发挥全民健康体检工作契机，县级医务人员手把

2021年8月26日，白朗县疾控中心工作人员开展7—12周岁儿童大骨节病检查

手指导和亲自上阵，分别对体检人员进行物理体检和全项体检，共体检24148人，团队（家庭医生）签约人数为16909人，巡诊次数为152次，宣传活动次数为214次，受益人达到32996人，发放药品价值5.73万元，发放宣传资料25373份。

【疾病控制】 年内，白朗县严格按照上级疫情防控工作要求，坚持人物技同防不放松，持续抓实抓细各项防控措施。紧盯进入白朗县的重点人群，加强信息共享和情报收集研判，及时掌握入县重点人员信息，第一时间做好人员隔离、核酸检测和健康监测工作，最大限度减少输入风险。截至年底，白朗县无中高风险地区人员进县、返县。

持续加大农贸市场、商场、超市、文化娱乐场所、餐厅等公共场所防控力度，严格落实体温检测、“一米线”间距、佩戴口罩、进行消杀等措施。截至年底，共开展18次联合督查，对白朗县超市、农贸市场、餐饮单位、卫生服务中心、疾控中心、各部门、各乡镇、各乡镇卫生院等重点场所进行排查检查742家次。

严格执行进口冷链食品、国内冷链食品的管控要求，继续全面暂停冷链食品进入白朗县，并加强对进入白朗县的其他非冷链货物的管控。

白朗县疫情防控办联合卫健委、市监局、疾控中心、县医院等相关部门定期不定期开展疫情防控督导检查，特别是在“三大节日”、学校开学、“五一”国际劳动节、中秋节假期等重点时段，对各乡镇、各部门、重点场所“四方责任”落实情况、疫苗接种情况、人物技同防措施落实情况、农牧区防控措施落实情况、重点场所防控措施落实情况、宣传引导等方面进行督导检查，对检查中发现的问题进行现场指导，下发整改意见书70余份。

白朗县先后派出县、乡医务人员15批46人次，公安11批57人次，支援吉隆县、亚东县等开展疫情防控。

按照全县100天的防疫物资储备要求，先后采购一批疫情防控物资。截至年底，白朗县储备的物资有医用防护口罩（N95、KF94等）7267副，一次性医用口罩31850副，医用乳胶手套490双，一次性隔离衣7193套，医用连体防护服2464套，护目镜1046个，防护面罩280个，免洗手消毒液（凝胶型）4589升，医用帽子5650个，一次性鞋套4890双等27个品种，按要求做好相关登记造册和规范使用管理工作，为做好白朗县疫情防控工作奠定了坚实的物资保障基础。

【卫生监督】 医疗机构管理。对单位18家进行3次监督检查，在检查过程中对发现不符合医疗卫生条件及无证上岗等情况进行现场监督并发放卫生监督意见书4份。

公共场所卫生。对辖区各招待所及人口相对密集的其他公共场所11家开展3次公共场所专项执法检查活动33次。重点对公共场所经营单位的各项证件（卫生许可证、从业人员健康证）进行检查，为2家经营单位办理公共场所许可证，为从业人员办理个人健康证182个，其中复审115个。对各场所每季度检查内环境卫生、消毒设施的配备和使用等情况进行检查，公共场所经常监督检查率为100%。

学校卫生。在全县范围内12所中小学开展3次监督检查，经常监督检查率为100%。普遍落实学校卫生校长负责人制，建立健全工作责任制，把学校卫生工作措施分解到岗位，责任明确到人。学校食堂消毒设施更加齐全，卫生状况有明显的进步，2021年上级下发的“双随机”任务已全部完成。

农村饮用水监测。白朗县城市、农村饮用水监测覆盖11个乡镇，设监测点22个，监测丰水期水样数62份。按照自治区卫健委下发的《全区饮用水监测工作方案》通知要求，完成水样62份（城市水6份、农村学校12份、出厂水22份、末梢水22份），完成率为100%，网报率为100%。

职业病。年内，已完成对119家企业的职业病调查，注册71家，网上录入上传119家。

【卫生应急】 年内，开展以“县乡村三级医护人员联动新型冠状病毒感染的肺炎疑似病人处理流程、流调、环境消杀”为主题的大型应急演练2次、小型演练70余次，同时开展核酸检测人员、定点

2021年2月13日，白朗县卫健委组织召开全县医疗机构新冠疫情防控培训会

酒店工作人员、乡镇部门流行病学调查、学校疫情处置、储备流调人员等培训36次，涉及8200余人次。截至年底，共发放藏语和汉语宣传册2万余份，张贴海报300余张，制作疫情明白卡9000余张。

【医政管理】 年内，全县共有医疗卫生机构13家，其中县级医院1家，县级疾控中心1家，乡镇卫生院11家；村卫生室105家；社会医疗机构7家。2021年县级医院诊疗32982人，住院1049人，手术16台次。

【爱国卫生】 年内，进一步提高政治站位，高度重视全民爱国卫生运动，制定《关于白朗县卫健委创建无烟党政机关建设的实施方案》《农村环境卫生综合整治实施方案》，为做好创建控烟单位各项工作，专门成立以主任为组长、副主任为副组长的“无烟党政机关”活动领导小组，下设办公室负责协调各科室相关工作，按照环境保护责任落实到单元格、指定到个人的区域化单元格监管模式运行；成立环境保护自查巡逻小分队，建立环境卫生监管微信群，与各区域负责人签订责任书、立下军令状，形成主要领导亲自抓，分管领导具体抓，上下联动、齐抓共管的新格局，促使卫生系统各单位树立良好的卫生形象，各乡村摒弃环境卫生脏乱差旧貌，焕发出整洁有序的新容貌。

充分利用卫生监督执法职能优势，深入开展一系列监督检查工作，对全县18家医疗机构进行4次监督检查，经常监督检查率为100%，发放卫生监督意见书5份；对辖区各招待所及人口相对密集的11家其他公共场所各开展4次公共场所专项执法检查活动。重点对公共场所经营单位的各项证件（卫生许可证、从业人员健康证）进行检查，为1家经营单位办理公共场所许可证，为从业人员办理个人健康证252个，其中复审80个；对全县范围内12所中小学各开展4次监督检查，经常监督检查率为100%；把白朗县11个乡镇的城市、农村饮用水监测作为监测项目，设监测点22个，监测枯水期、丰水期水样数52份。开展爱国卫生运动周五大扫除活动，集中整治县

2021年10月12日，“鲁藏一家亲 齐鲁医疗高原行”白朗县先心病儿童赴山东免费救治活动召开

2021年3月5日，白朗县卫生健康委员会工作人员开展学雷锋宣传活动

城各小区房前屋后、楼道等杂物乱堆乱放现象，清理杂草、垃圾死角等30余处，与425户临街商铺签订“门前三包”责任书，引导全社会共同关心、支持、参与到环境整治工作中。积极开展城乡环境综合整治行动，严格落实环境卫生网格化管理责任制，在加强日常清洁的基础上，重点对城区主次干道、小区、背街小巷等环境卫生进行专项清理，开展国道、高速铁路沿线环境风貌排查整治工作，各乡镇（特别是国道沿线乡镇）按照既定计划，每周开展2—3次集中清理整治行动。截至年底，累计参加干部群众1500余人次，出动整治车辆60余辆次；严格落实行政执法“三项制度”要求，建立行政执法事前、事中、事后公开机制，规范办理流程、办理时限、监督方式等办案审批程序。出动环境执法车辆20余辆次，执法人员35人次，整治违规渣土运输车辆25次，治理违规越门经营、占道经营、乱倒污水、乱扔垃圾等不文明行为35次，责令限期整改5次，做出行政处罚4件。全县各级学校开展食品安全专项整治，把辖区所有中小学校及幼儿园食堂和周边超市、商店、食品摊贩等各类食品经营户列为检查重点，检查中，共发现14个方面存在的问题，要求相关学校进行限期整改，年底已经全部整改完成。在全县重点场所进行全覆盖检查2次，截至年底，共出动执法人员120余人次，检查食品经营主体518户，查处方便面、面包、辣条、调料等各类过期变质食品25种，重443千克，价值1.34万余元，下发责令整改通知书10份；检查医疗机构16家、化妆品店17家，没收过期药品2种，73盒，医疗器械5种，1089个，下发责令整改通知书8份，没收过期化妆品15种，价值9328元，存在问题单位已经全部整改完成；充分利用“八五”普法、疫情防控、“光盘行动、公筷公勺”、“3·15”国际消费者权益保护日、知识产权宣传周、世界品牌日、2021年食品安全宣传周等宣传节点，深入对企业、商户、学校发放《中华人民共和国食品安全法》《药品知识问答》《如何安全使用化妆品》《中华人民共和国商标法》《禁止传销条例》等藏语和汉语版宣传单4200余份。通过宣传进一步提高经营者和消费者食品安全意识和自我保护意识，督促食品生产经营企业落实食品安全主体职责，加强企业诚信体系建设，倡导诚信经营，进一步营造了爱国卫生活动浓厚的宣传氛围。

（次　旦）

疾病预防控制

【新冠疫情防控】　年内，严格按照上级疫情防控工作要求，坚持人物技同防不放松，持续抓实抓细各项防控措施。加强外来人员管控，加强重点场所管控，加强物流管控，加强督导检查。开展县乡村三级医护人员新型冠状病毒感染的肺炎疑似病人处理流程、流调、环境消杀应急演练3次，开展核酸检测人员、定点酒店工作人员、乡镇部门流行病学调查、学校疫情处置、储备流调人员培训5次，涉及150余人次。共发放藏语和汉语宣传册1万余份，张贴海报300余张。核酸检测采集工作逐渐顺畅、有序，检测工作、地点设置、人员配备、服务保障更加合理。严格按照上级统一部署，满足全县100天的医用防疫物资储备要求，做好相关登记造册和

2021年5月12日，白朗县卫健委组织11个乡镇村医开展新冠疫情防控演练

规范使用管理工作。

【传染病防控】 年内，13个直报用户同一使用CA证书登录传染病网络直报信息系统，完成每月和每季的疫情分析。并在卫生行政部门和中心的组织下召开每季度的疫情分析会，无甲类传染病报告及重大疫情的发生，坚持疫情日报告、零报告制度，按时完成逐级督导，疫情网络审核、查重订正、直报。下发关于加强春季、夏秋开学后学校、托幼机构传染病防控工作的通知、学校卫生相关工作制度、秋冬季学校传染病防控应急预案等通知。

【免疫预防管理】 年内，加强疫苗和冷链运转的管理，提高服务质量，保持高水平常规免疫接种率。以乡村两级为重点，加强农村计划免疫管理工作的规范化建设，提高专业人员的业务素质，加强安全接种的管理力度。开展接种异常反应的登记报告制度。做好入托入学儿童预防接种证查验工作。加强业务学习，提高自身素质。加强对接种门诊的管理，切实把扩大免疫规划工作落到实处。各类疫苗建卡建证率及接种完成情况：建卡建证率达到100%，卡证符合率达到100%，各类疫苗接种率达到99%，每月开展预防接种工作，系统使用率达到100%。新冠疫苗第一针累计接种38798人，第二针接种36325人，第三针接种18029人。

【卫生应急】 年内，在各种疾病防治日积极开展常见、多见疾病健康知识宣传，对各所学校开展健康素养66条知识宣讲，对全县驻村点人员举办包虫病防控知识讲座，通过宣传、宣讲等形式开展健康教育，共悬挂横幅24条，发放宣传单5000张、宣传册1500张、海报800张及礼品3000份。多举措积极应对新型冠状病毒感染的肺炎疫情防控工作，建立组织体系，强化领导分工，加强医用物资储备，做好后勤保障，加强疫情监测，严格应急值守，加强培训，规范疫情处置，宣传科学疫情防控知识，维护社会大局稳定。

【艾滋病及梅毒防治】 年内，在艾滋病防治日开展艾滋防治知识宣讲及宣传，充分调动乡镇卫生院医务人员积极性。并将艾滋病健康教育情况纳入乡镇卫生院年度考核内容。积极开展高危干预措施：在各施工点开展艾滋病防治知识宣传及免费发放宣传册。对外来务工人员、宾馆、招待所、娱乐场所服务人员开展艾滋病高危干预，覆盖250人次，发放宣传材料800份、安全套1000个。严格执行艾滋病检测情况网络报告及患者追踪管理：开展艾滋病自愿咨询检测93人。

【地方病防治】 年内，采集300份家庭盐样，对100个孕妇进行碘缺乏病监测，对食盐进行半定量检测，经检测发现均符合碘含量要求。对200名8—10岁学生进行碘盐营养检测和尿样采集，对32名孕妇进行尿样采集。开展土源性线虫病调查，包虫病病例166例，其中符合手术治疗81例，手术率为100%，药物治疗35例，服药率为99%，不需特殊治疗随访观察50例，每季度对所有病人督导和随访，县卫生服务中心已按季度进行随访和疗效评估，随访和疗效评估均达到100%，包虫病“建档立册”率达到100%，采集犬粪20份。

【公共卫生监测】 年内，医疗机构管理单位经常监督检查率为100%，对辖区各招待所及人口相对密集的公共场所11家各开展4次公共场所专项执法检查活动。重点对公共场所经营单位的各项证件（卫生许可证、从业人员健康证），办理公共场所许可证、从业人员办理个人健康证150个、公共场所经常监督检查率为100%，12所中小学开展4次监督检查共计48次，经常监督检查率为100%。普遍落实学校卫生校长负责人制，建立健全了工作责任制，把学校卫生工作措施分解到岗位，责任明确到人，管理制度也逐步落实。城市、农村饮用水监测覆盖11个乡镇作为监测项目，设监测点27个，监测枯水期、丰水期水样数56份。按照自治区卫健委下发的《全区饮用水监测工作方案》通知要求完成56份（城市水6份、农村学校6份、出厂水22份、末梢水22份）完成率为100%，网报率为100%。“双随机”抽查任务完成率为100%。职业病已完成调查119家、注册71家，网上录入上传119家。

【慢性病防控】 年内，全县有结核病病人43例、系统管理方面接受治疗的结核病病人均实行全程督导管理，发现病人时做到“查出必治、治必彻底”，对发现病人实施强化期督导管理，做到发现一例、报告一例、登记一例、管理一例、治疗一例，有效地控制结核病的传播。兑现结核病人营养费，共发放营养必需品（牛奶、鸡蛋、大米、面粉、砖茶、粉丝、保温瓶等），折合人民币26640元，帮助结核病患者渡过治疗上与生活上的困难。加强学校结核病健康教育工作登记管理高血压患者2426人、糖尿病患者12人、65岁以上老年人总数4531人、在册严重精神障碍患者128人，报告患病率2.87%，规范管理率84.38%，面访率95.31%，服药率82.81%，规范服药率64.84%。开展一系列健康知识讲座及宣传活动，普及健康知识，促进健康白朗建设。

（格桑旺堆）

卫生服务中心

【概况】 白朗县卫生服务中心2018年上级业务部门评审核准为“二级乙等医院”。白朗县卫生服务中心占地面积17000平方米，业务用房面积6223平方米，其中，门诊综合楼1350平方米，住院部综合楼2700平方米，传染科240平方米，藏医部及行政后勤楼1550平方米，妇保站270平方米，其他10777平方米。设有内科、外科、儿科、妇产科、五官科、急诊科、护理部、院感科、藏医科、网络管理科九大科室以及辅助科室设有药剂、检验、CT室、DR（数字化X光射线摄影系统）室、B超室、心电图等。2021年，白朗县卫生服务中心未发生任何医疗事故，急诊的应急能力及抢救危重病人的能力明显提高。

【指标完成】 年内，门诊总人数32982人次。其中，藏医门诊10282人，住院病1049人次，出院病人1049人次，治愈1049人次，治愈率99.3%，病床使用率87.7%，出院病人平均住院6.25日，门诊病历书写合格率95%，住院病历书写合格率96%，入出院诊断符合率98%，无菌手术切口感染率为零。护理指标：护理技术操作合格率100%，基础护理合格率98%，一级护理合格率100%，常规器械消毒合格率100%，一人一针一管执行率100%，院内感染率为零，急救用品完好率97%。开展外科门诊脂肪瘤切除术、肛周脓肿切除术等17例，妇产科门诊结扎术6例。白朗县卫生服务中心健康体检4016人次。其中，僧尼体检217人次，7—15岁3334人次，15岁以上510人次。

【综合服务】 年内，进一步加强医院管理，加快推动医院改革，提高服务质量和运行效率，为人民群众提供安全、有效、方便的基本医疗服务。白朗县卫生服务中心实行基本药品零差价，按照上级医改工作要求，取消药品加成，执行药品零差率销售，同步推进法人治理、人事分配等综合改革、完善医院管理制度。建立健全以聘用制和岗位管理制为重点的人事管理制度，并逐步实行岗位管理。根据医院功能、工作量和现有编制使用情况等，按照国家确定的岗位类别、等级和结构比例，按照有关规定确定岗位，经白朗县卫健委同意，由白朗县人力资源和

2021年11月19日，白朗县卫生服务中心山东援藏专家在科室内举办讲座

社会保障局核准，科学合理确定人员编制。建立健全现代化医院管理制度，健全医疗质量和安全管理制度、人员管理和人才培养制度、绩效考核制度、科研管理制度、后勤管理制度、医联体资源共享制度、信息管理制度等。实行集体领导与分工负责相结合的制度，凡属重大问题都要按照集体领导、会议确定的原则，由党支部委员会集体讨论并作出决定。

【医疗安全防范】 年内，建立医疗安全防范小组、医疗安全管理委员会、医疗安全质量监测小组等组织，各个组织分工明确，做到各项有分工、事事有人管。各组织小组严格按照组织职责开展工作，对事不对人。医疗安全工作管理人员在工作中发现安全隐患苗头或不规范操作情况，及时处理绝不拖延、徇私，哪怕是一点点的问题也要严肃批评，立即监督改正。

建立较完善的医疗质量安全制度体系，如各岗位职责制度、医疗安全管理制度、诊疗管理制度、各临床科室管理工作要点、临床管理制度，做到工作有方向、事事有标准，每个人都知道自己应该做什么、怎么做。各项工作制度执行是关键，制定就严格执行。坚持晚查房，早交班，有明确的患者交接，避免患者无人管。坚持每日查房，充分发挥医疗骨干的作用，及时发现危重病例。严格病案管理，坚决执行国家的病例书写条例，完善病例规范化管理，保存好诊疗过程中的关键文件。制订医疗纠纷预案，及时化解不安全因素。

用知识武装头脑，不仅是业务知识，还有法律法规，依法行医，依法应变，应对复杂的医患关系。以医疗骨干为核心创建安全的诊疗体系，充分发挥医疗骨干作用（查房、会诊、制订诊疗计划、排除危重病例等）。

【学科建设】 年内，为提高以技术含量为主的医疗服务质量，增加医院的优势，提高医院的竞争力，坚持实施重点学科建设，运用先进的科学技术提高医疗水平，白朗县卫生服务中心专科齐全，特色明显，临床各科均有独特优势和技术特长。藏医科是白朗县卫生服务中心特色专科之一。

【人才队伍建设】 年内，白朗县卫

2021年5月2日，白朗县卫生服务中心山东援藏医生及外科医生开展病案分析

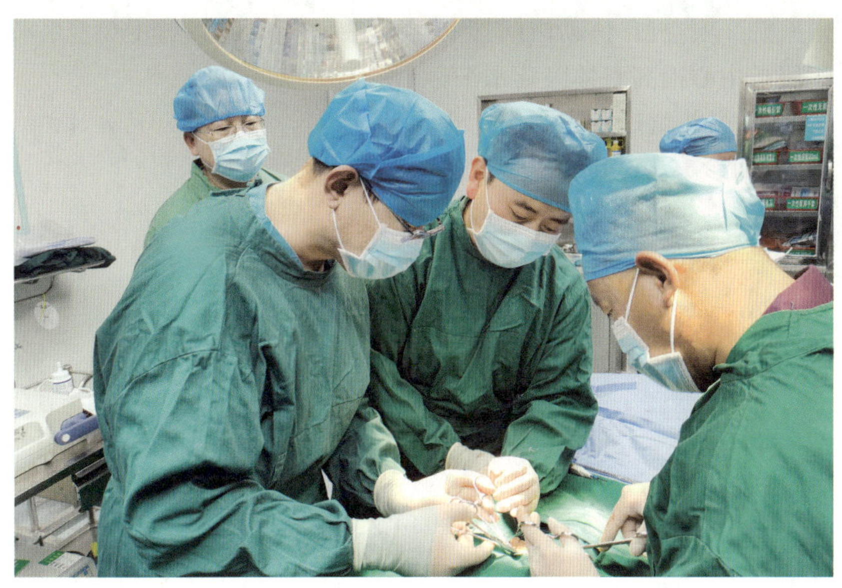
2021年11月13日，山东援藏医生在白朗县卫生服务中心进行手术示教

生服务中心共有职工76名，卫生技术人员71名。正式干部职工51名、合同工2名、公益性岗位人员19名、临时工4名。

完善和建立激励机制，实行季度考核。人才梯队上由学科带头人来带领，以中青年技术骨干为基础和后盾，形成结构合理、素质高的科学建设人才梯队。通过人才骨干考核评估，明确重点培养对象，给重点培养对象压担子，让他们在实践中尽快增长才干。利用三级帮扶有利资源认真开展传、帮、带，经过教学查房、集中学习、病历分析讨论等活动，医务人员的理论技术水平有了显著的提高，共开展教学查房41次、集中学习22次、科室理论学习20次。

【藏医发展】 年内，白朗县卫生服务中心藏医科新建名老中（藏）医诊疗工作室及传承培养办公室。培养本科室的年轻医生，每周三下午专家讲解藏医理论知识，每周五安排本科室医生学习常见病、多发病、疑难杂症的诊疗技术。每年举行6次实践下乡义诊送医送药及1次野外认药活动，并制作紫草油、蛋黄油、仓巴无塞等3种藏药。

【妇幼保健】 年内，采取多种形式在全院范围学习《中华人民共和国母婴保健法》，并进行考核，考核率达100%。在白朗县卫生服务中心门诊及产科设有母婴保护法律知识宣传栏。年内，对前来医院分娩的产妇、高危孕产妇进行产前检查、监测和追踪。医院积极做好母乳喂养知识的宣传工作，对孕产妇进行耐心宣教，讲授孕期、产褥期保健知识及母乳喂养知识。

【“组团式”医疗援藏】 年内，山东省济南市中心医院“组团式”援藏医疗队6名队员，克服高原反应、生活不便等困难，始终坚持“科学援藏、真情援藏、奉献援藏”的理念，结合白朗县实际情况，在医、教、管、护等方面做了开拓创新工作。入西藏以来，开展手术15台次，抢救危重患者12人次，开展教学查房41次、集中学习22次、科室理论学习20次，为白朗县卫生服务中心培养外科、内科、院感与手术室管理、医务骨干13名，制定规范护理规章制度4项、医院感染控制相关规章制度2项，制定护理技能操作考核评

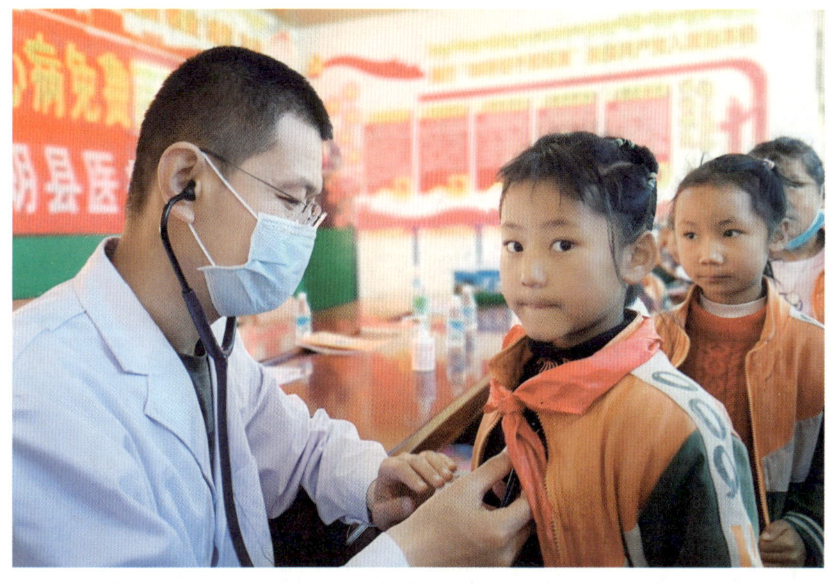
2021年11月19日，白朗县卫生服务中心医务人员到曲奴乡小学开展先心病筛查

分标准2项,建立健全医院管理制度6项,改进医疗流程6个,制订学科发展规划1项,规范病历500余份,开发医疗新技术,填补了医院2项空白,协助白朗县卫生服务中心提高整体医疗水平。为5611名儿童进行先心病免费筛查,确诊12名,其中6名被送至济南市中心医院接受免费手术治疗。

(达娃拉吉)

社会事业

白朗瓜果，分外香甜

白朗年鉴

2022

民政

【概况】 白朗县民政局属于正科级单位，核定行政编制3人，事业编制（白朗县特困人员集中供养服务中心）4人，实有领导3人。2021年有干部职工20人。其中，四级调研员1人，主任科员1人，副科级干部2人，科员1人（从嘎普乡借调），事业人员4人，公益性岗位3人，合同工8人。白朗县民政局负责全县城乡低保、特困供养、儿童福利、残联事业、慈善募捐、婚姻登记、基层政权建设、区划地名和勘界等工作。

【社会救助】 年内，城镇低保12户13人，兑现保障金10.75万元，兑现城镇低保提标金3.12万元；农村低保333户547人，兑现资金共计121.30元，农村低保339户560人（含清退人员），兑现提标金14.77万元。

认真贯彻落实临时救助相关政策，充分发挥临时救助“救急难”作用，对因病、因灾、因学、因突发事件而导致家庭经济生活困难的群众，及时予以救助，让困难群众“求助有门，受助及时”。制定出台《白朗县临时救助“救急难”工作暂行办法》，将临时救助审批权限下放到乡镇，截至年底，针对全县“救急难”群众，从乡镇备用金中救助7.1万元，受益群众69人次，县城临时救助22.35元，受益群众148人次，解决因病、因突发事件等困难家庭的燃眉之急。

严格落实社会救助和保障标准与物价上涨挂钩联动机制，以社会化形式发放困难群众临时价格补贴13.08万元，受益群众739人次。

【儿童福利】 年内，白朗县共有事实无人抚养儿童11人，留守儿童135人，困境儿童114人，家庭寄养儿童6人，此外，白朗县孤儿11人，全部集中到日喀则市儿童福利院供养。按照市财政局《关于下达2021年困难群众救助直达资金预算指标的通知》文件要求，10月，共计发放事实无人抚养儿童基本生活保障金11人6.97万元，共计发放家庭寄养儿童生活补助资金6人7.41万元（每人每月1059元的标准）。7月，白朗县民政局及时兑现2020年7—9月11人事实无人抚养儿童临时价格补贴0.47万余元。

2021年4月17日，白朗县民政局工作人员到东喜乡开展“政策宣讲进村居 关爱儿童无距离”活动

【特困供养】 年内，白朗县共核定特困供养人员83人，其中集中供养24人，分散供养59人，有意愿集中供养率为100%。针对分散特困对象制定出台《白朗县分散特困人员委托照料服务协议》，委托其所在地村委会或亲属进行照料看护，共计发放分散特困生活补助资金59人44.78万元。

【流浪乞讨人员救助管理】 3月，在拉萨出现乞讨的白朗县籍4人，从拉萨接回后8月18日移交到市救助站。9月16日，培训期满后与市救助站签订接回流乞人员协议，接到白朗后主要负责人及乡（镇）主要领导进行开展集中思想教育，结合各自实际进行一对一的教育引导。接回后的4人进行低保救助、残疾补助等。

【基层政权建设】 年内，白朗县共有村务监督委员会111个，成员259名（其中主任105名、委员154名），共兑现2022年村务监督员报酬待遇285.18万余元。

【区划地名和勘界】 年内，根据《西藏自治区关于开展全区第六轮县级行政区域界线联合检查工作实施方案的通知》文件精神，及时开展第六轮县级行政区域界线联合检查。由民政分管副县长带队的联合检查组先后到岗巴县、桑珠孜区等毗邻县区开展行政区域界线联合检查工作，并签订《行政区域界线创建平安边界协议书》《行政区域界线联合检查记录表》《平安边界创建睦邻友好公约》，为促进双方县（区）发展创造稳定的社会环境。

【婚姻登记】 年内，严格按照《中华人民共和国民法典》和《西藏自治区施行〈中华人民共和国婚姻法〉的变通条例》相关规定，依法办理婚姻登记手续。根据机构改革的要求，将婚姻登记窗口移迁至县便民服务大厅，并派遣1名常驻人员。截至年底，共办理婚姻登记405对，其中，结婚登记359对，离婚登记46对；补办结婚登记41对，补办离婚1对。

【慈善事业】 白朗县慈善协会自成立以来，共发展会员1300余人，接受捐赠资金664.61万余元，以“弘扬传统美德，发扬人道主义精神，安老扶孤，济贫解困，帮助社会上不幸的个人和困难群体”为宗旨，开展形式多样的社会救助工作，累计支出扶贫、助学、医疗救助、疫情防控等费用385.99万余元，其中含2021年6月为东喜乡中心小学1名因公牺牲的后勤工作人员慈善救助3万元。

【社会组织】 截至年底，白朗县登记注册社会组织共有6个：白朗县蔬菜生产种植协会、白朗县楚松用水灌溉协会、白朗县青年志愿者协会、旺丹乡氆氇纺织协会、白朗县慈善协会、白朗县嘎东镇帮扶农产品协会。根据日喀则市民政局基层政权科的指导意见，白朗县民政局于2021年5月启动对社会组织的年检工作，督促已经过期的社会团体法人更换登记证书。

【残联事业】 年内，及时督促各乡镇对疑似残疾人进行排查并到县卫生服务中心进行医学鉴定；提醒各乡镇通知辖区内的残疾人及时到县民政局（残联）更换过期残疾证。按照市民政局通知要求，利用5天时间，白朗县民政局联合县卫生服务中心为有需求的9个乡镇33个行政村74名四肢行动不便的重度残疾人开展残疾人评定上门服务，为符合条件的21名残疾人办理残疾证，并发放残疾证，解决实际困难。为进一步加强残疾人康复服务和保障工作，推动“残疾人辅助器具全覆盖”目标，全面开展适配辅助器具等服务，按照市残联要求，向县人民政府请示并提交专项经费购买残疾人康复辅助器具（拐杖、轮椅、腋拐、儿童助行器、护理床等）采购方案，并采购轮椅20辆、拐杖40副、助行器15架、护理床15张、盲杖10根、成人尿不湿100包、儿童尿不湿150包、助听器2个，总价值7.1万余元。并举行重度残疾人辅助器具发放仪式。

白朗县民政局积极向济南市第九批援藏管理中心白朗小组争取40余万元的残疾人辅助器具，并开展发放第一批辅助器具活

2021年6月19日，白朗县民政局（残联）举行重度残疾人辅助器具发放仪式

动。8 月，联合市残联为白朗县 3 个乡镇开展“康复四送”服务活动，为 17 名残疾人发放助听器并进行配对。统计 1114 名残疾人的社保卡号等相关信息，并兑现残疾人两项补贴金 262.8 万元（其中困难残疾 1114 人，补助标准为每人每年 1200 元；重度残疾 538 人，补贴标准为每人每年 2400 元），全部以社会化形式发放。严重精神障碍患者的监护人“以奖代补”形式发放补贴资金 0.72 万元，每人每年 2400 元。

（德　庆）

人力资源和社会保障

【社会保障】 年内，白朗县人力资源和社会保障局深入贯彻落实社保基金扩面征缴政策，重点做好城乡居民养老保险死亡人员继续领取养老金的清理和稽核工作，全年城乡居民基本养老保险实现参保登记 23138 人，参保率达 96% 以上，核实享受待遇死亡人员 321 人，领取待遇 4765 人。年内，全县失业、工伤、机关事业单位养老保险、企业养老保险参保人数分别达到 1157 人、1896 人、1635 人、276 人。

年内，白朗县人力资源和社会保障局严格贯彻落实内控管理办法，执行社会保险经办风险管理要求，调整充实社会保险经办风险管理专项领导小组，落实社保基金要情报告制度，确保各项社会保险基金可持续健康运行。

【人才培育】 年内，为深入推动脱贫攻坚同乡村振兴有效衔接，立足劳务市场发展需求，依托白朗县诺尔林职业技能培训学校、产业园区等社会办学机构和相关企业，共计组织开展技能培训 9 期，培训 1777 人，技能鉴定合格率达 97% 以上，完成年度目标任务的 100%，培训后整体就业率达 87% 以上，投入培训资金 147 万元。其中，开展实用技能培训 1 期（农作物栽培技术、畜禽养殖）214 人；委托 20 余家小微企业、扶贫车间、农牧民专业合作社、民族手工艺坊开展“以工代训”3 期，培训 620 人。成功举办首届“珠峰工匠”技能大赛，共计 160 名选手参赛，大赛分设 4 个赛区进行。

【劳动关系管理】 年内，根据《西藏自治区人力资源和社会保障厅关于印发〈西藏自治区劳动人事争议仲裁庭建设标准〉〈西藏自治区劳动人事争议仲裁工作人员统一着装的规定〉的通知》，完成白朗县劳动仲裁庭改造及办公设备采购工作。聚焦防范和化解欠薪群体性事件风险，年初从财政预算中设立应急周转资金 200 万元，完成《保障农民工工资支付条例》（2020 年 5 月 1 日起执行）藏文翻译工作。

年内，坚持劳动人事争议仲裁“红黄绿三盏灯”工作模式，发挥根治拖欠农民工工资工作联席会议办公室职能作用，受理上访案件 27 起，涉及劳动者 157 人，涉及资金 336 万元，结案率达 100%。63 家施工企业递交民工工资保函证明（保函资金 1279 万元），2 家施工企业缴纳民工工资保证金 9 万元，审核相关资料后向 17 家企业退还民工工资保证金 169 万元，利息 5250 元。对“用工实名制管理制度全覆盖、工程建设领域人工费用与其他工程款分账管理全覆盖、分包企业委托总承包企业直接发放工资制度全覆盖、工资保证金制度和第三方保函制度全覆盖、工资支付监控

2021年7月14日，白朗县举办2021年现场招聘会

2021年4月22日，白朗县劳动监察大队工作人员到珠峰农业科技博览园开展“双拖欠”矛盾纠纷排查

信息系统全覆盖”等系列制度落实情况进行专项督查30余场次，检查用人单位200余家、劳动者1000余人，对未实现“按月足额支付民工工资”的施工企业下达劳动保障监察责令整改书2份。

【就业创业】 年内，加强组织工作体系建设，健全完善县、乡、村、户转移就业“四长”工作联动机制，形成层层推进、层层落实的组织工作体系和工作局面。研究制定《白朗县加快农牧民转移就业促进农牧民增收实施方案》，深化转移就业奖补机制，激励劳务派遣公司、农牧民专合组织、村居劳务经纪人等市场主体在劳务市场调解中发挥能动性作用。年内，全县实现劳务输出18521人，创收2.12亿元，区外就业81人，组织化转移就业11113人，组织化程度达到60%。政府投资400万元以下且当地农牧民施工队承建开工项目26个，总用工量达409人，本地用工量达340人，占政府投资400万元以下项目用工总量的83.13%。年内，建设转移就业基地市级基地9家（市级5家、县级4家），基地吸纳就业620人，为促进更多群众不离乡不离土融入白朗产业发展、实现稳定就业提供了良好平台。

年内，坚持高校毕业生就业创业政策导向，落实高校毕业生就业结对帮扶机制，按照县级干部包保2名大学生、科级干部包保1名大学生的要求，完成298名干部（市级干部3人、县级干部71人、科级干部224人）与393名（其中升学、辍学、延期毕业共计13人）高校毕业生就业创业结对帮扶工作，以“一对一”形式推荐岗位1000余个，通过开展高校毕业生“4321”结对帮扶、“五进一送”政策宣讲、高校毕业生现场招聘会等活动，就业374人（其中13人为延期毕业、辍学及死亡人员），就业率达95.4%。7月，召开白朗县2021年度高校毕业生招聘会，成功邀请16家用人单位参加招聘会，开发就业岗位117个，达成就业意愿83人，为6家县直部门公益性岗位招录7名大学生，为2个乡镇招录2名基层服务平台工作人员。年内，为5名高校毕业生兑现就业创业补贴30万元。

【失业调控】 年内，坚持把失业调控和增加就业岗位作为促进转移就业工作的重要抓手，以政府购买服务的方式开发公益性岗位，优先解决城镇失业人员再就业问题，积极对接劳务市场，开拓就业岗位471个。截至年底，全县城镇失业登记率控制在2.5%以内。

【工资福利】 年内，核算事业和工勤人员正常晋升426人（其中副高3人、中级34人、初级238人、员级与工勤人员128人、管理岗位23人），核算事业岗位聘任工资63人、核算退休金11人、核算“三支一扶”工作人员工作生活补贴24人。

【信息化建设】 年内，按照自治区、市、县信息化建设相关要求，加快各类系统的推广使用，如企业职工养老保险系统、机关事业单位养老保险系统、城乡居民养老保险系统、就业信息系统、劳动关系管理信息系统、事业单位人事管理平台、人事工资数据库管理系统等，极大方便人社局各项业务工作的开展，提高工作效率。

【农民工管理】 年内，积极开展劳动保障法律法规宣传，利用综治宣传月、专题法治宣传日、“3·15”

国际消费者权益日等节点，开展劳动政策法规宣讲，发放《劳动保障监察条例》《劳动保障监察服务指南》等宣传资料，进一步增强农民工的依法维权意识。加强对建筑领域农民工用工管理的指导和服务，督促有用工主体资格的用人单位与农民工本人签订劳动合同，建立农民工维权窗口，公布维权电话，畅通农牧民诉求反映渠道，及时依法维护农民工正当权益。

（索朗塔杰）

行政审批 便民服务

【概况】 白朗县行政审批和便民服务局于2019年3月20日正式挂牌成立，正科级建制，核定行政编制3名，部门领导3名，部门领导2名。2019年7月10日，白朗县政务服务中心完成第一批入驻单位7家，设立7个窗口；2020年6月22日，维修改造升级后完成第二批入驻单位11家（其中企业2家），设立18个窗口。2021年，白朗县政务服务中心进驻19家单位，设立25个办事窗口，可办事项118项。白朗县行政审批和便民服务局贯彻落实党中央关于行政审批和便民服务工作的方针政策及自治区党委、市委、县委的各项决策部署，在履行职责过程中，坚持和加强县委对行政审批和便民服务工作的统一领导。

【简政放权】 年内，白朗县行政审批和便民服务局负责该县承接、落实国务院和自治区、市人民政府下放或取消的行政审批事项，市人民政府下放行政职权事项工作。根据《西藏自治区"减证便民"专项行动工作方案》以及市人民政府关于向社会公布的证明事项保留清单和证明事项取消清单内容，与各部门沟通，取消证明91项。

年内，白朗县行政审批和便民服务局为贯彻落实告知承诺制审批改革，优化营商环境，根据《国务院关于深化"证照分离"改革进一步激发市场主体发展活力的通知》《国务院办公厅关于服务"六稳""六保"进一步做好"放管服"改革有关工作的意见》《全国深化"放管服"改革优化营商环境电视电话会议重点任务分工方案》文件要求，充分结合白朗县实际，并沟通涉及部门，将白朗县证明事项改为告知承诺制，政府网站共公布2次，发布11个审批服务事项、26份证明材料，其中，第一批次公布7个审批服务事项的9份证明材料，第一批、第二批次公布4个审批服务事项的17份证明材料。

【制度建设】 年内，白朗县政务服务中心注重制度建设，坚持以制度管人管事，进一步完善《白朗县政务服务中心管理制度（试行）》，其中包括《人员管理制度》《人员行为规范制度》《白朗县政务服务中心首问负责制度》等17项基本制度。切实将落实岗位责任、转变工作作风做到实处，努力锻造出一支思路新、业务精、服务优、作风实、自律严、形象佳的政务服务队伍。持续创新工作模式，建立健全便民服务"红黑榜"机制，接受群众监督，对评价结果进行公开通报，通过红榜表扬、黑榜批评的模式，提升窗口工作人员获得感和竞争力，增强业务办理时效性。

【监督体系建设】 年内，为确保

2021年8月26日，白朗县政务服务中心召开"服务之星"表彰暨上半年工作总结会

政务服务工作正常运行，各类事项得到充分发挥，服务水平不断提升，政务服务中心积极借鉴、深入调研，认真总结各窗口、各岗位在办理服务事项中的好经验、好做法，围绕办事群众的需求，整合服务措施，完善服务功能，在原有的《白朗县政务服务中心管理办法》上进一步补充修订，制定一套切实可行的、适合政务服务中心管理的制度，对各项基本工作做出明确规定。进一步规范服务中心运行、评议政务服务质量等方面的制度，为加强政务服务提供制度保障。白朗县行政审批和便民服务局聚焦重点工作，健全完善政务服务工作监督考核办法和政务服务督查评价机制，形成用制度管人、管事的常态化机制。灵活运用现场巡查、回访核查、监控录像等手段，加强对白朗县政务服务中心的巡查。积极拓宽监督渠道，设立业务投诉意见箱。

【政务服务】 年内，为切实提高服务质量和水平，以推动主题教育成果转化为契机，扎实开展政务服务中心“服务之星”评比活动，根据群众满意度、事项办结率、出勤率等基础性数据，对服务窗口、窗口工作人员进行评比，通过评比活动带动更多窗口人员转变工作作风。

年内，为不断提升党员干部能力素质，利用每周三下午6：30以后的时间开办“六点课堂”学习班，以政治理论、行政审批制度改革、便民服务标准化规范化、互联网+便民服务、业务办理、制度学习、服务礼仪等为专题，进行集中学习、交流研讨。着力营造良好氛围，打造多功能党员活动室，制作特色党建墙，不断增强党员身份意识和责任人意识。

年内，白朗县政务服务中心实体大厅各窗口办件总量为25041件，办结率100%；网上办件量共为75668件，办结率100%；好差评方面：好评75592条，无差评；电子证照录入方面：电子证照签发12821个，为加快政务服务电子化和网络化，打通数据壁垒，实现数据信息共享共用奠定基础。

【便民服务】 年内，政务服务中心积极探索构建“一站式”政务服务体系，全力拓宽行政审批绿色通道，按照手续从简、办事从快、服务从优的原则，为军人和残疾人等特殊群体、特别事项开辟“绿色通道”，可依法优先办理各项业务；运用“预约受理”“不打烊服务”等机制，最大限度满足群众的办事需求。让企业和群众必须到现场办理的事项力争“只进一扇门，最多跑一次”，经与保险公司协商，政务服务中心设立保险窗口，为企业和办事群众提供保险服务；针对高海拔地区群众办理通行证业务不方便问题，与窗口协商后，开通预约服务、延时服务和节假日提供志愿服务，利用“警综平台”，只凭借一张有效的居民身份证就能办理边境通行证，使群众少跑腿；白朗县行政审批和便民服务局与卫健委主要领导沟通后，在政务服务大厅卫健委窗口办理健康证，切实保障群众办事少跑腿。

年内，为积极推行“西藏自治区工程建设项目审批管理系统”，与房屋建筑和市政基础设施工程建设项目有关的审批事项，一律在该系统内办理，真正做到平台之外无审批，同时，中心设有自助电脑可进行网上申报营业执照和施工许可证，并安排专人负责指

2021年10月18日，白朗县行政审批和便民服务局窗口骨干人员参加政务服务系统业务人员综合能力提升赴山东培训班，图为参班人员合影

导。经与县发改委协商，项目概算批复将在中心审批室集中定点办理。

年内，全力打造“智慧行政审批、高效便民服务”党建品牌，推进行政审批和便民服务提质增效，让服务更贴心、更温暖，建立“上门服务”“帮办代办”等便民服务机制，设立便民服务先锋，提供上门服务、代办服务、延时服务。

（曲尼措姆）

2021年7月30日，白朗县退役军人事务局组织双拥成员单位集体观看——2021最美拥军人物发布仪式

退役军人事务

【概况】 白朗县退役军人事务局是县人民政府工作部门，为正科级单位。白朗县退役军人事务局主要职责是做好退役军人就业创业扶持、走访慰问、政策落实、帮扶解困、矛盾化解、双拥建设、优抚资金落实、褒扬纪念等工作。

【服务保障】 年内，做好全县伤残人员伤残证换证工作，通过积极联系伤残人员本人，做好伤残佐证材料的收集和整理，并及时报送上级业务部门；对部分乡镇退役军人服务站的政治文化环境建设、“五有”建设、服务管理工作进行调研，并顺利迎接自治区级交叉考核组林芝市退役军人事务局、昌都市退役军人事务局对白朗县县、乡两级退役军人服务中心（站）的考核验收工作；配合自治区退役军人事务厅服务中心做好2021年“退役士兵大走访”活动调研，同时以党史学习教育为契机，开展“我为群众办实事”活动，对部分退役军人家庭进行入户走访，与退役军人贴心交流，宣传政策，询问家庭生产生活情况，调研期间走访退役军人；做好退役军人事务援藏受援需求的上报工作，根据上级业务部门要求，积极与山东省济南市退役军人事务局联系沟通，争取到办公设备援助资金22万元，用于购置电脑、打印机、复印机等相关办公设备。极大地完善全县县、乡两级退役军人服务中心（站）基础设施建设，为迎接国家示范型退役军人服务中心（站）省级交叉考核打下坚实基础。针对2019年以来“八一”慰问农村籍退役军人资金出现的重复领取、非农村籍退役军人身份领取等现象，开展“八一”农村籍退役军人慰问金核查工作。为认真贯彻落实《西藏自治区退役军人事务厅推进优待对象财政补贴实施细则（试行）》文件精神，开展全县重点优抚对象系统录入确认工作。

【政策保障】 年内，开展“3·11”宪法修正3周年纪念日、“4·15”全民国家安全教育日、“9·18”全民国防教育日、“9·26”民族团结进步日等街头普法宣传活动，通过制作宣传横幅、发放宣传手册等方式，重点宣传《中华人民共和国国防教育法》《中华人民共和国退役军人保障法》《中华人民共和国兵役法》等法律法规，全年共发放宣传资料700余份。

【优抚安置】 年内，通过认真核实全县重点优抚对象人数，及时发放2021年度重点优抚对象抚恤金及60岁以上农村籍退役士兵生活补助。做好2020年度退役士兵、士官家属优待金及就业一次性经济补助发放工作。认真落实重点优抚对象医疗救助相关政策，兑现重点优抚对象医疗保障金。

【双拥工作】 年内，组织干部职工代表、师生代表、驻地部队代表在清明节期间到市烈士陵园开展清

2021年9月30日，白朗县退役军人事务局组织县驻地部队代表、干部代表、青少年学生代表到日喀则市烈士陵园开展烈士祭奠活动

明烈士祭扫活动；开展“老兵永远跟党走·把党的关爱送到老兵心中”主题慰问活动，为全县退役军人老党员、生活困难退役军人党员、烈属发放慰问金。开展庆祝中国共产党成立100周年暨西藏和平解放70周年慰问伤残军人活动，由县政府分管领导带队到白朗县3个乡镇，对伤残军人开展入户走访慰问活动，并发放慰问资金。联合县税务局、市场监督管理局在“七一”建党节期间开展入户送政策双拥活动，为巴扎乡一名退役军人入户宣讲就业创业优惠政策、税收减免政策、特定行业市场经营政策等，受到退役军人的好评。在“八一”建军节活动期间，由县委主要领导带队，对全县驻军部队开展慰问，同时还组织全县11个乡镇召开座谈会，对县辖区范围内的农村籍退役军人开展慰问，并发放慰问物资。积极配合县委宣传部、县教育局、县武装部等双拥成员单位开展“重走长征路、永远跟党走”红色教育徒步体验活动，通过组织县中学200名学生代表徒步行走6千米，并在目的地“扎营”开展听讲红色故事、唱响红色歌曲、集体军训等活动。以双拥工作领导小组的名义，在全县双拥单位中开展学习《中华人民共和国退役军人保障法》及线上答题、学习全国爱国拥军模范拉齐尼·巴依卡个人事迹等活动，在全县范围内掀起学法、学事迹的热潮。7月30日、10月9日，分别组织所有双拥成员单位观看全国第三届“最美拥军人物”以及“闪亮的名字——2021最美退役军人”发布仪式，通过观看“最美拥军人物”和“最美退役军人”发布仪式，提升全县双拥成员单位做好双拥工作的意识。做好2021年“9·30”烈士纪念日公祭活动。组织全县干部职工代表、驻地部队代表、师生代表27人到日喀则市烈士陵园开展烈士纪念日公祭活动。同时对全县“三属”人员进行慰问，并送去慰问金。

（王起龙）

民族宗教

【概况】 2021年，白朗县常住民族共有51938人，其中藏族49982人，占全县总人口的96.2%；其他民族1956人，占全县总人口的3.8%。

【民族政策落实】 年内，实施中央财政扶持少数民族发展项目2个，分别为牛羊绒深加工项目，投资238.4万元；白朗县嘎东镇马义村集中安置点防洪坝加固工程项目，总投资50.89万元。中央财政健康茶推广资金项目日喀则乡土苗木繁育及应用示范工程，总投资172.679万元。实施健康茶推广普及工程，为白朗县农牧民群众和城镇户51145人发放健康茶153.4吨。

【民族事务管理】 年内，着力提升民族事务治理体系和治理能力现代化水平，促进民族工作法治化水平，深入贯彻落实民族区域自治法、《西藏自治区民族团结进步模范区创建条例》等有关法律法规，用法律来保障民族团结；突出铸牢中华民族共同体意识的鲜明导向，把民族团结内容纳入乡规民约、村规民约、寺规僧约中，县乡人大每年开展1次民族政策及法律法规执行情况监督检查，听取1次工作汇报。

建立健全民族事务治理体制机制，健全完善民族工作领导体制，形成党委统一领导、人大依法监督、政府全面负责、相关部门密切配合、全社会通力合作的民族工作格局；县委常委会、政府常务会议每年专题研究民族团结进步创建工作；县委、县政府把民族团结进步创建纳入地方经济社会发展总体规划；把铸牢中华民族共同体意识纳入党政领导班子和领导干部政绩考核内容和巡察重点事项。

全力保障公民合法权益，深入实施“八五”普法，加强对各级干部进行法律法规培训，推动运用法治思维和法治方式治理民族事务；全面推进乡镇司法所建设，健全和完善矛盾纠纷多元化解机制，坚决杜绝在执法、审判、公证、法律服务、医疗、教育等方面出现影响民族团结的现象。

2021年6月2日，白朗县民族宗教事务局创建办组织开展民族团结进步日“百年华诞　团结奋进　共建白朗”签名活动

【民族文化传承发展】 年内，大力促进文化交流交融，在“3·28”西藏百万农奴解放纪念日、“6·2”民族团结进步日、中国共产党成立100周年庆祝大会等重大节日里，组织各族群众共同表演观看藏戏、谐钦、卓舞等中华优秀传统文艺节目，在“三大节日”期间，组织各族群众开展共庆“我们的节日”系列活动，促进各民族优秀传统文化互相交流交融。

【民族政策宣传】 年内，突出宣传主题，学习宣传中央民族工作会议精神，深入宣传习近平总书记关于铸牢中华民族共同体意识的重要论述、铸牢中华民族共同体意识的核心要义、“六个必然要求”、“四个正确把握”、“十二个必须”重要思想。

融入发展格局，坚持“三个赋予一个有利于”，把民族团结宣传教育任务纳入各级党政部门的职责任务里，融入落实“四件大事”上来，形成各级各部门推动业务工作与民族团结宣传教育齐抓共管工作合力。

改进宣传方式，深入推进民族团结“九进”活动，利用9月民族团结宣传月、“6·2”民族团结进步日、“五下乡”等宣传教育载体，结合“3·28”西藏百万农奴解放纪念日、农牧民运动会等，充分利用传统媒体和新兴媒体，累计开展各类活动320场次，张贴悬挂宣传（LED）标语2600余条，发放宣传资料1.2万余份，受教育群众15万余人次，确保宣传教育覆盖面、知晓率达到100%。

2021年6月2日，白朗县开展日喀则市第5个民族团结进步日集中宣传活动

【民族团结进步创建活动】 年内，县委、县政府着眼全面加强党对民族工作的领导，及时调整充

实工作领导小组，明确主体责任，压实工作任务，细化工作内容，定期召开民族团结进步创建工作领导小组会议，全面推动工作落实。

加强资金保障，把经费纳入县级财政年度预算，投入创建办专项资金31万元，为民族团结创建工作奠定坚实基础。加强人力保障，成立以县委书记、县委副书记、县长为组长，县委常委、分管副县长为副组长的创建民族团结模范区工作领导小组，把相关行业部门的主要领导纳入领导小组成员里，明确工作职责，建立工作领导小组办公室，配备业务能力强、工作积极主动的4名干部具体承担办公室工作，为做好创建工作奠定坚实的人力基础。强化示范带动，扎实深入开展民族团结进步模范区创建“九进”（进机关、进乡镇、进村庄、进寺庙、进学校、进企业、进景区、进家庭、进军营）活动，挂牌命名县级示范点32个，洛江镇和县行政审批和便民服务局被命名为自治区级民族团结进步模范单位。

（旦木真）

乡村振兴

【概况】 2021年5月31日，白朗县乡村振兴局举行挂牌仪式，属政府下属正科级行政管理单位。2021年，有干部职工8人，党员3人，其中行政在编人员3人，“三支一扶”人员4人，公益性岗位1人。2021年，白朗县围绕巩固拓展脱贫攻坚成果同乡村振兴有效衔接的工作部署，严格按照“四个不摘”和过渡期的要求，紧扣“三个落实”，不断优化帮扶政策，强化工作衔接，抓实抓细防贫监测帮扶，各项工作有序推进。

【统筹资金】 年内，纳入白朗县统筹整合资金范围的资金原规模有23722.28万元，年初和中期调整的整合资金共计12562.57万元（其中，中央财政统筹整合资金9875.05万元，自治区财政统筹整合资金2187.52万元，县本级统筹整合资金500万元）。在年初整合方案的基础上调整及新增资金869.76万元（其中，中央财政资金710.47万元，自治区级财政资金159.29万元）。

【特色产业发展】 国家专项扶持资金1亿元，到位资金5700万元。为扎实推进国家现代农业产业园建设，用好国家专项扶持资金，白朗县根据产业发展情况及中央财政奖补资金情况，对资金使用方案做了调整，根据《西藏自治区农业农村厅关于调整白朗县国家现代农业产业园中央财政奖补资金使用方案的批复》，5700万元已拨付完成。第二批国家奖补资金4300万元于2021年9月17日到位，已支付912.2万元。国家八部委下发《关于公布第二批国家农业绿色发展先行区名单的通知》，白朗县被列为第二批国家农业绿色发展先行区。根据农业农村部办公厅关于印发《农业绿色发展先行先试支撑体系建设管理办法（试行）的通知》，编制白朗县农业绿色发展先行先试支撑体系建设方案，总投资2484万元，建设年限为2019—2021年。2020年年底与中国科学院签订战略合作协议，并签订固定观测试验站建设协议。截至年底，已落实扶持资金1584万元，固定观测试验站建设已完成，其余1000万元扶持资金用于青稞、蔬菜扶持。

【易地扶贫搬迁】 年内，根据《新时期易地扶贫搬迁工作百问百答》文件和《日喀则市自然资源局关于进一步加快推进农村宅基地确权登记发证有关问题的通知》，完成全县521户易地扶贫搬迁安置房不动产权证颁证工作，完成率100%。

4月21日，开展易地扶贫搬迁拆旧复垦应拆部分验收工作，总体验收通过率达51%。5月18日，下发《关于白朗县易地扶贫搬迁旧房拆除有关事宜的补充通知》，明确保留部分拆除期限和拆旧复垦工作措施。186户应拆部分中130户已完成拆除通过验收，15户已复垦复绿，复垦复绿面积为5亩，56户未拆除。

通过扶贫整合资金，嘎普乡塔叶村集中安置点德久卡垫农牧民专业合作社项目落实投资资金100万元，年底该项目已完工，能够带动搬迁群众及全村富余劳动力20人。

通过网络招聘和现场招聘形式，结合搬迁户岗位需求全力开发就业岗位，使全县易地扶贫搬迁户就业1620人次。2021年召开4次领导小组会议，累计投资

3173.59万元。400万元以下项目全部交由本地施工企业组织实施，解决就近就便就业35人次，预计增收0.7万元。

白朗县杜琼乡党精村防洪坝等5个集中安置点基础配套设施建设项目落实投资资金638.61万元，已竣工验收并投入使用；白朗县洛江镇扎林村和嘎东镇白雪村集中安置点道路延伸项目落实投资资金484.5万元，已竣工验收并投入使用；洛江镇扎林村等5个集中安置点幼儿园建设项目落实投资资金1500万元，已竣工验收并投入使用。

【十项提升工程】 年内，完善基础设施"补短板"，牢牢抓住乡村建设、美丽宜居村庄建设契机，以普惠性、基础性、兜底性民生建设为重点，把农村道路畅通、农村防汛抗旱、供水保障、村级综合服务设施提升、农房质量安全、农村人居环境整治作为主攻方向，精心谋划旺丹乡桑巴村、曲奴乡团结新村、嘎东镇阿亚村等一批突出地域特色、乡村特点的建设项目，投资7000余万元的嘎东镇扎西村、帕嘎村、巴扎乡恰仓村、彭仓村乡村振兴示范村建设项目处于建设阶段。对"六类人员"住房安全实行动态监测管理，年内，排查发现存在轻度安全隐患房屋150户，按照"发现一户改造一户"的原则，已全部上报上级部门争取资金，资金落实后全面改造完成并投入使用。为确保农村饮水工程长期有效正常运行，满足群众日常用水需求，对全县11个乡镇农村饮水运行及管理情况开展全面排查，投资9.7万元，及时解决8个村的机井设备故障、管道冻破等问题。

【教育扶贫】 年内，加大控辍保学力度，无辍学情况发生。有残疾学生88名，其中54名随班就读，为34名因病因残未入学适龄儿童开展"送教上门"。为2020—2021学年建档立卡脱贫户家庭139名大学生资助73.2万元。联系爱心企业为40名2021年考上大学的建档立卡脱贫户及监测户学生发放奖学金8万元。

【健康扶贫】 将民政局低保边缘户89户、329人及脱贫不稳定户99户、329人和边缘易致贫户41户、172人全部纳入低收入对象，2022年将享受定额资助参保(每人288元)，同时享受医疗救助相关政策。另外未纳入低收入人口监测范围的稳定脱贫户已全部按标准退出，不再享受医疗救助相关政策。

【转移就业】 年内，开展技能培训8期，培训建档立卡贫困劳动力3356人，开拓就业岗位471个，全县农牧民转移就业18209人，创收2.02亿元，组织转移就业11096人，政府投资400万元以下项目26个用工量409人，其中本地用工量达340人，占用工总量的83.13%。

【社会帮扶】 年内，泓德基金管理有限公司和阳光融汇资本投资有限公司向白朗县捐赠8.86万元，用于改善玛乡小学的体育器材，增添小学生文体活动，并向2021年考上大学的40名建档立卡脱贫户及监测户"三类人员"大学生每人捐赠2000元梦想奖学金。

【政策兜底】 年内，为有特殊困难的79人兑现各项资金44.78万元，为333户547人农村低保对象兑现保障金121.299万余元(11月17日兑现第四季度农村低保

2021年9月3日，白朗县巩固拓展脱贫攻坚成果同乡村振兴有效衔接工作专题部署会召开

金30.18万元)；兑现2020年7—9月农村低保价格临时补贴7.04万元；兑现农村低保336户554人(含上半年清退人员)低保提标金14.77万元。为13户14人城镇低保户兑现保障金10.75万元；发放临时救助金24.85万元，受益群众达38户195人次；兑现无人抚养儿童生活补助69667.92元。

【消费帮扶】 年内，全面支持企业消费扶贫产品销售及农副产品销售情况，指导11家扶贫企业完成网上注册，枸杞、果蔬、青稞面等11种农副产品被认定为全国扶贫产品，4家企业入驻“832”平台、全国社会扶贫网西藏特色展馆、西藏游等网上销售平台。白朗县工会结合消费扶贫工作开展慰问干部职工服务工作3次，采购产品7种，惠及“种养加”和民族手工业等企业5家，慰问服务干部职工1525人次，实现消费扶贫带动本地企业增收91.26万元，拓展白朗县7家企业的扶贫产品销售渠道，为巩固脱贫攻坚成果提供有力支撑。

【农村低收入人口常态化帮扶】 年内，白朗县城乡低收入人员共有512户969人，其中城乡低保346户561人，特困77户79人，城乡低保边缘(易返贫致贫)对象89户329人，根据日喀则市财政局关于下达2021年城镇支出型困难低保边缘人员慰问资金预算指标的通知，对白朗县城镇支出型困难低保边缘人员9户22人开展慰问活动，慰问资金标准每人1000元，共计2.2万元。

【返贫监测】 年内，全县累计纳入防止返贫监测对象140户501人，109户369人风险已消除，对剩余31户132人持续进行监测和帮扶。

(孙松松)

乡（镇）概况

雄壮的斗牛现场

白朗年鉴

2022

洛江镇

【概况】 洛江原名“洛布琼孜”，意为“宝凤翅尖”。镇机关位于白朗县城所在地，距离日喀则市中心49千米，东南与江孜县热索乡毗邻，与巴扎乡、嘎东镇、强堆乡、杜琼乡接壤，以传统种植业为主，交通便利，环境优美。洛江镇总面积161.93平方千米，人口密度为41.43人/平方千米，是全县11个乡镇中行政村最多的镇，下辖洛江、党如、恰嘎、雪布、宗下、门措、扎林、拉贵、唐党、罗林、康萨、聂布、则嘎、彭果、帮康15个行政村和2个自然村，平均海拔3900米。全镇有耕地面积2157.61公顷，草场面积11411.07公顷，荒山荒沙地造林面积89.5公顷，农作物播种面积2157公顷。

洛江镇共有1116户7165人，共有104个联户单元104名户长。全镇共有23个党支部，正式党员487人（机关党支部40人，卫生支部4人，寺管会支部5人，农牧民党员438人），预备党员12人（乡村振兴专干11人，农牧民1人），入党积极分子12人（农牧民12人）。镇政府内设4个事业机构（农牧综合服务中心、文化服务中心、卫生服务中心和后勤服务中心），共有事业编制28名。

2021年9月15日，洛江镇理论中心组第二十八次学习会暨《中共中央关于党的百年奋斗重大成就和历史经验的决议》专题学习会召开

【经济发展】 年内，洛江镇经济总收入23201.02万元，同比增长6%。其中，第一产业收入9245.27万元，同比增长4.5%；第二产业收入4120.48万元，同比增长9.2%；第三产业收入9835.27万元，同比增长6%。农牧民人均可支配收入19424元，同比增长7%；现金收入7769元，占人均可支配总收入40%。坚持狠抓粮食增产，总播种面积19000亩，青稞单播种植面积14000亩，总产量882.5万公斤；蔬菜种植收入275万元，村集体分红30余万元；牛羊存栏21582头（只、匹），黄牛改良1826头，动物疫苗接种、驱虫率达100%。

【队伍建设】 年内，深入开展党史学习教育，通过组织理论中心组、“三会一课”、党史宣讲等开展学习120余次，开展党史学习教育专题研讨9次，党支部书记讲党课32次，撰写研讨、交流材料210份。抓基层党建制度化，建立健全《驻村干部、乡村振兴专干与村干部“结对帮学”制度》《驻村管理制度》《乡村振兴专干管理制度》，与15个村党支部签订党建目标化管理责任书，先后召开3次党建工作专题会、5次党建工作推进会、7次党委专题会，解决重点难点问题18件，各项责任全面压实。制定《洛江镇2021年发展党员工作计划》，培养积极分子3名、发展对象4名、预备党员22名；抓党员管理制度化，严格落实“三会一课”、主题党日、党员“三包”等制度，全力做好离退休党员、流动党员服务工作，推动党员队伍教育管理全面进步。抓组织体系建设标准化，选优配强党支部书记15人，“两委”委员81名，其中“两委”交叉任职45人，占班子成员总数55.56%；实行“一肩挑”5人，占村党组织书记总数33.3%；“两委”班子中女性干部21人，占总数的25.9%。

抓支部建设标准化，建立一对一、多对一村干部国家通用语言“结对帮学”制度，村“两委”班子使用国家通用语言文字取得显著成效，并组织11名村主干参加区外轮训任务。抓组织生活人性化，广泛开展“政治生日”活动，在党员政治生日当天，送一张贺卡、谈一次心声、送一份纪念礼物，增强党员干部的归属感和亲情感，并坚持实行一日一记的“工作日志”制度，增强干部的荣誉感和责任感。抓廉政建设规范化，强化对工程建设、政府采购、扶贫及社会保障等重点领域和关键环节的监督和管理，分管干部与办公室工作人员谈心谈话、双向监督成为常态。实行阳光财务，及时做到“三公”经费在镇（村）级政务公开常态化。抓“一岗双责”常态化，进一步明晰内设机构的工作职责，转变工作方式方法，切实加大监督力度；加强廉政学习教育，学习违纪违规案例8次，观看廉政警示教育片5次，挺纪在前，有效筑牢干部职工拒腐防变思想防线。

【医疗卫生】 年内，按照《洛江镇新型冠状病毒感染的肺炎疫情联防联控工作实施方案》以及“外防输入、内防扩散”防控策略，落实疫情防控包保责任，做到疫情防控与经济社会发展两不误。镇辖区12岁以上群众新冠疫苗完全接种达5108人，除因病不能接种人员外，能接种人员接种率达100%，乡村医护人员新冠疫苗接种33人，接种率100%。全镇城乡居民医疗保险参保率为95%，建档立卡人员的参保率为100%。

【生态环保】 年内，开展“清四乱”整治行动，制定完善《洛江镇城乡环境综合治理工作方案》《洛江镇城乡环境综合整治管理办法》，围绕农村治乱堆乱放、乱圈乱占等问题现象，开展河湖、道路、沙场等环境检查35次。强化督促整治，截至年底，发现乱堆乱放132处，督促整改50次。动用人力4000余人次、机械车辆180余辆次，清理固态垃圾80余吨，清理河道漂浮物50余吨。开展人居环境整治行动，组织辖区人大代表对全镇村级环境卫生整治情况进行联合督导检查，对镇辖区内固体废弃物违规处置、河道垃圾清运等做全面排查和整改，并组织各村支部书记参与实地考察评比。开展人畜分离试点行动，按照先易后难、先小村后大村的原则，将相对基础较好的拉贵、聂布、宗下3个村作为人畜分离试点村，修建牛圈18个，总面积2880平方米，入圈数达500头。开展“河长制”责任落实，进一步压实镇（村）河长责任，切实推动巡河工作常态化运行。落实生态文明建设和环境保护工作“党政同责、一岗双责”，大力推进镇域水、土壤防治，不断加强乡村级饮用水水源地管护、河道采沙整治及水生态保护。

2021年8月11日，洛江镇医疗健康志愿服务队联合镇卫生院开展义务就医咨询服务

【社会民生】 年内，稳固医疗资源保障，持续开展包虫病和“三病”筛查救治，努力缩小城乡基本卫生与健康服务差距，医疗保险资金收缴率100%。推动房屋改造提升，“四类对象”（48户）住房改造与房屋新建已全部完成，第一次、第二次房屋改造补助资金（34.405万元）全部兑现，危房改造脱贫攻坚三年行动农户档案信息检索系统和核验系统均已录入完成。2021年临时救助县级贫困户5户49000元，镇级2户3000

2021年9月28日，洛江镇开展“美丽中国 青春行动”活动，组织人员打扫年楚河沿线卫生

元，共救助 52000 元；为农村分散特困人员 9 户 10 人发放生活补助共 75900 元；为农村低保 6 户 11 人，低保僧尼 11 户 11 人发放低保金共 68364.4 元；为重点优抚对象 13 人发放抚恤金共 31101.1 元，伤残 1 人发放抚恤金共 78119 元。加快城镇居民养老保险征收，全镇应参保人数 3446 人，实际参保 3266 人，完成缴费人数 3266 人，共计征缴基金 653500 元。新增 60 岁以上享受待遇老人（1961 年出生）67 人，完成 2021 年 60 岁以上享受待遇老人生存认证工作。实现劳务输入稳步增长，农牧民转移就业已上系统 2607 人，达 5047 人次，同比增长 14%，实现增收 4559.19 万元，同比增长 2%。城乡居民养老历史数据全部完成修改。完成退役军人个人信息登记工作，初步完成退役军人服务站标准化建设。

【教育工作】 年内，完善控辍保学机制，优化教育资源配置，建成并投入使用幼儿园 5 所，新成立村级教学点 3 个，全镇适龄幼儿入园率达到 100%，适龄少年入学率达到 100%，小学适龄儿童入学率达到 100%，巩固率达 100%，辖区内无童工、流浪乞讨人员以及适龄儿童滞留寺庙现象。

【特色产业】 年内，致力实现产业规模化，紧紧围绕“抓产业促脱贫”这条主线，在现有产业基础上再提升改造，坚持“政府主导、市场主体、科技支撑、金融扶持、群众参与”的发展模式，坚持“园区＋龙头企业＋合作社＋建档立卡贫困户”的经营组织方式，培育“珠峰有机蔬菜”县城核心区，重点打造万亩有机果蔬基地，通过完善“项目土地流转、贫困人口转化为园区产业工人、产业带动”等多种利益联结机制，把贫困户绑在产业链上，产业扶贫成效显著。

全镇已注册登记各类合作社 63 家，包括国家级合作社 1 家、自治区级 2 家、市级 8 家，落实国家扶持资金 460 万元。其中，养殖类 16 家，种植类 11 家，手工类 18 家，加工类 11 家，服务类 3 家，公益类 4 家；村集体领办的 24 家，正式运作产业类 14 家，已实现分红合作社共 11 家，分红金额达 60 万元。民族手工业注册企业达 76 家，实现销售总收入 1023.45 万元；各种机械、车辆 6164 辆，实现运输业收入 2488.47 万元；注册建筑施工队

2021年5月20日，洛江镇召开“安全生产十五条措施”专题学习会议

84家，新增建筑资质施工队16家，实现收入1691.1万元。镇私营企业已发展到89家，实现收入1817.1万元，助力当地就业106人。清产核资工作进展顺利，完成15个行政村的清产核资，包括账本填写、报表核对、系统录入、公示公告落实和台账备份工作，统计新增资产共327项，总价值20850864元，其中，经营性资产37个，价值3210404.4元。

加大脱贫群众外出务工服务跟踪，外出务工170人，同比增长10%。加强动态监测和排查，全镇脱贫人口有86户309人，2021年新增边缘户3户10人，共有7户27人。其中，边缘易致贫户5户17人，脱贫不稳定户2户10人。通过产业就业、龙头企业拉动就业、项目建设带动就业，贫困人口转化为园区产业工人等多种方式，把贫困户绑在产业链上，确保有劳动能力的贫困人口全就业，人人有活干、月月有收入。

【乡村振兴】 年内，着力提升脱贫质量，将产业、就业、教育、生态与乡村振兴有效衔接，保证脱贫的质量与可持续性发展。坚持发展产业强基础，调整优化扶贫产业结构，延伸农业产业链、提升价值链、完善利益链，健全联农带农强农有效激励机制，多方式构建紧密的利益联结机制，让农民多分享产业融合发展带来的增值收益。促进就业稳增收，通过产业就业、龙头企业及乡村车间拉动就业、项目建设带动就业等多种途径，确保有劳动能力的贫困人口全就业、人人有活干、月月有收入。推进农业绿色发展，持续开展人居环境整治系列活动，继续抓好村级生活垃圾、生活污水处理，深化农村“厕所革命”。建立并落实人居环境整治的长效机制，提高农村环境卫生水平。因村制宜建设美丽乡村，推动村容村貌从整洁向生态宜居转变。

（杨永明）

嘎东镇

【概况】 嘎东镇位于年楚河中游，白朗县境内，为白朗县年楚河流域中最大的乡镇。嘎东镇相邻日喀则市甲措雄乡，距日喀则市40千米，离县城16千米，平均海拔3880米，全年平均降水量300毫米，属于高原温带半干旱型气候，以农业为主的半农半牧镇，属典型的高原性气候。嘎东镇无霜日期在128天左右，属于平原型土壤，土地肥沃，农田灌溉充足，国家投资修建的团结水渠，总长24千米，贯穿嘎东镇16千米，覆盖10个村的17000多亩农田及林草地；20世纪70年代修建的宗萨干渠同样发挥着积极作用。经过近几年农业综合开发，嘎东镇整体基础设施配备相对齐全，农业产业结构趋于合理。

嘎东镇下辖14个行政村和5个自然村。全镇共有1357户8609人。全镇共14个村民委员会，村“两委”班子人数82人，全镇总面积14.03756352平方千米，其中耕地面积20926亩，总草场面积206345.37亩。

【经济发展】 年内，全年实现全镇经济总量265895261.9元，同比增长13%；工资性收入36388649.5元，同比增长14.7%；经营性收入218452403.9元，同比增长10.5%；财产性收入3337018元，同比增长0.3%；转移性收入7717190.5元，农牧民人均纯收入21714.53元，同比增长14.8%。

全镇合作社由镇党委、政府牵头，以“公司+党支部+合作社+农户”的运行模式，建立具有生产、供销、信用“三位一体”服务功能的农民合作经济组织体系。有白朗县嘎吉都宗种植农民专业合作社、白朗县聚丰种植养殖农民专业合作社、马义村蔬菜种植合作社、嘎东镇亚温村养羊合作社，阿亚村、吉雄村、白雪村养牛合作社等。嘎东镇发展产业“四合兴农”新模式，带动全镇14个行政村1357户群众增产增收。盘活种植养殖合作社5家，截至年底，合作社解决长期就业28人，实现分红380余万元，实现10万元以上收入的村集体经济组织4个。

加快推动农牧业高质量发展，扎实做好夏季粮食作物种植和畜牧业规模养殖户培育发展。全镇耕地面积20926亩。其中，完成一、二级种子田4400亩，试种藏青3000种子田2000亩，良种繁育基地6500亩，全程机械化作业托管6000亩，合作社流转土地1300亩，一般农田726亩，2021年全镇青稞产量540万公斤；全镇生态补偿面积206345亩，兑现生态补偿资金412690元；制定完善畜牧产业发展规划，全镇牲畜30786头，其中，大畜8969头，小畜21817只，全面完成黄牛改良2810头，年底大畜存栏9124头，出栏831头；小畜存栏22445只，出栏2589只。全面落实国家各项惠农政策，累计发放农业种植补贴、农机具等惠农补贴250万元。

2021年6月18日，白朗县嘎东镇第十五届人民代表大会第一次会议第一次全体大会召开

【队伍建设】 年内，嘎东镇核定行政编制18名；事业编制21名，其中农牧综合服务中心13名，文化服务中心5名，机关后勤服务中心3名，嘎东镇实有人员34名。有干部15名，其中正科级领导干部3名，副科级领导干部4名，副科级非领导干部5名，一般干部3名。

【医疗卫生】 年内，巩固完善基本药物制度，排查过期药物，保证农牧民放心用药。充分利用民族医药特色优势，提升藏医药服务能力。加强妇幼卫生和优生优育工作，保证孕妇在分娩周期得到有效保障。城乡居民基本养老保险、基本医疗保险实现全覆盖，年度城乡居民基本养老保险参保人数3784人，参保率达90%；基本医疗保险参保人数8059人，参保率达98.40%。

【生态环保】 年内，全面开展农村牧区人居环境整治行动，深入开展农村人居环境治理，14个村完成治理，农村改厕完成167座；兑现补助资金33.4万元；全面推行环卫一体化，以环境敏感区、主要交通干线为重点，综合整治道路24条，清理积存垃圾2500余吨，排查整治非正规垃圾堆点14处，修建垃圾收购点15个，惠及群众9000余人。

2021年6月17日，中国共产党嘎东镇党员大会第二次全体会议召开

【社会民生】 年内，城乡居民基本养老保险、基本医疗保险实现全覆盖，城乡居民基本养老保险参保人数3784人，参保率达90%；基本医疗保险参保人数8059人，参保率达98.40%。全年累计发放两类保险补助资金182.9783万元。精准对接安排生态补偿岗位430个，兑现生态岗位补偿金150.5万元，发放困难群众小额信贷款121万元；实施住房提升改造工程45户，兑现提升改造资金68万元；着力“教育帮扶”，

2021年8月17日，嘎东镇开展以“美化家园环境，共建和谐家乡”为主题的党员志愿服务活动

全年累计助学37人，兑现助学金15.8497万元；实时关注弱势群体，帮助困难群众消除返贫致贫风险因素，扶持城乡居民最低生活保障政策23户72人，累计兑现低保金14.8906万元。深入推进文化惠民供给，综合文化活动中心实现全覆盖，举办各类群众文化活动60余场，惠及群众2万余人。

【教育工作】 年内，认真组织好每周一次的“磨课”，通过多种形式的“磨课”，锻炼、成长了一批教师。通过学习、交流、总结、反思等系列活动，教师的观念得到更新，知识得到丰富，理论水平得到提升，真正做到学以致用，学有所长。老师们确立“三人教育”的育人理念，树立“以人为本、育人为本”的思想。全体教师将理论联系到实际教学工作中，解放思想，更新观念，丰富知识，提高能力。2021年考入其他省市西藏班4人，全校教学总成绩保持全县第三名。

【特色产业】 年内，按照“产业兴旺、生态宜居、乡风文明、治理有效、生活富裕”的总要求，打好绿色能源牌、绿色食品牌和健康生活目的“三张牌”，建立健全城乡融合发展体制机制和政策体系，统筹推进农村经济建设、政治建设、文化建设、社会建设、生态文明建设和党的建设，加快推进乡村治理体系和治理能力现代化，加快推进种植养殖业现代化、规模化。全镇共种植青稞14800亩，建成优质青稞种植基地6500亩，扶持发展规模化良种种植合作社1家，辐射全镇农户810户；积极打造亚温村规模化养羊合作社1家；成立阿亚村、白雪村、吉雄村养牛合作社3家；实施阿亚村、马义村、扎西村蔬菜种植基地3家，种植蔬菜品种15个，打造嘎东镇“四合兴农”发展新路子。

【乡村振兴】 年内，积极争取高标准农田项目资金2900余万元，推进扎西、帕嘎、热康、嘎夏琼村高标准农田建设1.03万亩；积极争取交通道路修建资金290万元，推进实施拉玉至白雪村级水泥硬化道路1.5千米；积极争取马义村乡村振兴资金2400万元，铺设柏油路25千米，安装路灯30盏，美化、绿化面积3600平方米。

（李 旋）

巴扎乡

【概况】 巴扎乡距白朗县城15千米、距日喀则市区34千米，横穿国道349，平均海拔3890米。全乡共有13个行政村，分别为党杰村、拉东村、玉堆村、堆村、查吾冲村、那嘎村、乃琼村、巴扎村、冲堆村、金嘎村、彭仓村、恰仓村、扎西村。2021年，全乡有842户6140人，党员432名，村“两委”干部68人。乡域面积137平方千米，其中土地确权面积26915.96亩，实播面积17325亩，实施草畜平衡奖励面积107605亩，牲畜总数18646头（只、匹），草畜平衡面积占可利用草场面积的100%。

2021年，乡机关共有行政编制19名，核定领导11名；事业编制20名（农牧综合服务中心9名，文化服务中心7名，便民服务中心4名）；格培林寺管会编制7名，乡派出所编制6名，卫生院编制9名，乡小学编制52名；全乡实有干部职工45名（含借调11名），其中藏族干部36人、汉族干部9人，党员26人（党组织关系在巴扎乡的）；乡卫生院共有干部职工13人，其中企业合同工1名，公益性岗位6名，在编事业干部6名。

【经济发展】 2021年全乡共有842户，6140人，农村经济总收入15724.31万元。农牧民人均可支配收入20915.33元，比2020年增长15.54%。转移农村剩余劳动力就业2070人4100人次，创收2442万元。全乡13家运行良好的合作社实现社员分红349.7万元。

【队伍建设】 年内，全乡解决群众热点、难点问题38件，顺利完成村“两委”换届工作。全乡13个行政村选举产生64名村“两委”班子成员，其中新进22人，留任42人，新任班子成员平均年龄41.8岁，初中及以上学历占58.4%，11个行政村支部书记、村主任实现“一肩挑”。落实党委主体责任，做好重大事项部署落实，坚持民主集中制，制定《巴扎乡“三重一大”决策制度实施细则》等制度，严格落实“三会一课”制度，严肃认真开好班子民主生活会，开展批评与自我批评。每月开展一次形式多样的党员志愿者服务活动及主题党日活动，每月15日前收缴党费，组织党员“七一”过集体政治生日。严格党员发展程序，共发展预备党员12名，预备党员转正6名，选派村主干区外轮训11人次。抓好村干部国家通用语言文字教育工作，及时制订实施方案，通过驻村干部、乡村振兴专干与村干部结对帮学制度，以“夜校学、集中学、以会代训学”等方式开展每周不少于5个学时的线下学习。制定《巴扎乡财务管理实施细则（试行）》，进一步严肃乡、村两级财经纪律，规范财务管理行为，防止“微腐败”出现。强化廉政警示教育，坚持用身边事教育身边人，通报典型案例25次，观看警示教育片15场次。

2021年12月24日，白朗年河青稞良种供销农民专业合作社年度分红大会暨创新农业现代化经验交流现场会召开

【医疗卫生】 截至年底，乡卫生院门诊11009人次，为门诊、住院、普通病人建档立卡，用医保系统结算，兑现住院分娩奖励113730元。在重大疾病筛查工作方面，0—6岁先天性心脏病初筛268人，阳性体征13人，结核病5人。2021年开展巡回诊疗12次，已完成建档立卡贫困人员、重点人群以及慢性病人员的家庭医生签约、随访等服务。疫情防控工作方面，新冠疫苗共接种11036人。其中，第一剂次4574人，第二剂次4462人，第三剂次2000人。

【生态环保】 年内，巴扎乡形成党委指导、政府负责、人大监督、全民参与的良好格局。采用“日清扫、周集中、月评比、季通报、年奖惩”的模式多措并举全方位开展环境卫生整治工作。充分利用微信、乡村广播、召开座谈会等方式对党员干部、群众、寺庙僧尼、学生等群体开展环境卫生保护知识宣讲，与乡政府所在地商铺签订“门前四包”责任书，走村入户宣讲，与每户签订“牲畜管理承诺书”。建立健全环境保护责任机制。每季度开展一次排名通报，年底对得分情况进行汇总，干得好的给予适当的奖励，干得差的进行通报批评，形成以制度管人，用制度监督、靠制度推进的良好态势。压实生态岗位人员主体责任与党员领导干部的监督责任，充分利用乡村保洁员、公厕管理员等生态岗位人员开展环境卫生整治工作。2011年，结合主题党日、党员志愿服务活动对辖区乱

2021年3月9日，白朗县人社局到巴扎乡开展“五进一送”宣讲活动

堆乱放、乱圈乱占、乱扔乱倒行为进行专项整治14次，清理垃圾20余吨。寺庙、学校、村庄每周进行不少于2次集中清扫工作，环卫车每周一、三、五定期对辖区内垃圾进行收集转运，全年共清理生活垃圾500余吨，治理乱堆乱放点50余处，清理乱圈乱占10余处，开展路面清洗4次，疏通公厕2座，清理生活垃圾堆放点11处。

【社会民生】 年内，充分利用高校毕业生微信群及乡村两级就业信息“直通车”宣传栏，以及采取集中宣讲和入户宣讲等多种形式广泛宣传各类高校毕业生就业创业奖补相关政策、分享公考及各类企业招聘信息，教育引导学生及家长转变传统就业观念。严格落实“4321”结对帮扶机制，鼓励引导未就业高校毕业生通过市场就业、应征入伍、区外就业、自主创业、参与大学生基层岗位成长计划等方式，多渠道实现充分就业，巴扎乡共有2022年应届毕业生46名，其中建档立卡贫困户高校毕业生2名，均未毕业。2021年，全乡有农牧民劳动力3174人，其中男1750人、女1424人，劳动力转移就业2070人，4100人次，创收2442万元，其中，建档立卡贫困户104人。技能培训共计开展37人，其中厨师1人、SYB（创办你的企业）12人、维修电工9人、钢筋工11人、建筑油漆工4人。

年内，参保人数5266人，征缴资金56.362万元，参保率为95.06%。群众非住院发生的门诊费用乡政府收集后按时上报县行业部门统一报销。参加城乡居民养老保险3029人，征缴资金61.26万元，为全乡555名养老人员发放养老资金12.7246万元。

年内，全乡共有9名农村特困供养人员。其中8名分散特困供养人员，1名集中供养特困供养人员。对8名分散特困供养人员兑现生活补助资金60720元、兑现护理补助6400元。有救助户2户，发放救助资金13000元。有事实无人抚养儿童2名，为他们兑现生活补助13879.2元。清退农村最低生活保障对象4户5人，为83名残疾人员发放83套残疾人辅助器具。

【教育工作】 巴扎乡中心小学占地面积为37940平方米，建筑面积8199平方米。学校有教师53

2021年6月25日，山东省济南市援藏干部到巴扎乡彭仓村督导乡村振兴示范点项目推进情况

人，其中小学专任教师37人，幼儿专教16人，在职教师中党员教师30人。小学本科学历教师30人，小学大专学历教师7人，学历合格率为100%，副高级教师6人，一级教师20人，二级教师7人，三级教师4人。幼儿园专任教师16人，其中本科学历12人，大专学历4人，学历合格率100%，二级教师8人，三级教师4人。有小学在校生680人，“三包生”678人，“送教上门”4人。随班就读2名，共计18个教学班，每个年级各3个班级，一年级110人，二年级118人，三年级116人，四年级102人，五年级115人，六年级119人。有幼儿在校生276人。

【特色产业】 全乡17家合作社采取“党支部+合作社+农户”的运营模式，将党的组织建设深度嵌入村集体产业之中。年内，拉东村娟姗奶牛养殖农民专业合作社为58户社员分红9.9万元，兑现人员工资13.99万元，发放慰问品价值2.34万元，为6名先进工作者颁发奖金0.3万元。彭仓村良心蔬菜农民专业合作社社员分红7.14万元，兑现人员工资15.11万元。青稞良种合作社累计销售青稞种子117万公斤，实现增收727万元。2021年，拉东村娟姗奶牛养殖农民专业合作社被评为国家农民合作社示范社。

【乡村振兴】 年内，严格落实“四个不摘”要求：摘帽不摘责任，防止松劲懈怠；摘帽不摘政策，防止急刹车；摘帽不摘帮扶，保持帮扶责任不变，防止一撤了之；摘帽不摘监管，对脱贫人口加强跟踪监测，防止贫困反弹。确保现有政策的连续性，在延续执行的基础上，适度向低收入人口延伸。健全防贫动态监测和帮扶机制。坚持事前预防和事后帮扶相结合，健全完善防止返贫致贫监测和帮扶机制，对脱贫不稳定户、边缘易致贫户，因学、因病、因残、因灾、因意外事故等刚性支出较大或收入大幅缩减导致基本生活出现严重困难的家庭，分析原因、建立台账，定期检查、动态管理，将其全部纳入监测范畴，灵活运用产业帮扶、技能培训、劳务协作、综合保障性帮扶和专合组织、村集体经济、扶贫车间等吸收带动，以及社会帮扶、结对帮扶和生态补偿岗位吸纳等有效措施，“一人一策”加强精准帮扶、实现动态清零。紧盯“三保障”和饮水安全动态出现的薄弱环节，落实工作责任。健全控辍保学工作机制，落实控辍保学“双线”责任，深化“送教上门”服务和随班就读工作，完善督政督学和评估监测机制，确保除身体原因不具备学习条件外，脱贫家庭义务教育阶段适龄儿童少年不失学辍学。

（扎西旦真）

玛乡

【概况】 玛乡位于白朗县城南部，距日喀则市76千米，距县城26千米，乡政府驻地索康村，全乡平均海拔4119米。玛乡北接曲奴乡，南与旺丹乡相邻，西与者下乡接壤，东与杜琼乡毗邻，地势由东南向西北倾斜，东南为夷平面，西北为丘陵地带，白者公路贯穿全乡，交通便利。全乡总面积191.66平方千米，其中耕地面积1.34万亩，林地面积5.34万亩，草场面积23.17万亩，是一个以农业为主的半农半牧乡。全乡下辖11个行政村、27个自然村，总户数781户，总人口5045人，其中农业人口775户4951人，总劳动力2621人。

【经济发展】 年内，玛乡粮食作物播种面积9899.55亩。其中，青稞9199.5亩，小麦700.05亩。经济作物3100.35亩，全乡农林牧业总产值达3954.89万元，其中，农业产值3422.82万元，林业产值38.53万元，牧业产值493.54万元。农村居民人均可支配收入达18086.16元。随着合作社建设工作的深入推进，全乡经济结构已得到大幅改进和优化，从以前的零散承包种植、分散养殖、传统耕种模式等逐步发展为集中养殖、种植和机械化、科学化种植。截至年底，全乡共有养殖合作社4家，手工艺编制合作社2家，饲草种植合作社1家，农机合作社2家。

【队伍建设】 年内，按照县委关于乡、村两级党组织换届工作的部署要求，有序完成乡村两级班子队伍换届工作，产生新一届乡党委班子9名，村“两委”班子成员62名，村务监督委员会成员28名，

2021年8月17日，玛乡工作人员协同县水利局、第三方工作人员开展干渠修建摸排工作

乡、村两级新班子实现年轻化、知识化，班子结构得到优化，整体功能明显提升。扎实推进村干部国家通用语言文字教育培训，灵活运用“7+2”帮学模式，全乡干部、驻村工作队和村干部结成帮学对子，先后开展基础知识和巩固提升学习培训450余场次，开展“一对一”“一对多”帮学211次，开展通用语言主题演讲比赛5次、理论测试8次，国家通用语言文字教育培训成效明显。

始终把全面从严治党要求落实到党员队伍管理中，把严管厚爱贯彻到党员队伍建设中，以开展党史学习教育为契机，组织党员群众学习习近平新时代中国特色社会主义思想、党的历史，引导党员坚定理想信念，增强党性修养，教育党员旗帜鲜明讲政治。加强党员日常管理，督促党员自觉参加党内政治生活、严格落实民主生活会等基本制度；充分发挥党建示范引领作用，充分调动党员积极性，在产业发展、义务植树、防洪抢险等工作中党员带头冲锋陷阵，赢得群众一致好评，开展党员志愿帮扶活动34场次；乡党委切实把发展党员作为党建工作的基础性工作，从思想根源、发展途径、培养方式、发展程序等方面多维度切入，突出政治标准，狠抓教育培训、流程规范，不断改进发展党员的工作方法，全面提升发展党员工作质效，强化责任落实，把发展党员工作纳入党建工作责任制，严格按照5个阶段、25项流程要求执行发展党员培养过程，党员队伍数量与质量得到“双提升”。整合各类资源，大力开展专业技能培训，组织18名群众参加电工、装载机、挖掘机等培训，培育更多的专业人才。

【医疗卫生】 年内，玛乡设卫生院1所，各行政村设立村级卫生医疗所，每所配备2名村医。通过乡、村两级宣讲人员的力量，集中宣讲包虫病防治、新冠疫情防控、城乡居民医疗保险相关政策24场次，针对孤寡老人、残疾人和长期慢性病人员入户宣讲11次，发放宣传手册11份，应急广播播放防疫政策知识14次。针对乡卫生院、乡政府、派出所、住宅、村卫生室、村委会、寺庙、幼儿园、超市、茶馆等场所开展病毒消杀工作，共开展62次。以“应种尽种、能种尽种”的原则，持续推进疫苗接种工作，接种第一针人数为3699人，接种第二针人数为3314人，第三种接种人数为2316人。全乡共开展巡回医疗活动24次，为全乡农牧民群众免费体检，受惠人数达到4300余人。

【生态环保】 年内，动员农牧民群众每周五积极参与环境卫生整治行动，按照城乡发展一体化要求，因地制宜健全农村生活垃圾户收集、村集中、乡转运的收运处理体系。积极探索农村改厕新模式，因地制宜开展“厕所革命”，全面消除脏乱差的局面，全面消除“无厕户”。把家庭环境卫生作为“五星户”“先进双联户”等先进典型创建评选的重要指标之一，引导广大群众养成文明健康生活习惯；全力推进生态村建设工作，加强村庄绿化美化建设，改善农村生态环境。以“四旁植树”为契机，充分利用村庄自然条件，坚持自然、乡土、经济的原则，增加村旁、宅旁、路旁、水旁、庭院以及村口和公共活动空间等空闲地的绿化量，持续提高全乡植被覆盖率。2021年累计种植苗木1.42万株，成活率达75%；发挥党员志愿服务队、乡村两级“河湖长”“林长”

作用，深入开展造林绿化活动和河道、林地管理整治工作，定期开展水源点、河道、水渠水塘、林地等重点领域白色垃圾清洁行动，切实把“两山”理念转化成保护生态环境的生动实践。建立乡总河长每季度至少巡河1次，乡级河长每月至少巡河1次，村级河长每周至少巡河1次的长效机制，开展沙、石、砖厂（场）专项整治活动4次，涉及相关厂（场）子8家，其中关停违规开采经营的有4家，对生态环境造成影响并限期整改的有4家。

2021年12月23日，玛乡第十五届人民代表大会第二次会议第一次全体会议（开幕式）召开

【社会民生】 年内，全乡完成劳务输出1987人，实现创收1992.91万元，其中有组织输出1182人；35名应届高校毕业生就业率达100%。为26户65名农村低保对象发放低保金2.64万元，为40户40名僧尼发放低保金2.8万元，对8户因病、因残、因灾等各种特殊原因造成基本生活出现暂时困难的家庭发放临时救助金6.2万元。

实现自来水进户，为确保饮水安全，玛乡11个行政村水源点均已完成水质检测工作，加强日常管理及保护，定期开展水源地、管道安全排查工作，及时处理因水量不足、管道破损造成的供水不足的问题。自2018年白者公路修建完成，有效改善全乡交通出行条件，全力推行“路长制”，定期开展巡路工作，及时发现交通道路中存在的安全隐患，确保广大农牧民群众出行安全；投资1357万元，惠及5个行政村的玛乡干渠建成并投入使用，玛水库、甲措水塘等维修工程有序实施，全乡灌溉能力进一步增强。

【教育工作】 年内，全乡有1所中心小学，5所村级幼儿园（1所新设立），35名专职教师（其中8名幼儿园老师），20名临时工，在校学生743人（其中幼儿园254人）。高度重视校园安全及周边环境的整治工作，加强对小学以及幼儿园的人员管理、周边环境监督检查，做到措施具体，责任明确，营造良好的教育教学环境。积极控辍保学，义务教育阶段学生入学率达100%，为23名2021年考上大学的学生发放奖（助）学金2.3万元，为3名贫困大学生争取助学金1.1万元，为乡中心小学争取价值0.8万余元的体育器材。严格落实“三包”政策，加大对“三包”经费的监督和管理。

【特色产业】 年内，坚持以农牧民为主体，以“党支部＋合作社＋农户”“合作社＋基地＋农户”的组织方式，大力发展藏鸡养殖、娟姗牛养殖、饲草种植、绵羊养殖、民族手工业等有一定基础的优势产业，发挥党组织和党员先锋模范作用，确保达到“五个100%”的要求。

健全完善合作社指导员制度、生产销售管理制度，完善资产财务管理制度、盈余分配制度、议事制度、社财务公开制度等，推动专合组织规范化、科学化运营。坚持标准，依律依规建立合作社，完善合作社管理运行台账，对合作社经营状况、经营质量落实好监测，进一步规范农民专业合作社组织行为。

加大对村党支部书记（兼任合作社管理员）、财务人员、种植养殖技术员等人员的培训力度，进一步提高相关人员对合作社的服务能力和经营管理水平。鼓励农民工、大中专毕业生、退伍军人、科技人员等返乡下乡创业，创办以股份经济合作社为主的新型农业经营主体，进一步提高产业组织化服务水平。2021年吉定村波布孜唐藏鸡养殖合作社和旺学村南迦农民专业合作社藏鸡养殖规模进一步扩大，分别达到1200羽和1800羽，年收入超过10万元，打响藏鸡蛋品牌；土故村夏佳思饲草种植合作社投入运行，实现年收入5.5万元；桑顿村娟姗牛养殖合作社、厅卓村民族手工业合作社有效运营。

【乡村振兴】 年内，大力推广“藏青2000”“喜马拉22号”等优质青稞品种、田间管理技术、机械化种植，深入推进土壤改良，不断完善现代化农业发展，提高青稞产量；推广娟姗牛、岗巴羊、霍尔巴羊等优良品种牲畜养殖，全力推进养殖类合作社建设工作。

整合各类培训资源，积极培育青年农场主、农村致富带头人、新型农业经营主体带头人，培养一批爱农业、懂技术、善经营的新型职业农民，切实提高合作社服务能力和产业经营管理水平。发挥土故村石雕传承人欧珠果杰、则麦村木雕传承人米玛欧珠等传承人的人才优势和门康村抹灰专业人才优势，大力开展专业技能培训，培育更多的专业人才。

建设乡、村两级文明实践站11个，组建村级文艺队11个172人，投入20余万元配备服装及道具。年内，邀请者下乡“藏戏”文艺队及组织玛乡村级文艺队开展文艺会演17场次，观看群众1555人次。全力推进文物保护申报工作，2021年完成索康村传统音乐“索康伯”“索康谐庆”、土故村土古喜格雕刻技艺、则麦村传统唐卡技艺等非物质文化遗产申报工作。

开展“厕所革命”、人畜分离、人居环境整治工作，不断改善群众生活环境；加大对沙石砖厂（场）等企业的监督管理力度，不断推进“河（湖）长制”“四旁植树”等工作，确保生态环境持续良好；加大保护生态环境、改善生活卫生等方面的宣传力度，增强群众生态保护和个人卫生意识，为以后工作奠定群众基础。

年内，按照县委关于村级党组织换届工作的部署要求，有序完成村“两委”和村务监督委员会换届工作；加强党员队伍日常管理，加强党性修养，以主题党日、党员志愿服务为依托，积极开展环境卫生清洁、为民办实事等活动，发挥党员先锋模范作用；严格落实“四议两公开”“三重一大”等制度，修订完善村规民约，并严格执行落实。

（吴成胜）

旺丹乡

【概况】 旺丹乡位于白朗县西南部，东连江孜县加喜乡，西邻者下乡，北邻江孜县日新乡，南与嘎普乡毗邻。“旺丹”系藏语，意为“有权势”。政府驻地为雪村，驻地离县城35千米，距日喀则市84千米，平均海拔4200米，辖区面积278平方千米，湿地面积500亩，草场面积27.38万亩，耕地面积9700亩，是高寒地带山沟乡。乡机关有干部38名，公益性岗位人员2名，乡村振兴专干、科技专干、基层服务平台等专干14名。乡中心小学有28名教师，401名学生，乡幼儿园幼教4名，学前幼儿264名，乡卫生院共有10名医护人员，其中正式编制6名。乡派出所有4名干警和辅警1名。驻寺机构1家，驻寺干部4名。乡辖14个党支部（机关党支部1个，中心小学党支部1个，寺管会党支部1个，卫生院党支部1个，行政村党支部10个），有270名党员。全乡共10个行政村，791户，4669人，其中建档立卡脱贫户227户1024人。辖区内有3座寺庙，分别为曲果寺、翁嘎寺、德瓦坚寺。

【经济发展】 年内，农村经济总收入完成11430.58万元。农牧民人均可支配收入完成18888.24元，同比增长15.2%。牦牛经济杂交278头，黄牛改良631头；淘汰老弱病残牛共计78头，娟姗牛F1、F2、F3共存栏732头；全乡农作物总播种面积9700亩，其中粮食种植面积8900亩，经济作物种植面积600亩，饲草种植200亩。全乡牲畜存栏数27475头（只、匹），其中，大畜4928头（匹），小畜22547头（只），新生仔畜7136头（只，匹），成活6577头（只，匹），成活率92%以上；成畜死亡636头（只，匹），死亡率控制在2.31%以内。全乡粮油产量达417.06万公斤，较2020年增长1.87%。

【队伍建设】 年内，按照县委关

2021年6月30日，县委副书记舒伟（右一）为旺丹乡雪村老党员颁发在党50周年纪念品

于乡、村两级党组织换届工作的部署要求，完成乡、村两级班子队伍换届工作，产生新一届乡党委班子9名，配备村“两委”班子成员54名，村务监督委员会成员33名，培养后备干部50余名，配强配齐班子队伍，培养后备干部，队伍整体功能明显提升；把习近平总书记重要指示批示精神纳入“第一议题”，结合党史学习教育成果巩固行动、改进作风狠抓落实工作，截至年底，开展党委理论中心组学习12次、改进作风狠抓落实专题学习9次、各支部“三会一课”118场次，开展各类培训2期，参训45人次；发放应知应会册子等学习资料150余份，通过结对帮学、个人自学、集中强化等方式扎实推进村干部国家通用语言文字教育培训，国家通用语言文字教育培训成效明显；严格执行“三会一课”“四议两公开”、组织生活会等党内政治生活，进一步捍卫“两个确立”、增强“四个意识”、坚定“四个自信”、做到“两个维护”。年内，全乡递交入党申请书11人，培养积极分子9人，发展对象9人，发展预备党员18人。党员队伍数量与质量得到“双提升”。

【医疗卫生】 年内，旺丹乡增设卫生院1所，各行政村设立村级卫生医疗所，每所配备2名村医。乡、村两级集中力量通过线上线下开展新冠疫情防控、包虫病防治、健康医疗等政策宣讲30余场次，开展巡回医疗及健康教育活动20次，受惠人数3500余人，有效提升农牧民群众卫生健康意识，养成健康的生活习惯。在人员密集场所开展病毒消杀50余次，以“应种尽种，能种尽种”为原则，有序推进疫苗接种工作。截至年底，有疫苗接种适宜人2375人，共计接种疫苗3638人，其中第一针1786人，第二针1650人，第三针202人。

【生态环保】 年内，根据乡村振兴生态宜居有关要求，紧紧围绕整治乡村环境，展现文明乡风貌的目标，制定人居环境整治管理办法，划分卫生区域，成立专项整治领导小组，明确工作责任，将任务分解落实到岗、到人，做到人人身上有责任、个个肩上有担子，强力推进环境整治工作，建立巡回河、湖长制，有序推进河、湖治理工作，有序推进违规开采沙、石、砖等国有资产专项检查、整治、关停等工作。截至年底，开展整治活

2021年7月1日，旺丹乡机关党支部组织党员干部开展庆祝建党100周年系列活动暨“七一”主题党日活动——环境卫生清洁活动

动12场次，出动360余人次，共清理生活垃圾40余吨，其中清理河道垃圾2吨，清理乱堆乱放10处，面积约370平方米，整治乱排生活污水3处，违规占用农村土地等问题2件；有效践行“两山理念”，改善乡容乡貌，美化乡村环境，提高群众的生活质量；全力推进生态村建设工作，加强村庄绿化美化建设，改善农村生态条件。以“四旁植树”为契机，充分利用村庄自然条件，增加“四旁”及庭院绿化量，持续提高全乡植被覆盖率。截至年底，累计种植苗木2万株，成活率达80%。

【社会民生】 年内，实现转移就业1763人（3174人次），其中有组织输出1075人，创收达1981.3176万元。参加电工、装载机、挖掘机等技能培训135人，应届高校毕业生25人，全部实现就业。加强社会保障宣讲力度，医疗保障参保人数4441人，缴费38.98万元，参保率达到97%，城乡居民养老保险参保人数2241人，缴费41.68万元，参保率94%。对流浪乞讨人员进行管理，建立健全农村“特困”“低保”户档案。年内，全乡共有特困人员5人，低保户28户58人，孤儿1人，残疾100人。对农户特别是“四类重点对象”住房安全情况进行动态监测，将10户“四类重点对象”任务纳入危房改造，涉及改造资金9.6万元；保障退役军人合法权益。对全乡退役军人慰问2次，完成退役军人信息采集和光荣牌悬挂工作，增强退役军人的获得感和使命感。

2021年10月12日，旺丹乡秋堆村机械收割

【教育工作】 年内，全乡有1所中心小学、1所乡级幼儿园、4所村级幼儿园，对接桑巴村幼儿园新建项目，乡中心小学有28名教师、401名学生，乡幼儿园幼教4名，学前幼儿264名。乡党委、乡政府高度重视教育教学工作，加强小学和幼儿园的人员管理，加强对周边环境的监督检查，做到措施具体，责任明确，营造良好的教育教学环境。积极控辍保学，适龄儿童入学率达到100%，巩固率100%，初中入学率100%，巩固率100%。

【特色产业】 年内，根据实际，充分挖掘和利用区位优势，资源优势，聚焦“一羊一牛一编织”的产业发展布局，雪麦养羊，桑巴编织，武日、巴金养牛合作社逐步推进，有效辐射带动其他合作社。按照“五个100%”的要求，充分发挥党组织和党员先锋模范作用，通过“党支部＋合作社＋农户”“合作社＋基地＋致富带头人＋农户”的模式，大力发展霍尔巴羊、岗巴羊、娟姗牛等养殖产业和旺丹卡垫、氆氇编织等民族手工业产业，全乡合作社实现盈利144.97万元，兑现分红60.555余万元；健全完善合作社指导员制度、生产销售管理制度，完善资产财务管理制度、盈余分配制度、议事制度、社财务公开制度等，推动专业合作组织规范化、科学化运营。坚持标准，依律依规建立合作社，完善合作社管理运行台账，对合作社经营状况、经营质量落实好监测，进一步规范农民专业合作社组织行为，对桑巴村、武日村合作社资金、社员出资明细、固定资产等进行规范登记，在全乡范围内形成合作社的规范化样板，对其余合作社起到示范引领作用。

【乡村振兴】 年内，以“一羊一牛一编织”的产业发展布局，大力发展娟姗牛、岗巴羊、霍尔巴羊等优良品种牲畜养殖，全力推进卡垫、氆氇编织民族手工艺产业，推广“藏青2000”“喜马拉22号”等优质青稞品种，以现代化农业发展模式，有序推进机械化播种，提高青稞产量；整合各类培训资源，充分利用乡贤才智和力量，开展针对性技能培训，培育更多的专业人才，利用旺丹卡垫、氆氇编织、特殊染色的特点和优势，积极培养和壮大手工艺技术传承人；利用新时代文明实践站和村级文艺演出队，大力培养“比尼谐钦”等民族文化的传承人和接班人；利用区位条件和资源优势培养一批爱农业，懂技术，善经营的新型职业农民，切实提高合作社服务能力和产业经营管理水平。建设乡村两级文明实践站11个，组建村级文艺队11个120人，并定期开展文艺演出活动；积极对接和邀请自治区、市、县文艺演出队，开展丰富多彩的文艺演出活动，丰富农牧群众精神生活；深入贯彻习近平新时代中国特色社会主义思想，严格实施生态文明建设要求，积极践行“两山”理念，坚持“生态优化、保护优先、修复为主”三个方针，坚守“生态红线不突破，耕地数量不减少，建设用地不增加，农民利益不受损”四条红线。以人畜分离和“厕所革命”，人居环境整治工作为契机，利用生态岗位，开展环保宣讲、环境管理、环境整治、村居绿化等活动，推进村居绿化美化亮化工作，不断改善群众生活环境。按照县委关于村级党组织换届工作的部署要求，配强配齐村“两委”村务监督委员会及其他配套组织成员；以主题党日、党员志愿服务为依托，加强党员队伍日常管理工作，强化党性修养，积极开展志愿服务活动，发挥党员先锋模范作用；严格执行“四议两公开”“三会一课”“三重一大”等制度，修订完善村规民约，并严格执行落实。

（扎西次仁）

曲奴乡

【概况】曲奴乡位于白朗县西南方向13千米处，属高山河谷宽谷地带，总面积198平方千米，平均海拔4200米，属高原温带半干旱季风气候。2021年，全乡总户籍数540户，总户籍人口3787人，农业户数535户，农业人口3610人，其中男1764人、女1846人，劳动力1985人，建档立卡贫困户148户688人，低收入人口9户53人，返贫致贫风险预警监测户30户86人。全乡耕地面积15800亩，人均耕地面积为4.42亩；草场面积143804亩，人工种草面积1612亩；森林生态效益补偿面积65050亩。

曲奴乡下辖奴麻村、达玉村、金确村、彭嘎村、麦措村、桑林村、萨嘎村、甲村、昂嘎村、如康村、思布村、团结新村12个行政村；设中共白朗县曲奴乡委员会，下辖14个党支部（1个机关党支部、12个村党支部、1个学校党支部）；乡机关干部在编人员共计42人，其中行政编制21人、事业编制21人，党员34人，公益性岗位2人；乡机关领导班子成员共10人，其中正科级干部3人、副科级干部7人，藏族汉族比例为1∶1；人大代表49人，其中县级代表8人；联户单位57个，联户户长57人；团支部14个，团员76人；工会组织3个，会员629人。乡中心小学共有教师25人，有附属幼儿园3个，教师6人；有寺庙2座；乡卫生院共有医务人员12人，其中正式干部9人，公益性岗位3人；乡派出所在编人员6人。

【经济发展】年内，全乡经济总收入9440.68万元，同比增长3.7%。农村居民人均可支配收入达19648.02元，同比增长13.17%。

全乡农作物总播种面积达15800亩。其中，青稞播种面积10000亩，小麦播种面积100亩，油菜播种面积2000亩，蔬菜播种面积1800亩，饲草料播种面积1900亩。年末牲畜总存栏数达到22608头（只、匹）。其中，大畜存栏4227头（只、匹），小畜存栏18381头（只、匹）。萨嘎村等5个行政村，向“七彩庄园”蔬菜基地流转土地1563亩。9月，兑现土地流转资金109.41万元；农牧业发展形势持续向好，累计发放化肥、有机肥等610吨，组织科技特派员开展技术培训4场次；完成黄牛改良809头、牦牛经济杂交248头；完成疫苗注射22391头（只、匹），疫苗注射率达99%；完成小反刍疫苗注射16000支，注射率达99%；顺利兑现草补资金284384元，持续稳定142192亩草场面积；有序开展农村集体经济

2021年8月17日，曲奴乡组织各村支部书记、驻村队长到巴扎乡拉东村合作社参观学习

清产核资清查，完成系统录入及固定资产账本建立，累计清查集体资产4916.95万元。

【队伍建设】 年内，共组织开展各类政策、文件、讲话等精神集中学习162场次，各支部组织党员交流研讨250余人次，开展党建知识及各项学习成果测试17场次，促使全乡党员干部理论水平和业务水平有所提高。

年内，召开领导干部报告个人有关事项专题民主生活会1次、巡视整改专题组织生活会1次、党史学习教育专题组织生活会1次，参会党员200余人次，同时开展批评与自我批评、民主评议党员等党内政治活动。认真贯彻执行中央八项规定精神及其实施细则；深入查摆"四风"突出问题。严格按照《整治领导干部利用名贵特产类特殊资源谋取私利》《中共白朗县纪委关于严禁党政机关工作人员参与赌博的通知》《集中整治不作为慢作为、文山会海等形式主义、官僚主义突出问题》等制度的相关要求，加强自身作风建设，强化党内监督。

年内，全乡学习典型案例和通报12次，观看警示片3次，参观警示教育基地1次，切实加强对党员干部的理想信念教育和思想政治教育，让干部受警醒、明底线、知敬畏。认真贯彻落实民主集中制、重大事项请示报告等制度。严格遵守政治纪律、政治规矩，增强"四个意识"、坚定"四个自信"、做到"两个维护"。建立健全决策权、执行权、监督权既相互制约又相互协调的运行机制，完善落实"三重一大"决策机制，坚决杜绝"一言堂"，推进权力运行程序化、透明化，规范"三务"公开工作。

【医疗卫生】 年内，贯彻实施基本医疗保险制度，社会保障体系逐步完善，全乡医疗保险登记参保人数3577人，实际参保3447人，共缴纳42.9536万元，参保率96.37%，兑现医疗救助资金9207.93元，惠及13人。11个行政村卫生室实现"两室分离"，全面落实乡卫生院改扩建项目建设，配齐医护人员11名(公益性岗位3名)，各村有村医24名，提供新冠疫情防控、儿童疫苗注射等基本医疗服务。全面落实疫苗接种"应接尽接"工作，疫苗接种率达到93.43%，有序推进未接种人群接种工作，全面做到适龄人群"应接尽接"。

【生态环保】 年内，全面落实河道环境卫生整治，教育群众从源头上改掉垃圾乱扔、乱丢的不良习惯，全面落实每周河道卫生清扫、村级河长每周一巡、乡级河长每月一巡等河道保护工作制度。开展由乡政府牵头、全乡干部职工及附近村庄党员参与的河道清淤工作，累计清理河道垃圾28吨，清理河道4万余米，保障河道环境清洁、水源干净，全面降低汛期灾情风险。开展人居环境卫生整治，制订"卫生家庭、健康家庭"评比活动方案，严格落实乡村两级每周二环境卫生大扫除活动，充分利用好垃圾转运车辆、垃圾桶等卫生服务设备，同步做好垃圾运转车辆驾驶员录用事宜，每周二、周五统一进行垃圾清运，全面提升公共服务水平。整治42处乱堆乱放问题，村容村貌焕然一新，特别是彭嘎村人居环境整治得到上级部门和兄弟乡镇参观者的一致好评。

【社会民生】 年内，全面落实广大

农村居民“老有所养”的重大惠民工程，规范办事流程，不断提高服务质量和水平，实现 16—59 岁养老保险参保应缴人数 1798 人，实际缴费 1699 人。其中，个人应缴费 1699 人，实际缴费 1398 人，参保率达 82.28%，共缴纳 27.99 万元；2021 年政府代缴 378 人，共计 3.78 万元，保障惠民政策落实落地。曲奴乡劳务输出 1642 人、2018 人次，其中有组织输出 1323 人，区外就业 9 人，总收入 1705.0656 万元，全面完成年度指标。有效保障困难群众、弱势群体的基本生活，2021 年有低保户共计 21 户 32 人（含僧尼 10 户 10 人），兑现低保差额补助资金共计 6.8174 万元。有特困户 6 户 6 人，并按照每人每年 7590 元的生活补助标准和 800 元照料补助标准兑现补助资金共计 9.354 万元。各类惠民资金及时兑现，4 户 20 人申请临时救助，兑现临时救助金 2.55 万元，为 89 位残疾群众兑现补贴 18.67 万元；实施住房改造 157 户，兑现资金 118.58 万元；兑现各类保险资金 87.523 万元；兑现 60 岁以上退役军人抚恤补助；兑现烈属及病故军人遗属资金 25508 元。积极配合县城到乡政府道路维护工作，实现建制村公路通达率为 91.67%；水利设施持续改善，完成达玉村等 5 个行政村的河道护堤的除险加固工作，维修防洪堤 6200 米，河道清淤累计达 16900 米。维修团结新村等 6 个行政村的机井共 19 座，切实解决各行政村安全饮水、农田灌溉等问题；防汛抗旱物资有储备，制订防汛抗旱实施方案、应急预案，发放编织袋 6000 个、铅丝笼 40 卷，维修防洪堤 6000 米，确保夏季安全度汛，全面保障群众生命财产安全，实现粮食稳产增产；实施彭嘎村水库建设，解决彭嘎村等 6 个行政村 3000 余亩耕地灌溉难题。

【教育工作】 2020—2021 学年全乡小学在校生共计 337 名，控辍率达 100%；新建村级幼儿园 2 个，已投入使用 2 个，在校幼儿 143 人，幼儿教师 6 人。小升初整班移交共 59 人，初中学生控辍率达 100%。高中、中职生基本实现全入学。在校大学生 113 人（其中区外 65 人，区内 48 人），2020—2021 学年新生考录大学 37 人，其中建档立卡大学生 10 人。

【特色产业】 年内，坚持把农牧民专业合作社作为助力脱贫攻坚成效巩固的突破口，大力扶持农牧民专业合作社发展，持续推动合作社质量效益全面提升和全面提高。截至年底，组建各类合作社 14 个，其中劳务输出合作社 1 个，生态岗位合作社 1 个，农机具维修合作社 1 个，种植合作社 1 个，养殖合作社 10 个，集体经济不断发展壮大。年内，落实达玉村村集体 50 万元的资金投入，实现达玉村绵羊养殖合作社分红 31900 元，受益 40 户，团结新村村集体经济收入达 4 万元。

2021年9月23日，曲奴乡新时代文明实践所“助农秋收”主题党日活动举行

【乡村振兴】 年内，持续巩固脱贫攻坚，衔接乡村振兴。重点推进防止返贫风险监测工作，深入了解当前未消除贫困的 3 户 11 人监测对象实际情况，及时对接上级部门，精准落实帮扶措施，对 296 人兑现生态补偿岗位工资共计 51.8 万元，转移就业培训 33 人次，稳定就业率 76% 以上，引导未就业大学生 28 人通过市场就业、自主创业等方式实现就业，进一步保障应往届大学毕业生就业。

（拉姆次仁）

杜琼乡

【概况】 杜琼乡位于天曲河中游、白朗县城南部10千米处，平均海拔3890米，地处北纬29° 2′ 9″、东经89° 14′ 57″，紧靠日江公路，交通便利。全乡总面积为116.49平方千米，下辖9个行政村（东普村、杜琼村、久布村、帕措村、来强村、普拉村、差强村、多旦村、党精村），中心小学1所，4所学前班（其中2所未运行），卫生院1个，派出所1个，寺庙1座。

2021年全乡粮食播种面积12300亩，经济作物播种面积达4100亩，饲草种植面积达2800亩，粮经饲比例调整为64：21：15；稳步推进青稞增产行动，种子包衣面积达12300亩，测土配方施肥达7000亩，良种推广达7000亩。全乡牲畜存栏20228头（只、匹），出栏率为35%，成畜死亡率控制在1.2%以内；大力发展黄牛改良700头，优化畜牧养殖结构。

全乡共有574户3664人，其中劳动力1858人。共有55个联户单位，55名户长，其中有9个村54个联户单元，54名户长；全乡共有11个党支部，有正式党员人数322人，其中农牧民党员256人，其中女性党员119人。全乡人大代表48人，县级代表6人，政协委员9人，党代表15人。有机关干部职工42名（已借调6名），其中，藏族31名，占73.8%；女性干部职工25名，占59.5%；事业干部24名，占57.14%；乡纪委配有干部3名，其中，书记1名，纪检专干2名。派出所有干部5名，其中，干警4名，辅警1名。乡卫生院有医护人员12名，7名正式员工，5名公益性岗位。

【经济发展】 年内，杜琼乡生产总值达到96323586.99元，农牧民人均可支配收入达到19619.5元。

【队伍建设】 年内，选优配强班子队伍，通过换届选举，配齐各村“两委”班子共48名，做到分工明确、保障有力；村主干参加自治区、市级培训3名，到其他省份培训9名，切实提升业务能力；深入开展国家通用语言文字学习教育，发挥干部、教师“双结对”帮教作用，开展培训400余场；选配后备干部62名，通过分派任务、交流轮岗等多种方式做好培养工作；对各党支部、驻寺党小组开展督导检查指导10次，组织开展党建培训1次，有效提升党建水平；规范开展党内政治生活，严格落实“三会一课”制度，严肃开展生活会，运用好批评与自我批评，确保组织生活会开出辣味、开出成效，开展组织生活会12次，开展“主题党日”活动110余次，围绕扶贫助困、助农秋收等方面开展党员志愿服务活动80余次；抓好党员教育管理，坚持政治标准第一，严格落实“十六字”方针，预备党员转正12名，新发展党员7名，培育积极分子2名；签订工作日禁酒承诺书40余份、文明驾驶承诺书40余份；整改违规违纪发展党员档案26份；落实管党治党责任，在年初、年中、年底召开党委会，专题分析全乡党风廉政建设总体形势，细化工作任务，确保各项工作顺利推进；严格落实党委班子成员抓党风廉政建设责任清单，督促班子在各自所包村开展廉洁教育，加强检查督促，推动“一岗双责”的有力落实。扎实推进政治建设，对机关干部结合党史学习教育，每周三开展理论学习中心组学习，加强理论武装和警示教育，做好节日提醒，确定全乡干部增强“四个意识”、坚定“四个自信”、做到“两个维护”。对农牧民党员及群众，以铸牢中华民族共同体意识为工作主线，深入开展党史学习教育，通过积极调动驻村工作队、乡村振兴专干、村“两委”班子等力量，通过组织群众定期宣讲党的政策方针、讲党课、讲党史小故事、观看党史影视片等形式推进党史学习教育走深走实，深化对党的绝对忠诚，坚定对党的领导信念；加强廉政教育，通过组织党员干部观看警示教育影片、违纪案例通报等多种形式，加强对党员干部的警示教育；加强监督检查，重点围绕腐败多发、易发的关键领域，对关键岗位人员打好“预防针”；加强监督并扎实做好“三务”公开工作；坚持党委会集体领导，坚持“三重一大”集体研究，坚持党委书记末位发言制，杜绝“一言堂”“家长制”等不良风气，以良好的党风带政风促民风。

【医疗卫生】 年内，常态化开展新冠疫情防控工作，教育引导群众增强自我防控意识，将疫情防控作为一项政治任务，通过驻村工作队、村“两委”班子、乡村振兴专干等力量，结合各项教育活动，常态化开展农牧民群众疫情防控相关知识的宣传教育30余场次，受教育群众达4900余人次；进一步完善乡、村两级疫情防控机制，共召开7次专题会议部署推进相关工作，确保遇到重大舆情以及突发事项能够及时采取有效措施；严格落实疫情防控各项规定，做好外来人员排查工作，实时掌控是否有境外及中、高风险地区归来人员，并按照风险等级严格落实检查报备制度；保障疫情防控物资储备，购置2000只口罩、24箱消毒水、50瓶酒精等紧需物资，为疫情防控工作做好物资保障；充分发挥医务人员作用，由乡卫生院组织村医在全乡范围内对人员聚集地等重点区域定期进行消毒。年内，全乡完成接种疫苗3岁以上第一针接种3209人，第二针接种2392人，第三针接种1182人，禁忌证28人。充分发挥村级医务人员、驻村工作队、乡村振兴专干等力量，大力开展卫生保健宣传，重点就医疗扶贫、包虫病防治、孕产妇保健、转变生活卫生习惯等开展宣传，覆盖面达到100%。做好疾病预防控制工作，0—6岁以下儿童9种疫苗接种率达到100%。大力推进妇幼保健工作，加大入院分娩宣传力度，及时进行走访督促，适龄妇女和孕妇宣传覆盖率和入院分娩率均达到100%，孕产妇实现“零死亡”，婴儿死亡率控制在12‰以内。加强对村医和村医务室的管理，确保村医坚守岗位、发挥作用。全面开展包虫病综合防治工作，落实包虫病筛查工作和治疗工作，切实把包虫病综合防治工作落实到位。

2021年11月12日，杜琼乡组织村“两委”班子成员开展国家通用语言教学测试

【生态环保】 年内，按照《杜琼乡环境卫生整治和考核办法》《杜琼乡农村人居环境综合整治方案》、乡规民约等规定，深入推进全乡环境卫生整治，实现全乡环境卫生持续好转。结合主题党日、党员志愿者服务、群众活动日等活动，确定每周一为人居环境大清理“活动日”，组织党员群众对辖区河道、乡村道路、村庄、水渠等进行垃圾清理，并以“户集、村收、乡运、县处理”的模式，每周一安排垃圾清运车集中收集各村垃圾，垃圾统一送往县城处理。年内，开展环境整治活动70余次，清运垃圾共计650余吨，参加活动5000余人次；认真开展植树造林，由乡政府负总责，各行政村分工负责，做好辖区内“四旁”植树组织实施、监督检查等工作，将树木管护纳入村规民约，实行片区管护责任制，确保“四旁”植树工作不打折扣。截至年底，共栽种北京杨1297棵、细叶红柳3358棵、榆树432棵、沙棘2523棵。严格落实河长制工作，完善“一河一策”“一河一档”，通过专门部署、专门督查、巡查水源、修复河道、清理垃圾等有效举措，进一步保证了生态环境持续向好。

【社会民生】 年内，顺利完成既定参保任务，为2022年工作开展打下坚实基础；认真落实好城乡居民最低生活保障制度，做好低保动态管理，对低保户37户67人兑现低保资金89285.31元。切实做好残疾人关怀工作，组织做好残疾人鉴定工作，为113名残疾人，兑现残疾人补助资金243100元；扎实推进农村养老保险制度改革工作，参保人数1748人，征收养老保险资金34.99万元，参保

2021年12月31日，杜琼乡召开第十五届人民代表大会第二次会议第一全体会议

率100%；保障群众住房安全，通过组织各驻村工作队常态化排查住房安全隐患，并由乡住建牵头组织各村支部书记及驻村工作队组成联合排查及鉴定工作小组，排查急需整治的17户，及时完成整治，共计兑现住房改造资金27.6万元。

【教育工作】 年内，全力做好“控辍保学”工作，有步骤有计划地推进各项教育事业不断发展，全乡入学率和巩固率均达到100%；加强教育经费管理，督促学校严格管理“三包”经费及营养改善计划资金，每月对“三包”经费使用情况进行检查公示，确保资金使用规范合理，2021年共落实“三包”经费1611300元、营养改善资金320800元、幼儿“三包”经费658800元，在经费落实上未发生资金管理问题。组织开展安全隐患排查，加强学校周边道路交通整治，定期对学生进行交通、食品安全等有关知识教育宣传，确保校园安全和正常教育秩序。抓好学校食品安全，定期对乡小学食堂及附属幼儿园食堂卫生、食材、食堂用工人员健康证等进行检查，保证青少年学生食品健康安全。积极开展慰问，结合“六一”国际儿童节，采购价值1900元的学习用品，对乡小学20名贫困家庭学生进行慰问；采购价值6782元的学习用品，对杜琼乡党精村幼儿园学生进行慰问；为考上其他省份西藏班的学生每人发放1500元的助学奖励金。认真推进大学生就业动态清零工作，开展就业政策宣传，鼓励多渠道就业，2021年应届毕业生16名全部实现就业。

【特色产业】 年内，按照村级专业合作经济组织要求，实现每个行政村都有专业合作社的目标，全乡共有合作社22个，其中村集体经济合作社共9个，覆盖粮油加工、饲草种植、奶牛绵羊藏鸡等畜牧养殖、手工编织等10个行业；2021年帕措村、来强村等5家合作社收入14万余元；为久布村、党精村、来强村3个养殖合作社争取国家扶持资金150万元，为村集体经济发展注入动力；集中开展合作社负责人及财会人员培训1次，参训人员达45人。

【乡村振兴】 年内，严格落实“返贫风险监测”机制，建立13户返贫致贫风险监测档案，加强动态跟踪，通过就近就便就业、提供就业信息等多种方式加强帮扶，有效确保“零返贫”；加强宣传引导，积极提供就业信息，注重发挥好合作社、企业的帮带作用，组织脱贫户外出务工（148人）；积极帮助脱贫户做好医疗报销事宜，报销办结率达100%。通过召开村民大会、宣讲会、入户访谈等多种形式，广泛宣传，形成浓厚氛围，为全力巩固好脱贫攻坚成果奠定了坚实的群众思想基础；结合各项教育实践活动进一步教育引导群众做好疫情防控工作与个人卫生与家庭卫生，促进美好环境建设和村容整洁，为美丽乡村建设群众基础；加强法治宣传教育，严格落实乡规民约和村规民约，全力推动乡风文明建设，处治乱停乱放电动三轮车、未戴头盔骑摩托车和电动三轮车170余人次。

（罗布次仁）

强堆乡

【概况】 强堆乡距白朗县城13千

米、日喀则市区63千米，国道349南北穿越，平均海拔3890米。全乡共有7个行政村，分别为白岗村、洁白村、当嘎村、吉定村、夏吉冲村、亚龙村、扎西普村。2021年，全乡有390户2961人，党员238名，村“两委”干部37人。乡域面积6.5平方千米，其中土地确权面积10682.05亩，牲畜总数16878头（只、匹），草畜平衡面积占可利用草场面积100%。

2021年，乡机关共有行政编制16名，核定领导11名；事业编制17名（农牧综合服务中心7名，实有12名，在岗12名，文化服务中心4名，实有3名，在岗3名，借调1名，后勤服务中心3名，综合执法大队3名）；白岗寺管会编制5名，乡派出所编制5名，卫生院编制9名，乡小学编制16名；全乡实有干部职工34名（含借调8名），其中藏族干部24人，汉族干部10人，党员32人（党组织关系在强堆的）；乡卫生院现共有干部职工12人，其中公益性岗位4名，在编事业干部8名。

【经济发展】 年内，全乡农作物播种面积6000亩，其中经济作物播种面积1500亩，粮食作物播种面积4500亩，机耕4000亩，机播4000亩，机收5000亩，积造使用农家肥13800吨，粮油总产达到406.5万公斤。狠抓牧业生产，全乡牲畜存栏达16978头（只、匹），其中猪6头、牛4531头、绵羊8145只、山羊2632只、马256匹、骡12匹、驴47头、鸡1349只，仔畜成活率90%，商品化率达15%；完成黄牛改良1025头。农技服务持续跟进，共发放化肥153.85吨，有机肥200吨，农药106箱（袋）；建立并完善防疫应急预案，以“W”号病、刍流感等为主的牲畜免疫接种率100%，未发生重大动物疫情事故。年内，实现转移就业1120人，收入达847.5万元；持续发力做好大学生就业帮扶指导，全乡应往届未就业大学生19人。年内，实现稳定就业19人。全乡人均可支配收入20584.8元，其中工资性收入2882.36元、经营净收入17028.87元、财产净收入285.4元、转移净收入388.17元，相较于2020年人均可支配收入大幅提升。

【队伍建设】 年内，在村“两委”换届工作中，在县委组织部和九届乡党委的共同努力下，共选举产生村党支部书记7名（含选派干部1名），村委会主任7名（其中6名为“一肩挑”），其他村干部28名，其中，女干部8名，大专以上学历1名（不含选派干部），35周岁以下干部8名，并妥善处置1起群众举报问题。在村监督委员会换届中，共选举产生主任、委员21名。其中，女干部3名，35周岁以下1名。乡级换届完成。4月28日，十届乡党委主持召开换届党员大会，完成各项既定目标任务，选举产生9名党委班子成员，其中，女干部5名，少数民族干部6名。选举产生3名纪委班子成员，其中，女干部2名，少数民族干部2名。选举产生13名出席县党代会人员。在人大政府换届中，选举产生乡人大主席1名，乡级人大代表47名，县级人大代表12名；选举产生4名政府班子成员，其中，女干部1名，少数民族干部1名。其他换届陆续完成。按照县换届办工作安排，在完成乡村主要换届工作任务后，顺利完成乡村妇联、调解委员会、工会小组、驻寺党支部、机关党支部等机构换届工作，完成驻村人员轮换、双联户长调整等工作。

2021年3月11日，白朗县人社局工作人员到强堆乡开展“五进一送”宣讲活动

【医疗卫生】 年内，乡卫生院门诊3724人次，为门诊、住院、普通病人建档立卡实行医保系统结算。初筛0—6岁先天性心脏病439人，阳性体征0人，结核病0人。截至年底，开展巡回诊疗共35次，已完成建档立卡贫困人员、重点人群以及慢性病人员的家庭医生签约、随访等服务。接种新冠疫苗4446人，其中接种第一针1887人，接种第二针1769人，接种第三针790人。

【生态环保】 年内，完成"四旁"植树6990株，惠及4个行政村200余户；扎实推进环境卫生互评活动，开展检查互评42次，提出建议要求62条，整改完成60条；争取县住建局支持，落实垃圾车1辆，配备垃圾桶10个，为城乡环境综合整治和生活垃圾无害化处理提供便利条件；落实夏吉村人居环境整治项目，总投资415万元，为村落改造积累经验；完成白岗沟治理项目工程验收；完成进出乡主干道硬化路面整修和汛期道路保通等工作，更加便利群众出行；顺利完成河长更新，持续推行周五巡河制，有序推进年楚河强堆段整治工作。

【社会民生】 年内，充分利用高校毕业生微信信息群平台及乡、村两级就业信息"直通车"宣传栏，并采取集中宣讲和入户宣讲等多种形式广泛宣传各类高校毕业生就业创业奖补相关政策，分享公考及各类企业招聘信息，教育引导学生及家长转变传统就业观念。严格落实"4321"结对帮扶机制，鼓励引导未就业高校毕业生通过市场就业、应征入伍、区外就业、自主创业、参与大学生基层岗位成长计划等方式，多渠道实现充分就业。年内，全乡农牧民转移就业1120人，1548人次，完成目标任务的100%；实现收入947.5万元，完成目标任务的73%；组织化输出777人（组织化程度达到70%），高校毕业生就业人数20人，就业率达100%。

2021年6月30日，日喀则市人大常委会相关工作人员到强堆乡白岗村为老党员颁发50年党龄荣誉勋章

年内，16—59岁参加保险人员1325人，参保人数1306人，其参保率达98.57%，缴费人数1282人，征收养老保险基金25.64万元。享受城乡居民养老保险待遇264人，发放老保险金62.61万元。

年内，强堆乡共有低保户28户64人，下半年清退1户1人，3户分散特困人员，无新增和清退；每月按时足额完成农村低保金、特困人员补贴和残疾人"两项补贴"资金的兑现及公示工作。其中农村低保资金185901.18元、特困人员资金25170元、残疾人"两项补贴"资金145900元；对符合老年人"两项补贴"人员每月按50元标准进行补贴，共涉及4人，发放年补贴额2400元；从残疾人最关心、最直接、最现实的问题入手，对辖区内残疾人进行走访摸底，调查了解残疾人的生活需求，解决残疾人实际问题，截至年底，共发放残疾人辅助器具11件，主要为助听器、助视器和轮椅等。

【教育工作】 乡中心小学占地面积为12422平方米，建筑面积4414平方米。学校有教师27人，其中小学专任教师20人，幼儿专教7人，在职教师中党员教师23名，小学本科学历教师18人，小学大专学历教师2人，学历合格率为100%，副高级教师4人，一级教师8人，二级教师8人，学历合格率100%，二级教师5人，三

2021年8月15日，县委组织部相关工作人员到强堆乡吉定村调研驻村工作

级教师1人，有小学在校生289人，“三包生”287人。随班就读4名，共计12个教学班，每个年级各2个班级，一年级46人，二年级47人，三年级48人，四年级57人，五年级50人，六年级41人，有幼儿在校生85人。

【特色产业】 年内，全乡9家合作社采取“党支部+合作社+农户”的运营模式，将党的组织建设深度嵌入村集体产业之中。合作社调整充实辅导员队伍，搭建起党政班子成员、驻村工作队员、乡村振兴专干、村支部书记共同组成、覆盖所有集体经济组织的辅导员队伍。

清理整顿“僵尸”社、“空壳”社19家，正式运营15家，健全完善合作社各项管理运行制度，制作发放制度牌72个，规范化覆盖率达100%。与日喀则市永信财务有限公司签订合作社委托财务管理协议7份，资金从强基惠民经费支出，其中2021年度3000元，2019—2020年度补账经费1000元，共计28000元，全部完成记账工作，2家蔬菜合作社因无收入未签订协议。签订饲草料购买协议5份，其中购买玉米青储饲料140吨，精饲料29吨，搅拌机5台。年内，安排短期育肥450头（只），同时积极对接市场，畅通出栏牛羊销售渠道，2020年年底，全乡第一批短期育肥羊经过2个月的集中短期育肥后，经与县专合办对接销售渠道，3月17日，当嘎村、亚龙村、扎西普村统一销售短期育肥羊302只，销售金额达30.5万元。积极探索以土地托管为主的农机合作社运作模式，2021年接受托管面积1100亩，覆盖嘎东、巴扎及强堆乡部分耕地，实现收入36万余元。以提高大棚利用率为主线，大力开展经济作物种植。借鉴谢通门县达那达乡羊肚菌种植经验，与谢通门县一见则喜公司深度合作，拟计划在强堆乡推广羊肚菌种植，经过前期实地调研考察，全乡范围共有4户准备种植羊肚菌，前期各项准备工作正在积极推进。年内，全乡9家正常运营合作社实现分红75.55万元，户均分红达0.15万元以上。

【乡村振兴】 年内，严格落实“四个不摘”要求，摘帽不摘责任，防止松劲懈怠；摘帽不摘政策，防止急刹车；摘帽不摘帮扶，保持帮扶责任不变，防止一撤了之；摘帽不摘监管，对脱贫人口加强跟踪监测，防止贫困反弹。确保现有政策的连续性，在延续执行的基础上，适度向低收入人口延伸。2021年完成全乡49户248人脱贫攻坚户等档案资料整理移交；顺利完成脱贫攻坚“回头看”自查工作，共排查问题7条，整改完成并及时反馈7条；核实生态岗位人员履职情况并兑现补助资金33.95万元；兑现产业分红以奖代补资金3.8万元；调整消除返贫致贫监测对象2户11人，继续保留2户6人，经入户核实，无新增监测对象；落实残疾人辅助设备11台；劝说高中、中职学生9名回到学校，未涉及建档立卡户和动态监测户，义务教育阶段和高中中职学生入学率均实现100%。

（何昌龙）

嘎普乡

【概况】 嘎普乡辖5个行政村（含16个自然村），平均海拔4300米，行政区划及面积169平方千米，是一个自然资源匮乏的半农半牧乡。草场面积46.5万亩，林地面积1.5万亩。全乡共有378户2317人，其中劳动力1280人。各村配备村“两委”干部28名，村务监督委员15人，乡村振兴专干5人，科技专干3名；有乡中心小学1所，配有教师16人，在校学生238人；有卫生院1所，配有医护人员5人，各行政村配有村医共5人；有派出所1个，配干警4人；有寺庙特派机构1个，驻寺干部3人；乡机关干部职工有44人，其中行政编制19人，事业人员20人，合同工3人，公益性岗位2人。全乡共有8个党支部，正式党员213人，预备党员5人，入党积极分子6人。全乡共青团团员53人，工会成员335人，妇联27人，治保调解人员24人。

【经济发展】 年内，嘎普乡经济总收入5369.4万元，比2020年增长618.2301万元，增长率11.51%，其中，工资性收入880.4万元，经营性收入4045.4万元，财产性收入17.8万元，转移性收入425.8万元。农牧民人均可支配收入达17359.2元，增长15%。

【队伍建设】 年内，嘎普乡通过开展国家通用语言文字推广普及工作，采取“一对一、一对多”结对帮学措施，以帮助学、实践学、引导学“三学”教育方式，组建5个帮学小组53人，有结对帮学对象36人，组织开展“一对一”帮学150余场次、朗读赛10余场次、藏语和汉语交叉问答赛20余场次、情景模拟对话赛1场次，有效提升村主干队伍使用国家通用语言水平。同时，抓好党员队伍建设，按照发展党员“新十六字方针”，严把“入口关”，发展成正式党员2名，预备党员5名，入党积极分子6名，保障党员队伍不断壮大。

【医疗卫生】 年内，嘎普乡严格落实“外防输入、内防反弹”的防控策略，加强日常疫情防控管理，联合乡卫生院，组织乡干部、驻村队员、村干部、党员群众等投入800余人次和5000元防控物资，对重点区域和环境进行消杀，每日排查各村返藏人员、返藏学生、外出人员等情况，详细记录健康码、行程码、核酸检测、测温等相关信息，及时向上级报送情况。同时，完成新冠疫苗第一针接种1690人，接种率达95.2%；完成第二针接种1581人，接种率达98.3%；并持续做好加强第三针接种准备工作，进一步筑牢免疫屏障防线。此外，完成新型农村合作医疗保险群众个人筹资金额（18.217万元）及人数（1972人）统计；对精神病人、残障人士等特殊人员救助管理，及时向民政局反映情况并协调申请，筹备临时救助备用金3万元。

2021年9月28日，嘎普乡组织工作人员到普奴村河段开展“美丽中国　青春行动”环境卫生清理活动

【生态环保】 年内，嘎普乡结合河长制工作，多次组织河流管护人员进行河道环境治理，开展爱护环境、保护家园宣传引导教育活动5场次，参加1000余人次；结合党员志愿队管理机制，坚持每周开展卫生清扫活动200余场次，2560余人次参与，清运垃圾200多吨，有效改善乡村环境面貌。同时，与水利局等有关部门协调，及时筹备防汛物资，并用准备好的石料300余立方米、编织袋5000余个、铁丝圈52卷等防汛物资，修缮筑牢防洪堤坝。

【社会民生】 年内，嘎普乡加大困难群众基本生活保障力度，参

2021年10月14日，嘎普乡工作人员到乡中心小学开展青少年网络安全教育宣传活动

加新型农村养老保险人员共1028人；收缴保费20.56万元；为15户24人兑现农村低保保障金35888.03元；为5户5人兑现分散特困保障金37950元；为22户22人兑现“一孩双女”奖励政策奖励金21120元；为15名发放寿星老人补助金4500元。加大劳务输出力度，配合上级有关部门，组织农牧民群众参与驾驶技能、餐饮烹饪、家政服务等各种技能培训，引导群众转移就业，实现劳务输出926人次，实现劳务收入718万余元。疏通合作社销售渠道，由包乡领导牵线搭桥，帮助楚松村肉羊养殖合作社打通销售渠道，乡党委政府组织干部协助村里把600只羊卖到拉萨蓉和商贸有限公司，获益60万元。

【教育工作】 年内，嘎普乡通过加大“控辍保学”力度，多次深入乡中心小学检查师生教学质量、饮食、宿舍安全、学生参学、学生接送等情况，全乡小学入学率达100%，并与上级有关部门协调沟通，申请到塔叶村幼儿园建设项目、普奴村幼儿园建设项目，健全完善学前教育基础设施。同时，持续抓好“4321”结对帮扶，支持鼓励和教育引导毕业大学生响应自主创业、企业就业、区外就业等政策，实现毕业大学生就业7名。

【特色产业】 年内，嘎普乡以嘎普村普庆犏牛养殖农民专业合作社为产业发展主战力，大力发展嘎普村雅江雪牛养殖产业，以“党支部+合作社+农户”的发展模式，大力实施“三个培养”措施，培养养殖能手、销售能手、管理能手，建强“领头雁”“科技员”“田秀才”三支队伍53人，并组织该合作社工作人员及村监督主任到曲水县蔡那乡西藏职业技术学院动科院学习基地开展为期4天的交流学习，学习合作社管理、生产经营、饲养、牲畜生病治疗等方面的先进经验，提高该合作社运营水平。截至年底，合作社吸纳入股群众达85户（86人），达到合作社“5个100%”要求，养殖雅江雪牛56头，实现总收入34万余元。

【乡村振兴】 年内，嘎普乡年内组织召开“三农”工作动员部署会，科学划分经济农作物种植指标，完成粮食作物播种面积4000亩、经济农作物播种面积1400亩、饲草饲料种植面积100亩，

2021年11月26日，嘎普乡开展国家通用语言结对帮学活动

实现粮食作物青稞产量2628.2吨、油菜产量88.5吨、蔬菜产量1556.5吨、青饲草产量508.2吨。年内,清算牲畜存栏24742头,配合县农业农村局做好重大动物疫病防控工作,充分调动群众积极性,完成注射口蹄疫二价药剂24327剂,免疫率达98.32%。其次,为进一步配合市农业农村局推广“喜马拉雅23号”青稞种植技术,以马岗村为试验点,在马岗村实施种植150亩“喜马拉雅23号”原种田的任务,每亩产量达315千克,顺利通过自治区、市两级原种田审核验收。此外,为进一步做好楚松灌区配套节水改造等项目,结合前期“十四五”项目规划库,与县交通局、发改委等有关部门积极协调和做好群众思想工作,争取到楚松村村内道路建设项目、楚松村帕林岗灌溉水塘项目、楚松水库维修养护工程、塔叶村德久卡垫编织合作社厂房建设项目等基础设施项目,改善群众生产生活条件,为乡村振兴后续工作夯实建设基础。

(张明杰)

者下乡

【概况】 者下乡位于白朗县西南部,距县政府驻地48千米,北纬28°58'17.78"、东经88°57'46.35",东与旺丹乡、玛乡毗邻,西与萨迦县毗邻,南与嘎普乡接壤,北靠桑珠孜区确布雄乡,平均海拔4500米,乡政府驻地海拔4390米。全乡总面积475817亩。辖7个行政村、22个自然村,有9个党支部。2021年,者下乡共有45名干部职工(其中副科及以上领导干部11名,普通干部23名,乡村振兴专干7名,科技专干4名),1所小学(2所幼儿园)。全乡共有334户2034人,其中男性1133人、女性901人;党员206名,其中机关党员33名、教师党员13名、农牧民党员160名。

【经济发展】 年内,全乡经济总收入达到4142.83万元,人均纯收入13411元,增长率达15.06%。可利用草场面积515310.4亩,农作物播种面积800亩(分布在普村、宗村),粮食总产量139.44吨,可以保障普、宗两村农牧民冬春粮食正常供给。全乡牲畜存栏数35548头(只、匹),新生仔畜14888头(只、匹),成活数14596头(只、匹),仔畜成活率达98.04%;成畜死亡538头(只、匹),其中大畜28头(匹),小畜510只,死亡率为1.58%。年末牲畜出栏12355头(只、匹),其中大畜617头(匹),小畜11738只,出栏率为34.76%。肉产量达276.552吨,奶产量达596.913吨。

【队伍建设】 年内,将“三更”教育、党史学习教育列为党委理论中心组学习必修课,特别是把学习习近平总书记重要讲话精神作为第一重要议题,切实把政治学习教育工作作为基层党组织的工作重点,压紧压实意识形态“四个责任”,不断加强党的思想建设。年内,全乡开展党史学习教育16次、“三更”专题学习16次,开展集中学习研讨17次,撰写各类研讨材料80余份;学习习近平总书记重要讲话精神30余次,撰写心得体会58份,乡、村两级召开党史学习教育专题组织生活会8场次,撰写对照检查材料70余份;同时,不断加强“五史”知识学习,进一步增强“五个认同”,铸牢中华民族共同体意识,用党的最新理论成果武装头脑、指导实践、凝

2021年10月24日,者下乡热玛村对外来人员进行登记

聚共识，在坚持理论学习中获取更多思想武器。

【医疗卫生】 年内，乡卫生院共有11名医生，全乡医务工作者达24名（其中村医13名），全乡公共医疗和服务水平得到全面提升。精心组织、按时完成疫苗接种工作。在做好常规疫情防控工作的同时，大力引导和提倡各行政村农牧民群众接种新冠疫苗，协助乡卫生院为行动不便老人提供上门接种服务，收集19名不建议接种人员和50名暂缓接种人员的相关佐证材料并在乡内进行归档。截至年底，全乡第一针疫苗接种人数为1490人，接种率95%；第二针疫苗接种人数为1462人，接种率93.2%。

【生态环保】 年内，各村坚持每周打扫1次环境卫生，每月开展2次河道环境整治工作，2021年共进行环境卫生整治80余次，参与群众7200余人次，动用拖拉机82台，确保全乡范围内干净、整齐。2021年全乡人工种草面积8304.63亩，饲草产量达3296.61吨，有效缓解草畜矛盾。继续做好河长制工作，对河长制的时间表、路线图进一步完善，将责任逐级明确到双联户长一级，确保乡域内每一条河流的河长制工作不落空，有效实现环境更加洁净、水质更加优良。成立防汛抗旱工作领导小组，召开专项会议对防汛抗旱工作进行安排部署，并制定防汛防旱值班表，在汛期实行24小时带班值班，并组织人员定期不定期对全乡所有河流进行巡逻。

2021年11月5日，者下乡开展村干部国家通用语言文字应知应会知识水平测试

【社会民生】 年内，参加技能培训人员87人，其中厨师3人，挖掘机操作员11人，装载机操作员9人，创业培训64人。通过一系列培训，为者下乡农牧民群众就近就地就业、自谋职业积累了成功的创业经验。年内，全乡农牧民转移就业764人，增收627万元，完成目标任务100%；高校毕业生4人，就业4人，已全部录入系统，并完成三级审核工作。年内，城乡居民养老保险参保缴费1094人，完成目标任务的98%，征缴资金21.88万元；享受养老保险待遇228人，资金发放60.58万余元。开展2022年医疗保险参保缴费工作，全乡共计1944人参保，参保率达97.5%，特殊人员参保率达100%。

【教育工作】 年内，全乡学前教育在校生102人，入学率100%；小学在校生211人，入学率99%，其中3名学生是“送教上门”，1名长期病假；初中在校生98人，入学率100%。

【特色产业】 年内，成功引进500只霍尔巴羊（495只基础母羊、5只公羊），分年度逐步替换矮小的岗巴羊，合作社的霍尔巴羊、岗巴羊养殖比例达到1 ∶ 1，总数达到1000余只。2021年，合作社实现经济收入63.41万元，其中出售活羊737只，收入56.75万元。

【乡村振兴】 年内，者下乡把脱贫攻坚作为乡村振兴的基础，全乡建档立卡脱贫户235户1271人，致贫返贫监测户3户19人。协助上级部门兑现2021年674人生态岗位资金101.1万元，兑现11名建档立卡大学生2020—2021补助资金6.358万元。2月，测算全乡建档立卡户产业分红及以奖代补收支工作；7月，开展全乡系统内建档立卡户收支统计工作；8—9月，开展全乡建档立卡户资料收集归档工作，年底已全部上报完毕。

（白　多）

东喜乡

【概况】 东喜系藏语，意为“千户头人的牧场”，位于县境南部，东连江孜县、康马县，西邻萨迦县，北靠嘎普乡，南与亚东县、岗巴县毗邻，距县城75千米，乡境内平均海拔4800米，乡政府驻地海拔4623米，行政区域面积为739平方千米，草场总面积为106.9万亩，可利用草场面积为101.8万亩；全乡下辖8个行政村，204户、1352人，属纯牧业乡，牧养绵羊、牦牛、山羊、犏牛等。

【经济发展】 年内，全乡经济总量达到2824.43万元；经营性收入为1809.73万元（第一产业收入达到1509.95万元，均为牧业收入；第二产业收入达到152.13万元，均为工业经营收入；第三产业收入达到147.65万元）；财产性收入为5.22万元，均为产业分红收入；转移性收入为325.55万元；农牧民人均纯收入达18166.64元，同比增长14.76%。

东喜乡始终把发展壮大村集体经济和农民专业合作社当作第一要务，积极入户开展合作社相关政策宣传，动员鼓励群众入股合作社，解放劳动力，为脱贫找出路、找门路。年内，全乡共有1个生态保护建设合作社、1个劳务输出合作社和8个养殖合作社，8个村的养殖合作社累计入股6581只羊，并达到“5个100%”入股。2021年全乡1个合作社纯收入76773元，分红76773元，为5人提供就业，并发放工资9212元，其余7个合作社财务总结和分红活动于春节前开展，分红资金达100万元。

【队伍建设】 年内，东喜乡核定行政编制15名；事业编制17名，其中农牧综合服务中心8名，文化服务中心5名，机关后勤服务中心4名。实有人员37名，科级干部10名，其中正科级领导干部3名，副科级领导干部7名；事业编制干部10名，乡村振兴专干8名，科技专干8名，基层服务平台专干1名。年内，东喜乡党委严格按照党员发展标准，认真履行入党手续，全乡共有10个党支部、158名党员，其中农牧民党员134名、机关党员24名。

2021年6月25日，日喀则市发改委相关工作人员到东喜乡调研高海拔基础设施建设情况

【医疗卫生】 年内，东喜乡新型合作医疗保险参保204户、1276人，参保率达100%，0—7岁儿童健康项目管理人数191人，城乡居民健康档案管理人数204人。截至年底，为农牧民群众医疗报销13.58万元。全乡应接种新冠疫苗人数1238人，已接种1123人，暂缓接种74人，禁忌证41人，接种率为90.71%，依照接种时间，第三针已接种514人。

【生态环保】 年内，及时完善东喜乡农村人居环境整治工作领导小组，明确相关工作职责，把责任具体落实到人。截至年底，共召开环境整治工作7次。积极组织村“两委”班子、驻村工作队、新时代文明实践志愿队、党员志愿服务队、“双联户”对辖区内主要干道、河道、村委会及周边的白色垃圾、建筑垃圾的乱堆乱放现象等情况进行全面清理。年内，共清理40余次，出动600人次。广泛利用广播、宣传栏、LED显示屏、横幅，

2021年8月18日，白朗县人大常委会副主任潘多（右一）到东喜乡调研人大工作

做好生态环保宣传引导工作。截至年底，共宣传引导13次，张贴宣传标语16个。按照2021年东喜乡生态文明建设示范创建强日村、普久村，生态文明建设示范提档思古龙村、多巴村、比木村的各项指标、基本条件、所需的支撑材料进行整理汇总，年底已通过县级审核。

【社会民生】 年内，乡党委始终坚持政府引导与市场调节相结合，把农牧民劳动力转移就业与促进农牧民增收、统筹城乡发展紧密结合，大力开展农村劳动力组织化转移就业。2021年，东喜乡劳务输出548人，包括建档立卡195人，累计创收563.9334万元，组织化输出331人，区外转移就业1人，实现职业技能培训21人。

【教育工作】 年内，在"六一"国际儿童节来临之际，东喜乡党委、政府向中心小学37名学生、幼儿园48名学生发放书包、文具盒、保温杯、画画本等价值8733.25元的慰问品，并解决乡小学红色基地参观费用1万元。通过积极与上级相关部门协调，投入11000余元解决乡中心小学饮水困难问题。9月，乡幼儿园向乡小学整班移交学生22名。10月，按照控辍保学工作要求，东喜乡以入户思想引导等方式劝导2名职校辍学学生及时返校。

【特色产业】 年内，东喜乡牲畜存栏共计23738头(只、匹)(绵羊19012只，山羊1842只，牦牛2340头，黄牛537头，马6匹，驴1头)；能繁母畜13666头(只)，新生仔畜7531只(头、匹)，成活率达90%，年出栏绵羊单位10000只。兑现2021年农牧民补助资金共计2318465元，涉及190户1288人。大力实施人工种草项目。积极主动联系县农业农村局争取到披碱草种子18袋，并向强日村、普久村发放，年底已全部种植完成，种植180亩。更新完善兽医、科技特派员档案，对8名兽医、16名科技特派员个人档案进行更新完善。截至年底，已全部整理归档。

【乡村振兴】 年内，东喜乡共计建档立卡贫困户73户354人，下半年调整后生态岗位共计197个(其中，建档立卡岗位187人，农村低收入10人)，在各项扶持政策的有效开展下，73户354人已

2021年10月28日，县委常委、宣传部部长达琼（前排中）到东喜乡检查新时代文明实践工作开展情况

全部稳定脱贫。按照每人每年3500元标准兑现2021年生态岗位资金696500元。社会保障兜底帮扶一批，使建档立卡贫困人口完全或部分丧失劳动能力、无法通过开发性扶持政策脱贫的4户4人享有更加可靠的社会保障，享受差额补助，东喜乡共有五保户1户1人，补助7475元。落实“以奖代补”政策，涉及68户，金额175360.88元。

（覃 迢）

附　录

晚秋的农田中，羊群尽情吃草

白朗年鉴

2022

白朗县人民代表大会常务委员会工作报告(节选)

——在白朗县第十四届人民代表大会第二次会议上

白朗县人大常委会主任　杨晓龙

(2022 年 2 月 23 日)

县十四届人大一次会议以来的主要工作

2021 年,是中国共产党成立 100 周年,西藏和平解放 70 周年,是“十四五”规划开局之年,也是县十四届人大及其常委会依法履职的第一年。在县委的坚强领导下,县人大常委会坚持以习近平新时代中国特色社会主义思想为指导,全面贯彻落实党的十九大和十九届历次全会、中央人大工作会议、中央第七次西藏工作座谈会和自治区第十次党代会、市委二届六次会议及县委十届三次会议精神,贯彻落实习近平法治思想、习近平总书记关于坚持和完善人民代表大会制度的重要思想以及习近平总书记关于西藏工作的重要论述,坚持党的领导、人民当家做主、依法治国有机统一,坚决拥护和捍卫“两个确立”,切实增强“四个意识”、坚定“四个自信”、做到“两个维护”,紧紧围绕“四件大事”依法履职尽责,较好完成了县第十四届人大一次会议确定的各项目标任务。

一年来,召开常委会会议 5 次,党组会议 6 次,主任会议 5 次;听取和审议专项报告 11 个,做出决议决定 8 项;开展专题调研 4 次,专项视察 2 次,执法检查 2 次;依法任免国家机关工作人员 45 人次;外出考察学习 2 次,接待考察学习 13 次;联系指导乡镇人大工作 40 余次。

一、坚持党的全面领导,牢牢把握人大工作正确政治方向

坚持把党的全面领导作为最高政治原则,围绕县委贯彻落实党中央大政方针的部署安排,主动谋划和推动人大工作,确保人大工作正确政治方向。

(一)坚持以党的最新理论成果引领人大工作。把学习贯彻习近平新时代中国特色社会主义思想、党的十九届历次全会、中央人大工作会议、自治区第十次党代会、市委二届六次会议及县委十届二次会议精神作为重大政治任务,把学习贯彻习近平总书记最新重要讲话重要批示指示精神作为常委会会议、党组会议、主任会议“第一议题”,深刻学习领会新时代党的创新理论,坚持不懈用党的最新理论成果武装头脑、指导人大实践,推动人大工作创新发展。

(二)自觉坚持党对人大工作的全面领导。始终坚持在党的领导下做好人大工作。严格执行重大事项请示报告制度,向县委请示人大重要会议 6 次,汇报重要事项 7 件,按照县委决策做出决议决定 8 项。坚持党管干部原则和人大依法任免相统一,通过法定程序依法任免国家机关工作人员 45 人次,圆满完成市委和县委重要人事安排意图,切实把党的领导体现到了人大工作全过程,使党的安排部署在人大工作中得到了全面贯彻和有效执行。

（三）落实党的领导各项要求。深入开展党史学习教育，将“学党史、悟思想、办实事、开新局”同人大工作紧密结合，弘扬伟大建党精神，激励干部担当作为。认真履行全面从严治党主体责任，扎实推进“三更”专题教育走深走实，使党员干部始终在政治立场、政治方向、政治原则、政治道路上同党中央保持高度一致。全力推进“改进作风，狠抓落实”工作，加强干部队伍和纪律作风建设，努力打造新时代人大干部队伍忠诚干净担当的新形象，涵养人大常委会机关求真务实的工作作风。围绕教育活动，开展理论中心组学习、专题研讨和宣讲教育60余场次。

二、坚持正确有效依法监督，围绕中心服务大局

常委会坚持围绕县委中心工作和全县工作大局，正确处理好社会稳定、经济发展、生态保护与强边固防的关系，实行正确监督、有效监督、依法监督，推动人大监督工作提质增效。

（一）聚焦宪法法律有效实施开展监督，坚决维护国家法治统一。加强宪法宣传教育。充分发挥人大代表作用，开展宪法宣传教育活动，营造人大代表学习宪法、尊崇宪法的良好氛围。坚决维护宪法权威。对学习宣传和贯彻执行宪法情况开展专题调研。认真落实宪法宣誓制度，依法组织宪法宣誓仪式2次，45名常委会任命的国家工作人员任职时公开向宪法宣誓。坚决维护法治统一。加强合宪性、合法性审查，对县人民政府报备的3件规范性文件进行备案审查。

（二）聚焦维护稳定这件大事，推动社会形势长治久安。坚持把铸牢中华民族共同体意识作为战略性任务和主题主线，以推动落实《西藏自治区民族团结进步模范区创建条例》为重要抓手，广泛开展民族团结进步宣传教育，开展《条例》实施情况执法检查，助推民族团结进步示范县创建。在重要时期和重要时段，常委会班子成员赴联系乡镇、学校、寺庙蹲点督导维稳工作，推动县委各项维稳措施落实落细。深入寺庙宣讲党的民族宗教政策和国家法律法规，组织开展宗教工作法治化建设专题调研，为维护宗教领域稳定发挥积极作用。听取和审议了民事审判、民事检察工作报告，促进有关部门依法行政、严格执法、公正司法，筑牢社会稳定根基。

（三）聚焦发展这件大事，推动经济社会高质量发展。围绕贯彻新发展理念，构建新发展格局，审查和批准了《白朗县国民经济和社会发展第十四个五年规划、二〇三五年远景目标纲要》。听取和审议了2021年上半年国民经济和社会发展计划执行情况、2021年下半年国民经济和社会发展计划安排的报告。听取和审议了2020年度财政预算执行和其他财政收支审计查出问题整改落实情况、教育经费投入和使用管理情况、义务教育均衡发展情况等专项报告。审查和批准了2021年第一批盘活存量资金使用安排方案。组织18名人大代表围绕乡村振兴、产业发展、重大民生项目等开展专项视察活动，广泛收集群众反映，认真听取代表意见建议，归纳整理具有建设性意见建议15条，推动相关建议办理落实落地，不断增强各族群众的幸福感、安全感、获得感。

（四）聚焦生态这件大事，推动筑牢国家生态安全屏障。听取和审议了县人民政府关于2021年度生态环境保护状况、生态目标完成情况以及2022年生态环境保护目标计划安排情况的报告。对《西藏自治区国家生态文明高地建设条例》贯彻实施情况进行执法检查，积极推动地方性法规得到有效贯彻执行。配合区市两级人大常委会开展“中华环保世纪行——西藏行”活动。组织18名人大代表开展生态环境保护专项视察活动，收集群众和代表意见建议5条，督促有关部门抓整改落实，全力推动生态文明建设取得更大成效。

（五）聚焦强边这件大事，推动兴边富民行动有新作为。深刻领悟总书记关于加快边境地区建设的重要指示精神，坚持守土有责、守土担责，守土尽责，充分发挥人大代表作用，通过开展形式多样的“双联系”活动，向全县各族干部群众广泛宣传卓嘎等爱国守边模范先进事迹，鼓励各族群众维护统一、守护国土、建设家乡，引导各族群众自觉参加抵边护边行动，争做“神圣国土守护者、幸福家园建设者”。

三、服务和保障代表依法履职，充分发挥代表主体作用

坚持以人民为中心的发展思想，充分发挥代表

来自人民、扎根人民的优势，引导、保障、支持代表发挥好主体作用，努力做到民有所呼、我有所应。

（一）坚持学以致用，切实提升代表履职能力。先后面向114名新任人大代表举办2期代表履职能力提升培训班，增强了代表正确履行法定职责的意识，提升了代表依法履职能力；组织23名县、乡两级人大代表赴谢通门县、桑珠孜区实地考察学习人大“代表之家”“代表小组”运行情况，先进做法和典型经验，在学习借鉴中开拓创新，推动新时代人大代表工作提质增效；组织20名人大代表、基层人大干部赴山东济南市就生态环境保护、基层党建、乡村振兴等内容开展考察学习，拓宽代表视野，激发履职活力；指导各乡镇采取专题辅导、以会代训等多种方式，广泛开展辖区代表培训工作，先后培训代表520余人次，完成县乡两级代表履职培训全覆盖。

（二）坚持为民宗旨，推动代表建议办理落地见效。督导承办单位把代表建议办理同“我为群众办实事”活动结合起来，同改进工作、健全机制结合起来，积极研究采纳代表提出的建议举措，以办理工作的实际成效回应群众关切。将县十四届人大一次会议代表提出的90件意见建议及时转交政府及相关部门办理，通过召开座谈会、常委会领导领衔督办等方式，及时了解、跟进、监督工作进展，提出工作建议，提升办理实效，代表意见建议承办率100%，答复率100%，满意率100%，推动解决了一批群众最关心的热点难点问题。

（三）坚持初心使命，加强和改进代表履职服务管理。建立健全代表履职档案。坚持每季度检查一次代表履职档案，全面掌握代表履职动态，督促代表增强履行法定职务的主动性和务实性。落实代表述职评议制度。按照“分批述职、整体推进”的目标，结合“双联系”活动，组织520名代表向选民（群众）进行了口头或书面述职。强化代表履职考核。围绕代表履职档案，对代表参加人代会、小组活动、专题调研、提出意见建议等各类履职活动进行考核量化评分，加强对代表的激励约束和监督管理。

（四）坚持完善制度，建好管好用好人大代表之家。换届以来，常委会以提升代表素质为突破，为新一届人大代表提升履职能力、发挥作用创造条件，对标“人大代表之家（小组）”建设的标准和活动要求，指导县乡12个“人大代表之家”和43个“代表小组”，建立健全“八簿一册”，完善场地基本设施，规范常态化运行机制，切实发挥好平台宣传方针政策、反映社情民意、联系选民（群众）、提升履职能力、议政督政的作用，促进代表工作扎实有效开展。

四、加强人大自身建设，不断适应新时代人大工作新要求

强化政治机关意识，坚持以政治建设为统领，健全和完善人民代表大会、常委会和专委会工作机制，全面加强自身建设，着力提升依法履职的能力和水平。

（一）思想政治建设进一步强化。坚持把政治建设摆在首位，全面落实党组管党治党主体责任，牢固树立“四个意识”、始终坚定“四个自信”、坚决捍卫“两个确立”，坚决做到“两个维护”，始终在思想上、政治上、行动上同以习近平同志为核心的党中央保持高度一致，时刻向党中央看齐，向习近平总书记看齐，向党的理论和路线方针政策看齐。认真遵守民主集中制原则，严格执行以“三重一大”为核心的民主集中制各项制度，坚持把民主集中制贯彻到实际工作的全过程，确保常委会党组会议做出的决议决定体现党的主张、符合宪法精神、反映人民意志。严肃党内政治生活，严格常委会民主生活会制度，开展积极的批评和自我批评，自觉诚恳接受各方监督，营造风清气正的党内政治生态。

（二）推动党风政风持续向好。实行“一把手”负总责，领导班子成员分工负责制，促进党风廉政建设责任制有效落实。切实抓好“为基层减负”工作，坚持靶向治疗，全力推进会议、文件、活动减负，切实加强真抓实干的作风建设，以作风建设新常态，促进人大工作新提升。严格执行中央八项规定精神、区党委实施办法和市委实施细则，坚决反对和纠正“四风”，着力培育人大党员干部的清廉之气，推进“廉洁人大”建设迈向深入。

（三）依法履职能力和服务水平不断提升。坚持从提高人大履职能力和机关服务水平入手，着力打造“权威人大”“活力人大”“团结人大”新名片。

通过完善工作机制、规范工作程序，积极探索人大工作新实践，促进机关各项工作协调有序、高效运转。坚持补齐短板，不断加强同“一府一委两院”的沟通协调，共同推进各项工作提质增效。人大常委会机关整体工作水平和效率不断提升。

各位代表，一年来，常委会各项工作成绩的取得，是习近平新时代中国特色社会主义思想科学指引的结果，是区党委、市委和县委高度重视、坚强领导的结果，是“一府一委两院”密切配合、鼎力支持的结果，是县、乡两级人大和全体人大代表履职尽责、扎实工作的结果，是全县各族干部群众充分信任、积极参与的结果。在此。我代表县人大常委会表示崇高的敬意和衷心的感谢！

在肯定成绩的同时，我们也清醒地认识到，常委会的工作同党对人大工作的新要求、人民群众对人大工作的新期盼相比还有一定的差距，党的创新理论指导实践的作用发挥还不够充分，法定监督工作的刚性还不够有力，代表和群众的联系还不够密切，自身建设还有待改进和加强等。我们将高度重视这些差距与不足，并虚心听取代表和各方面意见建议，以当前正在开展的“改进作风 狠抓落实”工作为契机，不断补齐工作短板和不足，夯实完成好各项任务的基础保障，全力推进新时代人大工作接续发展。

中国人民政治协商会议
政协白朗县委员会常务委员会工作报告（节选）

——在政协第三届白朗县委员会第二次会议上

政协白朗县委员会主席 普 琼

（2022 年 2 月 22 日）

2021 年工作回顾

2021 年是极不平凡的一年，是中国共产党成立 100 周年和西藏和平解放 70 周年，也是“十四五”规划起步之年、脱贫攻坚成果与乡村振兴有效衔接之年。县政协以习近平新时代中国特色社会主义思想为指导，深入学习贯彻党的十九大和十九届五中、六中全会精神，认真贯彻落实习近平总书记庆祝中国共产党成立 100 周年大会上的重要讲话精神，习近平总书记在西藏考察时的重要讲话重要指示精神，深入学习贯彻习近平总书记关于加强和改进人民政协工作的重要思想，贯彻落实区、市政协工作会议精神，坚持团结和民主两大主题，紧扣中心大局全面履职尽责，切实发挥专门协商机构作用，为推动建设团结富裕文明和谐美丽的社会主义现代化白朗做出新的更大贡献。

一年来，在常态化疫情防控背景下，县政协及其常委会按照县委部署要求，认真履行政治协商、民主监督、参政议政职能，着力凝聚共识，县政协第三届白朗县委员会 2021 年召开政协全委会 1 次，党组会议 5 次，常委会 2 次，主席会 5 次，共组织开展各类履职活动 20 余次。主要做了以下工作：

（一）坚持党对政协工作的全面领导，筑牢共同奋斗的思想政治基础

深入学习党的创新理论。运用党组理论学习中心组、政协常委、党组（扩大）会议、主席会议及机关党支部学习等多种形式，深入学习习近平新时代中国特色社会主义思想，特别是习近平总书记关于加强和改进人民政协工作的重要思想，学习习近平最新讲话和重要指示精神，推动理论学习持续走深走实走细，巩固“不忘初心、牢记使命”主题教育成果，聚焦学史明理、学史增信、学史崇德、学史力行，扎实开展党史学习教育和建党 100 周年系列活动，全面系统学习习近平总书记在建党 100 周年重要讲话和十九届六中全会精神，深刻把握党的百年奋斗重大成就、历史经验和现实意义，进一步赓续了精神血脉，增进了历史自信、焕发奋斗精神、坚定了信仰信心，通过持续抓实党的创新理论的武装，注重结合委员培训、协商座谈、视察调研等履职活动深化专题学习、专题研讨，进一步筑牢拥护“两个确立”、增强“四个意识”、坚定“四个自信”、做到“两个维护”的思想根基，坚决打牢人民政协团结奋斗的思想政治基础。

始终注重党建、党风廉政建设和意识形态工作责任制。组织召开党组专题会议，安排部署总结党建工作和党风廉政、意识形态等工作内容 2 次；同时履行党内政治生活相关要求，开展党组理论中心组学习 11 次，党组成员以普通党员身份参加党支部学习 11 次，参加组织生活 3 次，开展党史学习教育 11 次，组织党员干部开展警示教育基地参观学习 1 次，专题研讨 8 次，交流发言 20 余人次，对 20 余个政协相关制度进行再研究再细化再完善工作，

目前已完成10项制度完善修改、上会研究通过等程序。

落实党要管党、全面从严治党工作责任制，坚持把党的领导贯穿到政协全部工作之中。政协党组充分发挥在政协工作中的领导核心作用，严格执行请示报告制度，县政协会同政府制订《2021年工作要点》和《2021年度协商计划》，向县委请示汇报全年重点工作、重大事项17次。有效发挥党组织对政治引领的作用，带动县政协和委员坚定政治方向、保持政治定力、忠诚履职尽责，始终做到与县委同心同向、同频共振。

（二）坚持推动以高质量发展为目标，发挥协商建言资政作用

围绕县委、县政府中心工作和重点任务，通过召开协商座谈会、开展视察、调研协商、收集社情民意、民主监督等一系列协商成果为县委县政府决策施策提供有益的参考依据。在全委会上县政协委员分三个组对“一府两院”报告和“十四五”规划纲要等议政性内容进行讨论发表了意见建议；按照《年度协商计划》，围绕中心工作深入开展协商调研活动，专题调研坚持求精，关注民生，立足实际，取得了积极的成效。配合市政协做好“畜牧业生产方式对草原生态环境影响情况”“推进乡镇政务服务机构规范化运行管理”等协商调研工作，县政协自行组织开展了“关于加快产业发展助力乡村振兴”“乡镇政协委员联络办建设”“应急救援体系建设”“公立医院信息化建设”等协商调研，形成调研报告4篇，提出意见建议15条，得到县委、县政府高度重视并做出重要批示。

（三）坚持把握大团结大联合的主题，增强凝聚共识实效

准确把握政协在统一战线工作中的职责任务，切实扛起实现大团结大联合的政治责任，健全无党派人士在政协开展经常性工作机制，做到重要议题共同协商、重大活动共同组织、重点调研共同开展。县政协制定“白朗县政协主席会议成员联系常委委员，常委委员联系党员委员，党员委员联系党外委员，委员联系群众”等工作制度，充分发挥党员委员带头促进团结工作，社会各界人士，在政协平台上聚焦发展重点、改革难点、民生热点积极建言献策，全年参与协商活动80多人次，体现了多方合作事业蓬勃发展的生机活力。

全面贯彻党的民族政策和宗教工作基本方针，政协常委会班子成员落实县级领导指导乡镇工作制度，深入乡镇、寺庙开展《宗教工作管理条例》《藏传佛教活佛转世管理制度》的宣讲解读，组织少数民族界和宗教界、经济界委员前往林芝巴宜区、墨脱等县考察学习边境小康村建设，创新寺庙管理和驻寺党组织建设工作等先进典型经验做法，及时形成考察报告上报县委、县政府，得到了县委、县政府主要领导的高度评价，并做了重要批示。通过考察学习，加强对少数民族界和宗教界、经济界政协委员的思想引导作用，把党的主张转化为民族宗教界委员和所联系群众的共识，把民族宗教界人士的思想、智慧和力量凝聚起来，促进了民族团结和宗教和睦。

加强联谊交流，迎接全国政协办公厅、自治区政协等各级各类政协考察学习组16个，达230余人次，主要推介了白朗县“蔬菜种植”“娟姗牛养殖”“民族手工业”“农畜产品加工”“历史文化”等相关内容；同时前往定结县开展以乡镇政协委员联络办规范化建设为题的考察学习，前往林芝部分县区开展以乡村振兴战略实施先进经验和典型做法考察学习，迎进来走出去的联谊工作，对推介白朗县各类特色产业起到一定作用。

发挥政协文史资料“存史、资政、团结、育人”的作用，注重挖掘和体现白朗人文历史史料的时代价值，今年主要对《白朗藏戏歌舞》洛江镇“则嘎卓舞”、强堆乡“白岗温谐”、嘎东镇民间传统藏戏等10类进行再整理再校对再翻译，口述和相关歌舞资料5.2万余字，图片200余张，为市文史委收集提供文史相关内容达2万余字，加强了白朗文史资料的丰富和完善。

（四）始终坚持人民至上履职理念，促进民生福祉改善

认真落实民主监督工作。在政府各相关部门的邀请下，政协委员积极参加各类会议和活动，在会议和活动期间进行民主监督，特别是参加县检察

院的听证会，听取相关案件的办理程序和结果情况。同时县政协组织政协委员针对县域经济发展、生态环境保护、应急救援工作等问题深入调研和民主监督，指导政协机关驻强堆乡亚龙村工作队扎实开展基层党建和乡村振兴工作，深入开展“4321”结对帮扶和高校毕业生“4321”结对工作，为10个结对户送去慰问资金2.5万元，并通过“扶志”与“扶智”相结合的思想教育方式，引导结对帮扶户迈向更加美好的生活，为结对高校毕业生送政策、送岗位，目前实现就业7人，通过委员进行群众结对帮扶走访工作，产生了积极正面的社会反响。

开展“幼儿接送方面存在交通安全隐患”专题社情民意调研协商，将社情民意扩展至教育系统交通安全隐患，针对上学和放学、放假等特殊时间交通安全隐患防范化解进行针对性调研。就教育部门、公安交警部门、各类各级党委、政府、学校之间如何配合开展工作，如何捋顺学生家长接送与道路交通执法之间的矛盾等问题进行了相对详细调研协商。这些基层协商调研活动，助推了各级党政部门发现问题、改进工作、破解难题。

充分发挥提案在保障和改善民生中的重要作用，把提案作为重点，全面推进提案办理工作。全年接受提案48件，立案45件，占提案总数的93.75%，意见建议3件，占提案总数的6.25%。其中，水利建设类提案7件，道路交通类提案8件，社会事业类提案7件，环境保护类提案6件，就业类提案1件，科教文卫类提案11件，民族宗教类提案1件，其他方面4件。召开提案交办会议，20余家县直部门主要负责人参加会议，常务副县长做了表态发言，移交政协委员提案45件，各相关部门已完成办理答复，办理答复期间县政协组织2次提案现场督办，召开了县政协提案办理情况对接会，对办理过程中存在的问题进行梳理，相关部门吸纳落实相关建议，为切实解决涉及人民群众切身利益的实际问题发挥了积极作用，截至目前提案及意见建议答复率100%，委员满意率97.77%。

（五）坚持打造过硬的政协制度，不断提升队伍建设

加强班子队伍建设。一是认真抓好政协第三届白朗县委员会换届工作，召开了党组会议，传达学习了自治区、市有关换届工作要求，配合县委组织部、统战部做好了县政协委员会的提名推荐工作，“把好了”入门关，确保推选的新一届县政协委员政治立场、综合素质、参政议政能力等方面能达到相关要求，顺利召开了政协第三届白朗县委员会第一次会议，选举产生了团结民主、务实创新的新一届县政协领导班子和县政协常委。二是按照党章要求，县政协党组积极开展指导，对县政协办党支部进行换届，党组成员以普通党员身份参加了党支部换届，选举产生了支部书记和支部委员，明确支委会分工，圆满完成支部换届的各项要求，确保党的基层力量坚实可靠。三是加大对干部队伍的培训力度，今年参加区、市相关培训4次，政协新班子成员参加培训人次达6人次，党组会议中多次列入政协基本知识的学习，通过培训让班子成员从理论上进一步得到提高，切实加快进入政协工作角色的速度，更好地为全县经济社会发展做出贡献。

县政协开展“制度建设年”活动。对标对表日喀则市政协制度建设标准，紧盯薄弱环节和不足之处，按照“系统配套、严谨规范、衔接顺畅、立改并举”的原则，建立健全工作制度10余项，与原有制度整合构成了一个较为完备、相对科学的制度体系，正在编辑《政协白朗县委员会工作制度汇编》，收录工作制度共计20项，着力在制度集成和制度执行上取得实效。

发挥委员主体作用。积极搭建乡镇政协委员联络办平台，尊重和支持委员依照政协章程履行职责，为委员参加履职活动提供更好的服务，按照五有标准，开展联络办标准化建设，规范联络办制度8项，规范联络办台账22类，完成了三届县政协委员档案建立等工作。落实委员履职管理办法，建设委员网络履职平台，加强委员履职考核，推进政协常委述职工作，强化委员履职的正向激励和纪律约束。以习近平总书记“懂政协、会协商、善议政，守纪律、讲规矩、重品行”的政协委员要求，全面增强履职本领，积极投身履职实践，以模范行动展现了新时代政协委员的风采。

着力建设模范机关。按照政协机关是政治机

关的要求，坚决扛起全面从严治党的主体责任，以党的建设为引领，全面推进自身建设，不断提升机关工作科学化、民主化、专业化、精细化水平，切实做好参谋助手、组织协调、后勤保障工作，推动整体工作质量显著提升。认真贯彻落实中央八项规定精神及区党委实施细则，加强和改进调查研究工作，坚决防止“四风”反弹。召开党风廉政建设工作会议，支持机关党支部纪检监察员履行职责，用严明的纪律推进全面从严治党向纵深发展。坚持正确用人导向，严格日常管理和绩效考核，激励机关干部担当作为，打造过硬的干部队伍，营造风清气正的良好环境。举办“书香政协”和党史学习教育相结合的读书活动，丰富了党史学习教育相关内容，增强了机关的凝聚力和向心力。

各位委员，过去一年取得的工作成绩，是市政协有力指导，是县委坚强领导和县人大常委会、县政府以及各级党政部门和社会各方面大力支持的结果，是县政协各参加单位、全县各级政协组织和广大政协委员共同努力的结果。我代表县政协常委会表示衷心的感谢！

在总结成绩的同时，我们的工作还存在一些短板和弱项：一是建言资政质量还有待进一步提高；二是专委会作用还需要进一步发挥；三是政协委员履职担当意识还需要进一步强化；四是政协自身建设还有待进一步加强。对此，我们要清醒地看到问题，坚持问题导向，目标导向和结果导向，直面问题，加强研究，在今后的工作中采取有力措施切实加以改进。

强化政治责任 忠诚干净担当 为白朗县长治久安和高质量发展提供坚强保障(节选)

——在中国共产党白朗县第十届纪律检查委员会第二次全体会议上的工作报告

白朗县委常委纪委书记、监委主任 夏日林

(2022年2月25日)

2021年工作回顾

一年来,全县各级纪检监察机关在市纪委和县委的坚强领导下,深入学习领悟习近平新时代中国特色社会主义思想,深刻认识“两个确立”的决定性意义,自觉担负起“两个维护”的重大政治责任,忠实履行党章和宪法赋予的职责,深刻把握纪检监察工作在推进党的自我革命中的职责任务,稳中求进、守正创新,始终保持全面从严治党永远在路上的清醒坚定,保持正风肃纪、反腐惩恶的战略定力,积极发挥监督保障执行、促进完善发展作用,全县纪检监察工作取得新成效。

(一)践行“两个维护”,政治建设进一步夯实。积极为县委履行主体责任当好参谋助手,协助县委研究制定全面从严治党主体责任清单,围绕6个方面46项工作部署,积极开展精准监督,确保县委决策部署落地生根。规范运用“责任清单”“述责述廉”“提醒约谈”等工作机制,推动党委(党组)主体责任、书记第一责任和纪委监委监督责任贯通联动、一体落实。严把干部“廉洁关”,全年回复党风廉政意见136批次,涉及100余个单位3000余人次,提出暂缓或否定意见42人次,防止了干部人选“带病推荐”“带病提名”。

(二)推进“三不”一体建设,反腐败斗争胜利进一步巩固。2021年,县纪委监委受理问题线索48件,立案10件10人(其中查处科级干部6人),给予党纪政务处分10人,诫勉谈话9人,谈话提醒38人,批评教育14人,责令做出书面检讨1人,挽回经济损失100余万元。运用“四种形态”处理82人次。其中,第一种形态72人次、占87.8%;第二种形态6人次、占7.32%;第三种形态4人次、占4.88%,政治生态持续向善向好。

(三)坚持执纪为民,群众满意度进一步提高。坚持民有所呼、我有所应,始终把整治和查处群众身边不正之风和腐败问题作为重要政治任务,2021年共处置群众身边腐败和不正之风问题线索18起,其中给予党内警告处分1人、诫勉谈话3人、谈话提醒10人、下达纪检监察建议书4期,切实让人民群众切身感受到全面从严治党就在身边、正风肃纪反腐就在身边,群众获得感、幸福感、安全感稳步提升。

(四)持续纠治四风,作风建设进一步加强。持续整治违规发放津补贴或福利、收受红包礼金、公款吃喝、公车私用、私车公养、违规操办婚丧喜庆事宜等突出问题,释放越往后监督执纪越严的有力信号,防止“四风”问题反弹回潮。2021年共发现违反“四风”问题线索4件14人,其中诫勉谈话2人、谈话提醒11人、提醒谈话1人;查处违反中央八项规定精神问题1件1人,有效促进了干部作风改善、党风政风持续好转。

（五）高举巡察利剑，政治体检功能进一步发挥。十届县委高度重视巡察工作，全面加强对巡察工作的领导，推进全面从严治党向纵深发展。根据巡察工作新要求，制订了《中共白朗县委员会巡察工作规划（2021—2025年）》，将全县62家单位、2家国有企业、111个行政村纳入巡察范围，确保巡察工作全覆盖。十届县委第一轮巡察共对全县6个县直部门、4个行政村开展巡察工作，发现问题151个，其中立行立改问题12个，立行立改问题已全部整改完毕，巡察反馈问题139个，已完成整改50个，其余的89个问题正在整改过程中。

（六）深化“三项”改革，体制机制活力进一步释放。持续深化“三转”，对我委参与的议事协调机构进行了全面清理，目前保留议事协调机构12个，各乡镇纪委平均保留10个，对新增议事协调机构的严格按照程序审批，实现了收缩战线、聚焦主业。顺利完成了县级纪委监委内设机构改革试点工作，进一步优化了职能配置，提升了工作效率。按照统筹调度、就近整合、优势互补、有利工作的思路，深化纪检监察协作片区工作机制，通过联系指导、交叉检查、点题交办等方式，把沉淀在乡镇的监督力量盘活整合，有效解决了县纪委监委和乡镇工作力量不平衡的问题，监督质效明显提升。

（七）从严教育管理，纪检队伍素质进一步提升。针对纪检监察干部能力不足的短板，强化“全员培训”，举办4期专题业务培训班，轮训干部160余人次，选派12人次到区市纪委跟班学习、跟案锻炼，选调20人次到县纪委监委跟班学习，选派4人次参与巡察工作，纪检监察干部队伍能力素质不断增强。始终牢记“打铁必须自身硬”的政治要求，严格自我约束，全面规范县纪委常委会议议事规则等制度，对办案人员、财务人员等关键岗位和执纪审查、财务管理等关键环节实施靶向监督，不断健全完善内控机制，坚决防止“灯下黑”。

通过一年的砥砺前行、拼搏奋进，全县党风廉政建设和反腐败斗争取得了新的成效，积累了有益经验，这得益于市纪委监委和县委的正确领导，得益于全县各级各部门的高度重视，得益于全县纪检监察干部的共同努力，得益于社会各界和人民群众的支持参与。在此，我代表十届纪律检查委员会，向大家表示衷心的感谢并致以崇高的敬意。

在肯定成绩的同时，我们要清醒认识腐败和反腐败斗争的严峻性、复杂性，清醒认识在推进党风廉政建设和反腐败斗争中还存在一些短板和弱项。全县各级党组织在落实主体责任上不平衡，“上热中温下冷”现象仍然存在；“四风”问题具有顽固性，相关制度不完善、执行不到位的情况仍较为突出；为政不勤、不公、不廉的问题在基层仍然易发多发，直接侵害群众的切身利益；少数党组织及领导干部管工作、管业务与管思想、管作风、管纪律“一手硬、一手软”的问题依然存在，赌博、酒驾醉驾等违纪违法现象时有发生。有的对“监督的再监督”定位把握不够精准，日常监督不够聚焦、重点不够突出、方向不够精准，特别是对“一把手”和领导班子的监督方法不多、实效不强、力度不够，不愿监督、不敢监督、不会监督的问题不同程度存在；有的纪检监察干部政治业务素质和履职尽责能力还有不足，学习纪法规定还不深不透等。这些问题，我们必须高度重视，采取有效措施切实加以解决。

白朗县人民法院工作报告(节选)

——在白朗县第十四届人民代表大会第二次会议上

白朗县人民法院院长 许东升

(2022年2月23日)

2021年工作回顾

2021年,在县委的正确领导、县人大及其常委会的有力监督和上级法院的精心指导下,在县政府、县政协和社会各界的关心支持下,县法院坚持以习近平新时代中国特色社会主义思想为指导,认真贯彻党的十九大,十九届二中、三中、四中、五中、六中全会和中央第七次西藏工作座谈会精神,深学笃行习近平法治思想,深入贯彻习近平总书记"七一"和视察西藏重要讲话精神,牢牢把握司法为民的初心,锚定航向忠诚履职,积极践行公正司法的使命,实干担当展现作为,为推动白朗经济社会发展营造安全稳定的社会环境和公平正义的法治环境。全年共受理各类案件348件,同比上升35.55%,办结344件,同比上升35.55%,结案标的金额2236.7万元,结案率、平均审限天数等办案指标位居全市前列,司法体制改革、审判执行模式探索等各项工作取得了新进展。"巾帼法治服务队""阿佳综合速裁团队"受到区高院、市中院肯定,"展法院巾帼风采、创优质司法服务"党建案例被自治区高级人民法院评选为全区法院党建创新优秀案例在全区法院推广,"'两个一站式'诉讼服务中心"成功创建自治区级青年文明号。

一、答好时代命题,以功成有我的攻坚之勇,助力经济社会高质量发展

一年来,我院紧紧围绕中心工作,以法治为最大公约数,充分发挥司法裁判对经济的保障作用,全力护航白朗经济社会高质量发展。

坚持党的绝对领导,牢牢把握正确政治方向。认真执行《中国共产党政法工作条例》,积极主动向县委、县委政法委请示报告重点案件、重要工作、重大事项29次。组织开展习近平新时代中国特色社会主义思想、习近平法治思想、习近平总书记"七一"重要讲话、视察西藏重要讲话等专题学习,选派干警参加政治轮训6期,引导干警增强"四个意识",坚定"四个自信",自觉捍卫"两个确立",做到"两个维护"。坚持抓党建带队建、促审判、强改革,发挥党员示范引领作用,设立"白法先锋"党员示范岗,以党员的担当作为、守正创新提升工作质效。

增强主动融入意识,精准服务保障中心大局。全面贯彻落实县委决策部署,围绕全县稳定、发展、生态、强边四件大事,持续输出优质司法服务。一如既往坚定司法立场,升级服务保障措施,结合我院案件受理情况,形成了《白朗县人民法院受案分析及工作建议》,为党委、政府决策提供参考,同时针对审判过程中发现的工作短板,提出了工作建议。在县政府的帮助支持下,2021年诉讼服务中心投入运行,招录8名聘用人员,为法院工作推进提供了资金、人员保障。全力以赴落实中国共产党成立100周年、西藏和平解放70周年等重要时期维稳安保工作部署,防范化解各类风险隐患,圆满完成平安护航任务。

秉持融合互促理念,深度参与社会综合治理。深化多元化纠纷解决机制,继续加大与行政机关和各类调解组织的诉调对接力度,试点在全县3个乡

镇6个行政村开展《法官联系村居法治工作方案》，诉前化解纠纷13起。依法强化涉诉信访预防力度，突出领导包案、首访负责制度，对可能发生信访隐患的6件9名当事人，实行领导包案管控教育，全力维护重要时段的安全稳定。加强青少年预防犯罪工作力度，深入开展普法进校园活动，通过“遵纪守法、从我做起”“法官进校园”“模拟法庭”等多个主题活动，不断增强青少年法治观念，培育法治信仰。

二、牢记使命担当，以责无旁贷的奋斗之姿，全力维护社会公平正义

一年来，我院立足司法办案第一要务，坚守法治精神，在案件中条分缕析、定纷止争、忠诚履职，全力守护人民的美好家园。

宽严相济惩处刑事犯罪，守护家园“平安久治”。保持对犯罪的高压震慑态势，依法审结各类刑事案件17件，妥善审理我县多发性的危险驾驶罪11件，交通肇事2件，以典型案例为指引，坚持同等情形一视同仁，强化推进司法民主和司法公开，确保同类案件裁判尺度一致。依法严惩故意伤害罪、非法持有、私藏枪支弹药罪各1件，盗窃罪2件，震慑了犯罪分子，净化了社会环境。准确适用刑事法律，该严则严、当宽则宽、宽严适度、罚当其罪，判处3年以下有期徒刑1人；对有自首、立功等法定或者酌定情节的，依法予以从轻、减轻处罚，共对16名被告人适用缓刑。

调判结合妥处民商纠纷，促进社会“和谐之治”。加强民事权益保护，促进案结事了人和，2021年，共审结民商事案件210件。坚持把非诉讼纠纷解决机制挺在前面，通过本院特邀调解组织、巾帼法治服务队、驻村法官工作室等办案单元化解纠纷179件。妥善处理人身损害、婚姻家庭、医疗纠纷、劳动争议和其他涉及民生的各类案件60件，切实改善和保障民生。妥善处理各类借贷以及涉及经济结构调整的相关案件77件，保障加快经济发展方式的转变，促进全县经济的稳步发展。

攻坚克难破解执行难题，助力全民“诚信为本”。坚持“决心不变、力度不减、指标不降”，紧紧依靠党委、政府和各界支持，推动完善综合治理执行难大格局。全年新收执行案件121件，旧存2件，执结123件，执行到位金额306.48万元。开展“六稳”“六保”专项执行行动，执结涉民生案件6件，执行到位9.97万元。主动融入基层社会治理网格，通过点对点查控系统，网上查询被执行人信息109次，会同公安机关完善网上布控机制，对23名被执行人进行布控，抓获被执行人23人。完善失信联合惩戒体系，累计公开失信被执行人信息7人次，充分发挥震慑作用。加大司法强制措施的适用，全年将13人列为失信被执行人，司法拘留3人。大力推进司法网拍，网络拍卖1件3次，执行规范化建设水平显著提升。

三、不忘宗旨初心，以跬步千里的务实之态，着力提升群众司法获得感

一年来，我院坚持问题导向、需求导向和目标导向，深化司法体制改革，加快智慧法院建设，推进审判体系和审判能力现代化。

聚焦法治获得感，深入开展法治宣传。认真贯彻落实“谁执法、谁普法”责任制，先后投入12万余元制作民法典等相关法制宣传资料10万余份，按照法治政府建设要求向全县政府部门主要领导开展了《以习近平法治思想为指引、坚持依法行政、推进法治政府建设》专题讲座，同时组织开展法律进机关活动6场次，助推法治机关建设，以民法典宣讲为重点组织干警开展“我为群众讲法律万里行”法制宣传活动52场次，受教育群众4.7万余人次，为普法发挥了应有作用。

聚焦公正获得感，持续规范司法行为。全面落实司法责任制，严守办案质量生命线。建立工作督办函制度，针对弱项指标和异常数据，形成“院长—分管领导—庭长”三位一体督办合力，精准攻坚案件质效。进一步完善审判人员权责清单，制定实施了《关于规范和加强裁判文书管理的暂行办法》《扣除审限审批制度》，确保放权不放任、监督不缺位。进一步发挥审判委员会重大疑难案件定案把关和专业法官会议参谋咨询作用，落实类案强制检索制度，着力防范“类案不同判”，保障法律统一适用，2021年共召开审判委员会3次，专业法官工作会2次。

聚焦民生获得感，全力提升办案质效。结合司法体制改革，因地制宜构建“繁简分流”审判格局，

确保实现“简案快审、难案精审”，助力案件提质增效。由本院一半的法官先后组建“阿佳综合速裁团队”“新型执行团队”。综合速裁团队成立后以速裁方式审理各类案件116件，占民事、刑事案件总数的51.32%，平均审限5天；加强诉调对接，委派调解案件22件，调解成功率为100%；同时深化多元解纷工作，办理司法确认案件45件，平均审限1.5天。新型执行团队成立以来，通过挂图作战方式全力开展执行大会战工作，共执结案件123件，执行到位金额306.48万元，平均执结时限66.1天。

四、践行司法为民，以革故鼎新的求进之心，努力满足多元司法需求

以“便捷化”为目标，纵深推进司法领域“最多跑一次”改革。坚持以“人民为中心”的发展思想，孜孜探索便民服务举措，着力减轻群众讼苦讼累。筹资190万元，以达标准，大力推进两个“一站式”建设，完善服务中心软硬件设施，规范窗口建设，配备自助立案查询服务机，方便当事人自助网上立案、查询庭审时间等信息。提供诉讼引导、诉讼材料一次性告知、判后答疑等服务，尽可能只让当事人只跑一次路。严格做到有案必立、有诉必理，当场登记立案率达100%。推广便民立案方式，全年网上立案61件、跨域立案25件，有效减少“立案跑”。利用移动微法院、互联网法庭开庭16次，调解案件14件，大幅减少“审理跑”。全年直播案件庭审17件次，通过网络公开裁判文书344份，上网率100%，方便群众足不出户观看庭审、查阅文书，全面减少“公开跑”。加大司法救助力度，为符合条件的7名当事人缓减免诉讼费0.8万元，及时帮扶困难群众，彰显司法人文关怀。

以“多元化”为导向，全面深化新时代“枫桥经验”白朗实践。坚持“关口前移、联合化解”理念，主动置身于社会治理大格局中谋划法院调解工作。联合9家单位，出台《关于建立白朗县多元解纷机制的实施方案》，探索建立符合白朗县实际和特点的多元解纷工作机制。下沉治理重心，探索建立“法官指导村居法治共建”工作机制，8名员额法官与3个乡镇6个行政村完成结对，助力乡村调解规范化、专业化建设，指导乡村调解组织化解各类矛盾纠纷8件。拓宽化解渠道，协调市公证处，实现全区首家引入公证力量参与法院工作，化解家事纠纷3件。扎实推进人民调解平台应用，依托平台在线调解67件，成功率95.38%。2021年我院诉前纠纷化解率17.5%，立案调撤率83.87%，实质化解纠纷成效明显。

以“智能化”为依托，阔步迈向“智慧法院”建设新征程。坚持需求导向，探索推进无纸化办案办公模式，加大全流程网上办案系统建设应用力度，立案、审理、执行等所有诉讼事务均实现网上办理，建成2间云端法庭、1间智慧法庭，有效破解疫情期间被告人“出不来、进不去”难题。自2021年8月份投入使用以来，共线上开庭审理16件，调解14件。强化机关办公系统的使用力度，除机密文件外，所有文件从网上办公平台流转办理，2021年全年网上办理各类文件824件，流转8970次，文件办结时间平均控制在3天，有效提高了办公质效。

五、聚焦从严治院，以驰而不息的正风之举，锻造能力过硬司法队伍

一年来，我院始终把队伍建设和人才支撑作为法院的重中之重，不断加强队伍的正规化、专业化和职业化建设，努力打造白朗法院铁军。

固本培基提能力、担使命。将队伍教育整顿与党史学习教育、“三更”专题教育相互贯通，深化政治教育、警示教育、英模教育，共组织党组理论中心组学习24次，开展“一把手”讲党课6场次，邀请专家讲座3次，参加英模事迹报告会4次，观影3场次，组织支部开展民法典夜校10场次，全面提高干警政治判断力、政治领悟力、政治执行力。严把选人用人关口，遴选员额法官2名，职级晋升1名，完成公务员和司法警察职务职级套改，理顺人事关系，激发干事活力。

驰而不息强作风、树正气。层层压实全面从严治党“两个责任”，扣紧系牢“责任链条”。以贯穿全年的“政法队伍教育整顿”为主轴，聚焦“六大顽瘴痼疾”整治，健全完善了扣除审限审批、裁判文书审签制度等5项长效机制；充分利用“四种形态”，特别是第一种形态处理问题线索14条干警7人，同时结合干警中存在的精神不振作问题，组织干警签订《白朗县人民法院干警“履职承诺书”》，使干警知其任、明其责、出其力、终其事，进一步强化干警自律意识、责任意识、担当意识。

持之以恒重监督、促发展。向县人大常委会专题报告法院整体工作开展情况4次,配合完成专题调研工作3次,认真落实审议意见,相关工作得到充分肯定。主动接受政协民主监督,向县政协常委会通报法院工作开展情况2次。加强联络工作,邀请代表委员视察工作、专题座谈、旁听庭审和列席会议3场131人次。依法接受纪委监委监督,支持配合纪检监察开展工作。坚持"以公开促公正",向社会公布裁判文书127篇。组织10名人民陪审员参与审理案件38件,陪审率达可参审案件的84.4%,让民意有效融入司法裁判。主动回应群众关切,推送微信1023条,公开流程节点信息123条,执行信息公开123条,诉讼活动更加透明、诉讼结果更可预期。

各位代表,过去一年,县法院各项工作取得较好成绩。这些成绩的取得,是县委正确领导、人大及其常委会有力监督、政府大力支持、政协民主监督和社会各界关心帮助的结果,是广大法院干警团结奋斗、辛勤付出的结果。在此,我谨代表白朗法院全体干警向一直以来关心支持法院工作的同志们表示崇高的敬意和衷心的感谢!

回顾过去一年的工作,我们也清醒地认识到,法院工作还存在一些不足和困难:一是贯彻新发展理念、服务白朗高质量发展的前瞻性、精准性有待进一步提升;二是加强诉源治理、增强纠纷化解合力,助推市域社会治理体系和治理能力现代化有待深入探索;三是强化审判权监督制约,落实司法责任制各项举措的力度有待进一步加大;四是少数干警司法能力不强、司法作风不实等问题仍然存在。对此,我们将切实采取有效措施,着力加以解决。

白朗县人民检察院工作报告(节选)

——在白朗县第十四届人民代表大会第二次会议上

白朗县人民检察院检察长 扎西次仁

(2022年2月23日)

主要工作回顾

2021年,县人民检察院在县委和上级检察院的正确领导下、在县人大及其常委会的有力监督下、在县政府大力支持下,全面贯彻落实党的十九大和十九届二中、三中、四中、五中、六中全会精神,深入贯彻习近平总书记法治思想,贯彻落实全国第十五次检察工作会议、全区全市检察工作会议精神,紧扣全县稳定、发展、生态、强边工作大局,扎实推进"四大检察",忠实履行宪法法律赋予的法律监督职责,全面加强检察队伍建设,检察事业步入新的历史进程,迈进转型创新高质量发展阶段。全年共受理各类案件218件,同比上升105.7%。

一、聚焦中心重大局,积极营造长治久安的社会氛围

更加自觉把检察工作放在全局中谋划和推进,为大局服务、为人民司法,不断增强群众获得感、幸福感和安全感。

党对检察工作的绝对领导。深入学习贯彻《中国共产党政法工作条例》《中国共产党党组工作条例》和《中共中央关于加强新时代检察机关法律监督的意见》,白朗县人民检察院党组认真履行主体责任,严格落实重大事项请示报告制度,严肃开展组织生活会,严格落实民主集中制、"一把手"末尾表态制,充分发挥党组"把方向、管大局、保落实"作用。全年召开党组会议20次,研究讨论重大事项22项;向县委、市检察院、县人大、县委政法委请示汇报重大事项11次,主要领导批示8次。

致力促进社会和谐。准确把握宽严相济刑事政策,依法不诉12人,不捕2人,合理减少社会对立面,实现政治效果、社会效果、法律效果三效统一。去年所办理的所有刑事案件均适用认罪认罚从宽制度,适用率达100%,践行了矫正犯罪、恢复损失、回归社会的办案理念,实现了为民司法、无害正义的政治效果。

全力帮扶薄弱基层院脱贫摘帽。严格按照最高检、区检院、市院关于"薄弱"基层院"脱贫摘帽"工作部署,与最高人民检察院确定的"薄弱"基层院萨嘎县检察院开展结对帮扶,研究制订帮扶方案,检察长带队深入萨嘎县调研,积极为兄弟县院突破业务薄弱出谋划策,提供无保留的业务扶持,实现了萨嘎县院顺利脱贫摘帽。

二、依法履职保正义,全力推进公平正义的法治进程

2021年办理各类案件215件,同比上升102.8%。其中刑事检察30件,上升25%;民事检察1件,下降90%;行政检察2件,实现消白;公益诉讼检察144件,上升100%;刑事执行检察1件,实现消白;控告申诉检察37件,上升36倍。

践行"法理情"结合办案理念,做优刑事检察。提前介入侦查活动1件,受理审查逮捕2件3人,批准逮捕1件1人,不批准逮捕1件2人;受理审查起诉25件29人,提起公诉17件17人,做出不起诉8件12人。开展侦查活动监督2件,发出纠正违法通知书1份,检察建议1份,针对社区矫正不规范问题发出检察意见书1份,案件优化比

1 ∶ 1.07,量刑采纳率100%,案件结案率100%。

坚持监督与救济并重,做强民事检察。群众身边无“小案”的司法理念,主动收集拖欠民工工资、拒绝支付抚养、赡养费等群众最关注的司法需求,深化支持起诉民事检察工作,成功调解一起抚养纠纷案件,兑现申诉人6000元抚养费,全力充当弱势群体的守护者。

促进严格依法行政,做实行政检察。我院对县医保局办理的涉嫌骗取医疗保险案件依职权主动监督,制发检察建议1份,督促行政执法机关有关涉嫌犯罪线索依规移送公安机关立案侦查。依法对县公安局交警大队2021年治安处罚决定案件进行合法性审查,发现录入系统不及时、权利告知不准确等行政处罚程序不规范问题发出检察建议1份,督促行政机关依法行政。

保护国家利益和社会公共利益,做好公益诉讼检察。全年办理行政公益诉讼检察144件,同比增加2倍。一是开展城乡环境和公共卫生安全领域公益诉讼专项活动。对过期药品、过期食品上架销售、医疗废物处置不规范等问题,立案27件,向县卫生与健康委员会、市场监督管理局共制发检察建议2份。二是开展“开学季”未成年人校园食品安全公益诉讼检察专项行动。共发现线索13条,梳理汇总线索6条,立案审查6件,并以召开公益诉讼专题磋商会形式,推动行政执法部门更好履职整改。三是开展“服务乡村振兴,检察机关在行动”专项活动。发现乱堆乱放固体物影响乡村环境问题线索111件,立案111件,对白朗县农业农村局、日喀则市生态环境局白朗县分局及11个乡镇共制发检察建议13份,相关行政部门在法定限期内积极整改,清理固体废弃物6000余吨,使全县村容村貌得到了质的改变,得到了县委和群众的肯定,被最高人民检察院列为典型案例在全国检察机关予以推广学习。

视民心为检心,做细控告申诉检察。每一起司法案件都关涉民心民情民利。我院坚持以百姓心为心,将心比心,把“小案”当作群众的大事来办,解民怨、暖民心,筑牢党的执政根基。开展“深入乡村下接访、我为群众办实事”专题下村接访活动,共受理群众各类信访问题线索37件,就地调解答复13件,转交相关部门24件,提供法律服务40余人次,把矛盾化解在基层,解决在萌芽状态。我院下接访工作举措得到了自治区检察院高度评价并在全区检察机关进行了通报表扬。

三、突出检察队伍建设,全面打造素质过硬的检察铁军

院党组始终把队伍建设作为党中央部署的重要政治任务来抓,始终坚持发挥党组带头作用,树立教育整顿正确导向,努力打造革命化、正规化、专业化、职业化检察队伍。

扎实开展检察队伍教育整顿。深入开展党史教育、“三更”专题教育,先后召开党组理论中心集中学习会35次,支部学习研讨会议12次,党史学习专题会8次,党史、“三更”专题教育专题民主生活会、组织生活会8次;教育整顿专题学习会23次,专题研讨会4次,召开警示教育大会3次,领导班子讲党课5次,听取县纪委主要领导廉政教育报告1次,组织观看各类教育片7次,撰写各类心得体会共96篇,签订党员不信教承诺书、党员政治承诺书、“六小时”外行为禁令36份,深入整治“六大顽瘴痼疾”和五类突出问题12项22条,以自我革命精神正风肃纪,筑牢对党政治忠诚。

完善制度健全监督制约机制。建立健全干部日常管理、财务管理、监督制约、为民办实事等方面12项制度,制定与纪委监委、法院、公安、司法工作衔接机制4项,检察权监督制约机制更加健全。开展重点案件跨县交叉评查,查纠整改问题42项。持续推动严格执行“三个规定”登记报告制度的落实,主动登记报告的意识更加深入。

突出公开提升检察公信力。向区、市人大宪法宣誓制度调研组专题工作汇报1次,向县人大常委会作民事行政检察专题工作汇报1次。邀请党员代表、人大代表、政协委员、群众代表参加“检察开放日”“公开纳谏”活动4次,广泛听取社会各界对检察工作的意见建议11条,均完成整改。召开检察公开听证4次,提供律师阅卷服务17次。依托微信公众号、微博、头条号、门户网站等媒体平台,构建“网上+网下”双线宣传模式,宣传报道检察工作80余篇。

立足文化完善基层设施建设。完成检察听证

室建设及软硬件配备工作，检察听证工作步入正规化。完成检察工作网建设和投入使用，检察办案系统 2.0 版本正式启动运行，涉密领域国产化工作取得新突破，检察机关信息化建设取得新成效。向县政府争取资金 30 万元，拟建设塑胶篮球场，进一步完善基础建设，丰富检察文化建设。

各位代表，过去一年里，白朗检察工作取得了办案率全市检察系统排名第二，认罪认罚从宽制度适用率第一，案件优化比第一，量刑建议采纳率第一，案件结案率第一等较好成绩。这些成绩的取得，得益于习近平新时代法治思想的举旗定向，得益于县委和市检察院的坚强领导，得益于人大、政协的有力监督，得益于政府和兄弟单位的大力支持，更得益于社会各界的关心帮助。在此，我谨代表白朗检察院表示衷心的感谢和崇高的敬意！

面对新形势，对表新任务，对标新要求，我们清醒地认识到，检察发展与人民群众的期盼还存在一定的差距：一是对干警教育管理不够严格，管理上存在老思维、老方法、老措施较多；二是理论学习研讨不深不透，学习方法单一，领读领学多，分析讲解少，对一些新政策新法规没有主动开展深层次研讨和交流，导致在具体工作中落实不到位；三是落实上级部署缺乏敏锐性、主动性和创造性，服务大局的思路还不够开阔；四是基层法律监督供给与时代发展和人民需求不相适应，司法理念的更新还不能完全做到与时俱进；五是“四大检察”发展不协调不充分，办案和监督的质效还需提高；六是队伍建设还存在薄弱环节，干部素质和活力有待进一步提高；七是智慧检务和基础设施建设还存在短板，一定程度制约检察事业发展。这些问题，我们一直在努力解决，今后也会想更多的办法加以解决。

白朗县2021年国民经济和社会发展计划执行情况与2022年国民经济和社会发展计划报告(节选)

——在白朗县第十四届人民代表大会第二次会议上

白朗县发展和改革委员会

(2022年2月23日)

2021年国民经济和社会发展计划执行情况

2021年,面对复杂多变的宏观经济环境与国内疫情散点式突发严峻形势,在县委的坚强领导下,在县人大、政协的监督支持下,全县上下坚持以习近平新时代中国特色社会主义思想为指导,全面贯彻落实党的十九大和十九届历次全会精神,全面贯彻落实习近平总书记关于西藏工作重要论述、视察西藏时的重要讲话精神和新时代党的治藏方略,贯彻落实中央第七次西藏工作座谈会、中央自治区党委、市委经济工作会议精神,立足新发展阶段,聚焦"四件大事",不断增强"四个意识"、坚定"四个自信"、做到"两个维护",坚持新发展理念,坚持稳中求进工作总基调,紧紧围绕乡村振兴战略建设目标,统筹推进疫情防控和经济社会发展,强化措施、真抓实干,扎实做好"六稳"工作,全面落实"六保"任务。2021年以来,我县社会大局实现持续稳定,经济运行保持在合理区间,民生改善及粮食安全得到有效保障,基本实现"十四五"经济社会发展良好开局。

(一)经济运行健康有序。坚持规划引领,深入推进"十四五"规划、国土空间规划和村庄规划等编制工作,认真落实中央第七次西藏工作座谈会确定的优惠政策。统筹疫情防控和经济社会发展,定期召开经济运行分析会议,促进经济平稳运行。全县实现地区生产总值151200万元,同比增长10.05%;完成社会消费品零售总额29300万元,同比增长9.6%;农村居民人均可支配收入达到19844元,同比增长15.5%;完成全社会固定资产投资35770万元;完成工业总产值23442.11万元;一般公共预算收入达2943万元,同比增长20.71%;完成全口径税收2898万元;金融机构各项人民币存款余额9.29亿元,同比增长9.92%;人民币贷款余额9.67亿元,同比增长6.99%;三大通信运营商全年业务收入达2879万元;新增市场主体472户、注册资金4.94亿元;全社会用电量250.3万千瓦时,同比增长9.2%。

(二)项目工作推进有力。始终坚持项目是点、产业是线、经济是面的项目建设原则,积极加大与上级对接工作,3次组团赴自治区对接争取项目,成功争取中央预算内、中央财政资金等国家投资11.32亿元。2021年全县实施新续建项目116个,完成社会固定资产形象投资9.22亿元。白朗县鲁藏百村幸福家园建设项目、特色优势产业发展项目、2020年高标准农田、玛干渠工程、雪亮工程、杜琼乡差强村等6个集中安置区幼儿园等86项目竣工投入使用,当年完工率达93%

(三)产业融合稳步推进。农牧业发展势头良好。全年粮食播种面积9.43万亩(青稞8.83万亩、小麦

0.6 万亩),产量达 5490 万公斤以上;经济作物播种面积 2.7 万亩(油菜面积达到 0.97 万亩,果蔬面积达到 1.73 万亩,产量 6700 万公斤)。饲草料播种面积 0.61 万亩,产量达 2360 万公斤。以牲畜结构调整为契机,结合实际制订牲畜出栏计划,年末全县牲畜存栏 26.63 万头(只、匹)、牲畜出栏(出售 + 自宰)5.91 万头(只、匹)。完成牦牛经济杂交 1242 头,黄牛改良 12055 头,完成计划任务的 100.46%;新型经营主体持续发展。以完善产业链条为主导,加大培育力度,积极推进合作社规范化运行工作,完成依法注册农牧民专业合作社 283 家,获批国家级示范社 2 家;服务业进一步回暖复苏。充分发挥日喀则珠峰农业科技创新博览园 AAAA 级旅游景区优势,全年旅游景区农牧民实现就业约 540 余人次,接待游客 10.43 万人次,旅游综合收入 423.77 万元;电子商务运营不断完善。线上运行平稳,通过对接珠峰电商等销售平台,全年网络销售金额达 442 万余元。组织开展电商培训 13 场次,培训人员 862 人次。

(四)乡村振兴全面打响。编制白朗县乡村振兴战略、防返贫致贫动态监测和帮扶机制工作实施方案,为乡村振兴战略实施制定了时间表、绘制了路线图,建立健全易返贫、致贫人口快速发现和响应机制,分层分类及时纳入帮扶政策范围,实行动态清零。统筹安排乡村振兴补助资金 1.15 亿元。全年实施乡村振兴产业项目 10 个,完成投资 7073.4 万元,实现产业分红资金 60 余万元。争取农村饮水安全维修养护资金 80 万,维修加固人饮工程 32 处,受益群众 8000 余人。完成 521 户易地扶贫搬迁安置房不动产权颁证工作,186 户应拆户完成旧房拆除 128 户,复垦复绿 5.09 亩。

(五)民生福祉全面增进。大力推进转移就业。坚持政府引导和市场调节,突出项目带动就业作用,构建劳务对接县内外产业园区、农村专合组织、建筑行业等服务业劳务载体,开拓就业岗位 471 个,城镇登记失业率控制在 2.5% 以内。全年农牧民转移就业 18521 人、实现劳务收入 2.12 亿元,其中组织化转移就业 11096 人,组织化率达到 60%。政府投资 400 万元以下交由当地农牧民施工队承建项目 35 个,涉及资金 5701.32 万元,本地用工量达 340 人,占比 83% 以上。统筹技能培训资金 726.92 万元,组织开展技能培训 9 期、培训 1777 人,其中已就业 1540 人,就业率达 86% 以上。加大高校毕业生"321"结对帮扶力度,完成高校毕业生结对帮扶 393 人,实现就业 387 人,就业率达 98.4%;教育水平稳步提升。探索"双减"政策下教育教学质量提升新路径,巩固提升"五个 100%"教育成果,不断优化资源配置,普及学前"双语"教育,义务教育阶段入学率达到 100%,15 名学生考入其他省市西藏初中班。全县 139 名建档立卡贫困户大学生兑现补助资金 73.2 万元,拨付"三包"及营养改善经费 4157.43 万元;医疗卫生普惠于民。组织济南市援藏医疗队为 6835 名学生开展斜视、弱视、白内障、先心病筛查工作;组织县级、乡镇医院开展全民免费健康检查服务,受益群众 12931 人。团队(家庭医生)签约人数达到 16909 人,开展巡诊 152 次,受益群众 32996 人。落实"两降一升"工作,孕产妇住院分娩率升至 99.6%,5 岁以下儿童死亡率降至 11.78‰,婴儿死亡率降至 10.47‰。城乡居民基本医疗保险补助人均提高 30 元,达到 645 元,城乡居民参保率保持在 95% 以上,城乡居民医疗报销 599.89 万元,落实城乡困难群众医疗救助及重特大疾病医疗救助资金 59.47 万元;社会保障更加牢密。落实城市低保标准每人每月 910 元,农村低保标准每人每年 5060 元,全年为 346 户 561 人兑现城乡低保金 132.05 万元;足额发放城乡困难群众生活临时价格补贴 7.39 万元;实施临时救助 217 人次、救助资金 29.45 万元;文化事业更加繁荣。组织艺术团赴各乡镇、学校、特困供养中心、易地搬迁点,开展公共文化活动 50 余场次,惠及群众 12500 余人次。新编《新旧对比》《我和我的祖国》等 12 个精品文艺节目,在日喀则市"青稞飘香""珠峰杯"相声小品大赛活动中获得三等奖。

(六)美丽白朗建设成效显著。垃圾填埋场及垃圾转运站覆盖 9 个乡镇,县城污水处理厂正式投入运行。成功创建自治区级生态文明建设示范村 10 个。新增绿化面积 10925 亩,完成"四旁"植树 22.17 万株,兑现补助资金 280 万元。坚决做到"三高”企业零审批、零引进，深入贯彻落实河（湖）长制，巩固污染防治攻坚战阶段成果，空气质量达到Ⅱ级标准以上，集中式饮用水源地水质达标率100%，全县生态环境质量持续保持良好。

（七）改革力度持续加大。持续推进“放管服”改革，进一步激发市场活力和创造力，清理不必要证明91项，放宽市场准入，优化营商环境。县便民服务大厅开设25个便民窗口，可办事项增至117个，全年总办件量达25041件，办结率100%，在“互联网+政务服务”平台上梳理904项，网上办件75275件，网办率100%，切实做实做细减证便民工作。推进农村集体产权制度改革，发放宅基地确权证5527本。

（八）疫情防控成果持续巩固。坚持疫情防控“十三个到位”思想，严格落实“外防输入、内防反弹”总体要求，紧盯区内外疫情形势变化，紧盯疫情防控重点环节、重点人群、重点场所。投资3150万元新建核酸检测实验室、疾控中心实验室、藏医院和传染病房等。加强信息共享和情报搜集研判，及时掌握入县重点人员信息，第一时间做好核酸检测、人员隔离和健康监测工作。加快“免疫屏障”建立，持续强化疫苗接种，全县新冠疫苗第一针累计接种39826人，第二针累计接种37275人，第三针累计接种22258人。

白朗县 2021 年预算执行情况与 2022 年财政预算的报告（节选）

——在白朗县第十四届人民代表大会第二次会议上

白朗县财政局

（2022 年 2 月 23 日）

一、2021 年财政预算执行情况

2021 年是中国共产党成立 100 周年、西藏和平解放 70 周年，我们在自治区党委、市委、县委的正确领导下，在县人大及常委会的监督指导下，全县各级各部门坚持稳中求进工作总基调，统筹疫情防控和经济社会发展，扎实做好“六稳”工作，全面落实“六保”任务，严格执行人大审查批准的预算，如期全面建成小康社会，社会主义新白朗迈上现代化新征程，实现“十四五”良好开局。预算执行总体良好。

（一）一般公共预算执行情况

1. 一般公共预算财力情况。我县年初预算财力为 72164.85 万元，年中调整预算后，一般公共财政预算财力为 146846 万元，同比 2020 年增长 6.3%。其中：一般公共预算收入 2943 万元，上级补助收入 142056 万元（返还性收入 233 万元；一般性转移支付收入 100717 万元；专项转移支付收入 41106 万元），地方政府债券转贷收入 1847 万元。

2. 一般公共预算收入执行情况。2021 年一般公共预算收入为 2943 万元。同比 2020 年增长 20.71%，完成目标任务的 109.7%。其中：税收收入完成 1325 万元，同比 2020 年下降 0.03%，占一般公共财政预算收入总额的 45%。非税收入完成 1618 万元，同比 2020 年增长 59.6%。占一般公共财政预算收入总额的 55%。非税收入增长主要原因是上缴专用公路新改建工程处罚金 1247.14 万元。

3. 一般公共预算支出完成情况。2021 年财政一般公共预算支出完成 90059 万元，同比 2020 年下降 34.7%。按支出功能科目划分：一般公共服务支出 15511 万元；教育支出 20936 万元；科技支出 67 万元；文化旅游支出 2241 万元；社会保障和就业支出 5318 万元；卫生健康支出 5344 万元；节能环保支出 526 万元；城乡社区支出 779 万元；农林水支出 27432 万元；交通运输支出 797 万元；自然资源海洋气象支出 1618 万元；住房保障支出 3149 万元；粮油物资储备支出 22 万元；灾害防治及应急管理支出 353 万元；债务付息支出 168 万元；其他支出 406 万元；上解支出 242 万元；地方一般债券转贷支出 1847 万元；补充稳定调节基金 3328 万元。结转下年 51369 万元。

（二）政府性基金预算执行情况

2021 年政府性基金财力 1412 万元，同比 2020 年下降 68%。主要是相比上年减少了抗疫特别国债转移支付资金 2374 万元。其中，政府性基金转移性收入 153 万元；上年结转 143 万元；政府性基金本级收入资金 1116 万元。

2021 年政府性基金支出 308 万元。其中，大中型水库移民资金 22 万元；国有土地使用出让 26 万元；农业土地开发资金 50 万元；彩票公益金支出 210 万元；政府性基金结转下年 1104 万元。

（三）国有资本经营预算执行情况

2021 年国有资本经营预算收入 87 万元。当年未支出，结转下年使用。

需要说明的事项：相比往年，一般公共预算和政府性基金预算结转规模较大，主要原因是真实反映当年预算支出，增强预算编制统筹能力，按照《国务院关于进一步深化预算管理制度改革的意见》，从2021年起市、县级财政国库集中支付结余不再按权责发生制列支，以当年实际发生的拨款数反映支出，未形成实际支出的资金全部结转下年将依法向人大报告相关事项。

（四）落实人大决议及财政重点工作开展情况

2021年，财政部门认真贯彻落实党中央、国务院、自治区党委、市委决策部署，围绕县委中心工作，严格落实十四届人大一次会议决议和审议意见，兼顾稳增长和防风险需要，提质增效实施积极的财政政策，加强财政资源统筹，以更大力度调整优化支出结构，不断提高财政管理水平，促进财政可持续发展。

1. 支持社会大局和谐稳定。加大反分裂斗争和维护稳定工作投入力度。足额落实政法转移支付资金，统筹支持政法部门业务办案、司法救助、法律援助等，提升政法机关履职能力。完成全县6个寺庙财税监管工作，为下一步寺庙财税监管全覆盖奠定了基础。做好建党100周年、西藏和平解放70周年庆祝活动经费保障。

2. 支持乡村振兴深入实施。严格落实“四个不摘”要求，整合资金13402.38万元，支持优势特色产业发展、小型基础设施建设、易地扶贫搬迁后续帮扶等，推动巩固拓展脱贫攻坚成果同乡村振兴有效衔接。兑现巩固脱贫攻坚生态岗位资金1128万元，年人均劳动报酬3500元。助力提升农业发展质量，支持农村集体经济发展、高标准农田和美丽乡村建设，推进农村厕所革命。加强农村基层组织运转经费保障，足额落实村干部待遇。

3. 支持特色产业健康发展。“三农”工作始终是财政支持的重中之重。2021年，全县财政涉农支出达到27432万元，本级财政安排支农资金601.52万元。安排产业发展专项资金500万元，促进全县产业良性发展。

4. 支持民生持续改善。全县社会保障和就业支出5147万元，本级财政安排1059万元，用于保障和改善民生；加大有组织转移就业和技能培训力度，促进农牧民持续就业增收；加大城乡救助力度、落实城镇、农村低保、特困群众救助、城乡医疗救助、老年人和残疾人两项补贴等民生资金；加大城乡居民养老保险、公益性岗位补助、就业补助资金等方面的投入，有效保障了各项社会保障事业的发展。全年按照上级社会保险征收改革要求，积极与县人社局、税务局沟通衔接，确保改革顺利推进，全县职工养老保险、医疗保险、工伤保险、失业保险、生育保险等五大保险资金按时足额配套；促进教育高质量发展，教育支出20936万元。其中，本级财政对教育投入1091.56万元，达到上年财政收入的44.74%，支持全县教育基础设施改善，提升教育教学质量；支持卫生健康事业，继续加大对医疗卫生事业发展的投入，全县医疗卫生支出5344万元。其中，本级财政对卫生事业投入682.87万元，为全县常态化疫情防控工作及医疗卫生事业发展提供支持。支持文体事业发展，文化体育与传媒支出2251万元。其中，本级对宣传文化投入345.03万元，支持县艺术团公益演出、村级文化活动室建设、“三馆一站”免费开放、文物保护利用和非物质文化遗产保护传承等。

5. 支持筑牢生态安全屏障。不断健全完善与生态文明建设任务相适应的投入保障机制，守好生态安全底线。始终坚持“绿水青山就是金山银山、冰天雪地也是金山银山”的发展理念，继续加大对污染防治及城市环境事业发展的投入，落实县城环境保护本级财政投入274.1万元，城乡环境综合整治资金587.5万元，打好蓝天、碧水、净土保卫战，有效推动了我县污染防治及城乡环境整治工作更上一层楼。

6. 积极申报政府债券项目。根据我县经济社会发展需要，对目前急需解决的“卡脖子”基础设施短板，短时间无法在规划内解决的项目进行梳理，完成了5个债券项目申报。截至目前，2个专项债券已经获批总投资3900万元。其中，白朗县城停车场建设项目资金1800万元，白朗县有机设施蔬菜种植基地项目资金2100万元。

7. 盘活存量资金，保障重点支出。根据《国务院办公厅关于进一步做好盘活财政存量资金工作的通知》《自治区人民政府办公厅转发财政厅关于做好盘活财政存量资金工作的实施意见的通知》文件规定,2021 年收回存量资金 3278 万元,主要用于基本建设、教育资金、民生改善等重点急需支出事项,为全县稳定、发展、生态、强边等重点工作提供坚实的资金保障。

8. 持续提升财政管理水平,财政改革不断突破。全县所有预算单位率先完成 2022 年预算编制、预算执行和单位会计核算模块的系统上线运行,率先实现财政核心业务一体化的全面上线工作;完成全县财政电子票据管理改革工作。对全县 77 家预算单位,120 名财务人员开展财政电子票据管理系统培训;完成全县首个国有企业改革实施方案编制,对照方案,对县属国有企业逐步进行改制重组,理顺工作程序,完善法人治理结构,确保国有资产保值增值不流失。

过去一年,财政发展改革各项工作取得积极进展,为推进我县长治久安和高质量发展提供了有力保障。成绩的取得,根本在于以习近平同志为核心的党中央的坚强领导,根本在于习近平新时代中国特色社会主义思想和习近平总书记关于西藏工作的重要论述及新时代党的治藏方略的科学指引,离不开区党委、市委、县委的正确领导,也离不开人大、政协及代表委员们的监督指导、上级财政部门的大力支持以及各乡镇、各部门理解支持。

在肯定成绩的同时,我们也清醒地认识到,财政工作还面临一些问题和挑战。主要是:财政收入增长基础不稳,重点和刚性项目支出需求增速较快,财政收支矛盾依然突出;有些部门项目前期准备不科学、不充分,预算执行缓慢与预算追加频繁并存;财政专项资金管理还有薄弱环节,重规模轻绩效问题较为突出。我们将高度重视这些问题,采取有力措施,认真加以解决。

2021 年白朗县国民经济和社会发展统计公报

2021 年，面对复杂多变的宏观经济环境与国内疫情散点式突发严峻形势，在县委、县政府的坚强领导下，在县人大、政协的监督支持下，全县上下坚持以习近平新时代中国特色社会主义思想为指导，全面贯彻落实党的十九大和十九届历次全会精神，全面贯彻落实习近平总书记关于西藏工作重要论述、视察西藏时的重要讲话精神和新时代党的治藏方略，贯彻落实中央第七次西藏工作座谈会、中央、自治区党委、市委经济工作会议精神，立足新发展阶段，聚焦“四件大事”，不断增强“四个意识”、坚定“四个自信”、做到“两个维护”，坚持新发展理念，坚持稳中求进工作总基调，紧紧围绕乡村振兴战略建设目标，统筹推进疫情防控和经济社会发展，强化措施、真抓实干，扎实做好“六稳”工作，全面落实“六保”任务。2021 年，白朗县社会大局实现持续稳定，经济运行保持在合理区间，民生改善及粮食安全得到有效保障，基本实现“十四五”经济社会发展良好开局。

一、综合

2021 年，全县生产总值达 14.8 亿元，增长 6.3%，人均地区生产总值 28449 元。其中，第一产业 4.5 亿元，同比增长 5.4%；第二产业 4.44 亿元，同比下降 5.1%；第三产业 5.86 亿元，同比增长 18.2%。

按照统计口径，2021 年全社会固定资产投资完成 35774 万元（其中，500 万—5000 万元项目，按财务支出凭证统计，完成投资 16809 万元；5000 万元以上项目，按形象进度统计，完成投资 39551.61 万元）。

全县实现社会消费品零售总额 29337.01 万元，同比增长 9.6%，其中，批发零售业销售额达 2498 万元，住宿餐饮业销售额达 4389.23 万元。

全年农林牧渔服务业总产值实现 59963.85 万元，其中，农业产值 49900.84 万元，林业产值实现 712 万元，牧业产值实现 8665.41 万元，农林牧渔服务业产值达 685.6 万元。农林牧渔业实现增加值 45539.4 万元，其中，农业增加值 38468.83 万元，林业增加值 139.95 万元，牧业增加值 6431.92 万元，农林牧渔服务业增加值 498.7 万元。

农居民人均可支配收入 19844 元，同比增长 15.45%。

全年实现工业增加值 7657.2 万元，其中，规上工业实现增加值 2828.3 万元，规下工业实现增加值 4828.9 万元。

白朗县 2020—2021 年主要经济指标数据情况表

表 5

指标	2020 年		2021 年	
	总量	增速（%）	总量	增速（%）
地区生产总值（亿元）	13.74	8	14.8	6.3
其中，第一产业	4.12	7.7	4.5	5.4

续表 5

指标	2020 年		2021 年	
	总量	增速(%)	总量	增速(%)
第二产业	4.72	12	4.44	-5.1
第三产业	4.9	4.7	5.86	18.2
规模以上工业增加值	—	—	—	—
全社会固定资产投资完成额(亿元)	3.71	-36	3.58	-3.5
社会消费品零售总额(亿元)	2.68	16.52	2.93	9.32
农牧民人均可支配收入(元)	17188	12.9	19844	15.45

二、农业

2021 年,农林牧渔服务业总产值实现 59963.85 万元。其中,农业产值达 49900.84 万元,林业产值实现 712 万元,牧业产值实现 8665.41 万元,服务业产值达 685.6 万元。农林牧渔服务业实现增加值 45539.4 万元。其中,农业增加值 38468.83 万元,林业增加值 139.95 万元,牧业增加值 6431.92 万元,服务业增加值 498.7 万元。

农业:2021 年,全县农作物播种面积为 9271.68 公顷,同比 2020 年保持平衡,其中,粮食作物播种面积 6286.67 公顷(青稞播种面积 5886.67 公顷),油料播种面积 601.99 公顷、蔬菜播种面积 1097.22 公顷、瓜果类播种面积 39.48 公顷(西瓜播种面积 23.42 公顷)、其他农作物播种面积 1206.36 公顷。全年粮食产量达到 5428.81 万公斤,其中,小麦产量达 367.24 万公斤,同比增长 0.09%,青稞产量达 5061.58 万公斤;油菜籽产量达 200.46 万公斤,同比下降 21%,蔬菜产量达 6696.59 万公斤,同比下降 1.06%,其他农作物产量 4181.76 万公斤。

牧业:2021 年,全县全年牲畜存栏头数 266338 头(只、匹),其中大牲畜 59980 头,同比增长 3%;牛 57678 头,同比增长 4.9%;羊存栏 206031 只,其中山羊 38672 只、绵羊 167359 只;马 1902 匹,驴 177 头,骡 223 头;猪存栏 327 头。当年肉类总产量 127.35 万公斤,其中牛肉产量 72.14 万公斤,羊肉产量 54.97 万公斤,猪肉产量 0.24 万公斤。当年奶类总产量 1464.46 万公斤。

三、工业

2021 年,全县共有规模以上企业 4 家,西藏白朗县康桑农产品发展有限公司,白朗县恰珠编织坊,西藏珠峰化绿生态农业科技有限公司,年河乳业。实现总产值 2.3 亿元,实现增加值 2828.3 万元,同比下降 24.3%。

四、固定资产投资

2021 年全县完成社会固定资产投资 3.58 亿元,同比下降 3.5%。

五、人口就业

2021 年,全县常住人口 51938 人,其中农业人口 43702 人、牧业人口 3718 人、非农牧业人口 3088 人、流动人口 1430 人。总户数 8918 户,其中农业户数 6286 户、牧业 1017 户、非农户数 1615 户。全县农牧业总户数 7303 户,总人口 47420(常住人口),其中男性 27642 人,女性 24296。全年新生人口 597 人,死亡人口 257 人,人口出生率 11.6‰,死亡率 4.99‰,人口自然增长率 6.61‰。

白朗县 2014—2021 年人口变动情况表

表 6

指标	2014 年	2015 年	2016 年	2017 年	2018 年	2019 年	2020 年	2021 年
户籍人数(人)	50027	48273	48673	49068	49552	49787	51145	51938
出生人数(人)	691	1171	1292	717	782	594	—	—
出生率(‰)	13.81	24.26	26.54	14.61	15.78	11.8	—	—
死亡人数(人)	298	930	447	311	164	265	—	—
死亡率(‰)	5.96	19.27	9.18	6.34	3.31	5.3	—	—
人口自然增长率(‰)	7.86	0.10	0.36	0.17	0.25	6.5	—	—

六、人民生活

2021 年,全县农牧民人均可支配收入 19844 元,同比增长 15.45%。

全年社会消费品零售总额达到 2.9 亿元,同比增长 9.6%。按消费区域统计,城镇消费品零售额 2.55 亿元,乡村消费品零售额 0.35 亿元;按行业类型统计,批发和零售业 0.2 亿元,住宿和餐饮业 0.4 亿元。

七、财税金融

2021 年完成地方财政预算收入达 2943 万元,同比增长 19.43%;金融业持续平稳运行,全县各类存款余额达 92989 万元,其中住户存款 36129.5 万元;各项贷款余额达 97122.7 万元;电信全年业务收入达 1489 万元,同比增长 15.43%,完成年度目标任务的 85%;移动全年业务收入达 1480.08 万元,同比增长 3.26%,完成年度目标任务的 84.98%;联通全年业务收入达 278 万元,同比增长 25%,完成年度目标任务的 17%;邮政全年业务收入达 70 万元,同比下降 22.2%。

八、教育文化

2021 年,白朗县现有各级各类学校 48 所,其中初级中学 1 所、小学 11 所、各级各类幼儿园 36 所,幼儿园乡镇覆盖率 100%。全县共有正式教职工 609 人,其中学前幼儿教师 136 人,小学教师 312 人,初中教师 161 人。全县现有在校生 9430 人,其中学前教育 2533 人,小学教育 4961 人,初中教育 1936 人。义务教育阶段入学率达到 100%,巩固率达到 100%,全县学前三年毛入园率已达到 98.52%。全县各中小学图书拥有量 15.16 万册,生均拥有量 16 册;教学用计算机 980 台,网络多媒体教室 278 间。

全县县级文化活动中心 1 处,11 个乡镇综合文化站,111 个村民小组文化室,111 个"农家书屋",21 个"寺庙书屋",全县广播电视台站共有 18 座,卫星直播站用户 7303 户,全县广播电视人口覆盖率达 99.99%(广播)和 100%(电视)。

九、民政 卫生 人社

2021 年全县共有城镇低保 12 户 13 人,农村低保 333 户 547 人(其中僧尼 196 户 196 人),住宿民政服务机构床位 45 床,城市居民最低生活保障 14 人,农村居民最低生活保障 547 人,共有特困供养对象 83 人,其中集中供养 24 人,分散供养 59 人;分散孤儿 6 人、集中孤儿 11 人,留守儿童 135 人,困境儿童 114 人。全年共办理结婚登记 359 对,离婚登记 46 对,补办婚姻登记 41 对,补办离婚登记 1 对。

2021 年,全县共有医疗卫生机构 12 个,其中医院 1 个、卫生院 11 个,疾病预防控制中心(防疫站)1 个。卫生机构床位数 118 张,卫生技术人员数 167 人。

城镇职工基本养老保险参保人数 1191 人,城乡居民基本养老保险参保人数 23155 人,失业保险参保人数 1157 人。

白朗县 2014—2021 年卫生机构、床位数和卫生技术人员情况表

表 7

指标	2014 年	2015 年	2016 年	2017 年	2018 年	2019 年	2020 年	2021 年
床位数(张)	87	87	89	91	98	99	99	118
机构数(个)	113	113	113	113	113	113	113	113
其中:医院、卫生院数	12	12	12	12	12	12	12	12
卫生技术人员数(人)	350	353	353	337	342	356	345	167

十、交通

全县农村公路通车里程达 511.003 千米(其中县道里程 185.14 千米,乡道里程 68.388 千米,村道里程 257.642 千米)。全县 11 个乡镇通畅率为 100%,通客车率 72.7%;111 行政村已通畅 94 个,通客车 64 个,通畅率及通客车率为 85% 和为 58%。2019 年列入养护的农村公路共 372.546 千米(其中县道 181.503 千米,乡道 39.911 千米,村道里程 227.762 千米,专用公路 27.37 千米)。

十一、气候环境

全年空气质量优良天数达到 365 天,PM10、PM2.5 等指标完成市定目标。

全年极端最高气温 26℃,全年极端最高低温 -24.6℃,年平均气温为 5.9℃。全年总降水量 361 毫米,降水一般集中在 5—8 月,气温日差较大,年差较小,全年日照时数 3200 小时,无霜期 120—140 天,风期 100 天左右,最大风力 8 级以上。

县(区)级以上表彰的先进集体一览表

表 8

获奖单位	获奖名称	表彰时间	授予单位
白朗县普法办	全国普法先进单位	2021 年	司法部
白朗县嘎东镇中心小学	全国中小学中华优秀传统文化传承学校	2021 年	教育部
白朗县嘎东镇中心小学	全国未成年人思想道德建设工作先进单位	2021 年	教育部
白朗广播电视台	2021 年“咱们村里的年轻人”短视频征集活动优秀作品奖	2021 年	新华通讯社新媒体中心、新华通讯社新闻信息中心
白朗县乡村振兴局	全区脱贫攻坚先进集体	2021 年	中共西藏自治区委员会、西藏自治区人民政府
白朗县巴扎乡金嘎村第四联户	2020 年村第四联户获得自治区级、市级、县级“先进双联户”	2021 年	中共西藏自治区委员会平安西藏建设领导小组
白朗县玛乡人民政府	自治区级“先进双联户”	2021 年	西藏自治区平安建设领导小组
白朗县洛江镇人民政府	自治区文明村镇	2021 年	西藏自治区精神文明建设指导委员会
白朗县	自治区文明城市	2021 年	西藏自治区精神文明建设指导委员会
武警白朗中队	“四铁”先进单位	2021 年	武警西藏总队
白朗县税务局	西藏税务系统先进基层党组织	2021 年	西藏自治区税务局
白朗县人民法院诉讼服务中心	自治区级青年文明号	2021 年	西藏自治区青年文明号创建办
白朗县税务局	自治区青年文明号	2021 年	西藏自治区创建“青年文明号”活动组委会
白朗县洛江镇人民政府	日喀则市民族团结进步模范单位	2021 年	中共日喀则市委员会、日喀则市人民政府
白朗县洛江镇人民政府	五星乡镇	2021 年	中共日喀则市委员会、日喀则市人民政府
白朗县行政审批和便民服务局	日喀则市民族团结进步模范单位	2021 年	中共日喀则市委员会、日喀则市人民政府
白朗县税务局	日喀则市先进基层党组织	2021 年	中共日喀则市委员会
白朗县中学	全市五四红旗团支部	2021 年	共青团日喀则市委员会
共青团白朗县委员会	日喀则市第二届珠峰青年演说家大赛优秀组织奖	2021 年	共青团日喀则市委员会
白朗县曲奴乡人民政府	2020 年全市五四红旗团委集体奖	2021 年	共青团日喀则市委员会
白朗县巴扎乡金嘎村第四联户	2020 年村第四联户获得自治区级、市级、县级“先进双联户”	2021 年	中共日喀则市委员会平安西藏建设领导小组
白朗县委政法委	2021 年度日喀则市“先进双联户”创建活动先进县(区)集体	2021 年	日喀则市委平安日喀则建设领导小组办公室

续表 8

获奖单位	获奖名称	表彰时间	授予单位
白朗县玛乡人民政府	自治区级“先进双联户”	2021 年	平安日喀则建设领导小组
白朗县公安局刑事侦查大队	全市公安机关扫黑除恶专项斗争集体嘉奖	2021 年	日喀则市公安局
白朗县疾病预防控制中心	综合监督执法工作先进集体	2021 年	日喀则市卫生健康委员会
白朗县民政局	2020 年度日喀则市民政信息工作县区先进集体二等奖	2021 年	日喀则市民政局
白朗县巴扎乡中心小学	基层优秀党组织	2021 年	中共白朗县委员会、白朗县人民政府
白朗县巴扎乡中心小学	民族团结示范学校	2021 年	中共白朗县委员会、白朗县人民政府
白朗县杜琼乡人民政府	白朗县第二届“五彩天域·魅力白朗”农牧民运动会男子拔河二等奖	2021 年	中共白朗县委员会、白朗县人民政府
白朗县杜琼乡人民政府	白朗县第二届“五彩天域·魅力白朗”农牧民运动会女子拔河二等奖	2021 年	中共白朗县委员会、白朗县人民政府
白朗县杜琼乡人民政府	白朗县第二届“五彩天域·魅力白朗”农牧民运动会农牧民综合奖	2021 年	中共白朗县委员会、白朗县人民政府
白朗县杜琼乡人民政府	白朗县新时代文明时间活动之热烈庆祝中国共产党成立 100 周年暨西藏和平解放 70 周年红歌比赛	2021 年	中共白朗县委员会、白朗县人民政府
白朗县妇女联合会	民族团结进步创建示范单位	2021 年	中共白朗县委员会、白朗县人民政府
白朗县嘎普乡人民政府	白朗县民族团结进步模范单位	2021 年	中共白朗县委员会、白朗县人民政府
白朗县嘎普乡人民政府	重教先进乡镇	2021 年	中共白朗县委员会、白朗县人民政府
白朗县嘎普乡人民政府	白朗县庆祝中国共产党成立 100 周年、西藏和平解放 70 周年红歌比赛二等奖	2021 年	中共白朗县委员会、白朗县人民政府
白朗县嘎普乡人民政府	白朗县第二届“五彩天域·魅力白朗”农牧民运动会农牧民综合奖三等奖	2021 年	中共白朗县委员会、白朗县人民政府
白朗县嘎普乡人民政府	白朗县创先争优强基础惠民生活动优秀组织单位	2021 年	中共白朗县委员会、白朗县人民政府
白朗县嘎普乡中心小学	思想政治教育先进学校	2021 年	中共白朗县委员会、白朗县人民政府
白朗县公安局玛乡派出所	优秀基层党组织	2021 年	中共白朗县委员会、白朗县人民政府
白朗县公安局旺丹乡派出所	文明单位	2021 年	中共白朗县委员会、白朗县人民政府
白朗县教育(体育)局	白朗县第二届“五彩天域·魅力白朗”农牧民运动会男子足球比赛冠军	2021 年	中共白朗县委员会、白朗县人民政府

续表 8

获奖单位	获奖名称	表彰时间	授予单位
白朗县教育(体育)局	白朗县第二届“五彩天域·魅力白朗”农牧民运动会男子篮球比赛冠军	2021 年	中共白朗县委员会、白朗县人民政府
白朗县教育(体育)局	白朗县庆祝中国共产党成立 100 周年、西藏和平解放 70 周年红歌比赛一等奖	2021 年	中共白朗县委员会、白朗县人民政府
白朗县教育(体育)局	民族团结进步创建示范单位	2021 年	中共白朗县委员会、白朗县人民政府
白朗县教育(体育)局	优秀基层党组织	2021 年	中共白朗县委员会、白朗县人民政府
白朗县民政局	先进基层党组织	2021 年	中共白朗县委员会、白朗县人民政府
白朗县民政局	创先争优强基础惠民生优秀组织单位	2021 年	中共白朗县委员会、白朗县人民政府
白朗县强堆乡中心小学	思想政治教育先进学校	2021 年	中共白朗县委员会、白朗县人民政府
白朗县曲奴乡人民政府	“先进双联户”评选工作优秀单位	2021 年	中共白朗县委员会、白朗县人民政府
白朗县曲奴乡人民政府	白朗县第二届“五彩天域·魅力白朗”农牧民运动会农牧民综合奖	2021 年	中共白朗县委员会、白朗县人民政府
白朗县税务局	2020 年白朗县民族团结进步模范集体	2021 年	中共白朗县委员会、白朗县人民政府
白朗县税务局	文明单位	2021 年	中共白朗县委员会、白朗县人民政府
白朗县委宣传部	2020 年白朗县民族团结进步模范集体	2021 年	中共白朗县委员会、白朗县人民政府
白朗县小学	质量立校先进学校	2021 年	中共白朗县委员会、白朗县人民政府
白朗县幼儿园	民族团结进步创建示范学校	2021 年	中共白朗县委员会、白朗县人民政府
白朗县者下乡小学	基层优秀党组织	2021 年	中共白朗县委员会、白朗县人民政府
白朗县巴扎乡恰仓村	白朗县第二届“五彩天域·魅力白朗”农牧民男子拔河比赛二名	2021 年	中共白朗县委员会、白朗县人民政府
白朗县巴扎乡恰仓村	白朗县第二届“五彩天域·魅力白朗”农牧民女子拔河比赛三名	2021 年	中共白朗县委员会、白朗县人民政府
白朗县巴扎乡人民政府	白朗县庆祝中国共产党成立 100 周年、西藏和平解放 70 周年红歌比赛组织奖	2021 年	中共白朗县委员会、白朗县人民政府
白朗县巴扎乡人民政府	白朗县“四讲四爱”群众教育实践活动先进集体	2021 年	中共白朗县委员会、白朗县人民政府
白朗县中学	白朗县“四讲四爱”群众教育实践活动先进集体	2021 年	中共白朗县委员会、白朗县人民政府

说明:由于各单位资料提供不全,可能有遗漏

县(区)级以上表彰的先进个人一览表

表9

姓名	性别	民族	工作单位	获奖名称	表彰时间	授予单位
益西吉布	男	藏族	白朗县公安局	在“我为群众办实事”中,受公安部通报表扬	2021年	公安部
谢励萍	女	汉族	白朗县税务局	全国税务系统百佳县税务局长(书记)	2021年	国家税务总局
施金松	男	白族	白朗县乡村振兴局	脱贫攻坚先进个人	2021年	中共西藏自治区委员会、西藏自治区人民政府
巴桑赤列	男	藏族	白朗县洛江镇人民政府	脱贫攻坚先进个人	2021年	中共西藏自治区委员会、西藏自治区人民政府
施金松	男	白族	白朗县玛乡人民政府	脱贫攻坚先进个人	2021年	中共西藏自治区委员会、西藏自治区人民政府
达瓦顿珠	男	藏族	白朗县曲奴乡人民政府	脱贫攻坚先进个人	2021年	中共西藏自治区委员会、西藏自治区人民政府
德央	女	藏族	白朗县曲奴乡人民政府	优秀基层干部	2021年	中共西藏自治区委员会、西藏自治区人民政府
扎西旦真	男	藏族	白朗县巴扎乡人民政府	自治区第三批优秀党组织第一书记	2021年	中共西藏自治区党委组织部
德吉央宗	女	藏族	白朗县司法局	自治区第三批优秀党组织第一书记	2021年	中共西藏自治区党委组织部
扎西多吉	男	藏族	白朗县税务局	自治区第三批优秀党组织第一书记	2021年	中共西藏自治区党委组织部
胡同帝	男	汉族	白朗县巴扎乡人民政府	2020年度宣传思想文化系统先进工作者	2021年	中共西藏自治区党委宣传部
普欧	男	藏族	白朗县巴扎乡冲堆村	“四讲四爱”优秀宣讲员	2021年	中共西藏自治区党委宣传部
白玛	女	藏族	白朗县司法局	自治区级“金牌调解员”	2021年	西藏自治区司法厅
白玛卓嘎	女	藏族	白朗县司法局	“法援惠民生、扶贫奔小康”品牌活动先进个人	2021年	西藏自治区司法厅
贡桑卓玛	女	藏族	白朗县公安局	2021年自治区公安机关以及警司晋升三级警督警衔培训优秀学员	2021年	西藏警官高等专科学校
谢励萍	女	汉族	白朗县税务局	雪域高原最美税务人	2021年	西藏自治区税务局
次旦卓玛	女	藏族	白朗县幼儿园	全区第三届幼儿教师教学竞赛决赛语言领域三等奖	2021年	西藏自治区教育厅
西洛潘多	女	藏族	白朗县幼儿园	2021年度第二批自治区级中小学教学能手	2021年	西藏自治区教育厅
王世武	男	汉族	白朗县中学	西藏自治区中小学骨干教师	2021年	西藏自治区教育厅
次仁旺堆	男	藏族	白朗县中学	西藏自治区中小学骨干教师	2021年	西藏自治区教育厅

续表 9

姓名	性别	民族	工作单位	获奖名称	表彰时间	授予单位
益西多吉	男	藏族	白朗县巴扎乡中心小学	自治区级中小学教学能手	2021 年	西藏自治区教育厅
扎西顿珠	男	藏族	白朗县中学	第四届西藏自治区美术书法比赛少年组十佳	2021 年	西藏自治区美术家协会西藏自治区书法家协会
次仁顿珠	男	藏族	白朗县委办公室	优秀公务员	2021 年	中共日喀则市委员会、日喀则市人民政府
舒　伟	男	汉族	白朗县委办公室	优秀公务员	2021 年	中共日喀则市委员会、日喀则市人民政府
其　律	男	藏族	白朗县巴扎乡中心小学	优秀校(园)长	2021 年	中共日喀则市委员会、日喀则市人民政府
白玛普赤	女	藏族	白朗县巴扎乡中心小学	名班主任	2021 年	中共日喀则市委员会、日喀则市人民政府
次仁顿珠	男	藏族	白朗县杜琼乡中心小学	优秀校长	2021 年	中共日喀则市委员会、日喀则市人民政府
伦珠次仁	男	藏族	白朗县曲奴乡中心小学	思想政治教育先进工作者	2021 年	中共日喀则市委员会、日喀则市人民政府
扎西次仁	男	藏族	白朗县人民检察院	优秀公务员	2021 年	中共日喀则市委员会、日喀则市人民政府
达　吉	女	藏族	白朗县幼儿园	思想政治教育先进工作者	2021 年	中共日喀则市委员会、日喀则市人民政府
扎　顿	男	藏族	白朗县嘎东镇中心小学	优秀教师	2021 年	中共日喀则市委员会、日喀则市人民政府
达　瓦	男	藏族	白朗县者下乡小学	思想政治先进工作者	2021 年	中共日喀则市委员会、日喀则市人民政府
罗桑旦塔	男	藏族	白朗县嘎普乡中心小学	优秀教育工作者	2021 年	中共日喀则市委员会、日喀则市人民政府
加　措	男	藏族	白朗县巴扎乡拉东村	优秀共产党员	2021 年	中共日喀则市委员会
朗杰卓嘎	女	藏族	白朗县杜琼乡人民政府	2021 年日喀则市优秀基层干部	2021 年	中共日喀则市委员会
贡　嘎	男	藏族	白朗县中学	优秀教育工作者	2021 年	日喀则市人民政府
扎西普尺	女	藏族	白朗县中学	思想政治教育先进工作者	2021 年	日喀则市人民政府
普琼次仁	男	藏族	白朗县玛乡中心小学	优秀教师	2021 年	日喀则市人民政府
米　顿	男	藏族	白朗县旺丹乡中心小学	优秀教师	2021 年	日喀则市人民政府
白玛卓嘎	女	藏族	白朗县司法局	日喀则市“最美政法干警”	2021 年	日喀则市人民政府
尼玛扎西	男	藏族	白朗县巴扎乡乃琼村	“党的关辉照边疆、边疆人民心向党”双语演讲比赛二等奖	2021 年	日喀则市强基础惠民生领导小组办公室
格桑旺堆	男	藏族	白朗县疾病预防控制中心	日喀则市优秀基层干部	2021 年	中共日喀则市委组织部

续表 9

姓名	性别	民族	工作单位	获奖名称	表彰时间	授予单位
李京晋	男	汉族	白朗县巴扎乡人民政府	市委组织部机关党总支举办“学党史、讲政治、担使命”主题演讲比赛三等奖	2021 年	中共日喀则市委组织部
旦增曲珍	女	藏族	白朗县委党校	我的驻村故事演讲优秀奖	2021 年	中共日喀则市委组织部
达旺	男	藏族	白朗县嘎普乡中心小学	优秀少先队辅导员	2021 年	共青团日喀则市委员会
次仁玉珍	女	藏族	白朗县玛乡人民政府	“日喀则市青年五四奖章”荣誉称号	2021 年	共青团日喀则市委员会
旦增次仁	男	藏族	白朗县公安局	治安业务先进个人	2021 年	日喀则市公安局
拉平	男	藏族	白朗县公安局	全市公安机关扫黑除恶专项斗争个人“三等功”	2021 年	日喀则市公安局
朗加次旦	男	藏族	白朗县公安局	警务技术能手	2021 年	日喀则市公安局
朗加次旦	男	藏族	白朗县公安局	全市公安机关扫黑除恶专项斗争个人嘉奖	2021 年	日喀则市公安局
格桑罗布	男	藏族	白朗县公安局	侦查办案能手	2021 年	日喀则市公安局
旦增扎西	男	藏族	白朗县公安局	治安业务先进个人	2021 年	日喀则市公安局
索珍	女	藏族	白朗县公安局	先进工作者	2021 年	日喀则市公安局
贡桑卓玛	女	藏族	白朗县公安局	先进工作者	2021 年	日喀则市公安局
刘天强	男	汉族	白朗县公安局	先进工作者	2021 年	日喀则市公安局
旦增加央	男	藏族	白朗县公安局	最美政法干警	2021 年	日喀则市公安局
蒋应迁	男	汉族	白朗县公安局	2021 年中国人民警察节先进工作者	2021 年	日喀则市公安局
米明果加	男	藏族	白朗县公安局	先进公安工作者	2021 年	日喀则市公安局
加木样次旺	男	藏族	白朗县公安局	2021 年日喀则市交警支队道路交通先进个人	2021 年	日喀则市公安局交通警察支队
巴桑卓嘎	女	藏族	白朗县人民法院	市级优秀法官	2021 年	日喀则市中级人民法院
宇众明	男	布朗族	白朗县税务局	2020 年度“工会积极分子”	2021 年	日喀则市税务局
次旦卓玛	女	藏族	白朗县幼儿园	日喀则市 2021 年教师课堂教学技能竞赛学前艺术三等奖	2021 年	日喀则市教育局
白玛伦珠	男	藏族	白朗县强堆乡中心小学	珠峰好老师	2021 年	日喀则市教育局
米玛次仁	男	藏族	白朗县强堆乡中心小学	优秀教育工作者	2021 年	日喀则市教育局

续表 9

姓名	性别	民族	工作单位	获奖名称	表彰时间	授予单位
米玛琼吉	女	藏族	白朗县杜琼乡中心小学	珠峰好老师	2021 年	日喀则市教育局
次仁吉宗	女	藏族	白朗县玛乡中心小学	珠峰好老师	2021 年	日喀则市教育局
边巴吉巴	女	藏族	白朗县旺丹乡中心小学	珠峰好教师	2021 年	日喀则市教育局
次仁旺堆	男	藏族	白朗县中学	日喀则市优秀评委	2021 年	日喀则市教育局
次仁旺堆	男	藏族	白朗县中学	日喀则市优秀指导教师	2021 年	日喀则市教育局
拉　　确	女	藏族	白朗县巴扎乡彭仓村	白朗县 2021 年度“争做神圣国土守护者，幸福建设家园者”乡村振兴人才称号	2021 年	中共白朗县委员会、白朗县人民政府
德　　吉	女	藏族	白朗县巴扎乡乃琼村	白朗县 2021 年度“争做神圣国土守护者，幸福建设家园者”乡村振兴人才称号	2021 年	中共白朗县委员会、白朗县人民政府
加　　措	男	藏族	白朗县巴扎乡拉东村	乡村振兴人才	2021 年	中共白朗县委员会、白朗县人民政府
次仁多吉	男	藏族	白朗县巴扎乡乃琼村	“珠峰工匠”技能大赛挖掘机操作项目三等奖	2021 年	中共白朗县委员会、白朗县人民政府
央金卓嘎	女	藏族	白朗县财政局	优秀公务员	2021 年	中共白朗县委员会、白朗县人民政府
次仁多布杰	男	藏族	白朗县财政局	优秀公务员	2021 年	中共白朗县委员会、白朗县人民政府
扎西多吉	男	藏族	白朗县东喜乡人民政府	优秀公务员	2021 年	中共白朗县委员会、白朗县人民政府
次珠多布杰	男	藏族	白朗县东喜乡人民政府	优秀公务员	2021 年	中共白朗县委员会、白朗县人民政府
扎　　西	女	藏族	白朗县人民法院	优秀公务员	2021 年	中共白朗县委员会、白朗县人民政府
臧艳林	男	汉族	白朗县人民法院	优秀公务员	2021 年	中共白朗县委员会、白朗县人民政府
扎西央拉	女	藏族	白朗县人民法院	优秀公务员	2021 年	中共白朗县委员会、白朗县人民政府
白玛旦增	男	藏族	白朗县人民法院	优秀公务员	2021 年	中共白朗县委员会、白朗县人民政府
巴桑卓嘎	女	藏族	白朗县人民法院	优秀公务员	2021 年	中共白朗县委员会、白朗县人民政府
臧艳林	男	汉族	白朗县人民法院	优秀共产党员	2021 年	中共白朗县委员会、白朗县人民政府
王宝强	男	汉族	白朗县杜琼乡人民政府	优秀党务工作者	2021 年	中共白朗县委员会、白朗县人民政府

续表 9

姓名	性别	民族	工作单位	获奖名称	表彰时间	授予单位
达娃卓嘎	女	藏族	白朗县杜琼乡人民政府	优秀公务员	2021 年	中共白朗县委员会、白朗县人民政府
德吉仲嘎	女	藏族	白朗县杜琼乡人民政府	优秀公务员	2021 年	中共白朗县委员会、白朗县人民政府
朗杰卓嘎	女	藏族	白朗县杜琼乡人民政府	白朗县创先争优强基础惠民生活动先进工作者	2021 年	中共白朗县委员会、白朗县人民政府
扎西卓玛	女	藏族	白朗县杜琼乡人民政府	优秀事业工作者	2021 年	中共白朗县委员会、白朗县人民政府
达　　珍	女	藏族	白朗县杜琼乡人民政府	优秀事业工作者	2021 年	中共白朗县委员会、白朗县人民政府
边巴普赤	女	藏族	白朗县杜琼乡人民政府	优秀事业工作者	2021 年	中共白朗县委员会、白朗县人民政府
拉　　姆	女	藏族	白朗县杜琼乡人民政府	优秀党员	2021 年	中共白朗县委员会、白朗县人民政府
普布国杰	男	藏族	白朗县杜琼乡人民政府	优秀党员	2021 年	中共白朗县委员会、白朗县人民政府
赵　　利	女	汉族	白朗县妇女联合会	优秀公务员	2021 年	中共白朗县委员会、白朗县人民政府
张 其 征	男	汉族	白朗县嘎普乡人民政府	优秀公务员	2021 年	中共白朗县委员会、白朗县人民政府
格桑德吉	女	藏族	白朗县嘎普乡人民政府	优秀公务员	2021 年	中共白朗县委员会、白朗县人民政府
拉巴扎西	男	藏族	白朗县嘎普乡农牧综合服务中心	优秀事业干部	2021 年	中共白朗县委员会、白朗县人民政府
仁青旺加	男	藏族	白朗县嘎普乡文化服务中心	优秀事业干部	2021 年	中共白朗县委员会、白朗县人民政府
次仁欧珠	男	藏族	白朗县嘎普乡机关后勤服务中心	优秀事业干部	2021 年	中共白朗县委员会、白朗县人民政府
张 明 杰	男	汉族	白朗县嘎普乡农牧综合服务中心	优秀事业干部	2021 年	中共白朗县委员会、白朗县人民政府
扎西德吉	女	藏族	白朗县嘎普乡人民政府	优秀党务工作者	2021 年	中共白朗县委员会、白朗县人民政府
扎西德吉	女	藏族	白朗县嘎普乡人民政府	优秀新闻宣传先进个人	2021 年	中共白朗县委员会、白朗县人民政府
顿珠玉杰	男	藏族	白朗县公安局	优秀公务员	2021 年	中共白朗县委员会、白朗县人民政府
格桑罗布	男	藏族	白朗县公安局	优秀公务员	2021 年	中共白朗县委员会、白朗县人民政府
索　　珍	女	藏族	白朗县公安局	优秀公务员	2021 年	中共白朗县委员会、白朗县人民政府

续表 9

姓名	性别	民族	工作单位	获奖名称	表彰时间	授予单位
任　敏	男	汉族	白朗县公安局	优秀公务员	2021 年	中共白朗县委员会、白朗县人民政府
扎　西	男	藏族	白朗县公安局	优秀公务员	2021 年	中共白朗县委员会、白朗县人民政府
郑源鹏	男	汉族	白朗县公安局	优秀公务员	2021 年	中共白朗县委员会、白朗县人民政府
阿旺朗加	男	藏族	白朗县公安局	优秀公务员	2021 年	中共白朗县委员会、白朗县人民政府
贡桑卓玛	女	藏族	白朗县公安局	优秀公务员	2021 年	中共白朗县委员会、白朗县人民政府
扎西平措	男	藏族	白朗县公安局	优秀公务员	2021 年	中共白朗县委员会、白朗县人民政府
旦增加央	男	藏族	白朗县公安局	优秀公务员	2021 年	中共白朗县委员会、白朗县人民政府
孙玉红	女	汉族	白朗县公安局	优秀公务员	2021 年	中共白朗县委员会、白朗县人民政府
扎　西	男	藏族	白朗县公安局	优秀公务员	2021 年	中共白朗县委员会、白朗县人民政府
白玛德吉	女	藏族	白朗县公安局	优秀公务员	2021 年	中共白朗县委员会、白朗县人民政府
米明果加	男	藏族	白朗县公安局	优秀公务员	2021 年	中共白朗县委员会、白朗县人民政府
刘天强	男	汉族	白朗县公安局	优秀公务员	2021 年	中共白朗县委员会、白朗县人民政府
旦增扎西	男	藏族	白朗县公安局	优秀公务员	2021 年	中共白朗县委员会、白朗县人民政府
王　攀	男	汉族	白朗县公安局	优秀公务员	2021 年	中共白朗县委员会、白朗县人民政府
吴　彬	男	汉族	白朗县公安局	优秀公务员	2021 年	中共白朗县委员会、白朗县人民政府
格桑旺堆	男	藏族	白朗县公安局	优秀公务员	2021 年	中共白朗县委员会、白朗县人民政府
洛桑南木加	男	藏族	白朗县公安局	优秀公务员	2021 年	中共白朗县委员会、白朗县人民政府
拉　巴	男	藏族	白朗县公安局	优秀公务员	2021 年	中共白朗县委员会、白朗县人民政府
平措旺久	男	藏族	白朗县公安局	优秀公务员	2021 年	中共白朗县委员会、白朗县人民政府
周鑫江	男	汉族	白朗县公安局	优秀公务员	2021 年	中共白朗县委员会、白朗县人民政府

续表9

姓名	性别	民族	工作单位	获奖名称	表彰时间	授予单位
阿旺拉姆	女	藏族	白朗县公安局	优秀公务员	2021年	中共白朗县委员会、白朗县人民政府
赵永富	男	汉族	白朗县公安局	优秀公务员	2021年	中共白朗县委员会、白朗县人民政府
靳丰收	男	汉族	白朗县公安局	优秀公务员	2021年	中共白朗县委员会、白朗县人民政府
旦增杰布	男	藏族	白朗县公安局	优秀公务员	2021年	中共白朗县委员会、白朗县人民政府
米久	男	藏族	白朗县公安局	优秀公务员	2021年	中共白朗县委员会、白朗县人民政府
次旺多吉	男	藏族	白朗县公安局	优秀公务员	2021年	中共白朗县委员会、白朗县人民政府
拉巴仓决	女	藏族	白朗县公安局	优秀公务员	2021年	中共白朗县委员会、白朗县人民政府
罗桑	男	藏族	白朗县公安局	优秀公务员	2021年	中共白朗县委员会、白朗县人民政府
达瓦加措	男	藏族	白朗县公安局	优秀公务员	2021年	中共白朗县委员会、白朗县人民政府
巴桑琼达	男	藏族	白朗县公安局	优秀公务员	2021年	中共白朗县委员会、白朗县人民政府
阿旺	男	藏族	白朗县公安局	优秀公务员	2021年	中共白朗县委员会、白朗县人民政府
张鹏鹏	男	汉族	白朗县公安局	优秀公务员	2021年	中共白朗县委员会、白朗县人民政府
巩海超	男	汉族	白朗县公安局	优秀公务员	2021年	中共白朗县委员会、白朗县人民政府
田乾垚	男	汉族	白朗县公安局	优秀公务员	2021年	中共白朗县委员会、白朗县人民政府
旦增次仁	男	藏族	白朗县公安局	优秀公务员	2021年	中共白朗县委员会、白朗县人民政府
孙韬	男	汉族	白朗县公安局	优秀公务员	2021年	中共白朗县委员会、白朗县人民政府
白玛德吉	女	藏族	白朗县公安局	三等功	2021年	中共白朗县委员会、白朗县人民政府
格桑旺堆	男	藏族	白朗县疾病预防控制中心	优秀事业干部	2021年	中共白朗县委员会、白朗县人民政府
达珍	女	藏族	白朗县疾病预防控制中心	优秀事业干部	2021年	中共白朗县委员会、白朗县人民政府
夏日林	男	藏族	白朗县纪委监委	优秀公务员	2021年	中共白朗县委员会、白朗县人民政府

续表 9

姓名	性别	民族	工作单位	获奖名称	表彰时间	授予单位
马　宁	男	汉族	白朗县纪委监委	优秀公务员	2021 年	中共白朗县委员会、白朗县人民政府
次　普	女	汉族	白朗县纪委监委	优秀公务员	2021 年	中共白朗县委员会、白朗县人民政府
央　吉	女	藏族	白朗县纪委监委	优秀公务员	2021 年	中共白朗县委员会、白朗县人民政府
琼　吉	女	藏族	白朗县人民检察院	优秀公务员	2021 年	中共白朗县委员会、白朗县人民政府
巴　宗	女	藏族	白朗县人民检察院	优秀公务员	2021 年	中共白朗县委员会、白朗县人民政府
扎西次仁	男	藏族	白朗县人民检察院	优秀公务员	2021 年	中共白朗县委员会、白朗县人民政府
次仁旺加	男	藏族	白朗县教育(体育)局	“四讲四爱”优秀宣讲员	2021 年	中共白朗县委员会、白朗县人民政府
德吉央宗	女	藏族	白朗县教育(体育)局	党务工作先进者	2021 年	中共白朗县委员会、白朗县人民政府
巴桑多吉	男	藏族	白朗县小学	名校长	2021 年	中共白朗县委员会、白朗县人民政府
巴　桑	女	藏族	白朗县小学	名教师	2021 年	中共白朗县委员会、白朗县人民政府
沈　婷	女	藏族	白朗县小学	党务工作先进个人	2021 年	中共白朗县委员会、白朗县人民政府
潘　多	女	藏族	白朗县小学	优秀班主任	2021 年	中共白朗县委员会、白朗县人民政府
普　片	女	藏族	白朗县小学	模范班主任	2021 年	中共白朗县委员会、白朗县人民政府
拉巴次仁	男	藏族	白朗县小学	教育工作先进个人	2021 年	中共白朗县委员会、白朗县人民政府
贡　嘎	男	藏族	白朗县小学	教育工作先进个人	2021 年	中共白朗县委员会、白朗县人民政府
琼　达	女	藏族	白朗县小学	名班主任	2021 年	中共白朗县委员会、白朗县人民政府
仓　木	女	藏族	白朗县小学	名教师	2021 年	中共白朗县委员会、白朗县人民政府
次仁太	男	藏族	白朗县小学	思想政治工作先进个人	2021 年	中共白朗县委员会、白朗县人民政府
平措卓玛	女	藏族	白朗县小学	名教师	2021 年	中共白朗县委员会、白朗县人民政府
欧　片	女	藏族	白朗县小学	名教师	2021 年	中共白朗县委员会、白朗县人民政府

续表 9

姓名	性别	民族	工作单位	获奖名称	表彰时间	授予单位
普　赤	女	藏族	白朗县小学	名教师	2021 年	中共白朗县委员会、白朗县人民政府
次旦卓玛	女	藏族	白朗县幼儿园	优秀教育工作者	2021 年	中共白朗县委员会、白朗县人民政府
拉姆次仁	女	藏族	白朗县幼儿园	优秀教师	2021 年	中共白朗县委员会、白朗县人民政府
拉巴吉巴	女	藏族	白朗县幼儿园	名班主任	2021 年	中共白朗县委员会、白朗县人民政府
白　央	女	藏族	白朗县幼儿园	名校长	2021 年	中共白朗县委员会、白朗县人民政府
达　顿	男	藏族	白朗县嘎东镇中心小学	名校长	2021 年	中共白朗县委员会、白朗县人民政府
土登尼玛	男	藏族	白朗县嘎东镇中心小学	优秀教育工作者	2021 年	中共白朗县委员会、白朗县人民政府
巴桑普赤	女	藏族	白朗县嘎东镇中心小学	名班主任	2021 年	中共白朗县委员会、白朗县人民政府
达娃仓决	女	藏族	白朗县嘎东镇中心小学	名班主任	2021 年	中共白朗县委员会、白朗县人民政府
次仁卓拉	女	藏族	白朗县嘎东镇中心小学	名教师	2021 年	中共白朗县委员会、白朗县人民政府
巴桑普赤	女	藏族	白朗县嘎东镇中心小学	名教师	2021 年	中共白朗县委员会、白朗县人民政府
拉巴吉巴	女	藏族	白朗县嘎东镇中心小学	名教师	2021 年	中共白朗县委员会、白朗县人民政府
白玛央吉	女	藏族	白朗县嘎东镇中心小学	名教师	2021 年	中共白朗县委员会、白朗县人民政府
卓　央	女	藏族	白朗县嘎东镇中心小学	名教师	2021 年	中共白朗县委员会、白朗县人民政府
索　宗	女	藏族	白朗县嘎东镇中心小学	名教师	2021 年	中共白朗县委员会、白朗县人民政府
边巴琼拉	女	藏族	白朗县嘎东镇中心小学	名教师	2021 年	中共白朗县委员会、白朗县人民政府
索朗曲珍	女	藏族	白朗县巴扎乡查吾冲幼儿园	优秀教师	2021 年	中共白朗县委员会、白朗县人民政府
扎西平措	男	藏族	白朗县巴扎乡中心小学	优秀教育工作者	2021 年	中共白朗县委员会、白朗县人民政府
益西多吉	男	藏族	白朗县巴扎乡中心小学	优秀党务工作者	2021 年	中共白朗县委员会、白朗县人民政府
白玛普赤	女	藏族	白朗县巴扎乡中心小学	优秀教师	2021 年	中共白朗县委员会、白朗县人民政府

续表 9

姓名	性别	民族	工作单位	获奖名称	表彰时间	授予单位
尼玛扎西	男	藏族	白朗县杜琼乡中心小学	名班主任	2021 年	中共白朗县委员会、白朗县人民政府
贺　帅	男	汉族	白朗县杜琼乡中心小学	党务工作先进个人	2021 年	中共白朗县委员会、白朗县人民政府
尼玛平措	男	藏族	白朗县杜琼乡中心小学	名教师	2021 年	中共白朗县委员会、白朗县人民政府
尼玛卓玛	女	藏族	白朗县杜琼乡中心小学	名教师	2021 年	中共白朗县委员会、白朗县人民政府
平　措	男	藏族	白朗县杜琼乡中心小学	思政教育先进个人	2021 年	中共白朗县委员会、白朗县人民政府
旦增平措	男	藏族	白朗县杜琼乡中心小学	教育工作者	2021 年	中共白朗县委员会、白朗县人民政府
旦巴欧珠	男	藏族	白朗县玛乡中心小学	优秀教育工作者	2021 年	中共白朗县委员会、白朗县人民政府
洛桑顿珠	男	藏族	白朗县玛乡中心小学	优秀教育工作者	2021 年	中共白朗县委员会、白朗县人民政府
尼玛片多	女	藏族	白朗县玛乡中心小学	优秀教师	2021 年	中共白朗县委员会、白朗县人民政府
白　珍	女	藏族	白朗县玛乡中心小学	优秀班主任	2021 年	中共白朗县委员会、白朗县人民政府
米玛顿珠	男	藏族	白朗县者下乡小学	名校长	2021 年	中共白朗县委员会、白朗县人民政府
旦　欧	男	藏族	白朗县者下乡小学	优秀教育工作者	2021 年	中共白朗县委员会、白朗县人民政府
顿珠次仁	男	藏族	白朗县者下乡小学	优秀教育工作者	2021 年	中共白朗县委员会、白朗县人民政府
达娃桑珠	男	藏族	白朗县者下乡小学	优秀教育工作者	2021 年	中共白朗县委员会、白朗县人民政府
边　加	男	藏族	白朗县者下乡小学	优秀教育工作者	2021 年	中共白朗县委员会、白朗县人民政府
旦增桑珠	男	藏族	白朗县者下乡小学	名班主任	2021 年	中共白朗县委员会、白朗县人民政府
格桑曲培	男	藏族	白朗县者下乡普村幼儿园	名教师	2021 年	中共白朗县委员会、白朗县人民政府
多吉次旺	男	藏族	白朗县嘎普乡中心小学	优秀教育工作者	2021 年	中共白朗县委员会、白朗县人民政府
索朗平措	男	藏族	白朗县嘎普乡中心小学	名班主任	2021 年	中共白朗县委员会、白朗县人民政府
尼　片	女	藏族	白朗县曲奴乡中心小学	优秀教育工作者	2021 年	中共白朗县委员会、白朗县人民政府

续表 9

姓名	性别	民族	工作单位	获奖名称	表彰时间	授予单位
巴桑拉姆	女	藏族	白朗县曲奴乡中心小学	优秀班主任	2021 年	中共白朗县委员会、白朗县人民政府
索朗普尺	女	藏族	白朗县强堆乡人民政府	优秀公务员	2021 年	中共白朗县委员会、白朗县人民政府
格桑旺姆	女	藏族	白朗县强堆乡人民政府	优秀公务员	2021 年	中共白朗县委员会、白朗县人民政府
巴桑赤列	男	藏族	白朗县洛江镇人民政府	优秀公务员	2021 年	中共白朗县委员会、白朗县人民政府
巴桑普赤	女	藏族	白朗县洛江镇人民政府	优秀公务员	2021 年	中共白朗县委员会、白朗县人民政府
拉巴仓决	女	藏族	白朗县洛江镇人民政府	优秀公务员	2021 年	中共白朗县委员会、白朗县人民政府
次仁扎西	男	藏族	白朗县玛乡人民政府	优秀公务员	2021 年	中共白朗县委员会、白朗县人民政府
白玛洛追	男	藏族	白朗县玛乡人民政府	优秀公务员	2021 年	中共白朗县委员会、白朗县人民政府
晋美多吉	男	藏族	白朗县玛乡人民政府	优秀公务员	2021 年	中共白朗县委员会、白朗县人民政府
洛桑仁增	男	藏族	白朗县玛乡人民政府	优秀公务员	2021 年	中共白朗县委员会、白朗县人民政府
赵高雷	男	汉族	白朗县玛乡人民政府	优秀公务员	2021 年	中共白朗县委员会、白朗县人民政府
王瑞贺	男	汉族	白朗县玛乡人民政府	优秀公务员	2021 年	中共白朗县委员会、白朗县人民政府
白玛	男	藏族	白朗县玛乡农牧综合服务中心	优秀事业干部	2021 年	中共白朗县委员会、白朗县人民政府
吴成胜	男	藏族	白朗县玛乡农牧综合服务中心	优秀事业干部	2021 年	中共白朗县委员会、白朗县人民政府
次旦央吉	女	藏族	白朗县玛乡农牧综合服务中心	优秀事业干部	2021 年	中共白朗县委员会、白朗县人民政府
旦增曲宗	女	藏族	白朗县玛乡农牧综合服务中心	优秀事业干部	2021 年	中共白朗县委员会、白朗县人民政府
张爱云	女	藏族	白朗县曲奴乡人民政府	优秀公务员	2021 年	中共白朗县委员会、白朗县人民政府
德央	女	藏族	白朗县曲奴乡人民政府	优秀公务员	2021 年	中共白朗县委员会、白朗县人民政府
旺久	男	藏族	白朗县曲奴乡人民政府	优秀公务员	2021 年	中共白朗县委员会、白朗县人民政府
白玛措姆	女	藏族	白朗县曲奴乡人民政府	优秀事业干部	2021 年	中共白朗县委员会、白朗县人民政府

续表 9

姓名	性别	民族	工作单位	获奖名称	表彰时间	授予单位
次仁曲拉	女	藏族	白朗县曲奴乡人民政府	优秀事业干部	2021 年	中共白朗县委员会、白朗县人民政府
仓木拉	女	藏族	白朗县曲奴乡人民政府	优秀事业干部	2021 年	中共白朗县委员会、白朗县人民政府
平措旺拉	男	藏族	白朗县人大常委会	优秀公务员	2022 年	中共白朗县委员会、白朗县人民政府
刘永才	男	汉族	白朗县人大常委会办公室	优秀公务员	2022 年	中共白朗县委员会、白朗县人民政府
次央卓玛	女	藏族	白朗县人大常委会办公室	优秀公务员	2022 年	中共白朗县委员会、白朗县人民政府
次旦卓嘎	女	藏族	白朗县人力资源和社会保障局	优秀公务员	2021 年	中共白朗县委员会、白朗县人民政府
尼玛普赤	女	藏族	白朗县人力资源和社会保障局	优秀公务员	2021 年	中共白朗县委员会、白朗县人民政府
索朗塔杰	男	藏族	白朗县人力资源和社会保障局	优秀事业干部	2021 年	中共白朗县委员会、白朗县人民政府
蒋春岚	女	汉族	白朗县商务局	优秀公务员	2021 年	中共白朗县委员会、白朗县人民政府
张红娟	女	汉族	日喀则市生态环境局白朗县分局	优秀公务员	2021 年	中共白朗县委员会、白朗县人民政府
扎珍	女	藏族	日喀则市生态环境局白朗县分局	优秀事业单位人员	2021 年	中共白朗县委员会、白朗县人民政府
龙甫	男	汉族	白朗县市场监督管理局	优秀公务员	2021 年	中共白朗县委员会、白朗县人民政府
白玛央宗	女	藏族	白朗县市场监督管理局	优秀公务员	2021 年	中共白朗县委员会、白朗县人民政府
白玛卓嘎	女	藏族	白朗县司法局	优秀公务员	2021 年	中共白朗县委员会、白朗县人民政府
次仁南木加	男	藏族	白朗县司法局	优秀公务员	2021 年	中共白朗县委员会、白朗县人民政府
普布顿珠	男	藏族	白朗县司法局	优秀公务员	2021 年	中共白朗县委员会、白朗县人民政府
白玛央吉	女	藏族	白朗县统计局	优秀公务员	2021 年	中共白朗县委员会、白朗县人民政府
扎央	女	藏族	共青团白朗县委员会	优秀公务员	2021 年	中共白朗县委员会、白朗县人民政府
米玛扎西	男	藏族	白朗县旺丹乡人民政府	优秀公务员	2021 年	中共白朗县委员会、白朗县人民政府
扎西次仁	男	藏族	白朗县旺丹乡人民政府	优秀公务员	2021 年	中共白朗县委员会、白朗县人民政府

续表 9

姓名	性别	民族	工作单位	获奖名称	表彰时间	授予单位
吴华军	男	布依族	白朗县旺丹乡人民政府	优秀公务员	2021 年	中共白朗县委员会、白朗县人民政府
李宗贞	男	汉族	白朗县旺丹乡人民政府	优秀公务员	2021 年	中共白朗县委员会、白朗县人民政府
白玛卓嘎	女	藏族	白朗县旺丹乡文化服务中心	优秀事业干部	2021 年	中共白朗县委员会、白朗县人民政府
拉姆曲珍	女	藏族	白朗县旺丹乡文化服务中心	优秀事业干部	2021 年	中共白朗县委员会、白朗县人民政府
扎西顿珠	男	藏族	白朗县旺丹乡农牧综合服务中心	优秀事业干部	2021 年	中共白朗县委员会、白朗县人民政府
拉巴仓决	女	藏族	白朗县委办公室	优秀公务员	2021 年	中共白朗县委员会、白朗县人民政府
蔡鹏	男	汉族	白朗县委办公室	优秀公务员	2021 年	中共白朗县委员会、白朗县人民政府
节赛	男	汉族	白朗县委办公室	优秀公务员	2021 年	中共白朗县委员会、白朗县人民政府
节赛	男	汉族	白朗县委办公室	优秀驻村工作队	2021 年	中共白朗县委员会、白朗县人民政府
达娃普芝	女	藏族	白朗县委办公室	优秀事业工作人员	2021 年	中共白朗县委员会、白朗县人民政府
达娃普芝	女	藏族	白朗县委办公室	优秀驻村工作队	2021 年	中共白朗县委员会、白朗县人民政府
王建平	男	汉族	白朗县委办公室	优秀事业工作人员	2021 年	中共白朗县委员会、白朗县人民政府
张伟华	男	汉族	白朗县委宣传部	优秀公务员	2021 年	中共白朗县委员会、白朗县人民政府
尼玛曲扎	男	藏族	白朗县委宣传部	优秀公务员	2021 年	中共白朗县委员会、白朗县人民政府
格桑德吉	女	藏族	白朗县委宣传部	优秀公务员	2021 年	中共白朗县委员会、白朗县人民政府
米玛扎西	男	藏族	白朗县者下乡人民政府	优秀公务员	2021 年	中共白朗县委员会、白朗县人民政府
王子通	男	汉族	白朗县者下乡人民政府	优秀公务员	2021 年	中共白朗县委员会、白朗县人民政府
普欧	男	藏族	白朗县者下乡后勤服务中心	优秀事业干部	2021 年	中共白朗县委员会、白朗县人民政府
达瓦拉姆	男	藏族	白朗县者下乡农牧综合服务中心	优秀事业干部	2021 年	中共白朗县委员会、白朗县人民政府
巴桑次仁	男	藏族	白朗县委政法委	优秀公务员	2021 年	中共白朗县委员会、白朗县人民政府

续表 9

姓名	性别	民族	工作单位	获奖名称	表彰时间	授予单位
索朗拉珍	女	藏族	白朗县委政法委	优秀公务员	2021 年	中共白朗县委员会、白朗县人民政府
陈　锋	男	汉族	白朗县人民政府	优秀公务员	2021 年	中共白朗县委员会、白朗县人民政府
扎西次旦	男	藏族	白朗县人民政府	优秀公务员	2022 年	中共白朗县委员会、白朗县人民政府
李宗真	男	汉族	白朗县人民政府办公室	优秀公务员	2021 年	中共白朗县委员会、白朗县人民政府
陈亚萍	女	汉族	白朗县人民政府办公室	优秀公务员	2021 年	中共白朗县委员会、白朗县人民政府
白江涛	男	汉族	白朗县人民政府办公室	优秀公务员	2021 年	中共白朗县委员会、白朗县人民政府
贾振海	男	汉族	白朗县后勤服务中心	事业单位优秀工作人员	2021 年	中共白朗县委员会、白朗县人民政府
米玛次仁	男	藏族	白朗县后勤服务中心	优秀工人	2021 年	中共白朗县委员会、白朗县人民政府
米玛平措	男	藏族	白朗县后勤服务中心	优秀工人	2021 年	中共白朗县委员会、白朗县人民政府
珠　扎	男	藏族	白朗县后勤服务中心	优秀工人	2021 年	中共白朗县委员会、白朗县人民政府
尼玛旺堆	男	藏族	白朗县后勤服务中心	优秀工人	2021 年	中共白朗县委员会、白朗县人民政府
普　琼	男	藏族	白朗县政协	优秀公务员	2021 年	中共白朗县委员会、白朗县人民政府
李　伟	男	汉族	白朗县洛江镇人民政府	优秀基层干部	2021 年	中共白朗县委员会
谢励萍	女	汉族	白朗县税务局	优秀党务工作者	2021 年	中共白朗县委员会
格桑达瓦	男	藏族	白朗县税务局	优秀共产党员	2021 年	中共白朗县委员会
白　央	女	藏族	白朗县旺丹乡桑巴村	乡村振兴人才称号	2021 年	中共白朗县委员会
德　白	女	藏族	白朗县旺丹乡桑巴村	乡村振兴人才称号	2021 年	中共白朗县委员会
兰靖宇	男	汉族	白朗县旺丹乡人民政府	见义勇为	2021 年	中共白朗县委员会
扎西旦真	男	藏族	白朗县巴扎乡人民政府	优秀党务工作者	2021 年	中共白朗县委员会
毕婷婷	女	汉族	白朗县巴扎乡人民政府	优秀共产党员	2021 年	中共白朗县委员会
杨得川	男	汉族	白朗县巴扎乡人民政府	白朗最美人物	2021 年	中共白朗县委员会
达娃卓玛	女	藏族	白朗县巴扎乡人民政府	2021 年度白朗县优秀基层干部	2021 年	中共白朗县委员会

续表 9

姓名	性别	民族	工作单位	获奖名称	表彰时间	授予单位
达娃卓玛	女	藏族	白朗县巴扎乡人民政府	2021 年度优秀新闻宣传先进个人	2021 年	中共白朗县委员会
李京晋	男	汉族	白朗县巴扎乡人民政府	强基惠民优秀工作者	2021 年	中共白朗县委员会
普布参拉	女	藏族	白朗县巴扎乡玉堆村	2021 演讲比赛鼓励奖	2021 年	中共白朗县委员会
尼桑	男	藏族	白朗县巴扎乡堆村	优秀宣讲员	2021 年	中共白朗县委员会
巴顿	男	藏族	白朗县巴扎乡彭仓村	优秀共产党员	2021 年	中共白朗县委员会
旦增曲珍	女	藏族	白朗县委党校	我的驻村故事演讲优秀奖	2021 年	中共白朗县委员会
拉巴扎西	男	藏族	白朗县嘎普乡农牧综合服务中心	优秀基层干部	2021 年	中共白朗县委员会
张技	男	汉族	白朗县公安局	民族团结进步模范个人	2021 年	中共白朗县委员会
扎西	男	藏族	白朗县公安局	三等功	2021 年	中共白朗县委员会
洛桑南木加	男	藏族	白朗县公安局	三等功	2021 年	中共白朗县委员会
孟永	男	汉族	白朗县公安局	三等功	2021 年	中共白朗县委员会
巴桑扎西	男	藏族	白朗县公安局	优秀基层干部	2021 年	中共白朗县委员会
冯华东	男	汉族	白朗县公安局	优秀基层干部	2021 年	中共白朗县委员会
许铸	男	汉族	白朗县公安局	优秀党务工作者	2021 年	中共白朗县委员会
白玛德吉	女	藏族	白朗县公安局	优秀共产党员	2021 年	中共白朗县委员会
米明果加	男	藏族	白朗县公安局	优秀共产党员	2021 年	中共白朗县委员会
田龙江	男	汉族	白朗县教育(体育)局	优秀党务工作者	2021 年	中共白朗县委员会
巴桑顿珠	男	藏族	白朗县中学	思政工作先进个人	2021 年	白朗县人民政府
次仁拉姆	女	藏族	白朗县中学	名班主任	2021 年	白朗县人民政府
央宗	女	藏族	白朗县中学	名教师	2021 年	白朗县人民政府
拉巴片多	女	藏族	白朗县中学	名教师	2021 年	白朗县人民政府
次仁欧珠	男	藏族	白朗县中学	名班主任	2021 年	白朗县人民政府
达娃卓玛	女	藏族	白朗县中学	名教师	2021 年	白朗县人民政府
次欧	男	藏族	白朗县中学	优秀教育工作者	2021 年	白朗县人民政府

续表 9

姓名	性别	民族	工作单位	获奖名称	表彰时间	授予单位
拉巴卓玛	女	藏族	白朗县中学	名教师	2021 年	白朗县人民政府
索　珍	女	藏族	白朗县中学	名班主任	2021 年	白朗县人民政府
仓　拉	女	藏族	白朗县中学	名教师	2021 年	白朗县人民政府
普　珍	女	藏族	白朗县中学	名教师	2021 年	白朗县人民政府
尼玛旺堆	男	藏族	白朗县中学	名班主任	2021 年	白朗县人民政府
朗加多吉	男	藏族	白朗县中学	名校长	2021 年	白朗县人民政府
索朗欧珠	男	藏族	白朗县旺丹乡中心小学	优秀教育工作者	2021 年	白朗县人民政府
扎西达瓦	男	藏族	白朗县旺丹乡中心小学	名教师	2021 年	白朗县人民政府
扎西达瓦	男	藏族	白朗县旺丹乡中心小学	名班主任	2021 年	白朗县人民政府
达　罗	男	藏族	白朗县旺丹乡中心小学	名教师	2021 年	白朗县人民政府
琼　达	女	藏族	白朗县旺丹乡中心小学附属双语幼儿园	名教师	2021 年	白朗县人民政府
扎　西	男	藏族	白朗县旺丹乡中心小学	思想政治工作先进个人	2021 年	白朗县人民政府
次　平	男	藏族	白朗县旺丹乡中心小学	名校长	2021 年	白朗县人民政府
拉巴片多	男	藏族	白朗县强堆乡中心小学	优秀教育工作者	2021 年	白朗县人民政府
普布拉姆	女	藏族	白朗县强堆乡中心小学	优秀班主任	2021 年	白朗县人民政府

说明：由于各单位资料提供不全，可能有遗漏

索　引

说　明

一、本索引采用主题分析法编制。索引范围包括篇目、类目、部(门)目、条目等。
二、本索引按主题词首字汉语拼音音序(同音按音调)排列,若首字拼音相同则按第二字音序排列,以此类推。
三、索引款目后的数字表示内容所在的页码,数字后的拉丁字母(a、b、c)表示栏别(从左至右)。
四、篇目、类目、部(门)目用黑体字。

A

B

C

D

E

F

K

Q

R

S

T

W

Z